The Neuroscience of Intelligence

지능의 신경과학

지능의 신경과학

초판 1쇄 인쇄일 2025년 2월 20일   **초판 1쇄 발행일** 2025년 2월 28일

지은이 리처드 J. 하이어 | **옮긴이** 홍욱희
펴낸이 박재환 | **편집** 유은재 신기원 | **마케팅** 박용민 | **관리** 조영란
펴낸곳 에코리브르 | **주소** 서울시 마포구 동교로15길 34 3층(04003) | **전화** 702-2530 | **팩스** 702-2532
이메일 ecolivres@hanmail.net | **블로그** http://blog.naver.com/ecolivres | **인스타그램** @ecolivres_official
출판등록 2001년 5월 7일 제201-10-2147호
종이 세종페이퍼 | **인쇄·제본** 상지사 P&B

ISBN 978-89-6263-301-6 93180

책값은 뒤표지에 있습니다.   잘못된 책은 구입한 곳에서 바꿔드립니다.

지능의 신경과학

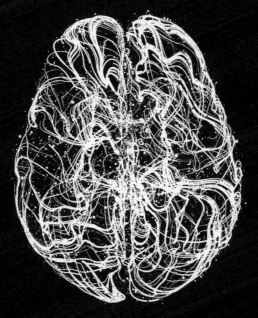

리처드 J. 하이어 지음 | 홍욱희 옮김

에코리브르

내 인생의 궤도를 바꾸도록 허락해준 내 가족에게,

그리고 너무 일찍 돌아가신 아버지와

그 뒤를 이어주신 어머니를 추억하고,

그분들로서는 상상도 할 수 없었던

미래를 위해 희생하신 조부모님을 기억하며.

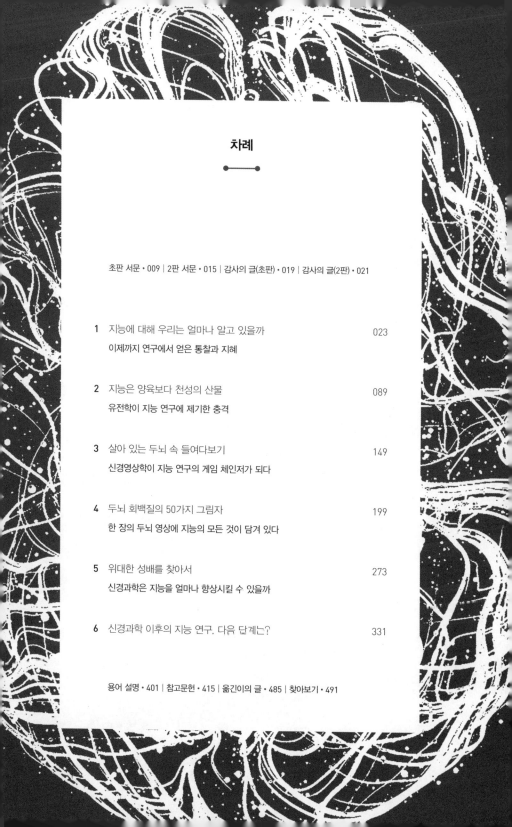

차례

초판 서문

●———————●

왜 어떤 사람은 다른 사람보다 더 똑똑할까? 이 책은 신경과학이 우리에게 지능과 뇌에 대해 어떤 말을 하고 있는지 알려준다. 우리는 지능에 관해 모두 나름대로 정의를 내리고 있으며, 각 개인의 지능 차이가 학문적 성공과 인생의 성취에 어떻게 기여하고 있는지에 관해서도 모두 의견이 다르다. 아울러 지능이 어떻게 발달하는지에 대해서도 서로 상충되거나 모순적인 생각들이 난무한다. 이런 모든 주제에 관해 그동안의 과학적 발견이 여러분이 생각하는 것보다 더 많은 걸 확실하게 알려준다고 하면 자칫 놀랄 수도 있겠다. 하지만 신경과학 연구에서 얻은 새로운 증거의 무게는 이제 그동안의 낡고 잘못된 믿음을 재빠르게 교정하고 있다.

나는 대학에서 심리학과 신경과학을 전공하는 학생, 교육자, 공공 정책 입안자 그리고 왜 지능이 중요한지에 관심을 갖는 모든 이를 위해 이 책을 썼다. 여러분이 그다지 특별한 배경을 갖고 있지 않다는 것을 전제로 쓰기도 했지만, 다른 한편으로 이 책은 언론에서 마구잡이로 떠들어대는 것보다 훨씬 더 심층적인 내용을 담고 있다. 나는 지능의 과 신경과학의 과제는 지능에 요구되는 두뇌의 프로세스를 확인하고, 그것들이 어떻게 발달하는지 발견하는 데 있다. 왜 이것이 중요할까? 모든 지능 연구의 궁극적 목적은 지능을 향상시키는 것이다. 학생의 지능 활용을 극대화하는 방법을 찾는 게 교육의 목표이기도 하다. 신경과학이 선생님이나 부모님이 그런 역할을 다할 수 있도록 어떻게 도울 수 있는지는 증거의 무게로 보건대 아직 그리 명확하지 않다. 뇌 메커니즘을 조작해 지능을 향상시키는 방법을 찾는 것은 전혀 다른 문제이며, 또한 신경과학이 상당한 잠재력을 갖는 분야라고 할 수 있다. 대부분의 사람들은 지능이 너무 낮아서 기본적인 자기 관리도 하기 어렵고 취업 기술조차 제대로 배울 수 없는 이들의 지능을 향상시키는 데 도움이 된다면 그렇게 하는 것에 대체로 동의할 것이다. 그렇다면 학생들이 더 많이 배워서 성인이 되었을 때 더 큰 성취를 이룰 수 있도록 지능을 향상시키는 걸 반대하는 이유는 과연 무엇일까? 만약 여러분이 이 대담한 질문에 부정적 의견을 가지고 있다면, 내가 여러분에게 원하는 바는 이 책을 끝까지 다 읽고서 다시 생각해보라는 것이다.

다음의 세 가지 법칙이 이 책을 지배한다. (1) 두뇌에 관해서라면 그 어떤 이야기도 간단하지 않다. (2) 지능과 두뇌에 관한 한 그 어떤 연구도 확정적인 것은 없다. (3) 서로 상충되고 일관적이지 않은 발견들을 가려내고 설득력 있는 증거의 무게를 얻을 때까지는 몇 년이 걸릴 수도 있다. 이런 점을 염두에 두고, 1장에서는 지능에 대해 널리 알려진 잘못된 정보들을 수정하고, 과학 연구에서 지능을 어떻게 정의하고 측정하는지 요약했다. 어쩌면 데이터의 유효성에 관한 설명이 여러분을 놀라게 할 수도 있겠다. 예를 들어, 어린 시절의 IQ 점수는 성인이 되었을 때의 사망률을 예측하는 좋은 지표다. 2장은 지능에 미치는 유전적 영향력이 널리 알려진 것보다 훨씬 더 클 수 있다는 걸 입증하는 압도적인 증거와 그것의 발달 과정을 검토했다. 정량유전학(quantitative genetics)과 분자유전학의 결정적 연구는 이에 대해 전혀 의심할 여지를 남기지 않는다. 유전자는 항상 생물학적 메커니즘을 통해 작동하기 때문에 지능 발달에는 반드시 신경생물학적 기반이 있어야만 한다. 설령 그러한 메커니즘에 환경적 영향이 더해진다고 해도 말이다. 유전자는 진공 상태에서 작동하는 것이 아니라, 환경에서 발현되고 기능한다. 이런 유전과 환경의 상호 작용이 바로 요즘 부상하고 있는 '후성유전학'의 주제이며, 우리는 지능 연구에서 후성유전학의 역할을 논의할 것이다.

3장과 4장에서는 신경영상학을 소개하고, 이 혁명적인 기술이 어떻게 뇌에서 지능을 시각화하는지 살펴본다. 아울러 이와 관련된 신경생물학적 메커니즘에 대해서도 설명한다. 예를 들어, 쌍둥이의 지능에 대한 새로운 연구들은 그동안 확보한 신경 영상과 DNA 분석 결과를 결합한다. 여기서 얻은 중요한 결론은 뇌 구조를 형성하고 지능을 결정하는 데 관여하는 공통 유전자가 존재한다는 것이다. 5장에서는 지능 향상에 초점을 맞추며, IQ 증가와 관련해 널리 알려져 있지만 잘못된 세 가지 주장에 대한 비판으로 시작해 전기적인 뇌 자극 기술에 대한 설명으로 끝을 맺는다. 지금까지 지능을 높일 수 있는 방법으로 입증된 것은 없다. 그럼에도 나는 일부 유전자와 그 유전자의 생물학적 프로세스를 조작하면 극적인 향상을 이룰 강력한 가능성이 있는 이유를 설명한다. 이 목표에 도달하기 위해 누군가가 달에 위성을 쏘아 보내는 것과 같은 국가적인 연구 노력을 기울이고 있다고 상상해보자. 과연 어떤 나라가 그런 분명한 약속을 하고 있을까? (미국은 아니다.)

6장에서는 지능 연구의 방향을 뇌의 더 깊은 곳으로 이동시켜서 시냅스, 뉴런, 회로, 네트워크 등을 연구하기 위한 몇 가지 놀라운 신경과학적 방법을 소개한다. 머지않아 우리는 뇌의 속도를 기반으로 지능을 측정하고, 뇌가 실제로 작동하는 방식을 토대로 지능형 기계를 만들 수 있을 것이다. 전 세계적인 대규모 협동 연구는 지능 유전자를 탐구하고, 가상의 뇌(virtual brain)를 개발하고, 각 개인마다 고유한—지능을 예측할 수 있는—뇌 지문(brain fingerprints)의 매핑(mapping)을 시도하고 있다. 아울러 지능, 의식 그리고 창의성 사이의 관계를 규명하기 위해 중복 신경 회로에 대해서도 탐구한다. 마지막으로, 나는 '신경 빈곤(neuro-poverty)'과 '신경-SES(neuro-social economic status)'라는 용어를 소개하고, 어떻게 신경과학 분야의 지능 연구가 교육 정책을 비롯한 여러 사회 정책에 유용한 정보를 제공할 수 있는지 설명한다.

이제 우리는 지능을 정의하고 측정할 수 있는지 여부, 그것에 유전자가 관련되어 있는지 여부 같은 거의 멸종된 논쟁을 훌쩍 넘어서야만 한다. 개인적으로 나는 지금은 지능 연구가 황금기에 접어들었다고 생각한다. 이 분야에 대한 나의 열정이 이 책의 모든 장에 스며들어 있다고 말해도 좋다. 만약 이 책을 읽는 여러분이 교육자, 정책 입안자, 학부모 또는 학생이라면 21세기의 신경과학이 지능에 대해 무엇을 말하고 있는지 반드시 알아야 한다. 만약 이 책을 읽은 여러분 중 누군가가 심리학이나 신경과학 분야의 직업에 이끌리고 지능 연구 분야에 도전하고 싶다면, 정말 뜻밖의 즐거움이 될 것이다.

2판 서문

•———•

2015년에 이 책의 초판 최종 원고를 마무리한 이후 많은 일이 있었지만 크게 달라진 것은 별로 없었다. 그런데 2022년 2판을 준비하면서, 초판 때 다루었던 중요한 주제들에 대한 증거의 무게가 그동안 좀더 강력해졌다는 사실을 발견했다. 이는 한층 발전한 기술과 세련된 데이터 분석 방법에 접근하고, DNA와 신경영상학 그리고 인지 검사 등을 포함한 엄청나게 큰 데이터베이스에 접속할 수 있는 신세대 연구자들 덕분이 크다. 모든 과학 분야는 그 연구 방법론과 기술적 진보에서 얻을 수 있는 관찰과 통찰을 기반으로 발전한다. 마찬가지로 지능 연구도 그런 진보의 물결에서 벗어날 수 없다. 지난 7년 동안 우리가 신경과학을 더욱더 풍성하게 이해하고, 해답을 기다리는 과제들을 정교하게 다듬었다는 것에 대해 연구자의 한 사람으로서 너무나도 기쁘다.

이번 판에서는 다유전자 점수(polygenic scores, PGS)를 이용해 DNA로부터 지능 측정값을 예측하는 새로운 내용을 추가했다. 그런 예측이 가능해졌다는 사실은 지능이 유전자와 거의 관련이 없으며 과학적 연구를 통해서는 지능을 평가할 수 없다는 완고한 견해를 크게 반박한다.

하지만 좀더 중요한 것은 이런 발견이 유전자 발현(gene expression)이 지능에 어떤 영향을 미치는지 이해하고자 하는 노력을 더욱 활성화시킨다는 점이다. 그러한 것들이 지능과 인지 과정의 기초가 되는 두드러진 메커니즘을 규명하고자 하는 분자생물학 연구의 문을 열어주고 있다. 나는 이런 종류의 연구가 언젠가는 개인의 지능을 획기적으로 향상시킬 수 있는 새로운 결과를 불러올 것이라는 믿음을 여전히 간직하고 있다. 아울러 나는 그것이 지능 연구의 궁극적이고 숭고한 목표라고 믿어 의심치 않는다.

지능 및 개인적 차이와 관련된 특정한 뇌 네트워크, 그리고 회로를 찾아낼 수 있는 신경영상학적 연구와 연결성 분석에 대한 새로운 섹션도 추가했다. 이런 종류의 연구는 뇌 영역 내부에서, 그리고 여러 뇌 영역을 가로지르는 네트워크에서 정보의 흐름을 조작하는 방법을 찾아 궁극적으로 뇌 기능을 향상시키는 잠재력을 지니고 있다. 이런 분야의 발전과 관련해 이전에는 학습과 기억에 대한 연구에만 초점을 맞추었던 많은 인지신경과학자들이 이제는 지능과 개인적 차이로 연구의 관심을 넓히고 있다. 이제는 더 이상 심리 측정에 국한해서 지능을 연구할 필요가 없는 세상이 되었다. 하지만 각 분야 연구자들과의 의미 있는 협력에는 여전히 정교한 심리 측정이 요구된다.

2판의 각 장은 새로운 연구 결과와 참고문헌으로 새롭게 업데이트했다. 하지만 선택할 수 있는 뛰어난 논문과 리뷰가 너무나 많아 그것들 모두를 여기에 포함할 수는 없었다. 다행스럽게도 대부분의 연구 결과는 초판에서 논의한 내용들에 부합했다. 이것은 내가 무의식적으로 체리 피킹(cherry-picking: 어떤 대상에서 좋은 것만 고르는 행위를 통칭하는 말—옮긴이)을 한 결과일 수도 있고, 아니면 근본적인 현상의 견고함을 반영한 것일 수도 있다. 시간만이 그 해답을 줄 수 있을 것이며, 증거의 무게가 바뀌면 가장 먼저 내 생각을 바꿀 것이다. 하지만 과학이 언제나 그러했듯 새로운 데이터는 진실 찾기를 용이하게 하는 것이 아니라, 더욱 어렵게 만드는 것이 보통이다. 우리는 제임스 웹 망원경(James Webb telescope)이 보내준 놀라운 우주 영상과 그것이 우주론에 미치는 영향에서 이를 확인할 수 있다. 그런 영상에는 시(poem)와 약간의 마법이 있다. 신경과학적 접근 방식이 갈수록 작은 뇌 구조물과 갈수록 빠른 기능에 점점 더 깊이 들어감으로써 뇌의 복잡성은 그 아름답고 웅장한 면모를 조금씩 더 드러낼 것이다. 그리고 지능을 연구하는 모든 연구자에게 이는 마치 악몽과도 같은 새로운 도전이 될 것이다. 나는 그런 역동성을 이 책의 모든 페이지에 담고자 노력했다. 이제 그러한 시와 마법은 당신의 몫이다.

감사의 글(초판)

●━━━●

내가 의과 대학에서만 근무했기 때문에 심리학 전공 대학원생들하고
는 연구를 같이한 적이 없어 달리 그들에게 감사할 말은 없다. 나는 지
난 세월 동안 뛰어난 역량을 보여준 훌륭한 협력자들과 함께 일할 수
있었다. 지능에 관한 나의 신경영상학 연구 저술 대부분은 친구인 렉
스 융(Rex Jung), 로베르토 콜롬(Robert Colom), 케빈 헤드(Kevin Head), 셰
리프 카라마(Sherif Karama), 마이클 앨커(Michael Alkire) 등과의 공동 작
품이다. 이들 외에도 많은 연구자가 40년 동안 나와 함께하면서 자
신들의 노력과 아이디어를 제공해주었다. 그 모든 이들에게 깊은 감
사의 마음을 전한다. 나는 특히 케임브리지 대학 출판부의 매슈 베넷
(Matthew Bennett)이 나를 신경과학 시리즈에 초대해준 것에 감사를 표한
다. 이 시리즈에 지능이 포함된 것은 이번이 처음이다. 로절린드 아든
(Rosalind Arden), 로베르토 콜롬, 더그 디터먼(Doug Detterman), 조지 굿
펠로(George Goodfellow), 얼 헌트(Earl Hunt), 렉스 융, 셰리프 카라마, 마
티 넴코(Marty Nemko), 알요샤 노이바우어(Aljoscha Neubauer), 율리아 코
바스(Yulia Kovas), 라르스 펭케(Lars Penke) 등이 이 책의 초안 모두, 또

는 일부를 읽어주었다. 그들의 수정과 통찰력은 귀중했으며, 그럼에도 남아 있는 오류는 모두 내 책임이다. 비록 내가 관련 저작물에서 가급적 많이 인용하려 노력했지만 원하는 모든 것을 다 포함시킬 수는 없었다. 사실 이 분야는 매우 빠른 속도로 발전하고 있어 원고 마감 마지막 날까지 새로 발표된 논문들을 추가하려 애썼다. 만약 자신의 연구가 이 책에서 누락되었다고 느끼는 사람이 있다면 그분들께 사과드린다. 이 책에 실린 일부 주제, 설명, 삽화는 나의 영상 강의 〈지적인 뇌(The Intelligent Brain)〉에서 가져왔다(copyright 2013 The Teaching Company. LLC. www.thegreatcourses.com). 무엇보다도 특히, 아내가 모든 방해로부터 내 작업 시간을 보호해주었기에 이 책이 탄생할 수 있었다.

감사의 글(2판)

이번 개정판의 일부를 검토해준 많은 분들께 감사드린다. 물론 모든 오류는 내 책임이다. 또한 이 개정판이 나오기까지 도움을 아끼지 않은 케임브리지 대학 출판부의 데이비드 레페토(David Repetto)와 로언 그로트(Rowan Groat)에게도 고마움을 표한다. 그리고 초판의 모든 독자들에게, 공개적으로 또는 비공개적으로 책의 구성과 내용에 대해 의견을 주신 것에 감사드린다. 그 덕분에 이렇게 2판을 집필할 수 있었다. 이 책을 발간하는 일은 고려해야 할 새롭고 흥미로운 논문이 너무나 많아서 처음 생각했던 것보다 훨씬 더 어려운 작업이었다. 특히 이 모든 것을 가능하게 해준 아내의 무조건적 지원 덕분에 집필에 집중하는 시간과 자원을 확보할 수 있었다. 아내에게 무한한 감사의 마음을 전한다.

지능에 대해 우리는 얼마나 알고 있을까
이제까지 연구에서 얻은 통찰과 지혜

시험(test)에 대한 공격은—대단히 사려 깊으면서도 놀라울 정도로—진리 그 자체에 대한 공격이다. 그런 공격은 진실 자체를 부정함으로써, 또는 그 증거들을 파괴하려 함으로써 불유쾌하고 호의적이지 않은 진실을 다루려는 사람들에 의해 이뤄진다.

—바버라 러너(Babara Lerner, 1980)

물론 지능만이 중요한 능력은 아니다. 하지만 어느 정도의 지능이 뒤따르지 않는다면, 그 어떤 능력이나 재능도 그걸 충분히 개발하고 효과적으로 사용하기 어렵다. ……지능은 흔히 마음의 '총체적 능력'이라고 일컬어진다.

—아서 젠슨(Arthur Jensen, 1981)

과학의 좋은 점은 그게 진실이든 아니든 상관없이 당신이 그대로 믿어버린다는 데 있다.

—닐 더그래스 타이슨(Neil deGrasse Tyson), HBO 방송의 〈빌 마와 함께하는 진실된 시간(Real Time with Bill Maher)〉, 1981년 2월 4일

캘리포니아 대학교는 더 이상 SAT와 ACT 점수를 입학 사정 자료로 고려하지 않는다.

—〈로스앤젤레스 타임스〉, 2021년 5월 15일

학습 목표

◦ 대부분의 과학 연구에서는 지능을 어떻게 정의하고 있는가?

◦ 지적 능력의 구조는 일반 지능(general intelligence) 요소라는 개념과 어떤 관련이 있을까?

○ 지능 검사 점수는 지능에 대한 추정치에 불과하며, 결코 지능의 실제 측정값이라고
   말할 수 없는 이유는 무엇일까?

○ 그럼에도 지능 검사 점수가 지능의 추정치로서 가치를 지닌다면 그 네 가지 증거는
   무엇일까?

○ 지능에 관한 잘못된 신화가 여전히 횡횡하고 있는 이유는 무엇일까?

머리말

만약 체스나 바둑처럼 고도의 전략이 필요한 게임 또는 〈제퍼디(Jeopardy:
미국의 텔레비전 퀴즈 쇼―옮긴이)〉처럼 언어적 지식을 겨루는 게임에서 컴퓨
터가 인간 챔피언을 이긴다고 하면 컴퓨터가 사람보다 더 똑똑하다고
말할 수 있을까? 왜 어떤 사람은 유난히 긴 난수 문자열을 모두 외울
수 있고, 또 어떤 사람은 과거·현재·미래의 어떤 특정한 날짜가 무슨
요일인지를 쉽게 기억해낼 수 있을까? 예술적 천재성이란 무엇이며, 그
것은 지능과 또 어떤 관련이 있을까? 이런 질문은 연구 대상으로서 지
능을 정의하는 데 중요한 도전 과제다. 여러분이 지능을 어떻게 정의하
든 그것은 두뇌와 관련이 있을 게 분명하다. 따라서 이 책에서는 신경
과학적 연구를 통해 지능의 문제를 살펴보려 한다.

　지능에 대한 수많은 오해 중에서 가장 해로운 것을 꼽는다면, 지능이
과학적 연구 대상으로는 너무 모호하고 정의되지 않은 개념이라고 말
하는 것이다. 사실 연구에 적용 가능한 지능에 대한 정의와 측정은 그
동안의 경험적 조사를 통해 벌써 100년 넘게 관련 정보를 축적해왔다.

이런 오랜 연구 전통에서는 다양한 종류의 지력 검사와 통칭 심리측정학이라 부르는 여러 복잡한 통계 기법이 활용되었다. 요즈음의 새로운 지능 과학은 이렇게 얻은 방대한 데이터베이스를 기반으로, 여기에 지난 20여 년 동안 개발된 새로운 기술, 특히 유전학과 신경 영상 기법(neuroimaging methods)을 결합해 만들어졌다. 이런 연구에 대한 논의가 바로 이 책의 중요한 초점이며, 이를 위해 좀더 신경과학적인 접근 방식을 도입했다. 사실 이러한 연구의 궤적은 다른 분야에서도 그대로 적용된다. '원자(atom)'와 '유전자(gene)'를 예로 들면, 더 나은 측정 도구를 사용함으로써 그에 대해 한층 정교한 정의와 이해를 축적할 수 있었던 것처럼 말이다. 다음 장에서 본격적으로 두뇌에 관해 다루기 이전에 이번 장에서는 먼저 일반적인 지적 능력으로서 지능에 대한 정의와 다른 사람들과 비교 가능한 수치로서 지능 검사 점수, 그리고 실제로 세상의 모든 일을 해결하는 데 지능 검사 점수가 과연 얼마나 도움을 주는지 등에 대한 문제를 검토하도록 한다.

1.1 지능이란 무엇인가. 눈으로 봐서 알 수 있을까

이상하게 들릴지 모르겠지만, 원의 둘레를 지름으로 나눈 값인 파이(π)를 살펴보는 것으로 지능 문제를 논의해보도록 하자. 누구나 알다시피 파이값은 3.14159265358979323846……으로 무한히 이어진다. 하지만 그 수열에서 같은 수가 반복되는 일은 결코 없다. 이처럼 수열이 무작위로 반복되므로 파이값은 기억력 검사에서 종종 사용된다. 어떤 사람은 다른 사람보다 더 긴 파이 수열을 외울 수 있다. 몇몇 사람은 정말로 매우 긴 수열을 외우기도 한다.

대니얼 태멋(Daniel Tammet)이라는 한 영국 청년이 컴퓨터에서 출력된 파이 수열을 한 달 동안 열심히 들여다보고 난 후, BBC가 주최하는 한 시연회에서 파이값을 외우기 시작했다. 물론 다른 사람들이 컴퓨터 출력물을 보면서 그가 외우는 숫자가 과연 맞는지 틀리는지 열심히 체크했다. 대니얼은 5시간 동안 수열의 2만 2514자릿수까지 정확하게 말한 후 외우기를 멈췄다. 그는 너무나 피곤한 나머지 실수를 저지를까 봐 두려운 생각이 들어 외우기를 멈추었다고 나중에 말했다(Tammet, 2007).

대니얼은 긴 문자열의 숫자를 암기하는 능력 외에 어려운 언어를 배우는 능력도 함께 지녔다. BBC는 대니얼의 언어 구사 능력을 보여주기 위해 그를 아이슬란드로 데려가 현지어를 배우도록 주선했다. 물론 가정교사를 붙여서 말이다. 2주 후, 대니얼은 아이슬란드의 한 텔레비전 방송에 출연해 바로 그 지역의 언어로 사람들과 대화를 나누었다. 대니얼의 이런 능력은 그가 천재이거나, 아니면 적어도 그런 정신적 능력이 없는 보통 사람들보다 훨씬 더 똑똑하다는 것을 의미할까?

대니얼은 자폐증 진단을 받은 적이 있었다. 어쩌면 '공감각(synesthesia)'이라는 희귀한 뇌 질환을 앓았을지도 모른다. 공감각이란, 예를 들어 숫자를 색깔, 모양, 심지어 냄새로도 인식할 수 있는 아주 신비한 감각 인식 장애를 말한다. 두뇌의 배선에 문제가 있기 때문에 발생하는 것으로 추정되지만, 워낙 드문 질환이어서 이에 대한 연구는 아직까지도 매우 제한적이다. 대니얼의 경우는 각각의 숫자를 각기 다른 색과 모양으로 이해하며, 파이값의 수열을 기억할 때도 개별 숫자가 아닌 색과 모양이 변화하는 '풍경(landscape)'을 바라본다고 말했다. 대니얼은 평균보다 높은 지능지수(IQ)를 가지고 있었기 때문에 자폐증 환자 중에서도 아주 드문 사례였다고 할 수 있다.

2만 2514자릿수의 파이값을 기억에서 불러내는 일은 그것을 어떻게 달성하든 놀라운 성과임에 틀림없다(공식 기록상으로는 무려 7만 자릿수까지 외운 사람도 있다. 섹션 6.2 참조). 어려운 아이슬란드어를 2주 만에 배워서 일상적인 대화를 하는 것도 마찬가지라고 할 수 있다. 실제로 그렇게 비범하고 희귀한 지적 능력을 가진 사람들이 우리 주변에도 있다. 우리는 이런 희귀한 사람들을 가리켜 보통 '서번트(savant)'라고 부른다. 사물을 기억하는 놀라운 능력, 아주 복잡한 숫자들을 빠르게 암산하는 능력, 한 번만 들어도 어떤 음악이든 그대로 연주하는 능력, 정교한 예술 작품이나 조각품을 재빠르게 재현하는 능력 등을 말한다.

그런 사례를 들어보자. 킴 픽(Kim Peek, 1951~2009)은 아주 놀라울 정도로 엄청나게 많은 사실과 수치를 기억할 수 있었다. 그는 수천 권의 책, 특히 연감들을 읽으며 한 쪽 한 쪽을 빠르게 마음속으로 스캔했다. 그런 다음 공개 시연회에서, 청중의 질문에 답할 때 그렇게 얻은 정보를 자유자재로 기억해냈다. 예컨대 청중은 이런 식의 질문을 했다. "영국의 제10대 왕은 누구였나요?" "그는 언제 어디서 태어났나요?" "그의 부인은 누구였나요?" 하지만 킴의 IQ는 상당히 낮았고 스스로를 돌볼 수조차 없었다. 기억을 통해 질문에 답할 때를 제외하면 그의 나머지 삶은 모두 아버지가 관리했다.

스티븐 월트셔(Stiphen Wiltshire)는 또 다른 놀라운 서번트 능력을 갖고 있었다. 그는 짧은 헬리콥터 투어를 한 후, 도시의 스카이라인을 정확하고 세밀하게 그려냈다. 심지어 개개 건물의 창문 수까지 정확하게 기억해서 모사했다. 여러분은 런던의 갤러리나 온라인을 통해, 그가 그린 도시 스카이라인 그림을 구입할 수도 있다. 알론조 클레먼스

(Alonzo Clemons)는 조각가였다. 그는 IQ가 낮았다. 어머니에 따르면, 어렸을 때 요람에서 떨어져 머리를 다쳤다고 한다. 알론조는 동물 조각품을 제작할 때, 피사체를 잠깐만 보고도 정밀한 디테일까지 재현해낼 수 있었다. 그의 예술성은 정말 놀라울 정도다. 데릭 파라비치니(Derek Paravicini)는 IQ가 낮았고, 앞에서 소개한 킴 픽처럼 스스로를 돌볼 수조차 없었다. 널리 알려진 피아노 연주자인 그는 태어날 때부터 시각장애인이었다. 그런데 어떤 음악이든 한 번만 듣고서도 똑같이 연주해서 청중을 놀라게 하곤 했다. 또한 그는 어떤 음악 스타일로도 연주할 수 있었다. 그런데 알베르트 아인슈타인이나 아이작 뉴턴에게서는 이 같은 놀라운 기억력, 그림이나 조각품을 재현하는 탁월한 능력, 음악적 재능 등을 전혀 찾아볼 수 없다. 이러한 차이점은 분명히 주목할 만한 가치가 있다.

이런 서번트들을 살펴보면서 우리는 두 가지 질문을 제기할 수 있다. 그들은 어떻게 그럴 수 있을까? 그리고 나는 왜 그렇게 할 수 없을까? 우리는 이 두 가지 질문의 답을 아직 알지 못한다. 특정한 지적 능력이 별도로 존재한다는 걸 보여주는 중요한 사례라고 할 수 있는 이런 사람들은 또한 지능의 정의와 관련해 핵심 질문을 제기하게 만든다. 그런데 특정 분야에서의 그런 특별한 지적 능력이 지능의 증거일 수 있을까? 사실 대부분의 서번트는 지능이 그리 높지 않다. 그들은 일반적으로 IQ가 낮고 스스로를 돌보지 못하는 경우도 많다. 비범한 것은 분명한 사실이지만, 협소한 분야에서의 천재성은 우리가 일반적으로 알고 있는 지능하고는 크게 다른 것처럼 보인다.

다른 한 가지 예로, 두 차례나 〈제퍼디〉에서 전 세계 챔피언들을 격파한 IBM 컴퓨터 왓슨(Watson)을 들 수 있다. 〈제퍼디〉는 사회자가 정답을 미리 제시하면, 참가자가 그 문제를 추리해내는 게임이다. 당시의 시합 규칙은 왓슨이 독자적으로 웹 검색을 할 수 없고, 그것이 아는 모든 정보는 사전에 중형 냉장고 10대 크기인 왓슨의 15페타바이트(petabyte) 내장 메모리 안에 저장되어 있어야 한다는 것뿐이었다. 예를 들어 "병아리가 나를 파헤친다(Chicks Dig Me)"라는 답이 주어졌다고 해보자. 그러면 플레이어는 어떤 질문을 던져야 할까? "이 미스터리 작가와 그녀의 고고학자 남편은 잃어버린 시리아의 도시 아르카시(Arkash)를 찾기 위해 땅을 파헤쳤다." 그런데 사실 이런 문장은 질문의 형태로 답을 내놓아야 한다는 점을 제외하더라도 질문 그 자체로서도 컴퓨터가 이해하기에는 너무나 복잡해 보인다. 만약 여러분이 '애거사 크리스티'라는 해답을 생각하고 그것을 "누가 애거사 크리스티였나요?"라는 식으로 제시해야 한다고 하자. 왓슨은 그럼에도 인간보다 빨리 이런 질문에 대답할 수 있었으며, 결국은 실제 대결에서 인간 챔피언 2명을 물리쳤다. 이제 왓슨은 인간과 같은 수준의 지능을 가지고 있다고 할 수 있을까, 아니면 더 나은 지능을 가졌다고 해도 좋을까? 왓슨이 실제로 서번트에 더 가까운지, 아니면 알베르트 아인슈타인에 더 가까운지 생각해볼 수 있는 몇 가지 정의를 살펴보자.

1.2 경험적 연구를 통해 지능을 정의하다

지능을 어떤 식으로 정의하든 여러분은 자신만큼 똑똑하지 않은 사람을 많이 알고 있을 것이다. 누군가를 '바보' '천치' 또는 그냥 '멍청이'라고 불렀을 때, 우리는 그 단어가 의미하는 바를 문자 그대로 잘 이해

한다. 그런가 하면 우리는 자신보다 더 똑똑한 사람들도 알고 있다. 비록 마음속으로는 그런 두뇌를 가졌으면 하고 생각하면서도 그를 '괴짜' 또는 '얼간이'같이 경멸적인 용어를 사용해 지칭하기도 한다. 천재들의 희귀성을 고려할 때 우리가 적어도 한두 명은 그런 사람을 알고 있더라도 실제로 진정한 천재를 알고 있을 가능성은 거의 없다.

사실 지능에 대해 우리가 일상적으로 사용하는 정의는 과학적 탐구에 그리 적합하지 않다. 요컨대 지능은 똑똑하다는 걸 의미한다. 지능은 당신이 무엇을 해야 할지 잘 모를 때 사용하는 능력이다. 지능은 어리석음과 반대되는 개념이다. (그리고 우리 모두는 누가 어리석은 짓을 할 때 무엇이 어리석은 짓인지를 잘 이해한다.) 지능은 학습, 기억력, 주의력에서 나타나는 이른바 개인적 차이를 의미한다. 하지만 연구자들은 지능에 대해 그동안 여러 가지 정의를 제안해왔으며, 그 대부분은 지능이 갖는 하나의 속성을 공유한다. 즉, 지능은 **종합적인** 지적 능력을 의미한다. 아래는 지능을 설명하는 두 가지 사례다.

1. 미국심리학협회의 지능 태스크포스에서 내리는 정의

각각의 개인은 복잡한 아이디어를 이해하며, 환경에 효과적으로 적응하고, 경험함으로써 배우고, 다양한 형태의 추론을 하고, 사고를 통해 장애를 극복하는 능력이 각기 다르다. 그 다르다는 점이 바로 지능이다(Neisser et al., 1996).

2. 연구자들 사이에서 널리 받아들여지는 일반적 정의

지능이란 추론하고, 계획하고, 문제를 해결하고, 추상적 사고를 하고, 복잡한 아이디어를 이해하고, 빠르게 배우고, 경험을 통해 배워나가는 능력 등을 포함하는 매우 종합적인 지적 능력을 의미한다. ……이는 단순히 책을 통해 얻는 지식이나 학업 능력, 시험 점수로 표현되는 똑똑함의 정도만을 의미하지 않는다. 오히려 주변 환경을 이해하는 능력, 이를테면 사물을 '파악'하고, '적절하게 설명'하며, 무엇을 해야 할지 '알아내는' 것보다 더 넓고 더 깊은 정신적 능력을 뜻한다(Gottfredson, 1997).

종합적인 지적 능력으로서 지능에 대한 개념이 많은 연구자 사이에서 공유되고 있지만 그것만이 유일한 개념은 아니다. 종합적인 지적 능력으로서 지능에 대한 개념을 뒷받침하는 증거는 과연 무엇이고, 지능을 정의하는 것과 관련된 다른 정신적 능력에는 어떤 것이 있을까? 종합적인 능력으로서 지능과 서번트만이 갖는 특정한 능력을 과연 어떻게 조화시킬 수 있을까?

1.3 지적 능력의 구조와 g-인자

우리는 경험을 통해 지적 능력에는 여러 가지가 포함된다는 것을 잘 알고 있다. 철자법을 잘 외우는 것이나 3D 물체를 회전시켜서 그 구조를 재빨리 이해하는 능력, 포커 게임에서 이길 확률을 재빨리 계산할 수 있는 능력들 말이다. 그런 특별한 지적 능력을 검증하는 다양한 검사 방법도 이미 개발되어 있다. 우리는 그런 검사가 서로 어떻게 관련되어 있는지 이미 100년도 넘게 연구를 축적해왔다. 이렇게 얻은 결과를 요약하면 다음과 같이 정리할 수 있다. 먼저, 각기 다른 지적 능력이라고 해도 그것들은 서로 별개의 것이 아니다. 그 모두는 서로 관련성이 있으며, 그런 능력을 검증하는 검사들 사이의 상관관계는 항상 긍정적으로 나타났다. 이는 곧 어떤 한 종류의 지적 능력 검사에서 좋은 성적을 거두면 다른 검사에서도 역시 좋은 성적을 거둘 수 있다는 걸 의미한다. 물론 이런 점이 어떤 특정한 개인에게는 해당되지 않을 수도 있다. 하지만 조사 집단 전체를 놓고 보면 통계적으로 유의미하게 나타난다.

이런 사실이 그동안의 연구에서 도출된 지능 평가에 관한 핵심적 발견이라고 할 수 있는데, 이는 앞으로 이 책 전체를 통해 살펴볼 대다수 최신 연구들의 토대이기도 하다. 여기서 한 가지 중요한 점은 연구자들이 말하는 **경향성**이란 완벽한 예측이 아니라 확률적으로 그럴 가능성이 높다는 의미라는 것이다. 연구자들이 어느 한 검사에서 얻은 점수로 어떤 것을 **예측할 수 있다**고 말할 때는 항상 그 점수가 그것에 대해 더 높은 확률로 예측 가능하다는 걸 의미한다.

연구자들은 정신적 능력을 검증하는 시험들 사이의 상관관계를 지적 능력의 구조라고 부른다. 그런 구조를 살펴보기 위해 그림 1.1과 같은 3단계 피라미드를 생각해보자.

그림 1.1의 맨 아래에는 특정한 능력을 측정하는 15개의 서로 다른 검사 유형이 있다. 그 바로 위에는 그와 같은 검사로 측정하는 유사한 능력, 즉 추론 능력, 공간 이해 능력, 기억력, 정보 처리 속도, 어휘력 등 5개 요소를 구분해놓았다. 예를 들어, 이 그림에서 검사 1, 2, 3은 모두 추론 능력을 검증하며 7, 8, 9는 모두 기억력 검사다. 그런데 이런 모든 세부적인 검사와 각 요소는 서로 관련성을 가진다. 기본적으로 한 검사 또는 한 요소에서 높은 점수를 받은 사람은 다른 검사와 다른 요소에서도 높은 점수를 받는 경향이 있다는 얘기다. (그림의 숫자는 각 검사와 요소 사이의 관계가 얼마나 밀접한지를 나타낸다. 이런 상관관계에 대한 자세한 내

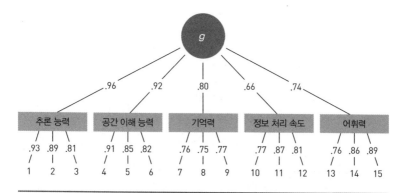

그림 1.1　지적 능력의 구조. *g*-인자는 모든 정신 검사에 공통적으로 적용된다. 숫자는 검사, 요인, *g*-인자 사이의 관계 강도를 나타내는 상관관계 점수다. 모든 상관관계는 양수이며 시뮬레이션 데이터다(리처드 하이어 제공).

용은 텍스트 상자 1.1을 참조하라.) 바로 이런 점이 그동안 반복적으로 재현된 연구들에서 얻은 핵심적인 결과물이라고 할 수 있다. 그리고 이 같은 사실은 개별 검사에서 도출되는 모든 요소가 어떤 공통점을 가진다는 걸 강력하게 암시하는데, 연구자들은 이런 공통 요소를 지능의 일반적 요소 또는 줄여서 *g*-인자(여기서 g는 영어로 general의 약자—옮긴이)라고 부른다. 그림 1.1의 피라미드에서 가장 높은 지점에 있는 요소가 바로 *g* 이다. *g*-인자는 종합적인 지적 능력을 강조하는 지능에 대한 정의와 어떤 특정한 능력을 측정(또는 더 정확하게 말하면 추정)하는 개별 검사 사이에서 가교 역할을 한다.

지능 관련 요소에 대한 대다수 이론은 모든 지적 능력 검사 사이엔 서로 양의 상관관계가 성립한다는 경험적 관찰에서 출발한다. 이를 '포지티브 매니폴드(positive manifold)'라고 하는데, 이에 대해서는 일찍이 115년 전에 찰스 스피어먼(Charles Spearman)이 처음으로 설명했다(Spearman, 1904). 스피어먼은 서로의 상관관계를 바탕으로 각 검사들 사

텍스트 상자 1.1 상관관계

아마도 많은 사람이 상관관계에 대해 이미 알고 있을 것이다. 이 책 전체에서 상관관계라는 용어를 자주 사용하므로 여기서 모든 독자가 그 개념을 공유할 수 있도록 간단하게 설명해보도록 하자. 먼저, 여러 사람들의 키와 몸무게를 측정한다고 가정하자. 그래프의 y축에 키를 나타내는 범위를 설정하고 x축에는 몸무게의 범위를 나타나게 하면 각 사람의 키와 몸무게를 대입해서 그래프 위에 하나의 점으로 표시할 수 있다. 그렇게 각 사람의 키와 몸무게를 나타내는 점을 하나씩 추가하면 어느 시점에 어떤 관련성이 보이기 시작한다. 키가 큰 사람은 당연히 몸무게가 더 많이 나가는 경향이 있다. 그림 1.2에서 그런 관계성을 확인할 수 있다. 키와 몸무게 사이의 이런 연관성은 더 이상 점을 추가할 필요 없이 분명해 보이지만, 다른 변수들 사이에서는 그런 연관성이 그렇게 분명하게 나타나지 않기도 한다. 통계학적 기법을 동원하면 키와 몸무게라는 두 변수 사이의 관련성이 얼마나 강력한지 정량화할 수 있다.

키와 몸무게가 완벽하게 연관되어 있다면, 각각의 점은 예외 없이 일직선상에 놓일 테고, 우리는 하나의 변수만을 측정해도 아무런 오차 없이 다른 변수의 값을 예측할 수 있을 것이다. 이렇게 한 변수의 값으로 다른 변수의 값을 정확하게 알아낼 경우 우리는 이 두 변수 사이의 상관관계를 +1로 정의한다. 그림 1.2에는 강력하기는 하지만 완벽하지는 않은 양의 상관관계도 있다. 완벽한 음의 상관관계는 한 변수의 높은 값으로 다른 변수의 낮은 값을 오차 없이 예측할 수 있는 경우를 말한다. 강력하지만 완벽하지는 않은 음의 상관관계(역상관관계라고도 함) 역

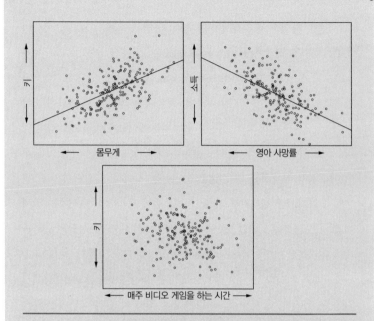

그림 1.2　왼쪽은 키가 클수록 체중도 증가하는 양의 상관관계를 보여준다. 오른쪽은 음의 상관관계로, 가족 소득이 증가할수록 유아 사망률이 감소하는 것을 보여준다(시뮬레이션 데이터). 아래쪽 그림에서는 키와 비디오 게임 시간 사이의 상관관계를 찾아볼 수 없다. 이 모든 분산형 그래프에서 각각의 점은 데이터 포인트를 나타낸다. 실선은 완벽한 상관관계를 보여주며, 이 선 위와 아래에 흩어져 있는 점들이 그 실선에 얼마나 가까이 분포해 있는지를 갖고 상관관계를 계산한다(리처드 하이어 제공).

시 그림 1.2에서 찾아볼 수 있다. 완벽한 음의 상관관계는 −1의 값으로 표시한다. 그림 1.2에서는 가족 소득이 높을수록 영아 사망률이 낮아지는 것이 바로 그런 음의 상관관계를 보여준다. 마지막으로, 그림 1.2의 아래 그래프는 청소년의 키와 비디오 게임을 하는 시간 사이에 상관관계가 거의 없음을 보여준다. 이럴 경우 우리는 상관관계가 0이라고 정의한다.

두 변수 사이의 상관관계는 각 점이 완벽한 선에서 얼마나 벗어나 분포하는지를 계산해서 얻는다. 상관관계가 양수든 음수든 그 수치가 높을수록 두 변수 사이의 관계가 더 강하다고 할 수 있으며, 이는 한 변수로서 다른 변수를 더 잘 예측할 수 있다는 의미다. 상관관계는 항상 +1과 −1 사이에 위치한다. 그런데 여기에 한 가지 중요한 점이 있다. 두 변수 사이의 상관관계가 높다고 해서 어느 한 변수의 값이 다른 변수의 값을 통제하는 건 절대로 아니라는 것이다. 상관관계는 한 변수가 올라가거나 내려가면 다른 변수도 함께 올라가고 내려가는 관계에 있다는 사실을 의미할 뿐, 두 변수 사이에서 나타날 수 있는 인과관계에 대해서는 아무런 정보도 제공하지 않는다. 다시 말해, 상관관계가 인과관계를 의미하지는 않는다는 얘기다. 두 변수는 서로 상관관계가 있을 수 있지만, 둘 중 어느 하나가 다른 변수의 원인이 되지는 않는다. 예를 들어, 소금 섭취량과 혈중 콜레스테롤 수치 사이에는 어느 정도 상관관계가 있을 수 있다. 하지만 그렇다고 해서 둘 중 하나가 다른하나를 유발한다는 의미는 절대로 아니다. 이 둘 사이의 상관관계는 식습관 불량 같은 두 변수 모두에 작용하는 세 번째 요인에 의해 발생할 수도 있다.

이의 관계를 파악하는 데 용이한 통계적 방법론을 고안했다. 그 기본적인 방법은 요인 분석(factor analysis)이다. 이는 근본적으로 시험들 사이의 상관관계를 분석하는 방식으로 작동한다. 상관관계에 대해서는 여러분이 이미 알고 있겠지만, 텍스트 상자 1.1의 간략한 검토를 참조하기바란다.

요인 분석은 여러 변수 사이의 상관관계 패턴을 기반으로 한다. 우리로서는 지적 능력을 측정하는 여러 다양한 검사 사이에 어떤 상관관계가 존재하는지 아는 데 관심이 있다. 따라서 요인 분석의 요점은 각 검사의 내용 자체가 아니라, 검사 점수들의 상관관계를 기반으로 어떤 검사가 다른 어떤 검사와 더 밀접한지를 식별하는 것이다. 서로 잘 어울리는 검사 세트는 높은 상관관계를 유발하는 공통점이 있기 때문에 하나의 요인을 정의한다. 이 분야의 연구는 일반적으로 수백 또는 수천 명이 수십 개의 검사를 완료해서 얻는 데이터 세트와 관련한 요인 분석을 적용한다.

요인 분석에는 여러 가지 형태가 있지만 이것이 기본 개념이며, 그림 1.1에서 설명한 피라미드 같은 지적 능력 구조 모델의 기초를 이룬다. 다시 되돌아가서, 상관관계 값은 검사, 요인, g 사이의 연관성이 얼마나 강한지를 보여준다. 모든 상관관계는 양수이며, 스피어먼의 포지티브 매니폴드를 실증한다.

그러면 그림 1.1에서 이런 예의 몇 가지 세부 사항을 살펴보도록 하자. 추론 능력 요소는 g와의 사이에 0.96이라는 가장 강력한 상관관계를 갖고 있다. 이 말의 의미는 추론 능력 요소가 g와 관련 있는 가장 강력한 요인이므로 추론 능력 검사는 g를 가장 잘 추정하는 검사로 간주할 수 있다는 뜻이다. 이를 다른 말로 표현하면, 추론 능력 검사가 높은 g-부하(g-loading)를 갖는다는 얘기다. 검사 1의 경우 추론 능력 요인에 대한 부하가 0.93으로 가장 높기 때문에 단 하나의 검사만 사용해서 지적 능력을 추정하려 한다면 이 검사야말로 g에 대한 최상의 단일 추정치를 제공할 수 있다는 점에 유의하자. 두 번째로 강한 상관관계는 공간 이해 능력과 g 사이에서 나타난다. 따라서 공간 이해 능력 검사도

g를 추정할 수 있는 좋은 대안이다. 어휘력 검사는 0.74로 상당히 강력하고, 기억력을 포함한 다른 검사 요인들이 그 뒤를 따른다. 이 사례에서 기억력 검사는 0.80의 상관계수를 가져 좋은 추정치로 평가되지만, 다른 연구에서는 작업 기억(working memory: 정보를 잠깐 동안만 유지하고 조작하는 기억 체계─옮긴이)과 g 사이에 훨씬 더 강한 상관관계가 있음을 보여주었다(섹션 6.2 참조).

1.4 대체 모델

다른 통계학자와 연구자들은 대체 요인을 사용하는 분석 방법을 개발했다. 여기서 자세한 내용을 다룰 필요는 없겠지만, 여러 다양한 방법을 활용해 지능 관련 요인 분석 모델이 도출되었다. 각각의 모델은 지능 구성 요인을 조금씩 다르게 설정한다. 그처럼 다양한 요인을 적용할 수 있는 만큼 g-인자만으로는 지능의 전부를 설명하기가 그리 쉽지 않다. 따라서 어떤 지능 연구자도 지능의 모든 측면을 단일 점수로 파악할 수 있다고 주장하거나 그와 비슷한 말을 한 적은 없다. 그만큼 다른 광범위한 요소와 특정한 지적 능력도 중요하다. 연구자들이 일련의 검사를 통해 요인들을 도출하는 방식에 따라 g에 부차적인 여러 가지 요인이 등장한다. 그림 1.1의 피라미드 구조 다이어그램 사례에서는 크게 다섯 가지 요소가 있다. 널리 쓰이는 또 다른 모델에서는 결정성 지능(crystalized intelligence)과 유동성 지능(fluid intelligence)이라는 두 가지 핵심 요소만을 기반으로 삼는다(Cattell, 1971, 1987). 결정성 지능은 지식과 경험을 바탕으로 사실을 학습하고 정보를 흡수하는 능력을 말한다. 이는 일부 서번트에서 찾아볼 수 있는 지능의 일종이다. 유동성 지능은 어려운 문제를 해결하는 데 필요한 귀납적 또는 연역적 추론 능력을 말한다. 우리가 아인슈타인이나 뉴턴을 떠올릴 때 관련지어 생각할 수 있는 종류의 지능이다. 유동성 지능의 측정치는 일반적으로 g의 측정치와 높은 상관관계를 보이며, 따라서 이 둘은 종종 동의어로 쓰이기도 한다. 결정성 지능은 나이가 들어도 거의 떨어지지 않고 평생 비교적 안정적으로 유지되는 반면, 유동성 지능은 나이가 들면서 서서히 감소하는 것으로 알려져 있다(Schaie, 1993). 유동성 지능과 결정성 지능을 구분하는 것은 지능을 정의하는 데 있어 중요한 진전의 하나로 널리 인정받는다. 양자는 서로 관련이 있으므로 g-인자와 충돌하지 않는다. 아울러 지적 능력의 피라미드 구조에서 g 바로 아래에 있는 요인으로 대표된다.

또 다른 요인 분석 모델은 g-인자에 더해 언어 능력, 지각 감지 능력 그리고 공간 이해 능력이라는 세 가지 핵심 요인에 초점을 맞춘다(Johnson & Bouchard, 2005). 로버트 스턴버그(Robert Sternberg)는 g의 중요성을 약화시킨 모델을 무시하고(Brody, 2003; Gottfredson, 2003; Sternberg, 2000, 2003, 2014), 하워드 가드너(Howard Gardner)는 g를 아예 무시하기도 했다(Ferrero, Vadillo & León, 2021; Gardner, 1987; Gardner & Moran, 2006; Waterhouse, 2006). 그렇지만 지능에 대한 거의 모든 신경과학 연구는 높은 g-부하를 가진 다양한 측정 기법을 사용한다. 이 책에서는 이러한 연구들에 초점을 맞추되 g-인자 이외의 요인과 특정 능력을 조사하는 여러 신경과학 연구도 포함해서 논의할 것이다.

1.5 g-인자에 집중하기

g-인자는 오늘날 연구에 쓰이는 대부분의 지능 평가에서 기초를 형성하는데, 그 이유는 이 요인만으로도 사람들에게서 나타나는 지능 검사 점수 변동성의 약 절반을 설명할 수 있기 때문이다. IQ와 동일하지는 않지만 대부분의 IQ 검사가 g의 중요한 측면인 여러 정신적 요인을 추출하는 일련의 검사를 기반으로 하므로 IQ 점수는 g의 좋은 추정치라고 할 수 있다. 지능에 관한 많은 논란은 지적 능력, 지능, g-인자, IQ 등의 단어를 사용하는 방법의 혼란에서 기인한다. 그림 1.3은 이 책에서 내가 어떻게 그런 단어들을 사용하고 있는지 설명하는 데 유용하다.

우리는 여러 가지 다양한 지적 능력을 갖고 있다. 암산으로 곱셈을 하는 것에서부터 주식을 고르고 국가들의 수도 이름을 외우는 것까지 생각할 수 있는 모든 게 지적 능력에 포함된다. 그림 1.3의 큰 원은 그런 모든 지적 능력을 나타낸다. 지능은 미국심리학협회와 고트프레드슨〔L. Gottfredson: 범죄 발생에 대한 일반 이론(General Theory of Crime)을 개발한 미국의 저명한 사회심리학자—옮긴이〕의 정의에 따르면, 일상적인 문제에 대응하고 주어진 환경을 탐색하고 거기에 적응하는 일과 가장 관련성이 깊은 지적 능력을 의미하는 포괄적 단어라고 할 수 있다. '지능'이라고 표시된 원은 지적 능력보다 작다. IQ는 일상적인 지능과 관련 있는 지적 능력의 하위 집합을 기반으로 하는 검사 점수다. IQ는 일반적인 지능을 예측하는 좋은 지표라고 할 수 있으므로 지능 원에서 상당히 큰 부분을 차지한다. 이 원에는 그림 1.1의 피라미드 구조 다이어그램에 있는 것과 같은 광범위한 요인이 포함된다. IQ에 대해서는 섹션 1.6에서 좀더 자세히 설명할 예정이다. 마지막으로, g-인자는 모든 지적 능력에

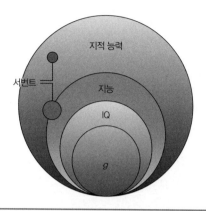

그림 1.3 지적 능력, 지능, IQ, g-인자 사이의 개념적 관계(The Intelligent Brain, copyright 2013 The Teaching Company. LLC. The Teaching Company, LLC의 허가를 받음, www. thegreatcourses.com).

공통적으로 적용되는 요소라고 할 수 있다. g-인자는 IQ에서 상당히 큰 부분을 차지한다. 앞으로 2장과 6장에서 더 설명하겠지만, 일상적인 지능과 IQ 검사 점수는 사회적·문화적 요인을 포함한 여러 요소의 영향을 받을 수 있다. 이에 반해 g-인자는 상대적으로 생물학적·유전적 요인들에 더 많은 영향을 받는다고 알려져 있다.

앞서 열거한 서번트 사례는 g가 거의 없음에도 매우 특정한 능력의 수준을 가질 수 있다는 걸 보여준다. 킴이나 데릭의 경우가 그러했다. 이들은 강력한 독립적 능력이 존재할 수 있다는 걸 입증하지만, g가 부족할 때의 문제점도 함께 보여준다. IBM 컴퓨터 왓슨은 언어 정보를 분석하고 단어의 의미에 기반해 문제를 해결하는 특정 능력을 보여주었다. 그것 역시 놀라운 성과이지만, 내가 보기에 왓슨은 g-인자를 갖고 있지 못하다. 왓슨은 적어도 현재로서는 알베르트 아인슈타인보다는 킴에 더 가깝다고 할 수 있다. 인공 지능 연구자들 사이에서는 현재 범용 인공 지능(artificial general intelligence, AGI)을 개발하기 위한 공동의 노력이 맹렬히 진행되고 있지만, 이는 사실 매우 어려운 도전이 될 것이다(Chollet, 2019). 어쩌면 심리측정학이나 신경과학에서 얻은 인간 g-인자에 대한 통찰이 그들의 연구에 도움을 줄지도 모르겠다(섹션 6.4 참조).

하지만 서번트 사례는 극히 드문 경우라고 할 수 있다. 대부분의 사람들은 다양한 수준의 g와 독립적인 요소를 가지고 있으며, 어떤 두 사람이 같은 수준의 g를 보유했다고 해도 각자 지닌 정신적 능력의 강점과 약점은 서로 다른 패턴을 보일 수 있다. 그렇다면 천재는 어떻게 놀라운 정신적 업적을 이룰 수 있고, 우리는 왜 그럴 수 없는 걸까? 우리 모두가 2만 2514자리의 숫자를 외울 잠재력을 가질 수 있거나, 음악적 또는 예술적 천재성을 지녔을 가능성이 있을까? 그리고 왜 어떤 사람은 다른 사람보다 더 똑똑할까? 모든 사람이 모든 과목을 학습할 수 있는 동등한 잠재력을 가지고 있을까? 모든 과학 분야에서와 마찬가지로 여기에는 수많은 질문이 얽혀 있으며 그 해답은 전적으로 측정에 달려 있다.

1.6 지능과 IQ의 측정

대부분의 사람들은 지능 검사를 한다고 하면 자동적으로 IQ를 연상한다. IQ와 모든 정신 검사에 대한 비판은 널리 퍼져 있으며, 그런 비판은 지난 수십 년 동안 지속되었다(Lerner, 1980). 지적 능력을 검사하겠다는 생각은 사실 특정한 일부 아이들에게 특수 교육을 받을 수 있는 기회를 제공하기 위한 발상에서 생겨났다는 점을 기억할 필요가 있다. 또한 그동안 많은 우려에도 불구하고 지능 검사는 심리학의 위대한 업적 중 하나로 여겨지고 있다는 점도 언급할 가치가 있다. 이 두 가지 점에 대해 간략하게 논의해보자. IQ 검사에 대한 좀더 유익하고 자세한 논의는 두 권의 고전적인 교과서(Hunt, 2011; Mackintosh, 2011)와 최근의 교과서(Haier & Colom, 2023; Coyle, 2021 참조)에서도 찾아볼 수 있다.

20세기 초에 프랑스 교육부 장관은 특별한 주의를 요하는, 학업 성취도가 낮은 아동들을 파악하는 데 관심을 두었다. 이때 등장했던 문제가 바로 '정신적으로 결함 있는' 아동과, 행동이나 기타 이유로 성취도가 낮은 다른 아동을 어떻게 구별할 수 있을까 하는 것이었다. 당시에는 교사가 훈육하기 어려운 아동을 처벌 목적으로 특수학교에 배정할 수 없도록 하는 객관적 수단으로서 검사가 필요했다.

이런 맥락에서 알프레드 비네(Alfred Binet)와 그의 협력자 테오도르 시몽(Theodore Simon)은 일반 학교의 교육을 따라갈 수 없는 아동을 식별하기 위해 최초의 IQ 검사를 고안했다. 그들에게 IQ 검사는 지적 능력이 낮은 아동을 식별해 특별한 관심을 받을 수 있도록 격려하고, 지적 능력이 낮아서가 아니라 나쁜 행동에 대한 처벌로서 특수학교에 잘못 보내지는 아동들로부터 구별하기 위한 객관적 수단이었다. 그리고 이 두 가지 목표는 모두 탁월한 성공을 거두었다.

비네와 시몽이 만든 IQ 검사는 판단력이 지능의 핵심 요소라고 생각했기 때문에 판단력 검사에 중점을 두고 다양한 지적 능력을 샘플링하는 몇 가지 하위 검사들로 이뤄졌다. 먼저, 그들은 이 검사를 많은 아동에게 적용해 각각의 연령과 성별에 따른 평균 점수를 얻었다. 그런 다음 각 하위 검사의 점수를 합산해서 연령별 점수를 구했는데, 그들은 이 점수를 아동의 정신 연령(mental age)이라고 불렀다. 빌리암 슈테른(William Stern)이라는 독일 심리학자는 정신 연령의 개념을 한 단계 더 발전시켰다. 정신 연령을 실제 나이로 나눈 것이다. 그 결과 아동의 정신 연령(모든 하위 검사 점수의 평균)을 실제 나이로 나눈 비율인 IQ 점수가 산출되었다. 이 비율에 100을 곱하면 분수를 피할 수 있다.

예를 들어, 어떤 아동이 평균 9세 수준의 글을 읽었다면, 그 아동의 정신 연령은 9세다. 이 아동의 실제 연령이 9세라면 IQ는 9를 9로 나눈 값, 즉 1에다 100을 곱한 100이 된다. 만약 정신 연령이 10세이지만 실제 나이는 9세인 아동이 있다면, 그 아동의 IQ는 10을 9로 나눈 값 1.11에 100을 곱한 111이 된다. 또 정신 연령이 8세인 9세 아동의 IQ는 8을 9로 나눈 0.89에 100을 곱한 값, 즉 89다.

이 초기 검사의 목적은 **같은 또래에 비해** 학교 성적이 현저하게 낮은 아동을 찾아내 그들에게 특별한 관심을 기울이는 데 있었다. 비네-시몽 검사는 실제로 이러한 목적에 상당히 효과적이었다. 하지만 정신 연령 개념의 한 가지 문제점은 16세 이후에는 평가하기가 어렵다는 것이다. 19세와 21세 청년들의 경우 나이 차이에 따른 정신 연령 차이를 실제로 엿볼 수 있을까? 여기서 말하는 것은 성숙도가 아니다. 30세 어른의 정신 연령은 40세와 크게 다르지 않으므로 비네-시몽 검사는 성인에게는 유용하지 않고, 그런 차이를 얻기 위해 설계되지도 않았다.

하지만 명심해야 할 훨씬 더 중요한 측정 문제가 있다. IQ 점수란 **같은 또래 아동에 대한 상대적** 측정치라는 점에 유의해야 한다. 심지어 오늘날에도, 나중에 설명할 다른 계산법을 기반으로 하는 최신 IQ 검사 역시 **같은 또래하고 비교한** 개인의 점수를 보여준다. IQ 점수는 물의 양을 리터 단위로 측정하고 거리를 미터 단위로 재는 것처럼 얻어지는 절대적 측정치가 아니다. IQ 점수는 오직 다른 사람들과 **비교했을 때에만**

의미를 가진다. 사람들 사이의 지능 차이는 실제로 존재하지만, 이러한 차이를 측정하는 방법론은 상대적 방식으로만 해석할 수 있는 검사 점수에 의존한다는 것이다. 이런 핵심적인 사항에 대해서는 곧 자세한 설명이 이어지고, 이 책 전체에서 거듭 다룰 것이다.

그럼에도 불구하고 비네-시몽 IQ 검사는 객관적인 방법으로 아동의 지적 능력을 평가하는 데 중요한 진전을 이루었다. 비네-시몽 검사는 1920년대 스탠퍼드 대학교에서 루이스 터먼(Louis Terman) 교수가 영어로 번역해 시행했는데, 현재는 스탠퍼드-비네 검사로 널리 알려져 있다. 터먼 교수는 이 검사에서 얻은 매우 높은 IQ 점수를 사용해 이른바 '천재'를 구별해냈고, 이들에 대해 섹션 1.10.4에서 설명하는 것과 같은 평생 주기 연구를 수행했다.

웩슬러 성인 지능 척도(Wechsler Adult Intelligence Scale, WAIS)는 스탠퍼드-비네 검사 같은 하위 검사와 함께 설계되었지만, 그 이름에서 알 수 있듯 성인이 그 대상이었다. 오늘날 가장 널리 사용되는 지능 검사이기도 하다. 현재 버전은 10개의 핵심적인 하위 검사와 5개의 보충적인 하위 검사로 이뤄져 있으며, 지적 능력을 광범위하게 측정한다. WAIS와 스탠퍼드-비네 검사 모두에서 IQ를 계산하는 방식에 최근 한 가지 중요한 변화가 있었다. 이제 정신 연령이라는 개념은 더 이상 쓰이지 않는다. 그 대신 IQ는 정규 분포와 편차 점수의 통계적 속성을 기반으로 계산된다. 그 개념은 간단하다. 요컨대 개인의 점수가 표준에서 얼마나 벗어났는지가 중요하다.

편차 점수의 작동 방식을 알아보기 위해 그림 1.4와 같은 정규 분포 곡선의 속성부터 살펴보자. [그 모양 때문에 벨 커브(bell curve, 종 곡선)라고도 한다.]

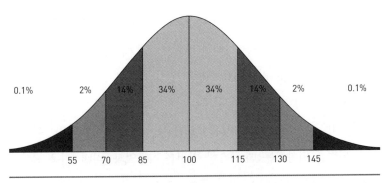

그림 1.4 IQ 점수의 정규 분포 곡선과 각 레벨에 속하는 사람들의 비율(리처드 하이어 제공).

키, 소득, IQ 점수 같은 많은 변수의 특징은 무작위로 선택된 대규모 인구 집단에서 정규 분포로 나타난다는 점이다. 대다수 사람들은 그 중간값을 가지며, 분포의 최하단과 최상으로 갈수록 그 수가 감소한다. 모든 정규 분포는 모든 개인 점수를 다른 사람들에 대한 백분위수로 표현할 수 있다는 점에서 특정한 통계적 특성을 가진다. 이는 평균 점수가 100이고 표준 편차가 15인 IQ 점수의 그래프에서도 찾아볼 수 있다. 표준 편차는 평균 주위에서 각 데이터의 분산 정도를 나타내며, 각 개인이 그룹 평균에서 얼마나 벗어나는지에 대한 함수로 계산된다. 정규 분포 곡선에서는 50퍼센트의 점수가 100점 미만이고, 68퍼센트가 표준 편차 +1에서 −1 사이에 속하기 때문에 85점에서 115점 사이가 평균 IQ의 범위로 간주된다. 평균보다 2 표준 편차 높은 130점은 상위 2퍼센트에 해당하는 98번째 백분위수에 해당한다. 그리고 70점은 평균보다 2 표준 편차 아래인 2번째 백분위수에 해당하고, 145점인 사람은 상위 10퍼센트 중 상위 1퍼센트에 속한다. 145점 이상의 점수는 종종 천재 범위에 속하는 것으로 간주되지만, 이 분포의 극단적인 최상단에서는 대부분의 검사 점수가 그리 정확성을 갖지 못한다.

IQ 검사는 그 점수가 정규 분포 곡선을 나타내도록 개발되었다. 각각의 하위 검사 설문지를 만드는 데에는 다양한 연령대의 많은 남성과 여성이 동원되는데, 이들을 표준 집단이라고 부른다. 각 표준 집단에는 평균(mean)이라고 불리는 평균 점수(average score)가 있으며, 그 평균을 중심으로 점수들이 어떻게 분포하는지를 표준 편차라는 통계학적 용어로 계산한다.

하위 검사에서 만점이 20점이라고 가정해보자. 각 표준 집단에서 이 시험의 평균 점수는 다를 수 있는데, 예를 들어 연령으로 표준 집단을 선정했다고 치면 10세 어린이 응시자들의 평균 점수는 8점일 수 있고, 똑같은 시험을 치른 12세 어린이들의 평균 점수는 그보다 조금 높아서 14점일 수도 있다. 바로 이 때문에 각 연령대별로 표준 집단을 만드는 것이 중요하다. 이제 12세의 한 어린이가 하위 검사를 치렀다고 가정하자. 만약 이 어린이가 14점을 받았다면, 그 애는 해당 연령의 평균 점수를 받은 셈이다. 점수가 14점보다 더 높거나 낮으면 표준 평균과의 편차를 계산해 평균에서 얼마나 벗어나는지를 점수로 표현할 수 있다. 모든 하위 검사에서 표준 편차는 전체 시험에서 IQ 표준 편차를 계산하는 데 사용된다. 그림 1.4에서와 같이 그 편차 점수는 쉽게 백분위수로 변환 가능하다.

각 편차 점수는 동일하지만 이 점수는 다른 사람과 비교했을 때에만 의미를 가진다. 기술적 측면에서 이 점수엔 0점이 없기 때문에 비율 척도가 아니다. 다시 말해, 비율 척도로 측정하는 무게나 거리 또는 액체의 양과는 개념적으로 다르다는 것이다. IQ 점수와 그에 대한 해석은 좋은 정상 집단의 존재 여부에 따라 달라진다. 이러한 이유로 이 시험이 유효성을 갖기 위해서는 주기적으로 좋은 표준 집단을 새로 만들어야만 한다. 아동용 웩슬러 지능 척도(Wechler Intelligence Scale for Children, WISC)라는 별도의 어린이용 검사 버전이 따로 존재하는 이유다.

WAIS, 곧 웩슬러 성인 지능 척도는 전체 지능 지수(Full Scale Intelligence Quotient, FSIQ: 지능 검사의 여러 하위 항목을 통합한 지표로서 개인의 전반적인 지적 능력을 평가할 때 쓰인다—옮긴이) 점수가 아닌 몇 개의 하위 특정 요인으로 나눌 수 있으며, 이는 그림 1.1에 표시된 지적 능력의 피라미드 구조와 매우 유사하다. 그러한 개별적 하위 검사는 언어 이해(verbal comprehension), 작업 기억(working memory), 지각 조직(perceptual organization) 그리고 처리 속도(processing speed)의 네 가지 그룹으로 분류할 수 있다. 아울러 이 네 가지 특정 요인은 언어 IQ(verbal IQ)와 수행 IQ(performance IQ)라는 좀더 일반적 요인으로 다시 나뉘는데, 이 두 요인이 결국 총 IQ 점수 또는 FSIQ로 정의되는 공통적인 일반 요인(general factor)을 구성한다. 이는 다양한 지적 능력을 확인하는 여러 검사를 기반으로 하므로 g-인자의 좋은 추정치라고 할 수 있다. 각 요인별 점수는 다른 예측에도 쓰일 수 있지만, FSIQ가 연구에서 가장 널리 사용되는 IQ 점수다.

1.7 기타 지능 검사

지금까지 설명한 IQ 검사는 숙련된 검사자가 한 번에 한 명씩 테스트를 완료할 때까지 상호 작용하면서 실시하며, 보통 90분 이상이 걸린다. 다른 심리 측정 지능 검사는 그룹 환경에서 검사자와의 직접적 상호 작용 없이 실시할 수 있다. 특정한 지적 능력을 평가하기 위해 고안한 검사도 있고, 일반적인 지능을 평가하기 위해 고안한 검사도 있다. 일반적으로 말해서 복잡한 추론이 요구되는 검사일수록 g-인자를 더 잘 추정할 수 있다. 이러한 검사를 가리켜 '높은 g-부하'를 가진다고 말한다. 다음은 IQ 외에 신경과학 연구에서 사용되는 세 가지 검사에 대한 간략한 설명이다.

1. 레이븐식 고급 점진적 매트릭스(Raven's Advanced Progressive Matrices, RAPM) 검사는 개발자인 레이븐 박사의 이름을 따서 명명되었는데, 그룹 단위로 실시할 수 있으며 일반적으로 40분이라는 시간제한을 갖는다. 특히 시간 제약이 엄격하므로 g-인자를 잘 추정할 수 있는 검사로 여겨지는데, 시간제한이 개인적 특성을 더 잘 구분해내는 경향성이 있는 것으로 알려져 있다. 이 검사는 추상적 추론에 대한 비언어적 검사로 그림 1.5가 그런 특징을 잘 보여준다. 큰 직사각형에는 8개의 기호로 이루어진 매트릭스가 나열되어 있고 오른쪽 아래 모서리에는 빈칸이 놓여 있다. 8개의 기호는 무작위로 배열된 것이 아니며, 이것들을 연결하는 패턴이나 규칙이 존재한다. 여러분은 그 패턴이나 규칙을 추론한 후, 행렬 아래의 8개 선택지 중에서 과연 어떤 것이 오른쪽 아래 모서리에 들어가야 하는지를 결정해야 한다.

이 예에서는 7번이 정답이다. 행렬의 가운데 열에 왼쪽 열을 더하면 오른쪽 열에 합당한 기호가 나타난다. 맨 위 행을 중간 행에 더하면 맨 아래 행이 되기도 한다. 실제 검사에서는 그 항목들이 뒤로 가면서 점점 더 어려워지는 경향을 나타낸다. 기본 패턴이나 규칙을 유추하기가 상당히 힘들 수 있으며, 각기 다른 난이도를 가진 여러 버전의 검사지가 마련되어 있다. 이 검사는 간단하게 시행할 수 있어 많은 연구에서

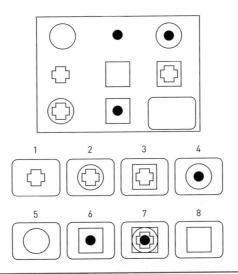

그림 1.5 RAPM 검사의 시뮬레이션 문제. 기호 매트릭스에서 오른쪽 아래 모서리가 비어 있는데, 패턴이나 규칙을 추론하면 아래에 나열된 8개의 선택지 중 하나만 그 자리에 맞는다. 이 경우 답은 (행 또는 열을 하나씩 추가한) 7번이다(렉스 융 제공).

사용된다. 하지만 이런 검사에서 얻는 성적은 수험자가 경험한 교육이나 문화와는 상당히 독립적으로 나타난다. 점수는 g-인자에 대한 합리적 추정치이지만, 이를 바로 g-인자로 오인해서는 안 된다(Gignac, 2015).

2. 유추형 검사(analogy tests) 역시 g를 매우 잘 추정할 수 있다. 한 가지 예를 들어보자. "날개와 새의 관계는 창문과 __의 관계와 같다"(답은 '집'). 다른 예를 보자. "헬륨과 풍선의 관계는 효모와 __의 관계와 유사하다"(답은 '밀가루 반죽'). "모네(Monet)는 모차르트(Mozart)가 음악에 영향을 미쳤듯이 그렇게 __에 영향을 미쳤다"(답은 '미술'). 이런 유추형 검사는 그동안 경험적으로 g를 잘 추정할 수 있었음에도 불구하고, 수험자의 교육 정도나 문화적·환경적 요인에 쉽게 영향을 받을 수 있으므로 지금은 많은 지적 능력 검사에서 점차 제외되고 있다.

3. 학력 평가 시험(Scholastic Assessment Test, SAT)은 아주 흥미로운 예다. 최근까지 이 시험은 미국 대학에서 신입생 선발을 위해 널리 사용되었다(텍스트 상자 1.2 참조). 그런데 이 시험은 성취도 검사(achievement test)일까, 아니면 적성 검사(aptitude test)일까, 혹은 지능 검사(intelligent test)일까? SAT는 원래 '학업 적성 검사'라고 불렸다가 '학업 성취도 검사'로 이름이 바뀌었고 지금은 '학력 평가 시험'이라고 흔히 불린다. 성취도 검사는 학습한 내용을 측정한다. 적성 검사는 특히 음악이나 외국어 같은 특정 영역에서 무엇을 배울 수 있는지 측정한다. SAT에는 추론이 필요한 문제가 많이 포함되어 있어 이 시험의 총점은 특히 g의 좋은 추정치가 될 수 있다(Coyle, 2015; Frey & Detterman, 2004 참조. 또한 Beaujean et al., 2006; Coyle, 2021; Koenig, Frey & Detterman, 2008 참조). IQ 점수와 마찬가지로 SAT 점수 역시 정규 분포에 기반해 백분위수로 해석하는 것이 가장 적합하다. 예를 들어, SAT 분포의 상위 2퍼센트에 속하는 사람들은 IQ 분포에서도 최소한 상위 2퍼센트에 속하는 경향이 있다. 때때로 이런 점이 사람들을 놀라게 하지만, 지능이 그 사람의 학습량과 관련이 없어야 한다면 그것이야말로 정말로 놀라운 일 아닐까?

성취도 검사, 적성 검사, 지능 검사의 점수는 모두 서로 상당한 관련성을 갖는다. 이것들은 서로 독립적이지 않다. g-인자가 모든 지적 능력 검사에 공통적으로 적용된다는 점을 꼭 기억하라. 학습과 지능이 무관하다면 그것이야말로 이례적인 일이다. 따라서 여러분의 성취도 검사 성적은 일반 지능과 관련성이 있다. 마치 IQ 검사 점수와 적성 검사 점수가 g와 관련 있는 것처럼 말이다. 하지만 똑똑한 학생들 중에 성취도가 낮은 경우도 있고, 똑똑하지 않은 학생들 중에 성취도가 높은 경우도 있다는 걸 우리 모두가 잘 알고 있기 때문에 어쩌면 혼란스러울 수

텍스트 상자 1.2 대학 입학 사정에서 표준화한 시험을 활용하는 것에 대한 여러분의 의견은?

캘리포니아 대학교(UC)가 2021년 입학 사정에서 표준화한 시험 성적을 사용하지 않도록 결정했지만, 이는 이 문제를 평가하는 임무를 맡은 UC 특별위원회의 조사 결과와 일치하지 않는다. 특별위원회가 내린 결론의 일부분은 다음과 같다. "표준화한 시험 점수는 전 학년 평점(UGPA), 학업 유지율, 대학 수료 여부 등을 포함해 학생들의 중요한 성공 지표를 예측하는 데 상당한 도움이 되었다. 현재 UC에서는 신입생의 SAT 점수가 고등학교 내신 성적(HSGPA)보다 대학 1학년 평점(GPA)을 더 잘 예측하며, 1학년 과정 지속률, 전 학년 평점, 졸업 여부 등을 예측하는 데에도 거의 유사하게 나타났다. 특정한 성적군 학생들의 경우, 표준화한 시험 점수가 높을수록 UGPA 역시 높았고, UGPA가 높으면 4년(편입생의 경우) 또는 7년(신입생의 경우) 이내에 졸업할 가능성 역시 높아지는 상관관계를 보였다. 또한 SAT 시험에서 엿볼 수 있는 점수의 분산 정도는 2007년 이후 증가하고 있는 반면, 고등학교 성적의 분산은 감소하는 것으로 나타났다. 하지만 그 어느 것도 전체적으로는 26퍼센트를 넘지 않았다. 시험 점수는 HSGPA를 통제한 후에도 인종/인구학적 그룹 및 학과에 대한 예측이 가능했다. 실제로 시험 점수는 소수계 학생(URM), 이민 1세대 또는 저소득층 가정의 학생들에게서 더 좋은 성공 예측 변수로 작용했다. 즉, SAT 시험 점수는 이런 그룹에 속한 학생들의 UGPA와 수료율 차이를 더 잘 설명했다. SAT 시험 점수를 입학 사정에 고려하지 않을 때 생기는 한 가지 결과는 입시에서 HSGPA에 대한 의존도가 높아진다는 것이다. UC 특별위원회는 캘리포니아 고등학교들의 시험 성적 기준이 매우 다양하고, 따라서 그런 성적 인플레이션이 근래에 HSGPA의 예측력이 감소한 이유 중 하나라는 사실을 발견했다."

이 보고서는 다음과 같이 결론을 요약했다. "우리는 그룹 간 시험 점수의 평균 차이에 주목하고 시험 점수 차이가 입학률의 차이를 잘 설명할 것이라고 기대했다. 하지만 이는 사실이 아니었다. 대신 우리 특별위원회는 UC의 입학 관행이 인구통계학적 그룹 간 평균 시험 점수 차이를 잘 보완한다는 사실을 발견했다. 이는 UC가 학생들의 내신 평가를 비교적 잘 반영하는 등 입학 사정에서 종합적 검토를 행하며, 각 학생들의 성적을 출신 학교에 따라 달리 평가하는 등 그동안의 관행을 충실히 반영했기 때문이라고 생각한다"(https://senate.universityofcalifornia. edu/_files/underreview/sttf-report.pdf). 이러한 경험적 연구 결과는 SAT 점수 사용을 중단한 행정적 결정을 약화시킬 것으로 보인다.

도 있다. 하지만 이런 사례는 사실 예외적이다. 실제로 성취도 검사, 적성 검사, 지능 검사 사이에는 몇 가지 유효한 구분이 존재한다. 각 종류의 검사는 서로 다른 환경에서 유용하지만 모두 g와 관련이 있는 게 사실이다.

1.8 신화: 지능 검사는 편향되거나 무의미하다

지능 검사 문제는 과연 공정할까, 아니면 개인의 교육 정도나 사회 계층 또는 지능 이외의 요인들에 의해 정답이 달라질 수 있을까? 내가 대학원에 재학할 때 한 교수는 대부분 사람들에게 공정한 질문이란 정답을 맞출 수 있는 질문을 의미한다고 말하곤 했다. 그러면 정답을 모른다고 해서 불공정하거나 편향된 질문이라고 할 수 있을까?

지능 검사 점수가 실제로 의미하는 바는 무엇일까? 점수가 낮게 나오는 것은 수험자들이 많은 질문에 대한 답을 제대로 몰랐기 때문에 발생한다. 그렇게 질문에 대한 답을 모르는 데에는 물론 여러 가지 이유가 있을 수 있다. 아예 배운 적이 없거나, 스스로 깨친 적이 없거나, 배웠지만 오래전에 잊어버렸거나, 배웠지만 시험 도중에 깜박했거나, 배웠지만 기억하지 못했거나, 추론하는 방법을 몰랐거나 등등. 비록 이런 이유들의 전부는 아니라도 그 대부분은 어떤 식으로든 일반 지능과 관련이 있는 것으로 보인다. 반면, 시험 점수가 높다는 것은 그 사람이 정답을 알고 있다는 걸 의미한다. 그러면 어떻게 답을 알게 되었는지가 중요할까? 더 나은 교육, 좋은 기억력, 시험 볼 때의 자신감, 또는 좋은 학습 능력 때문일까? 일반 지능에 대한 정의는 이 모든 걸 결합한 것이라고 말할 수 있다.

시험 편향성(test bias)은 특별한 의미를 가진다. 시험 점수가 실제 성과를 지속적으로 과대 또는 과소 예측하는 경우 그 시험은 편향된 것이다. 예를 들어, SAT 점수가 높은 특별한 그룹에 속한 사람들이 대학 과정에서 지속적으로 낮은 점수를 받았다면, SAT 점수가 그들의 성공을 과도하게 예측했기에 편향된 시험이었다고 말할 수 있다. 마찬가지로, SAT 점수가 낮은 사람들이 대학 과정에서 지속적으로 우수한 성적을 거둔다면, 이 시험은 성공을 과소 예측한 것이며, 따라서 편향된 시험이다. 그렇지만 하나의 시험이 두 그룹 사이에서 어떤 평균적 차이를 나타낸다고 해서 그것만으로 그 시험이 편향되었다고 판정하기는 어렵다. 예를 들어, 공간 능력 검사의 경우 남성과 여성의 평균 점수가 다를 수는 있지만, 그렇다고 해서 검사가 편향된 것은 아니다. 남성은 남성대로, 여성은 여성대로 그 점수가 공간 능력을 똑같이 잘 예측한다면, 비록 두 그룹 사이에 평균적인 차이가 나타날지라도 검사 자체가 편향된 것은 아니기 때문이다. 단지 몇 가지 잘못된 예측 사례만으로 편향성을 따져서는 안 된다는 점에도 유의할 필요가 있다. 어떤 검사가 편향성을 가진다고 말하려면, 그 예측이 잘못된 방향으로 지속적인 실패를 드러내야만 한다. 예측의 실패는 검사 자체가 편향되었기 때문이 아니라, 그 검사가 원하는 예측을 하는 데 그다지 유효하지 않았다는 의미다.

지난 수십 년 동안 시행된 여러 시험에서 편향성 여부를 조사한 상당히 많은 연구에 따르면, 적어도 IQ 및 기타 지능 검사에서는 그런 편향성이 발견되지 않았다(A. Jensen, 1980). 이런 시험 점수는 사회경제적 지위, 연령, 성별, 인종, 기타 변수와 상관없이 학업 성취도를 비교적 잘 예측했다. 또한 3장과 4장에서 더 자세히 설명하겠지만, IQ를 비롯한 여러 지능 검사 점수는 다른 중요한 변수들을 예측하는 데에도 비교적 성공적이었다. 심지어 두뇌의 피질 두께나 대뇌 포도당 대사율 같은 뇌의 특성을 예측하는 데에도 마찬가지였다. 만약 지능 검사의 점수가 무의미하다고 한다면 다른 측정치, 특히 정량화가 가능한 두뇌 특성을 제대로 예측하지 못할 것이다. 이런 맥락에서 '예측한다(predict)'라는 단어는 특별한 의미를 지닌다. 시험 점수가 무언가를 예측한다는 것은 그런 결과를 초래할 확률이 높다는 의미일 뿐이다. 예측이 100퍼센트 정확한 시험이 어디 있겠는가. 하지만 많은 심리학자들이 지능 검사를 위대한 업적으로 간주하는 이유는 이 점수가 많은 영역에서 성공에 대한 좋은 예측 인자이며, 특히 일부 영역에서는 아주 탁월한 예측 인자로 활용될 수 있어서다. 이러한 결론의 근거가 되는 주요한 연구들을 검토하기 전에 먼저 근본적 문제를 짚어보도록 하자.

1.9 지능 '측정'의 핵심 문제

이번 장 앞부분에서 간략히 언급했듯이 모든 지능 검사 점수가 갖는 주된 문제점은 그것이 비율 척도(ratio scale)가 아니라는 데 있다. 즉, 키와 몸무게를 측정하는 것과 달리 진정한 0이 존재하지 않는다. 예를 들어, 체중이 200파운드인 사람은 실제 0이 있고 파운드라는 단위를 사용하는 저울에서 몸무게를 재기 때문에 체중이 100파운드인 사람보다 말 그대로 2배 무겁다. 10마일은 5마일 거리의 2배다. 그런데 IQ 점수는 그렇지 않다. IQ 점수가 140인 사람은 70인 사람보다 문자 그대로 2배 더 똑똑하지 않다. 설령 여러분이 지능 0인 사람을 한 명 이상 만난 적이 있다고 생각하더라도 그런 사람이 존재할 가능성은 사실상 전혀 없다. IQ에서는 그것이 보여주는 백분위수가 중요하다. IQ 140인 사람은 측정 그룹 전체를 놓고 볼 때 상위 1퍼센트에 속하고, 70인 사람은 하위 2퍼센트에 속한다. IQ 130인 사람이라고 해서 100인 사람보다 30퍼센트 더 똑똑한 것은 절대로 아니다. IQ 100인 사람은 50번째 백분위수에 속하고(즉, 검사 집단을 점수에 따라 한 줄로 나열했을 때 정중앙에 위치한다), 130인 사람은 98번째 백분위수에 속한다. 사실 어떤 심리 측정 검사 점수도 비율 척도에 기초하지 않는다. 마찬가지로 모든 IQ 검사 점수는 오직 다른 사람들과 비교했을 때에만 의미가 있다.

모든 지능 검사 점수가 갖는 이러한 한계의 핵심적 문제점은 다음과 같다. 즉, 우리가 리터 단위로 액체를 측정하거나 피트 단위로 거리를 측정하는 것처럼, 지능을 그렇게 양적으로 측정하는 방법을 아직 모르기 때문에 지능은 오직 추정할 수 있을 뿐이라는 점을 명심해야 한다 (Haier, 2014). 만약 몸이 아파서 정신을 집중할 수 없을 때 지능 검사를 받으면 그 점수가 지능을 잘못 예측할 수 있다. 건강할 때 다시 시험을 치르면 더 나은 추정치를 얻을 수 있는 것처럼 말이다. 그렇지만 점수가 올라갔다고 해서 두 시험을 치르는 사이 지능이 그만큼 높아졌다는 의미는 물론 아니다. 여기에 대해서는 5장에서 지능이 높아졌다는 주장이 아직은 의미가 없는 이유를 논의할 때 다시 설명하겠다.

이런 근본적인 문제점에도 불구하고 연구자들은 그동안 상당한 진전을 이루었다. 그 요점은 지능에 대한 과학적 연구를 수행하려면 측정이 반드시 필요하다는 것이다. 그 어떤 검사도 아직까지는 지능을 어느 한 부분만이라도 문자 그대로 완벽하게 측정할 수는 없었다. 하지만 연구 결과가 축적됨에 따라 지능에 대한 정의와 측정 방법 모두가 진화하고 있으며, 그만큼 그 복잡성(complexity)에 대한 이해도도 높아졌다. g-인자에 대한 이제까지의 연구는 과학적 연구 대상으로서 지능을 정의하거나 측정할 수 없다는 신화를 근본적으로 무효화하는 데 충분했다. 다음 장에서 자세히 설명하겠지만, 이러한 연구 기반 위에서 신경과학적 접근법이 지능 연구를 다음 단계로 끌어올릴 수 있었다. 하지만 먼저 지능 검사의 타당성에 대해 몇 가지 설득력 있는 연구를 요약해보자.

1.10 지능 검사를 위한 네 가지 예측 타당성

1.10.1 학습 능력

IQ 점수는 학업 및 직업에서의 성공은 물론 일상생활에서의 복잡성을 헤쳐나가는 데 핵심인 일반적 학습 능력을 예측한다(Gottfredson, 2003). IQ가 70 정도로 낮은 사람의 경우, 단순한 학습조차도 배우는 것이 느리기 때문에 개별 지도를 통한 구체적인 단계별 교육이 필요하다. 복잡한 내용을 배우는 것은 매우 어렵거나 아예 불가능하다. IQ가 80~90에 머문다면 여전히 매우 명확하고 잘 짜인 개별 지도가 필요하다. 서면 자료를 사용하는 학습이 가능하려면 일반적으로 100 이상의 IQ를 가져야 하며, 대학 수준의 학습은 보통 IQ 115 이상의 사람들에게 가장 효과적이라고 할 수 있다. IQ 130 이상이라면 좀더 추상적인 내용을 보다 빠르게 이해할 수 있으며 대부분의 경우 자가 학습도 가능하다. 물론 예외가 있을 수는 있다. IQ 90 미만의 학생이라도 성공에 대한 특별한 열망이나 가족의 전폭적 지원 덕분에 무사히 대학을 졸업하고 이후 생활에서도 좋은 결과를 나타냈다는 증거를 얼마든지 찾아볼 수 있다(McGue et al., 2022).

　미군은 자체적으로 IQ 검사를 시행하는데, 신병 모집이 어려울 때는 그 하한선을 낮춰 때로는 비극적인 결과를 초래하기도 한다. 하지만 대략적인 최소 IQ 하한선은 85~90이다(Gregory, 2015). 미국의 대부분 대학원 프로그램에서는 의대의 경우 GRE(Graduate Record Exam)나 MCAT(Medical College Admission Test), 법과 대학원의 경우 LSAT(Law School Admission Test) 같은 시험을 요구한다. 이런 시험에서는 일반적으로 IQ 120 이상의 개인이 합격할 가능성이 가장 높으며, 최상위 대학원 프로그램은 정규 분포의 상위 1~2퍼센트에 해당하는 지원자만 합격시키기 위해 컷오프 수준을 한결 높게 유지한다. 그렇다고 해서 IQ 점수가 낮은 사람이 이런 프로그램을 아예 이수할 수 없다는 의미는 아니다. 하지만 일반적으로 IQ 점수가 높은 학생이 더 효율적이고 빠르게 학습하며 성공적으로 프로그램을 이수할 가능성이 더 높은 것은 사실이다.

물론 앞에서 언급한 것처럼 예외가 없지는 않다는 점 역시 기억할 필요가 있다(McGue et al., 2022). 다만 IQ 점수와 학습 능력 사이의 관계가 매우 강력하기는 하다. 하지만 많은 사람이 이런 지적을 긍정적으로 쉽게 받아들이려 하지 않는다. 왜냐하면 이는 우리에게 익숙한 "열심히 노력하면 무엇이든 될 수 있다"는 말로 표현되는 일반적 관념에 반하는, 개인적 성취의 한계를 보여주기 때문이다. 하지만 사실 IQ 점수가 미래의 성공 가능성과 높은 상관관계를 가진다는 것 역시 "열심히 노력하면 누구나 성공할 수 있다"는 말의 또 다른 표현에 불과하다. 성공은 다양한 형태와 다양한 이유로 이루어지기 때문에 후자는 종종 사실일 수 있지만, "열심히 일하고 능력이 있다면 무엇이든 될 수 있다"는 경고를 덧붙이지 않는 한 전자는 거의 사실이 아니다. 모든 사람이 모든 걸 성공적으로 해낼 능력을 갖추고 있는 것은 아니다. 하지만 놀랍게도 많은 학생이 성공에 대한 의지는 갖고 있어도 능력의 역할에 대해서는 순진한 상태로 대학에 입학하곤 한다. 예를 들어, SAT-수학 점수가 낮은 학생들 중에는 의욕이 넘치고 열심히 노력해도 물리과학을 전공해서 성공하는 경우가 거의 없다.

교육적 성공에 대한 *g*의 강력한 영향력을 염두에 둘 때, 대학 이전 교육(pre-college education)이 왜 많은 학생에게서 실패하는 것처럼 보이는지에 대한 활발한 논쟁에서 지능을 명시적으로 고려하지 않는지 놀랍다. 더그 디터먼은 "교육에 대한 연구가 학생들의 특성에 초점을 맞추지 않는 한 우리는 절대로 교육을 이해하거나 개선할 수 없을 것"이라고 지적했다(Detterman, 2016: 1). 제아무리 최고의 교사라도 학생의 능력을 뛰어넘는 교육 목표를 달성할 수는 없다. 그 어떤 학생도 타고난 한계가 없다고 주장하는 것이 요즘 유행하고 있기는 하다. 또한 최고의 교사가 학생의 학습을 극대화할 수도 있다. 그렇더라도 학생의 지능 수준은 엄연한 한계를 갖고 있는 게 명백하다. 빈곤, 동기 부여 부족, 역할 모델 결핍, 가족 관계 장애 등 학업 성취를 제한하는 수많은 요인을 다 해결한다고 해서 학생의 지능이 높아진다는 증거는 아직 찾아보기 어렵다. 2장에서 살펴볼 것처럼 유아 교육에는 여러 가지 유익한 효과가 있지만 지능을 높이는 것이 그런 효과 중 하나는 아니다. 학생의 학업 성취도에 영향을 미치는 모든 요인을 원(圓)그래프에 표시해두었다고 상상해보자. 분명히 g-인자는 0보다 큰 조각으로 표시해야 마땅하다. 지능 검사 점수와 학업 성취도 사이의 강한 상관관계는 이 조각이 전체의 상당 부분을 차지할 수 있음을 보여준다. 나는 이것만으로도 지능에 대한, 그리고 지능이 어떻게 발달하는지에 대한 더 많은 연구를 정당화할 수 있다고 믿는다.

1.10.2 직무 수행

학업에서의 성공 외에도 IQ 점수는 특히 복잡한 기술을 필요로 하는 직업의 경우 직무 수행 능력을 곧잘 예측한다(F. Schmidt, 2016; F. L.

Schmidt & Hunter, 2004; F. L. Schmidt & Hunter, 1998). 실제로 복잡한 직무에서는 g-인자가 다른 어떤 인지 능력보다 성공을 더 잘 예측하는 것이 사실이다(Gottfredson, 2003). 예를 들어, 미국 공군에서 실시한 대규모 연구에 따르면, g는 조종사 수행 능력의 거의 모든 소질을 상당히 잘 예측하는 것으로 나타났다(M. J. Ree & Carretta, 1996; Malcolm James Ree & Carretta, 2022; M. J. Ree & Earles, 1991). 우리 대부분은 파일럿이 아니지만, 일반적으로 최소한의 복잡하고 독립적인 추론이 필요한 직업에는 낮은 IQ로도 충분하다. 이러한 직업에는 간단한 제품의 조립, 음식 서비스 또는 간호 보조같이 일정한 순서를 따라서 하는 일이 많다. 은행 창구 직원이나 경찰관처럼 다소 복잡한 직업에는 최소 100 정도의 IQ가 필요하다. 성공한 관리자, 교사, 회계사 등과 비슷한 직종에 종사하는 사람들의 IQ는 보통 115 이상이다. 변호사, 화학자, 의사, 엔지니어, 경영자 등의 직업은 일반적으로 필요한 고급 학교 교육을 마치고 고도의 복잡한 업무를 수행하기 위해 더 높은 IQ가 요구된다.

복잡한 업무 수행은 주로 g에 의존하지만, 물론 여기엔 다른 사람을 얼마나 잘 대하는지를 포함한 다른 요인도 관여한다. 이것이 바로 감성 지능(emotional intelligence)이라는 개념이다. 감성 지능, 즉 개인의 성격과 사회적 기술은 같은 g를 갖지만 사람 다루는 기술이 부족한 경우와 비교할 때 훨씬 더 큰 성공을 이끌어낼 수 있다. 그렇다고 해서 g-인자의 중요성이 줄어드는 것은 물론 아니다. 어떤 상황에서는 감성 지능이 직무에 적합한 g의 부족을 보완할 수 있지만, 이는 매우 제한적인 경우에만 해당한다. IQ 점수가 개인의 성격이 어떠한지보다 그가 여러 해에 걸쳐 받은 교육이 어떠했는지를 더 잘 예측한다는 좋은 증거들이 있다(Zisman & Ganzach, 2022).

학업 성공과 마찬가지로 지능과 직무 수행 능력의 관계는 일반적 경향이며 여기에는 항상 예외가 있다. 하지만 현실적 관점에서 볼 때, IQ 100 미만인 사람이 의대나 공대를 졸업할 가능성은 그리 높지 않다. 물론 IQ 점수가 그 사람의 지능을 제대로 추정하지 못하거나 낮은 일반 지능 또는 평균 지능을 보완해주는 암기력 같은 매우 특별한 능력이 있는 경우에는 그럴 수도 있다. 마찬가지로, 높은 IQ 점수가 꼭 성공을 보장하지는 않는다. 그렇기 때문에 일반적으로 교육이나 고용을 결정할 때 IQ 점수만 사용하는 경우는 거의 없다. IQ 점수는 일반적으로 다른 정보와 함께 고려된다. 다만 낮은 IQ 점수는 일반적으로 복잡하고 독립적인 추론이 필요한 많은 직업 영역에서 위험 신호가 될 수 있다.

직업에서의 성공을 예측할 수 있는 또 다른 요소가 있다. 일부 연구자들은 한 사람이 어떤 분야에서 전문성을 갖추려면 최소한 1만 시간의 연습이 필요하다고 주장한다(Ericsson, 2014; Ericsson & Towne, 2010). 이는 하루 8시간씩 1250일, 즉 3~4년 동안 꾸준히 노력해야 한다는 의미다. 지능이나 재능에 관계없이 그 정도로 연습하면 어떤 분야에서든 전문성을 갖출 수 있다는 얘기다. 예를 들어, 체스 그랜드 마스터들에 대한 여러 연구에 따르면, 그들의 평균 IQ는 약 100 정도에 불과하다고 한다. 이는 그랜드 마스터가 일반적인 지능보다는 공간 기억력 같은 특정한 능력의 연습에 더 크게 좌우될 수 있음을 시사한다. 그랜드 마스터는 실제로 서번트로서 우수한 공간 기억력을 가지고 있을 수 있지만, 체스 그랜드 마스터가 다재다능한 천재라는 생각은 옳다고 할 수 없다. 많은 연구는 만약 원래 재능이 없을 경우 1만 시간 연습이 전문성으로 이어질 수 있다는 생각을 반박한다(Detterman, 2014; Grabner, 2014; Grabner, Stern & Neubauer, 2007; Gullich, Macnamara & Hambrick, 2022;

Hambrick, Macnamara & Oswald, 2020; Macnamara & Maitra, 2019; Plomin et al., 2014a, 2014b).

1.10.3 일상생활

일상생활에서 일반 지능의 중요성이 잘 드러나지 않는 경우가 많기는 해도 사실 그 중요성은 매우 크다고 할 수 있다. 얼 헌트 교수가 지적했 듯 만약 여러분이 대학 교육을 받은 사람이라면 대부분 친구와 지인들 도 역시 대학 교육을 받았을 가능성이 높다. 여러분이 마지막으로 대학 교육을 받지 않은 사람을 집에 초대해서 저녁 식사를 같이한 적은 언제 인가? 헌트 교수는 이를 인지적 분리(cognitive segregation)라고 부르는데, 이는 모든 사람이 일상적인 문제와 이슈에 대해 비슷한 생각을 갖는다 는 잘못된 믿음을 조장하는 데 강력하게 작용하곤 한다. 높은 g를 가진 대부분 사람들은 낮은 g를 가진 사람들의 일상이 어떤지 쉽게 상상하 기 어렵다.

　일상생활의 복잡성은 특히 일상적이지 않거나 새로운 문제가 발생했 을 때 매우 어려운 도전으로 다가오는 경우가 많다. 로버트 고든(Robert Gordon) 교수는 이를 간단한 말로 이렇게 요약한다. "인생은 긴 정신 적 시험의 연속이다"(Gordon, 1997). 이는 초기 인류가 험난한 자연환경 을 헤쳐나가고 식량, 물, 쉼터, 안전을 확보하기 위해 끊임없이 문제를 해결할 때에도 마찬가지였다. 초기 문명이 발전하고 (아마도 높은 g를 가졌 을) 위대한 사상가들이 더 복잡한 문제(예: 항해에 적합한 배나 피라미드를 어 떻게 만들 수 있는가?)를 해결할 때도 마찬가지였을 것이다. 그리고 오늘날 에도 우리가 새로운 텔레비전 세트와 오디오 시스템을 HDMI 케이블로 연결할 때, 워드 프로세서를 사용할 때, 또는 '스마트' 폰이나 디지털 카메라의 모든 기능을 자동 모드 이상으로 사용할 때 어려움을 겪는 것 역시 마찬가지라고 할 수 있다. 여러분은 슈퍼마켓의 셀프 계산대에서 스캐너 사용법을 알고 있는가? 아니면 수납 직원 앞에 줄을 서서 자기 차례가 오기를 기다리는가? 여러분은 자산 관리와 주식, 채권, 뮤추얼 펀드 투자에 대해 과연 얼마나 이해하고 있는가? 여러분 스스로 세금을 납부하는가? 거의 대부분의 사람은 의료 제도, 사회적 지원 또는 사법 제도 등을 이용할 때 이해하기 어려운 시스템을 탐색하느라 애를 먹는다. 빈곤은 일상적으로 해결해야 하는 무수한 문제를 제시한다. 현대 사회에서는 항상 누구에게나 다 쉬운 일은 아예 존재하지 않는다고 말해도 좋을 것 같다.

이제 일상생활에서 마주치는 몇 가지 사건에 대해 사람마다 느끼는 상대적 위험성이 어떠한지 저지능 그룹(IQ 75~90)과 고지능 그룹(IQ 110~125)을 비교한 통계 수치를 살펴보도록 하자. (여기에서는 미국의 사례를 들어서 논의한다. 따라서 한국의 경우는 다소 다를 수 있다는 점을 감안하도록 하자―옮긴이.) 예를 들어, 만약 여러분이 저지능 그룹에 속한다면 고등학교 중퇴자가 될 확률이 고지능 그룹에서보다 133배나 더 높다. 낮은 IQ 그룹에 속하는 사람이라면 장기간 복지 혜택 수급자로 살아야 할 위험성이 10배나 더 높아진다. 하위 그룹에서 교도소에 수감될 위험성은 7.5배, 빈곤층으로 살 위험은 6.2배가 더 높게 나타난다. 실업과 이혼 가능성도 저지능 그룹이 훨씬 더 높다. IQ는 심지어 교통사고의 빈도도 예측한다. 고지능 그룹의 교통사고 사망률은 운전자 1만 명당 약 51명이지만, 저지능 그룹에서는 약 147명으로 거의 3배나 더 높다. 이는 평균적으로 IQ가 낮은 사람들은 위험성 평가 능력이 떨어지기 때문이라고 할 수 있는데, 운전이나 다른 활동을 할 때 더 많은 위험을 감수한다는 걸 시사하는 것일 수도 있다(Gottfredson, 2002, 2003).

텍스트 상자 1.3과 표 1.1의 예는 지능이 일상생활의 문제를 해결하는 데 크게 도움을 준다는 것을 보여준다. 이는 충격적인 사실이 아니다. 특히 여러분의 일상생활이 합리적으로 이루어지며 함께 시간을 보내는 대부분 사람들 역시 여러분과 비슷하다면, 이런 사실을 당연하게 받아들일 수 있을 것이다. 그런데 여기에서 중요한 점은 기능적 문해력이 지능의 또 다른 지표이며, 기능적 문해력 데이터를 통해 일상 업무의 수행에서 지능이 얼마나 중요한지 알 수 있다는 사실이다. 물론 g-인자가 친절한 사람이나 호감 가는 사람 또는 정직한 사람 같은 다른 중요한 요소를 예측하지는 못한다. 그리고 어떤 지능 연구자도 그렇지 않다고 주장한 적이 없다.

사회 정책에서 지능의 역할을 탐구한 《벨 커브》에 대해 잠시 살펴보도록 하자(Herrnstein & Murray, 1994). 이 책의 중요한 주제는 현대 사회가 점점 더 높은 추론 능력을 가진 사람을 선호하고, 그들에 대해 더 많은 보상을 제공한다는 것이다. 추론력이 높은 사람은 곧 높은 지능을 가진 사람을 말한다. 따라서 IQ의 정규 분포(그 모양 때문에 벨 커브, 곧 종 곡선이라고도 한다) 말단에 위치하는 사람들은 특히 학업과 일부 직업에서 성공하는 데 심각한 불이익을 받을 것이다. 리하르트 헤른슈타인(Richard Herrnstein)은 이 주제를 앞서 출간한 《능력주의 사회의 IQ(IQ in the Meritocracy)》(Herrnstein, 1973)에서도 소개했는데, 이 책 역시 대중에게 꽤 많은 분노를 불러일으켰다. (이 책 서문에서 언급한 하버드 대학 캠퍼스에서의 적대감에 대한 자세한 설명을 참조해 당시의 시대상을 파악해보라). 그로부터 2년 후 하버드 대학의 다른 교수 에드워드 윌슨(Edward O. Wilson)도 사회생물학

텍스트 상자 1.3 기능적 문해력

IQ가 사고 능력과 일상생활에서 어떤 역할을 하는지 살펴보는 다른 한 방법은 기능적 문해력(functional literacy) 데이터를 기반으로 한다. 기능적 문해력은 개인이 완료할 수 있는 일상적인 작업의 복잡성으로 평가한다. IQ 점수와 마찬가지로 기능적 문해력 점수는 다른 사람들과 비교할 때에만 의미를 갖는데, IQ보다 더 구체적으로 개인의 능력을 평가하기도 한다. 미국에서 기능적 문해력에 대한 마지막 전국 조사는 1992년에 이뤄졌다.

표 1.1은 이 조사 결과에서 얻은 것이다. 가장 왼쪽 열은 국가 성인 문해력 조사(National Adult Literacy Survey, NALS) 점수라고 해서 기능적 문해력의 수준을 5개 범주로 구분한 것이다. 문해력 점수는 1이 가장 낮고 5가 가장 높다. 가운데 열은 각 문해력 범주에 속하는 사람들의 비율을 퍼센트로 보여주며, 오른쪽 열은 각 범주에 속하는 사람들이 성공적으로 완료할 수 있는 몇 가지 작업을 제시한다. 이제 표의 맨 윗줄을 살펴보자. 나 같은 백인의 경우 인구의 겨우 4퍼센트만이 최상위 범주에 속하는데, 아이들 방에 새 카펫을 깔 때 계산기를 사용해서 그 비용을 계산한다는 데서 어쩌면 상당히 놀랄 수도 있겠다. 이를 위해서는 먼저 카펫을 깔 장소의 면적(제곱피트 단위)을 구하고, 이를 다시 카펫의 전용 단위인 제곱야드로 환산한 다음, 단위 면적당 가격을 곱해야 한다. 그다음 줄에는 기능적 문해력 4의 범주에 드는 사람이 21퍼센트라는 것을 보여준다. 이들은 정부가 보내주는 사회 보장 혜택 안내서에 제시된 표를 보고 자신의 혜택이 얼마나 되는지 계산할 수 있고, 직장에서 제공하는 기본적인 사원 혜택의 작동 방식에

표 1.1　일상생활에서 문해력 수준의 비교(NALS)

NALS 수준	% 인구(백인)	일상생활에서의 사례
5	4	• 카펫 까는 비용을 알아보기 위해 계산기 사용하기 • 신용카드 안내서의 표를 보고 그 혜택 확인하기
4	21	• 정부가 제공하는 복지 혜택 안내서를 살펴보고 자신에게 주어지는 혜택 확인하기 • 직원 혜택 안내서에서 각 유형마다 제공하는 혜택이 왜 그렇게 다른지 이해하기
3	36	• 자동차 운행 기록 일지를 보고 연료 리터당 주행 거리 계산하기 • 신용카드 명세서에서 착오를 발견하고 시정을 요구하는 간단한 편지 쓰기
2	25	• 가격 차이를 감안해 가장 적당한 공연 티켓 구입하기 • 지도에서 교차로 위치 찾기
1	14	• 은행에서 전체 입금 내역 확인하기 • 운전면허증에서 만료 날짜 찾기

대해서도 이해할 수 있다. 그다음 36퍼센트는 문해력 수준이 중간 범주에 속하는 사람들이다. 이들은 자동차 운행 기록을 보고 연비가 얼마나 되는지 계산할 수 있고, 신용카드 회사가 보낸 명세서에서 무엇이 잘못되었는지 오류를 찾아내 시정을 요구하는 간단한 편지를 쓸 수 있다. 25퍼센트는 문해력의 두 번째 큰 범주에 해당한다. 이들은 공연장 티켓 가격 차이의 의미를 이해하고, 지도를 살펴서 교차로의 위치를 알아낼 수 있다. 14퍼센트는 가장 낮은 범주에 속한다. 이들은 은행 입금 전표 작성 같은 작업은 수행할 수 있지만, 지도에서 교차로 찾기

같은 복잡한 작업에는 조금 어려움을 겪을 수도 있다. 이 데이터는 벌써 30년도 더 지난 자료이기 때문에 각 범주에 속하는 사람들의 비율은 현재와 조금 다를 수 있다. 하지만 일상생활에서 지능이 얼마나 중요한 역할을 하는지에 대해서는 그때나 지금이나 거의 다르지 않을 것이다. 모름지기 지능이 일상생활의 모든 걸 결정하는 것이다.

개념을 주장함으로써 학생들의 비슷한 분노에 직면했다(Wilson, 1975). 《벨 커브》는 900쪽이 넘는 데이터와 통계 분석을 통해 주로 지능이 높은 그룹과 낮은 그룹의 사람들을 비교함으로써 논쟁을 이어갔는데, 흑인과 백인의 IQ 차이를 다룬 한 챕터가 가장 격렬한 논쟁을 불러일으켰다. (여기서는 미국과 다른 나라들의 대부분 연구에서 사용하기 때문에 '흑인'과 '백인'이라는 인종차별적 용어를 썼다는 걸 참조하기 바란다.) 이 집단적 차이는 모든 지능 관련 연구자를 괴롭히는 문제이므로 독자 여러분에게 이와 관련한 복잡성을 좀더 심층적으로 다룬 책들을 소개한다('더 읽을거리' 참조).

　《벨 커브》에 대한 내 생각의 요점은 인종이나 배경 또는 왜 누군가는 g가 낮은지 그 이유와 관계없이 낮은 지능을 가진 사람들의 삶을 직시함으로써 공공 정책을 결정하는 데 도움을 주는 것이다. 이는 오늘날의 현실 정치에서 근본적인 문제라고 할 수 있다. 하지만 그 누구도 《벨 커브》나 지능의 역할을 인지적 분리의 사회적 함의라는 주제로 확장시킨 머리(C. A. Murray)의 또 다른 저서(Murray, 2013)만큼 명시적으로 이 문제를 언급하지는 않았다. 대다수 연구자가 지능에 관한 연구 자료는 오직 정책 결정을 위한 정보로 제공되어야 하며, 그런 정책의 목표는 민주적 방법을 통해 결정해야 한다는 데 동의하고 있다. 이 문제에 대해서는 섹션 6.6에서 다시 다룰 것이다. 안타깝게도 지능에 대한 심리 측정 연구는 검사 점수가 일부 인종과 민족 집단 사이에 평균적으로 상당한 차이를 나타내기 때문에 종종 진보적인 사회적 의제 설정에 해를 끼치는 것으로 알려져왔다. 다음 장에서 논의하겠지만, 신경과학적 접근법이 지능 분야 연구를 크게 발전시키고 있음에도 불구하고, 이러한 상대적인 집단 평균의 차이가 지능에 대한 경험적 연구를 일방적으로 무시하는 동기로 작용하기도 한다. 이 책의 본 주제로 뛰어들기 전에 먼저 IQ 점수와 그것이 의미하는 바에 대해 좀더 많은 데이터를 살펴보도록 하자.

1.10.4 IQ와 재능에 대한 종단 연구

어린 시절에 치렀던 IQ 단일 검사에서 얻은 점수의 예측력이 얼마나 대단한지는 아래와 같은 세 가지 대표적 종단 연구(longitudinal studies)에서도 극적으로 입증되었다. 어린이를 대상으로 시작한 각각의 연구는 수십 년에 걸쳐 다양한 간격으로 검사를 시행함으로써 그들의 지적 능력과 그 이후 인생에서의 성공 여부를 추적했다. 한 연구는 1920년대 캘리포니아에서, 다른 한 연구는 1930년대 스코틀랜드에서, 그리고 또 다른 연구는 1970년대 볼티모어에서 처음 시작되었다.

　연구 1. 스탠퍼드 대학교의 루이스 터먼 교수는 1920년대에 지능이 높은 사람들에 대한 장기 연구를 입안했다. 터먼은 비네의 IQ 검사를 미국으로 들여와 스탠퍼드-비네 지능 검사로 재가공한 인물인데, 처음에는 아주 단순하게 연구를 설계했다. 그는 먼저 많은 학생을 대상으로 스탠퍼드-비네 검사를 시행했다. 그렇게 해서 IQ 점수가 매우 높은 아이들을 선별한 다음, 이들을 대상으로 무려 수십 년에 걸쳐 광범위한 연구를 수행했다. 터먼의 연구에는 크게 두 가지 목표가 있었는데, 그중 하나는 지능이 높은 아이들을 특징짓는 유전적 특성을 찾는 것이고, 다른 하나는 그들이 성인으로 어떻게 성장하는지를 예측하는 것이었다. 물론 당시라고 해서 똑똑한 성인에 대한 일반적 고정관념이 지금과 크게 다르지는 않았다. 예를 들어, 프랜시스 골턴(Francis Galton: 우생학을 창시한 영국 과학자—옮긴이)은 《유전적 천재(Hereditary Genius)》(Galton & Prinzmetal, 1884)에서 다음과 같이 언급했다. "일반적으로 천재적인 인간은 건강하지 못하고 왜소한 존재로서, 두뇌만 있고 근육은 없으며, 시력이 약하고 체질 역시 좋지 않다는 믿음이 널리 퍼져 있다"(Galton, 2006: 321).

터먼의 프로젝트는 이렇게 시작되었다(Terman, 1925). 먼저 1920년과 1921년에 캘리포니아주의 공립 학교에 재학 중인 25만 명 이상의 아이들에게 IQ 검사를 시행해 IQ 135~196에 달하는 아이 1470명을 선발했다. 이후 매 7년마다 재검사와 인터뷰를 진행했는데, 이들의 평균 IQ는 약 150이고 그중 80명은 170 이상(이들은 최상위 0.1퍼센트에 속했다)을 나타냈다. 터먼은 이 아동 그룹을 비공식적으로 '흰개미들(termites)'이라고 칭했다. 그리고 이들에 대해 광범위한 의학적 검사, 신체검사, 성취도 검사, 인성 검사, 관심도 검사, 특성 평가 등을 시행하고 그들의 부모와 교사들에 대해서도 추가적인 정보를 수집했다. 대조군으로는 평균적인 IQ 점수를 보인 아동들을 선발했다. 터먼은 이 방대한 연구 결과를 오랜 시간에 걸쳐 다섯 권의 책으로 출판했다.

다음은 흰개미들의 삶과 관련해 중요한 연구 결과를 요약한 것이다.

전반적으로, 그들은 아동기와 성인 시절 모두에서 천재들에 대한 고정관념을 완전히 깨부수었다. 천재들이 매사에 부정적이고 괴상한 속성을 지닌다는 일반인들의 생각은 기본적으로 아무런 근거가 없었다. 흰개미들은 성격이 괴상하거나 신체적으로 왜소하지도 않았다. 평균적으로 흰개미들은 또래 친구보다 신체적으로 더 튼튼했으며 육체적·정서적으로 더 성숙했다. 흰개미들은 연구 기간 동안 대조군보다 더 행복한 생활을 누렸으며 매사에 잘 적응했다. 비록 그들 역시 자신이 짊어져야 할 삶의 문제를 갖기는 했지만 후속 연구들에 따르면 책, 과학 논문, 단편 소설과 시, 작곡, 텔레비전과 영화 대본, 특허 등을 출간하는 데서 상당한 성취를 거두었다(Terman, 1954). 그러나 후속 연구 결과들에 의하면, 높은 IQ만으로는 반드시 인생의 성공을 예측할 수 없다는 사실도 밝혀졌다. 적절한 동기 부여 역시 중요했다. 터먼은 유전자가 높은 IQ에 중요한 역할을 하지만, 학생의 잠재력을 극대화하기 위해서는 이외에도 우수한 교육이 필요하다고 믿었다. 현대에는 이런 말이 그리 급진적으로 들리지 않는다. 하지만 오늘날에도 뛰어난 능력을 개발하기 위해 영재 학생들에게 얼마만큼의 교육 자원을 할당해야 좋은지에 대해서는 논쟁이 끊이지 않고 있다.

터먼의 프로젝트는 또한 IQ 점수의 예측 타당성도 검증했다. 즉, 어린 시절의 IQ 점수로 나중에 뛰어난 능력을 발휘할 개인을 식별할 수 있느냐는 것이다. 그러나 모든 연구에서와 마찬가지로 여기에는 몇 가지 중요한 결함이 내재되어 있었다. (1) 터먼은 그들이 대학에 진학할 때나 취업할 때 추천서를 써주는 식으로 이 '피험자들'의 삶에 일부 관여했으며, (2) 그 자신이 교육과 취업에서 강한 성적 편견을 갖고 있어 여성 흰개미 대부분을 가정주부 역할에 머물게 했으므로 남성과 여성을 구분해서 그 차이를 살피는 게 불가능했다. 마찬가지로 소수자들에 대한 데이터도 구하기 어려웠다. 그렇다면 이런 문제로 인해 그의 주요한 연구 결과를 무효화할 수 있을까? 꼭 그렇지는 않다(Warne, 2019). 전반적으로 지능 지수가 매우 높은 사람들의 성공 정도와 성취도는 그 자체로 독립적이었다. 다행히도 터먼의 연구 방식을 수정해서 시행한 최신 연구들에서 우리는 좀더 많은 데이터를 확보할 수 있다.

연구 2. 두 번째 종단 연구는 존스 홉킨스 대학교에서 수행한 '수학·과학 영재 연구'다. 이는 1971년 줄리언 스탠리(Julian Stanley) 교수가 시작한 아주 야심찬 종단 연구 프로젝트였다(Stanley, 1974). 스탠리 박사는 터먼의 연구 방식을 반복했지만, IQ 점수 대신 11~13세 중학생들에게 '재능 탐색'이라는 특별한 시험 과정을 거치게 함으로써 매우 높은 SAT-수학 점수를 얻은 학생들을 선발했다. 따라서 스탠리는 일반적인 지능 대신 매우 특별한 지적 능력에 초점을 맞출 수 있었다. 이 프로젝트 역시 두 가지 주요 목표를 제시했다. 첫째, 영재 학생들을 조기에 발견하고 둘째, 그들의 특별한 재능을 육성하는 것이었다.

나는 1971년 존스 홉킨스 대학에서 대학원 과정을 시작했기에 초기부터 이 연구에 참여할 수 있었다. 당시의 경험이 지능 문제에 대한 내 관심에 영향을 미쳤다고 말하지 않을 수 없는데, 스탠리 박사는 내가 존스 홉킨스에서 만난 가장 중요하고 흥미로운 멘토 중 한 분이었다.

굳이 말하자면, 이 프로젝트는 일찍이 1960년대 후반부터 시작되었다고 할 수 있다. 스탠리 박사는 한 영재 학생을 만났는데, 그 학생에게 여러 가지 심리 측정 검사를 실시한 후 13세의 어린 나이에 존스 홉킨스에 입학할 수 있도록 실질적인 도움을 제공했다. 이후 스탠리 박사는 이 청년을 최초의 '급진적 가속기(Radical Accelerant)'라고 불렀다. 조지프

B(Joseph B)로 알려진 이 소년은 존스 홉킨스 입학 첫해인 13세에 수학 과목에서 우등을 했으며, 물리학과 컴퓨터과학을 2학년들과 함께 이수했다. 과목 평균 GPA는 4.0 만점에 3.69였다. 이 기간 동안 그는 자기 집에서 생활했지만 다른 대학생들과 친구로 잘 지냈고, 빠른 학업 속도에도 무난히 적응했다. 그리고 4년 만에 컴퓨터과학 분야에서 학사 및 석사 학위를 동시에 이수했다. 18세 때는 코넬 대학교 박사 과정에 진학했고, 이후에도 성공적인 경력을 이어나갔다.

처음부터 스탠리 박사의 주요 연구 목표는 영재 학생들을 식별해서 추적하는 것뿐만 아니라, 교육 가속화 실험에 적합한 최적 후보자를 선별해 그들에게 조기 대학 입학을 포함한 여러 혜택을 부여하는 것이었다. 그래서 수학 및 과학에 재능 있는 영재들을 찾는 데 SAT-수학 시험을 활용하자는 아이디어를 제안했다. 스펜서 재단(Spencer Foundation)은 1971년부터 스탠리 박사에게 다년간 연구 자금을 지원했고, 1972년 첫 번째 인재 발굴이 이루어졌다. 볼티모어 지역 중학생들은 수학 교사의 추천을 받아 이 선발 경쟁에 참가할 수 있었다. 실제 SAT-수학 시험은 표준 방식으로 치러졌는데, 첫 번째 검색에서는 396명의 7~8학년 학생들이 응시했다. 첫 번째 재능 탐색의 흥미로운 결과는 다음과 같았다. 즉, 396명의 학생들 중 22명이 660점 이상을 받았는데, 이는 당시 존스 홉킨스 신입생 평균보다 높은 점수였다. 이 22명은 모두 남학생이었고, 여학생 173명 중 600점 이상을 받은 학생은 단 한 명도 없었다.

세월이 흘러 그런 남녀 비율이 상당히 개선되었지만, 당시에 이 엄청난 격차는 상당히 놀라운 것이었다. 그렇다면 존스 홉킨스 신입생들보다 훨씬 더 높은 점수를 받은 22명의 남학생은 어땠을까? 그들은 누구를 닮았을까? 초기 데이터 분석 결과는 터먼이 이전에 생각했던 영재에 대한 고정관념과 거의 일치했다. 수학 영재 청소년들은 또래 친구보다 신체적·정서적으로 더 성숙했다. 내 첫 번째 연구 프로젝트 중 하나는 바로 이런 영재 그룹에게 표준화한 인성 검사를 시행하는 것이었다. 평균적으로 이들은 또래 친구보다 대학생하고 더 비슷한 점수를 받았다(Weiss, Haier & Keating, 1974).

스탠리 교수는 심화 수업이 실제 대학 수업만큼 생산적이지 않다고 믿었기 때문에 재능이 뛰어난 학생들 상당수가 대학에 조기 진학할 수 있도록 도와주었다. 수년 동안 가장 조숙한 학생들 다수가 조기 입학해 주로 집에서 통학을 했다. 하지만 그들이 속진 프로그램(accelerated program)으로 인해 정서적 피해를 겪었다는 증거는 없다. 흰개미들처럼 많은 학생이 성공적이고 매우 생산적인 이력을 쌓았다(Bernstein, Lubinski & Benbow, 2019; Lubinski, Benbow & Kell, 2014; Makel et al., 2016; McCabe, Lubinski & Benbow, 2020).

원래의 영재 탐색 노력은 극적으로 발전해서 현재 조기 대학 입학을 노리는 여러 프로그램이 생겨났다. 수학과 과학 경험을 강조하는 여름 캠프 등이 그것이다. 여러분도 구글에서 검색하면 그런 다양한 프로그램에 대해 좀더 많은 정보를 찾아볼 수 있을 것이다. 실제로 그런 인재 탐색에서 발탁된 학생들 중 한 명이 구글을 공동 창업하기도 했는데, 바로 세르게이 브린(Sergey Brin)이다. 페이스북(Facebook)의 마크 저커버그(Mark Zuckerburg)와 레이디 가가(Lady Gaga) 역시 영재 탐구 프로그램을 통해 발탁되었다. 농담이 아니다. 한번 검색해보라.

현재 초기의 여러 영재 프로그램에서 발굴한 수천 명에 달하는 인재를 대상으로 후속 연구가 다양하게 이뤄지고 있다. 그런 후속 연구의 결과에 따르면, 10대 초반에 받은 단 한 번의 시험 점수로 수학적 영

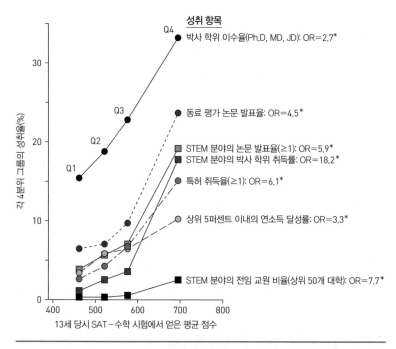

성취 항목

Q4 ● 박사 학위 이수율(Ph.D, MD, JD): OR=2.7*

Q3 ● 동료 평가 논문 발표율: OR=4.5*

Q2 ■ STEM 분야의 논문 발표율(≥1): OR=5.9*
   ■ STEM 분야의 박사 학위 취득률: OR=18.2*

Q1 ● 특허 취득율(≥1): OR=6.1*

● 상위 5퍼센트 이내의 연소득 달성률: OR=3.3*

■ STEM 분야의 전임 교원 비율(상위 50개 대학): OR=7.7*

각 4분위 그룹의 성취율(%)

13세 당시 SAT-수학 시험에서 얻은 평균 점수

그림 1.6   13세 때의 SAT-수학 점수가 성인이 되었을 때의 학문적 성공 결과를 예측했다. 허가를 받아 인용(Robertson et al., 2010).

재임을 인정받은 많은 아이들이 자기 직업에서나 기타 여러 측면에서 매우 성공적인 삶을 살고 있다는 것이 확인되었다(Bernstein et al., 2019; Lubinski et al., 2006; Lubinski et al., 2014; Lubinski, Schmidt & Benbow, 1996; McCabe et al., 2020; Robertson et al., 2010; Wai, Lubinski & Benbow, 2005). 그림 1.6은 2385명에 달하는 그런 아이들을 대상으로 25년간의 추적 연구를 통해 얻은 결과를 가지고 작성한 상위 1퍼센트 영재들의 직업적 성취도다(Robertson et al., 2010). 상위 1퍼센트에 속하는 이 모든 학생을 13세 때 얻은 SAT-수학 점수를 기준으로 Q1, Q2, Q3, Q4의 네 등급으로 구분했다. x축은 이들이 13세 때 받았던 SAT-수학의 평균 점수를 나타낸다. y축은 네 등급 학생들이 이후 얼마나 많은 성취를 이뤄냈는지 전체 학생들에 대한 비율로 보여준다. 예를 들어, 우리는 각각의 등급에서 박사 학위(Ph.D), 법학 박사 학위(JD) 또는 의학 박사 학위(MD) 등을 얼마나 많이 배출했는지 알 수 있다. 또한 전체 학문 분야에서 그들이 얼마나 많은 간행물을 출간했는지, 특히 STEM 분야, 즉 과학(science), 기술(technology), 공학(engineering), 수학(mathematics) 분야에서 얼마나 많은 논문과 저서를 출판했는지도 보여준다. 아울러 동급생들 중에서 상위 5퍼센트 이상의 소득을 얻는 학생 비율이 얼마나 되는지도 보여준다.

우리가 이 그래프에서 볼 수 있는 것은 13세 학생의 SAT-수학 점수가 400~500점인 경우 약 15퍼센트가 어떤 분야에서든 박사학위를 취득했다는 사실이다. 이들 역시 전체 학생 중 상위 1퍼센트에 해당하는데도 이 표본에서는 하위 4분의 1 그룹에 속했다. 학생들의 SAT-수학 점수가 높을수록 박사 학위 취득률도 점차 높아져 상위 4분의 1 수준에서는 35퍼센트에 이르렀다. 이 모든 것이 그래프 상단에 검은 점선으로 표시되어 있다. 다른 모든 결과에서도 이와 동일한 경향을 보인다.

이 그래프의 각 곡선 설명에 있는 OR 표시는 'odds ratio'의 준말로, 4개 그룹의 가장 아래에 위치하는 Q1 그룹의 성취도와 비교했을 때 가장 위에 있는 Q4 그룹의 성취율을 의미한다. 예를 들어, 가장 높은 값 18.2를 나타내는 중간의 곡선을 살펴보자. 이 곡선은 STEM 영역에서 박사 학위 취득자 수를 보여주는데, 같은 또래 학생들 중 최상위 1퍼센트 이내에서도 가장 상위 그룹 Q4의 학위 취득률이 가장 하위 그룹 Q1과 비교해 18.2배나 더 높다는 뜻이다. 다시 말해, 상위 1퍼센트라는 최우수 영재 그룹 중에서도 가장 높은 점수를 받은 학생들은 가장 낮은 학생들에 비해 월등하게 뛰어난 성공을 보였다.

이제 13세 때 받은 단 한 번의 검사만으로 이렇게 우월한 지능을 가진 학생들을 식별할 수 있었다는 점을 기억하자. 다시 말해, 이 표준화한 시험에서 얻은 점수가 갖는 예측 타당성이 그처럼 높다는 것이다. 분명 어린 시절에 받은 상위 1퍼센트의 점수에 속하는 사람들은 미래에 주목할 만한 성취를 이룩하지만, 이 희귀한 그룹 내에서도 점수가 좋을수록 그런 성취를 이룰 가능성이 훨씬 더 높았다. 원래 영재 찾기 프로그램으로 시작했던 이 참가자들에 대한 종단 연구는 지금도 밴더빌트 대학교의 카밀라 벤보(Camilla Benbow) 교수와 데이비드 루빈스키(David Lubinski) 교수를 통해 계속되고 있다.

연구 3. 세 번째 종단 연구는 '스코틀랜드 심리 조사(Scottish Mental Survey)'라고 부르는데, 스코틀랜드 정부가 직접 시행한 대규모 프로젝트다. 1921년과 1936년에 스코틀랜드의 모든 11세 어린이에게 지능 검사를 완료하고, 이후 그들이 노후에 들었을 때 재검사를 시행했다. 이 프로젝트는 앞의 두 연구가 지능이 매우 높은 아동을 선발하기 위해 선택적으로 실시했던 것과 달리, 문자 그대로 한 국가의 모든 아이를 대상으로 일반 지능 검사를 실시했다는 점에서 차이가 있다(von Stumm & Deary, 2013). 연구 대상 아동은 약 16만 명이었다.

이 연구를 시작한 1930년대에는 전 세계적으로 국가 지능(national intelligence)과 우생학에 대해 상당한 논쟁이 있었다. 특히 이런 주장은 나치 독일에 심각한 악영향을 미쳤는데, 바로 이런 이유로 제2차 세계대전 이후 한참 동안 학계에서는 지능 검사를 부정적으로 받아들이기도 했다. 하지만 그 당시 일부 국가는 객관적인 평가로서 시험 점수를 사용해 학생들의 배경이나 가정의 재산 정도에 상관없이 모든 아동에게 좀더 나은 교육 기회를 제공하도록 하자는 선의에서 이 시험을 수용했다. 이런 시도는 실제로 전쟁 후 영국에서 현실화되었고, 이를 계기로 미국에서는 SAT 시험을 개발해 활발히 사용하기에 이르렀다(Wooldridge, 2021).

그러나 스코틀랜드 심리 조사는 1936년 2차 시험을 끝으로 종료되었다. 그런데 우연히 오래된 창고에서 조사의 원본 기록이 발견되면서 종단적 후속 연구가 이어졌다. 에든버러 대학교의 이언 디어리(Ian Deary) 교수가 이끄는 연구팀이 이 데이터베이스와 후속 평가를 활용해 지능이 노화에 미치는 영향을 연구한 것이다. 스코틀랜드 정부로부터 새로운 연구비를 받은 디어리 박사는 몇 년에 걸쳐 수기로 작성된 기록을 최대한 복원하고 이를 모두 전산화하는 데 성공했다. 또한 아직 생존해 있으면서 재검사를 받을 의향이 있는 550명의 원래 참가자를 찾아냈다. 여기서는 종단 분석에서 얻은 그 후속 데이터를 통해 두 가지 흥미로운 결과를 살펴보자.

1. IQ는 11세 때의 점수가 80세 때의 점수와 상당한 상관관계가 있는 것으로 나타나(r=0.72) 시간에 따른 변화가 그리 크지 않은 것으로 밝혀졌다(Deary et al., 2004). 이때 처음 시행한 조사와 후속 조사에서 모두 머리 하우스 검사(Moray House Test)를 채택했는데, 이는 스탠퍼드-비네 검사나 WAIS 검사와 본질적으로 동일한 방식을 통해 IQ 점수를 결정한다. 그런데 나이가 들면서 유동성 지능은 점차 떨어지고 결정성 지능은 좀더 안정적인데, 이 스코틀랜드 연구에서 사용한 검사의 IQ 점수는 유동성 지능과 결정성 지능을 모두 합친 것이었다. 비록 이 연구에 포함되지는 않았지만, IQ의 여러 구성 요소는 전 생애에 걸쳐 서로

다른 시기에 상승 및 하락할 수 있다는 점에 유의해야 할 필요가 있다 (Hartshorne & Germaine, 2015).

2. 그림 1.7에서 알 수 있듯이 11세 때 지능 지수가 높았던 사람들은 지능 지수가 낮은 동급생보다 더 오래 사는 경향성을 보였다(Batty, Deary & Gottfredson, 2007; C. Murray et al., 2012; Whalley & Deary, 2001).

그림 1.7의 위쪽 그래프는 여성의 생존율을, 아래쪽 그래프는 남성의 생존율을 보여주는데, 두 그래프 모두 동일한 추세를 나타낸다. x축은 10세부터 80세까지 연구 참가자의 연령이고, y축은 이 조사에 참가했던 사람들의 연령별 생존 비율이다. 데이터는 전체 조사자의 IQ를 기준으로 최상위와 최하위 등 4개 그룹으로 나누어 수집했다.

예를 들어, 그림 1.7 상단에는 여성의 생존율을 제시했는데, 그래프 맨 오른쪽(약 80세)의 데이터 포인트에 집중해보자. 여기에서는 80세에 이르렀을 때 지능 지수가 낮은 그룹에서는 약 45퍼센트만이 생존한 데 반해, IQ가 가장 높은 그룹에서는 약 70퍼센트가 생존했다는 사실을 엿볼 수 있다. 이는 물론 상당히 큰 차이인데, 그러한 격차가 20세 전후부터 시작되었다는 점을 눈여겨볼 필요가 있다. 남성들의 경우에도 지능 지수에 따른 생존율 차이가 나타났지만, 그 격차는 40세 이후에야 두드러졌다. 영국은 보편적인 의료 서비스를 제공하기 때문에 보험 적용률의 차등은 이러한 데이터에 영향을 거의 미치지 않았다. 그렇다면 IQ 점수는 어떻게 수명과 관련이 있는 것일까? 한 가지 가능한 설명이 있다. 즉, 11세 이전에는 유전적 요인과 환경적 요인 등이 IQ에 영향을 미치는데, 그 이후부터는 IQ가 높을수록 주위 환경이나 자신의 행동에 더 신경을 쓰기 때문이다. 요컨대 IQ가 높은 사람은 건강을 더 챙기고

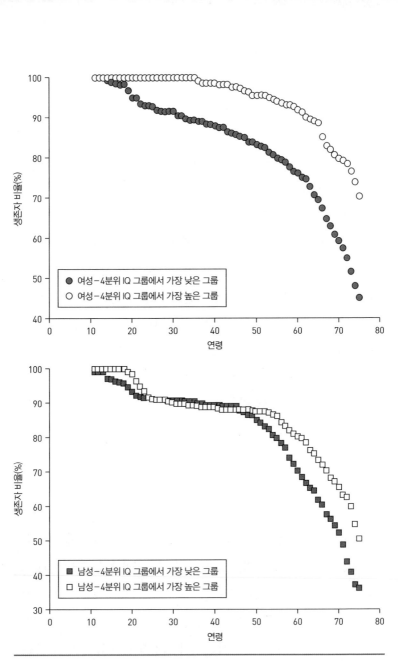

그림 1.7 아동기의 IQ 점수가 성인 사망률을 예측한다. IQ가 가장 높은 그룹에 속한 사람들이 가장 낮은 그룹에 속한 사람들에 비해 최근까지 더 많이 살아 있다는 점에 유의하라. 허가를 받아 인용(Whalley & Deary, 2001).

의사의 지시도 더 잘 따라서 사망률이 낮아진다는 것이다. 그러나 사망률과 IQ 모두 공통적으로 유전적 영향을 받는다는 게 더 나은 설명이라는 걸 뒷받침하는 설득력 있는 증거가 있다. 이를테면 사망률과 IQ 상관관계의 84~95퍼센트가 유전자에 의한 것이라는 연구 결과도 있다 (Arden et al., 2015).

이 세 가지 고전적인 연구의 증거를 요약해보자. 터먼의 프로젝트는 IQ 점수의 중요성을 대중화하고, 아동기 천재들에 대한 부정적 고정관념을 무너뜨리는 데 크게 기여했다. 영재 교육은 본질적으로 이 연구에서 시작되었다고 할 수 있다. 스탠리 프로젝트는 여기서 더 나아가 가장 똑똑하고 가장 재능 있는 학생들의 학업 성취도를 촉진하는 방법을 통합했다. 스코틀랜드의 전국 IQ 검사 조사 데이터에 대한 디어리의 분석은 IQ 점수가 사람들의 일생 동안 크게 변화하지 않으며, 그 점수가 사회적으로나 국민 건강 측면에서나 아주 중요하게 작용한다는 새로운 통찰을 제공했다.

이러한 연구는 어릴 때 받은 심리 측정 검사 점수가 이후의 직업적 성공, 소득, 건강한 노화, 심지어 사망률에 이르기까지 인생의 여러 측면을 두루 예측할 수 있는 강력한 데이터를 제공한다. 결론은 IQ가 비록 다른 사람들과 비교할 때에만 의미 있는 시험 점수이기는 해도 인생에서는 똑똑한 편이 훨씬 더 낫다는 것이다.

1.11 지능의 정의와 측정에 대한 오해가 지속되는 이유

지능 검사 점수가 각별한 의미를 띤다는 강력한 경험적 증거들이 그렇게 많음에도 불구하고, 왜 이 점수가 별로 유효하지 않으며, 설령 유효하다고 해도 그리 중요하지 않을 것이라는 통념이 지속되는 것일까? 이에 대한 설득력 있는 사례는 대학 입학 담당자들에게서 찾아볼 수 있다. 그들은 자신이 소속된 대학에서는 재학생의 성적 평균(GPA)과 그들이 입학할 때 제출한 SAT 점수 사이에 아무런 관계도 없다는 주장을 곧잘 한다. 하지만 이런 주장은 거의 항상 두 변수 사이의 상관관계에 관한 기본적인 통계적 원리를 제대로 이해하지 못한 데서 비롯된 것이다. 두 변수에서 그 상관관계를 계산하려면, 각 변수에 대해 광범위한 데이터를 수집해야 한다. 그런데 예를 들어 MIT 같은 곳에서는 대부분의 학생이 좁은 범위에서 SAT 점수가 높다. 이는 데이터 범위 제한의 전형적인 문제라고 할 수 있다. 학생들 사이에 SAT 점수 편차가 거의 없기 때문에 GPA와 SAT 점수의 상관관계가 강하게 나타나지 않는 것이 당연하다. 데이터 분포의 최상위, 최하위, 또는 중간에서만 데이터를 얻으면 그 범위를 제한해 상관관계가 크게 낮아지거나 아예 0 가까이 수렴하게 마련이다. 데이터 범위의 제한은 실제로 지능 검사 점수가 미래 예측에 '실패'한다는 대부분의 주장을 뒷받침한다.●

다음은 그런 데이터 범위 제한으로 인해 나타나는 잘못된 결과의 또 다른 대표적 사례다. 1930년대에 루이스 서스톤(Louis Thurstone)은 스피어먼의 g-인자 발견에 이의를 제기하면서(Thurstone, 1938), 서로 독립적

● 그럼에도 이것이 바로 여러 대학에서 SAT와 기타 다른 검사 성적을 없애는 데 성공한 검사 비판론자들의 주된 주장이다. 다른 주장들은 시험에 편향성이 있을 수 있다거나, 낮은 점수를 받은 학생들에게 교육 기회가 불평등하게 작용할 수 있다고 강조한다. 하지만 SAT가 입학 과정에 유용한 시금석이라는 견해를 지지하는 증거는 여전히 차고 넘친다(Wai, Brown & Chabris, 2019; 이 밖에도 텍스트 상자 1.2 참조).

인 '일곱 가지 주요 능력(7 Primary Abilities)'이라는 대체 모델을 제안했다. 즉, 그 일곱 가지 능력은 서로 상관관계가 없으며, 따라서 공통된 g-인자가 아예 존재하지 않는다는 것이다. 예컨대 공간 감지 능력은 그림이나 사물을 정신적으로 회전시키는 검사를 통해서만 측정한다. 지각 속도는 그림 속에서 작은 차이를 최대한 빨리 찾아내는 검사를 통해서만 측정한다. 숫자 능력 역시 계산 속도를 측정해야만 가능하고, 언어 이해력은 오직 어휘력 검사를 통해서만 측정할 수 있다. 어휘 유창성은 주어진 범주에 대해 가능한 한 많은 단어를 제한 시간 안에 생각해내야 하는 테스트를 통해 측정한다. 숫자와 사물에 대한 회상 테스트를 통해 측정하는 기억력도 있다. 마지막으로, 귀납적 추론 항목도 있는데, 이는 유추와 논리적 검사를 통해서만 측정 가능하다.

그러나 서스톤의 모델은 후속 연구를 통해 뒷받침되지 않았다. 그의 원래 연구에서 결함이 밝혀졌기 때문이다. 그는 자신이 사용한 샘플에 가능한 모든 범위의 점수에 걸친 개인들을 포함시키지 않았다. 즉, 샘플의 범위가 제한되어 어떤 검사도 다른 검사를 예측할 수 있는 분산(variance)이 없었던 것이다. 추가적인 연구를 통해 이 문제를 수정하자 서스톤의 '기본' 능력에 대한 검사는 실제로 서로 상관관계가 있었고, 여기엔 g-인자가 관여하는 것으로 밝혀졌다. 서스톤은 자신의 결론을 자진 철회했다(Thurstone & Thurstone, 1941). 그렇다면 1930년대의 사례를 이 책에서 다시 거론하는 이유는 무엇일까? 다음 장에서 살펴보겠지만, 놀랍게도 현재의 많은 연구 역시 여전히 제한된 데이터 범위 때문에 잘못된 결과를 보고하고 있기 때문이다.

요인 분석을 기반으로 하는 모델에서 이렇게 요소들의 구조적 차이가 나타내기 때문에 어떤 호사가들은 g가 단순히 요인 분석 방법론에서 나타나는 통계적 인공물에 불과하다고 생각하기도 한다. 하지만 현재까지 우리는 수백만 명에 달하는 샘플과 여러 다양한 기법을 사용해서 시행한 지능 관련 요인 분석 연구 결과를 가지고 있다. 이러한 연구에서 얻은 결론은 항상 g-인자가 존재한다는 것이다. 다음은 이런 결론을 요약한 것이다. 먼저, 서로 다른 일련의 검사를 통해 얻은 g-인자는 각 검사마다 광범위한 지적 능력을 평가하는 충분한 문항을 포함하고, 또한 갖가지 능력을 가진 피검사자 수가 충분할 경우 거의 완벽한 상관관계를 나타낸다(Johnson et al., 2004; Johnson, te Nijenhuis & Bouchard, 2008). 180명의 대학생을 대상으로 수행한 연구에서는 일련의 비디오 게임 성적에서 추출한 g-인자가 일련의 인지 검사 성적에서 추출한 g-인자와 높은 상관관계(0.93)가 있다는 결과가 나왔다(A. M. Quiroga et al., 2015; M. A. Quiroga et al., 2019). 이런 연구는 비록 구간 척도를 사용해서 그 의미가 다소 줄어들기는 하지만 g-인자가 통계적 인공물이 아니라는 강력한 증거를 제공한다. 그리고 논리적으로, g-인자가 단순한 인공물이라면 그것은 우리가 이제까지 언급했듯이 일상생활의 복잡성에 대한 다른 측정치와 상관관계가 없을 테고, 다음 장에서 자세히 설명하겠지만 유전적 변수나 뇌 매개 변수하고도 상관관계가 없을 것이다.

마지막으로, 지능 검사의 타당성을 떨어뜨리는 가장 큰 동기는 아마도 많은 사람이 공유하고 있는, 인구 집단 사이에서 나타나는 평균 점수의 차이를 검사 분석 과정에서 얻은 인공물로 설명하려는 욕구일 것이다. 하지만 내 생각에는 이러한 동기 자체가 잘못된 것이다. 인구 그룹 간 평균 시험 점수 차이의 원인은 아직 명확하게 밝혀지지 않았지만, 교육 및 기타 영역에서 사람들의 중요한 관심사임은 분명하다. 따라서 경험적 연구에 바탕을 둔 가장 정교한 연구로 그 원인과 잠재적 개선책을 마련할 수 있도록 사회가 충분한 관심을 가져야만 한다. 3장과 4장에서 자세히 설명하겠지만 뇌 발달과 지능에 대한 영상학적 연구가 몇 가지 문제를 다루기 시작했으며, 5장과 6장에서 논의하는 지능 향상이라는 목표가 공상과학 소설의 범위를 넘어서는 해결책을 마련할 수도 있다(Haier, 2021).

뇌 자체에 대해 알아보기 전에 먼저 2장에서는 일반인들의 생각과 달리 지능이 유전의 영향을 많이 받는다는 압도적인 증거와 유전자가 뇌에 어떤 영향을 미치는지 요약할 것이다. 또한 환경적·사회적·문화적 요인이 유전자 발현에 미치는 후성유전학적 영향의 개념을 소개하며, 이 모든 것이 생물학적 과정을 통해 뇌에 영향을 미친다는 점을 설명한다. 전반적으로 이런 증거는 지능이 100퍼센트 생물학적이라는 우리의 기본적인 가정을 지지해준다.

1장 요약

◦ 지능은 과학적 연구를 통해 정의 및 평가할 수 있다.

◦ g-인자는 다른 사람들과 비교해서 개인의 지능을 추정하는 데 핵심 개념이다.

◦ 대학 이전 교육이 왜 수많은 학생에게서 소기의 성공을 거두지 못하는지에 대한 활발한 논쟁에서 지능을 명시적으로 고려하는 경우가 거의 없다는 것은 놀라운 일이다. 비록 최고로 유능한 교사라 해도 학생들의 원래 능력을 뛰어넘는 교육 목표를 달성할 수 있을 것으로 기대해서는 안 된다.

◦ 적어도 네 가지 종류의 연구에서 지능 검사 성적이 학생들의 향후 성공 가능성을 예측하는 좋은 지표임이 밝혀졌다. 지능 검사 성적은 그들의 학업과 인생의 성공에서 중요한 역할을 한다.

○ 지능 검사는 많은 중요한 경험적 연구 결과를 뒷받침하는 기반이 되었다. 하지만 좀 더 언급하자면, 그 평가의 핵심적 문제는 지능에 대한 비율 척도가 아니기 때문에 검사 점수가 다른 사람들과의 비교에 의해서만 의미를 갖는다는 것이다.

○ 지능의 정의와 평가에 대해 널리 퍼져 있지만 잘못된 믿음에도 불구하고, 신경과학적 연구는 지능의 기초가 되는 두뇌의 작용과 지능이 어떻게 발달하는지 이해하는 데 중요한 역할을 할 것이다.

복습 문제

1. 지능에 대한 정확한 정의를 내리는 데 과학적 연구가 꼭 필요한 이유는 무엇인가?
2. 영재를 정의하는 특별한 지적 능력과 g-인자의 차이점은 무엇인가?
3. 지능 검사 점수는 왜 길이, 부피, 무게 같은 정량적 척도로 표현하기 어려울까?
4. 지능 연구에서 제한된 범위란 무엇이며, 이것이 그렇게 중요한 개념인 이유는 무엇인가?
5. 지능에 대한 두 가지 오해는 무엇이며, 왜 그런 오해가 지금까지 계속되고 있을까?
6. 이번 장을 1980년의 인용문으로 시작한 이유는 무엇일까?

더 읽을거리

Straight Talk about Mental Tests (Arthur Robert Jensen, 1981). 이 책은 학생과 일반 대중을 위해 실제 전문가가 전문 용어 없이 쓴 정신 검사를 둘러싼 모든 문제를 명확히 설명한다. 여전히 고전이지만 도서관이나 온라인 판매처에서 찾을 수 있다.

The g-Factor (A. R. Jensen, 1998). g-인자의 모든 측면에 대한 좀더 기술적이고 철저한 내용을 담고 있다. 이 분야의 고전으로 간주되지만 찾기 어려울 수도 있다.

IQ in the Meritocracy (Herrnstein, 1973). 논란의 여지가 있는 이 책은 IQ의 유전적 기반이 어떻게 사회를 계층화했는지에 대한 초기 주장을 제시한다. 서문에 인기 없는

아이디어에 대한 당시 하버드 대학의 혹독한 분위기가 적나라하게 묘사되어 있다. 이 책은 꽤 오래되었지만 온라인 판매처를 통해 구할 수 있다.

The Bell Curve (Herrnstein & Murray, 1994). 지금까지 나온 지능 관련 책 중 가장 논란이 많은 도서일 것이다. 이 책은 능력주의 사회의 IQ에서 처음 제기된 주장을 확장한다. 지능 연구가 공공 정책에 어떤 의미를 가질 수 있는지에 대한 데이터와 가능한 시사점으로 가득 차 있다.

"The Neuroscience of Human Intelligence Differences" (Deary, Penke & Johnson, 2010). 오랜 기간 지능 연구를 해온 연구자들이 쓴 간결한 리뷰 기사다.

Coming Apart (C. A. Murray, 2013). 지능 수준에 따른 사회 분리의 함의에 대한 찰스 머리의 분석을 발전시킨 책이다. 오늘날의 정치적·사회적 분열에 대한 선견지명이 담겨 있다.

The Nature of Human Intelligence (R. J. Sternberg, 2018). 이 편집된 책은 가장 많이 인용되는, 생존하는 지능 연구자 19명의 기고문으로 이뤄져 있다. 신경과학적 접근법에만 초점을 맞춘 각각의 장에서 집필자들은 이 책에서 정면으로 다루지 않은 많은 주제를 포함해 다양한 주제를 다룬다.

The Aristocracy of Talent: How Meritocracy Made the Modern World (Wooldridge, 2021). 이 책은 지능의 사회적 함의를 학술적으로 논의하고 능력주의를 광범위하게 옹호한다.

The Cambridge Handbook of Intelligence and Cognitive Neuroscience (Barbey, Karama & Haier, 2021). 인지신경과학 전문가들이 각 장을 집필한 편집본으로, 대부분 대학원생 이상의 고수준자를 위한 글이다.

The Science of Human Intelligence (Haier & Colom, 2023). 지능 관련 광범위한 주제를 다루는 학생용 교과서다. 전작인 *Human Intelligence* (Hunt, 2011)의 후속판이다.

지능은 양육보다 천성의 산물
유전학이 지능 연구에 제기한 충격

내게 건강한 영아 12명을 주고 그들을 키울 수 있는 나만의 특정한 세계를 꾸미게 허락해준다면 나는 그들 각자를 의사, 변호사, 예술가, 최고의 상인 등 그 어떤 전문가로도 키워낼 수 있다고 확신한다. 그들의 타고난 천성, 취향, 능력, 집안 내력, 심지어 그가 속한 인종과 민족에 상관없이 말이다. 물론 여기서 내가 어느 정도 과도한 주장을 하는 거라고 인정하지만, 사실 그 반대되는 주장을 하는 사람들도 과거 수천 년 동안 그렇게 말해왔다.

-존 왓슨(John B. Watson, 1930)

인간이 빈 서판(Blank Slate) 상태로 태어난다는 주장은 두뇌 기능에 대한 경험적 가설에 불과하므로, 그게 사실인지 여부에 대한 평가가 반드시 필요하다. 마음, 뇌, 유전자, 진화 등을 연구하는 현대 과학은 이런 주장이 사실이 아니라는 점을 여러 측면에서 다양하게 입증한다.

-스티븐 핑커(Steven Pinker, 2002)

과학에서—그리고 아마 사회에서도—가장 광범위한 영향을 미칠 수 있는 것 중 하나는 g의 유전성을 담당하는 유전자를 발견하는 일이 아닐까 싶다. 그런 유전자는 각각 아주 작은 영향력만을 갖고 있으므로 그것들을 찾는 일 자체가 엄청난 도전이겠지만, 그럼에도 나는 g의 유전성 대부분을 결국은 특정한 유전자로 설명할 수 있을 거라고 예측한다. 비록 그런 유전자 수백 개가 서로 상호 작용해서 g를 만들어낸다고 해도 말이다.

-로버트 플로민(Robert Plomin, 1999)

유전자를 찾으면 인간 인지의 신경생리학적 기초에 대한 이해에 좀더 가까이 다가갈 수 있을 것이다. 더욱이 유전자가 더 이상 우리 모델에서 잠재적 요소가 아니라 실제로 측정 가능할 때, 유전적 구성과 상호 작용하고 상관관계를 갖는 환경적 요소를 식별할 수 있을 것이다. 이는 오래도록 지속돼온 '천성-양육' 논쟁을 실제적인 이해로 대체할 것이다.

-다니엘러 포스튀마와 에코 드 게우스(Danielle Posthuma & Eco J. C. de Geus, 2006)

행동 특성에 미치는 유전적 영향력을 입증하는 것은 더 이상 놀라운 일이 아니며, 유전적 영향력이 미치지 않는 특성을 찾는 것이 오히려 더 흥미로울 수 있다.

－로버트 플로민과 이언 디어리(Robert Plomin & Ian Deary, 2015)

유전학자들 사이에서는 유전적 차이가 사람들의 지능에 상당한 차이를 불러온다는 사실이 잘 알려져 있으며, 이 점에 대해서는 논란의 여지가 없다. 지능은 정신 장애에서 키에 이르기까지 다른 많은 인지적·신체적 특징과 마찬가지로 전형적인 다원적 인간의 특성이다. 개인 사이의 유전적 변이와 그것이 형질에 미치는 영향은 금세기 초에 과학자들이 깨달았던 것보다 훨씬 더 복잡하고 미묘하다. 대부분의 사람이 지능에 대해 알고 있는 지식은 즉각 수정되어야 한다.

－"지능 검사에 관하여(Intelligence Test)", 〈네이처(Nature)〉(사설, 2017)

학습 목표

○ 지능에 대한 천성－양육 논쟁은 근본적으로 결론이 날까?

○ 유전자가 지능에 영향을 미친다는 주장을 뒷받침하는 가장 설득력 있는 증거는 무엇인가?

○ 지능에 미치는 환경적 영향에서 연령은 어떤 작용을 할까?

○ 지능 연구를 위해 정량유전학과 분자유전학에서 사용하는 핵심 연구 전략은 무엇인가?

○ 지능과 관련한 특정 유전자를 찾는 일은 왜 그렇게 어려울까?

머리말

우리의 뇌는 신체의 다른 부분과 함께 진화했다. 오랜 진화 과정에서 유전이 인간의 모든 생리학적 차이에 영향을 미치면서도 지능의 근간을 이루는 뇌나 뇌 메커니즘에 대해서만은 아무런 영향도 주지 않았다고 말하기는 어렵다. 그럼에도 인간의 속성에 대해 (설령 일부라도) 유전학적 설명을 하고자 한다면, 필경 의심과 불안을 불러일으키기 십상이다. 이는 부분적으로 유전적인 것은 본질상 불변하고, 결정론적이며, 제한적이라는 가정에서 비롯된 것이다. 앞으로 살펴보겠지만 이는 항상 올바른 가정이 아니며, 유전자를 조작하는 몇 가지 강력한 기술이 이미 알려져 있으므로 정반대의 경우도 있을 수 있다(섹션 5.6과 6.3 참조). 일부 유전자는 결정론적이라고—어떤 유전자가 있으면 어떤 특정한 특성이 나타난다고—말할 수 있지만, 지능처럼 아주 복잡한 특성이나 행동의 경우에는 유전적 영향이 결정론적이라기보다는 확률적이라고 설명하는 게 좀더 타당할 것이다. 다시 말해, 유전자가 어떤 특정한 특성의 발현 확률을 높일 수는 있지만, 정말로 그런 특성을 가질 수 있는지는 여러 요인에 따라 달라진다는 얘기다. 예를 들어, 여러분이 유전적으로 심장병에 걸릴 위험이 높더라도 식단 조절과 운동으로 그 위험성을 낮출 수 있다.

유전학을 선호하는 가장 극단적인 시나리오조차 부모로부터 물려받은 유전자가 **무작위로 뒤섞여서** 나타나는 유전적 요인이 사람들 사이의 지능 차이를 나타낸다고 100퍼센트 인정하면서도 여전히 일부 유전자와 그 발현은 환경적 요인에 의해 변형될 수 있다고 인정한다. 유전적 발현과 비유전적 변수의 조합은 후성유전학의 한 가지 정의다. (이에 대해서는 이 섹션 뒷부분에서 논의할 예정이다.) 100퍼센트 유전적 시나리오에서는 한 개인이 높은 지능을 약속하는 유전적 복권(즉, 지능에 중요한 유전자를 포함해 부모 모두에게서 받은 유전자의 무작위 조합)에 당첨됨으로써 나쁘거나, 최상이 아니거나, 또는 제약적인 환경에서 벗어날 수 있다. 모든 유전자 시나리오는—대부분의 유전자 시나리오가 그렇다고 해도 좋다—
자녀의 지능을 극대화하기 위한 실용적인 제안, 즉 가장 똑똑한 배우
자를 찾으라는 제안으로 이어진다. (간단하기는 해도 실제로는 쉽지 않을 수 있
다.) 100퍼센트 유전적 시나리오는 여러분이 유전적 복권에 당첨되지 못
해서 지능이 낮은 사람으로 태어나면, 돈으로 살 수 있는 최고의 지원
이나 풍요로운 환경을 제공받더라도 인생에서 중요한 성공을 이룩하는
데 큰 제약이 뒤따를 것처럼 말한다.

　다른 극단적인 시나리오는 지능 차이가 유전적 메커니즘과 관련이
없다면서, 각 개인의 지능은 환경의 영향에 의해 결정된다고 주장한
다. 특히 두뇌 발달의 많은 부분이 진행되지만 자신의 지능 향상에 유
리한 환경을 선택할 수 없는 어린 시절에 그 대부분이 결정된다고 말한
다. 모든 (또는 대부분의) 환경 이론은 적절한 환경적 요소만 주어지면 누
구라도 높은 지능과 여러 좋은 심리적 특성을 개발할 수 있다는 행동주
의적 관점과 '빈 서판(인간은 태어날 때부터 마음이 완전히 비어 있는 상태이며, 이
후 경험과 학습을 통해 모든 지식을 습득한다는 철학적·심리학적 개념—옮긴이)' 이론
으로 쉽게 이어진다(Watson, 1930). 이런 견해는 고전적 행동주의(classical
behaviorism) 일반 이론이 이미 크게 쇠퇴했음에도 불구하고 여전히 인
기가 있다. 더욱이 인간의 잠재력에 대한 빈 서판 이론은 대부분의 행
동적 특성을 설명하는 데 제한적인 경험적 지지를 받으며(Pinker, 2002),
이번 장 뒷부분에서 살펴볼 것처럼 지능에 대해서는 사실상 전혀 지지
를 받지 못하고 있다.

　널리 알려진 중간적 입장은 유전자(천성)와 환경(양육) 모두 지능의 차
이를 설명한다고 주장한다. 이런 견해의 더 오래되고 단순한 버전은 유
전적 요소와 환경적 요소가 두뇌 발달에 거의 동등하게 기여한다는 것

이다. 이제 우리는 두뇌 발달 과정과 전 생애에 걸친 유전자 발현이 비DNA적 요인들에 민감할 수 있다는 걸 알고 있다. 바로 이 점이 후성유전학의 핵심이라고 할 수 있다. 다시 말해, 후성유전학은 우리 주위를 둘러싸고 있는 환경과 우리 자신의 행동, (노화 같은) 기타 생물학적 요인이 함께 작용해서 두뇌에 미치는 영향을 연구한다. 후성유전학은 그런 영향이 우리 DNA의 메틸화(methylation) 또는 히스톤 변형(histone modification)을 일으켜서 유전자를 변화시킨다고 주장한다.● 지능이 여러 요인의 복잡한 결합에 따라 나타나는 결과물이라고 인정했을 때, 사람들의 지능적 차이가 반드시 유전자에 의해서만 결정된다고 말하기는 쉽지 않다.

인간에 대한 후성유전학 연구는 비교적 새로운 분야이지만, 이미 흥미로운 몇 가지 연구 결과가 나타나고 있다. 예를 들어, 루마니아 고아들을 대상으로 수행한 종단 연구에 따르면, 개인에게 나타나는 인지적 또는 정신과적 문제에 따르는 위험성은 부분적으로 그들이 겪은 어린 시절의 극심한 사회적 박탈 경험에서 기인하는 것으로 밝혀졌다. DNA 분석 결과, 일부 성인들에게서 관찰되는 특정한 유전자 변형이 그런 박탈의 정도와 관련이 있었기 때문이다(Drury et al., 2012). 동물 연구에 따르면, 환경적 요인에 의해 발현된 일부 유전자 변화는 실제로 유전적이라고 할 수 있지만(Champagne & Curley, 2009), 그 인과관계를 정확히 규명하는 게 그리 쉬운 일은 아니다(Aristizabal et al., 2020). 기억과 지능 모

● 메틸화나 히스톤 변형 같은 구체적인 메커니즘에 대한 논의는 이 책의 범위를 벗어난다. 이에 대해서는 미국 질병청(Centers for Disease Control, CDC)의 웹사이트 www.cdc.gov/genomics/disease/epigenetics.htm을 참조하기 바란다.

두에 대한 도파민의 역할 가능성을 포함해 후성유전학적 연구가 새롭게 진행되고 있지만, 아직까지는 환경적 요인과 인간 지능 사이의 강력한 연관성은 인정하기 힘들다(Heyward & Sweatt, 2015; Karalija et al., 2021; Lee et al., 2021; Kaminski et al., 2018). 유아기에 외국어에 노출되는 일 같은 환경적 변수가 신경생물학적으로 두뇌 발달에 영향을 미치는 것으로 보이기는 해도(Kuhl, 2000, 2004), 그런 요소가 지능과 얼마나 관련성이 있는지에 대해서는 아직 면밀하게 밝혀진 바 없다. 지능의 개인적 차이를 설명할 수 있는 구체적인 후성유전학적 요인에 대해서는 아직도 밝혀야 할 것이 많지만, 적어도 이런 생각이 중요한 환경적 요소가 생물학적 메커니즘에 영향을 미칠 것이라는 가정을 불러일으키는 것은 사실이다. 유전적이든 그렇지 않든 말이다. 이제부터는 후성유전학적 영향의 유무와 상관없이 유전자가 지능 발달에 얼마나 크게 작용하는지 그 증거들을 찾아보기로 하자.

2.1 진화하는 유전학의 관점

유전자에 대한 정의가 여러분이 생각하는 것만큼 그렇게 정교하지 않다고 하면 좀 놀라는 사람이 있을지도 모르겠다(Silverman, 2004; Dawkins, 2016). 유전자 분석 기술이 주도한 인간 게놈 프로젝트(Human Genome Project)가 시작될 때까지 유전학 연구자들은 유전자가 생명의 기본 구성 요소인 단백질을 만드는 청사진에 해당하기 때문에 약 10만 개의 유전자를 발견할 수 있을 것으로 예상했다. 인간에겐 최소 10만 개의 단백질이 있으며, 하나의 유전자가 하나의 단백질을 만들기 때문이다. 하지만 인간 게놈 프로젝트는 진행 초기에 단백질 합성에 관여하는 유전자가 2만 5000개 정도에 불과할 것이라고 했다가 연구를 진행하면서 그 수를 점점 더 축소해 결국 2만 개 미만으로 결론을 내렸다(Ezkurdia et al., 2014). 하지만 염색체에서 유전자 조각이 시작하거나 끝나는 위치의 경계를 평가하기 어려울 수도 있으므로 이런 수치 역시 그다지 정확하지는 않다. 실제 수치야 어떻든 유전자가 실제 단백질 수보다 적다는 사실은 각 유전자가 다양한 방식으로 발현할 수 있으며, 그러한 유전자 발현을 조절하는 메커니즘에 대해 연구자들이 아직 잘 모르고 있다는 뜻일 수도 있다. 이는 유전자 발현이 개체의 전 생애에 걸쳐 켜지고 꺼지고를 반복한다는 얘기다. 또한 단백질이 아주 복잡하고 역동적으로 조합을 이루어냄으로써 생물이 그렇게 복잡하고 다양하게 존재하는 것이라는 의미이기도 하다.

유전자를 켜고 끄는 스위치는 정확히 어떻게 작동할까? 또한 그 스위치는 다른 유전자 및 여러 외부 환경 요인과 어떻게 상호 작용을 할까? 무수히 많은 유전자 단백질 산물이 상당한 무작위성을 지닌 채 다단계식 순서에 따라 서로 결합하고 상호 작용하는데, 그 비밀은 무엇일까? 이런 질문에 내재된 복잡성 때문에 많은 행동유전학자는 특히 지능 같은 복잡한 형질에 대한 해답이 과학의 범위를 벗어난다는 결론을 내리기도 한다. 아마도 그들이 빈 서판 이론에 대한 확고한 믿음을 가졌거나, 아니면 개인이나 민족 집단 간 지능 차이에 대해 유전적 설명을 붙이기 두려워하는 사회 정의적 충동에서 그런 동기를 부여받았을 것이다. 이에 반해 나는 가장 복잡한 질문들에 대해 분자생물학을 비롯한 현대 과학의 발전이 이룩한 성과에 기반해 장기적 관점을 취한다. 그건 6장에서 설명하겠지만 한층 낙관적인 입장이다.

역사적으로 대부분의 연구자들은 지능을 어떻게 정의하든 상관없이 주로 어린 시절에 발달하며 환경 요인, 특히 가정 환경과 사회 문화에 크게 영향을 받는다고 가정해왔다. 이런 관점에서는 유전자가 실제로 어떤 역할을 하더라도 그 영향력이 최소화되기 마련이다. 심지어 유전자의 기여가 전혀 없다고 주장하는 이도 있다. 초기 환경의 중요성에 대한 이런 견해는 일견 합리적으로 보이고 잘난 부모들을 우쭐하게 하지만, 어린 시절의 환경 요인이 지능 발달에 강력한 영향력을 행사한다는 증거는 놀랍게도 대단히 미약하다. 그동안 후성유전학이 그런 환경 요인의 중요성을 지속적으로 강조했지만, 이에 관한 후성유전학적 연구는 여전히 초기 단계에 머물러 있으며(Haggarty et al., 2010; Kaminski et al., 2018), 이 학문의 가능성은 향후 얻어지는 증거의 무게로 평가될 것이다. 반면, 지능에 대한 강력한 유전적 영향을 뒷받침하는 데이터는 더욱 설득력을 얻고 있다.

　일반적으로 우리는 자신이 이룩한 인생의 성취에 대해 어떤 제약성을 부여하는 걸 그리 좋게 생각하지 않는 경향이 있다. 따라서 지능에 대해서도 유전적 측면이 크게 작용한다는 생각을 그리 좋게 받아들이기 어렵다. 특히 이런 생각은 문화 연구에 기득권을 가진 일부 사회과학계에서 더욱 그러하다. 실제로 그들은 지능 관련 모든 유전적 연구를 약화시키고, 부정하고, 폄하하는 노력을 지난 수십 년 동안 지속해왔다(Gottfredson, 2005). 1960년대와 1970년대에 널리 유포된 정신분열증 및 기타 정신 질환에 대한 '신화(myth: 미셸 푸코는 《광기의 역사》에서 정신 질환이 사회적 통제 수단이며, 이를 치료하는 정신의학은 인간의 자유를 억압하는 수단이라고 비판했다. 이 같은 '신화'는 정신 질환에 대한 기존 개념에 회의를 불러일으켰고, 이후 정신의학계는 환자의 인권을 보호하고 비강제적 치료 방식을 추구하는 변화를 시도했다―

옮긴이)'는 이제 거의 사라졌다. 지능 결정에서 유전자의 역할을 무시하는 반유전적 감정은 대부분 19세기와 20세기 초에 일어난 우생학 운동, 1930년대와 1940년대를 휩쓴 나치 잔혹 행위의 여파, 그리고 가장 최근에는 1969년 캘리포니아 버클리 대학의 교육심리학자 아서 젠슨이 발표한 논문에서 비롯된 도덕적 반응으로 생겨났다. 이 악명 높은 논문에 대해서는 뒤에서 간략하게 설명할 예정이다.

지능과 유전학에 관한 연구를 소개할 때 우리가 명심해야 할 한 가지 중요한 사항이 있다. 그것은 우리가 이 책에서 어떤 변수나 요인이 지능에 영향을 미친다고 말할 때, 실제로는 사람들 사이의 지능 차이, 즉 분산에 미치는 영향을 의미한다는 것이다.

그 용어 자체에서 알 수 있듯이 행동유전학은 일반적으로 (인지 능력을 포함해) 제반 행동적 특성을 연구하는데, 여기에는 정량유전학과 분자유전학의 두 가지 기본 유형이 있다. 멘델의 완두콩 실험에 뿌리를 둔 전자는 우리의 행동이나 특성(표현형)에 유전적 요소(유전형)가 관여할 수 있는지 여부를 따지고, 만약 그럴 가능성이 있다면 유전자가 얼마나 많은 변이를 설명할 수 있는지 규명하는 걸 연구 목적으로 삼는다. 정량유전학은 또한 (형질이 우성으로 전달되는지, 열성으로 전달되는지 같은) 유전자의 전달 방식을 모델링하기도 한다. 쌍둥이 연구와 입양아 연구는 정량유전학의 주요 연구 수단인데, 우리는 개인들 사이의 지능 차이를 설명함에 있어 유전자가 꽤 강력한 역할을 하는 데 반해 환경적 변수의 역할은 최소한에 그친다는 결론을 뒷받침하는 중요한 연구와 그렇게 해서 얻은 몇 가지 놀라운 결과를 검토할 것이다. 분자유전학은 새로운 연구 분야로서 다양한 DNA 기술과 방법을 사용해 특정 형질의 변이와 관련된 유전자를 식별한다. 특히 지능의 경우에는 해당 유전자가 두뇌의 발달과 기능에 어떻게 영향을 미치는지 연구한다. 분자 수준에서의 이런 연구는 사실 모든 과학 분야에서 추구하는 목표만큼이나 대단히 복잡하다. 지금까지 얻은 지능 관련 분자유전학적 발견은 매우 잠정적이며, 지능과 관련이 있다고 확인된 특정 유전자에 국한해 그 검증이 제한적으로 이루어지는 단계에 있다. 그럼에도 현재 이 분야에서 어느 정도 진전을 이뤄냈으며, 이번 장 뒷부분에서 검토할 이와 관련된 연구 결과는 적지 않은 흥미와 놀라움을 불러일으킬 거라고 나는 생각한다.

분자유전학적 기술에 대한 초기의 열광은 약 20년 전 지능의 상당한 차이를 설명하는 몇 가지 유전자 발견이 임박했다는 낙관적 전망과 함께 시작되었다. 하지만 그 같은 일은 일어나지 않았으며, 그런 특정한 유전자가 아직까지 발견되지 않은 데 대해 적지 않은 비평가들이 상당한 만족을 표현하기도 했다. 그렇지만 지능 유전자를 찾는 것은 사실상 '일반(generalist)' 유전자를 찾는 일이었고, 그런 유전자가 지능을 결정짓는 다양한 인지적 능력에 영향을 미칠 것이라는 단서를 던져주었다. 율리아 코바스와 로버트 플로민은 그런 견해를 이렇게 간단히 표현했다 (Kovas & Plomin, 2006: 198). "뇌 구조와 기능에 대한 유전적 영향력은 특정된 것이 아니라 일반적 현상이라고 해도 좋다." 여기서 우리는 두 가지 중요한 핵심 개념을 끌어낼 수 있다. 하나의 유전자가 여러 가지 다른 형질에 영향을 미칠 수 있고(다면발현(pleiotropy)), 많은 유전자가 하나의 형질에만 영향을 미칠 수도 있다는 것이다(다유전성(polygenicity)).

일반 유전자의 개념에 대해서는 아직도 논란의 여지가 있지만, 지능이 유전적이며 다유전성을 가진다는 점에 대해서는 광범위한 합의가 이뤄져 있다. 예를 들어, 서로 혈연관계가 없는 성인 3511명을 대상으로 수행한 연구에 따르면, 비록 어느 한 유전자도 일반 지능의 분산에 대해 눈곱만큼의 영향력조차 갖지 못했지만, 일반 지능 분산의 40~ 50퍼센트를 결정하는 일련의 지능 유전자는 아주 많이 발견할 수 있었 다고 결론지었다(Davies et al., 2011). 다양한 인지 능력에 대해 설명이 가 능한 다면발현 이론을 지지하는 연구 결과도 적지 않다(Trzaskowski et al., 2013). 정신분열증, 자폐증, 비만 관련 유전자(심지어 키까지 포함)를 찾 는 연구에서 학자들은 유사한 다유전성 및 다면발현 현상을 자주 발 견하고 있다. 이런 단계를 거치면서 인간 지능의 유전성에 대해 이제 는 그 이론적 체계가 상당히 잘 확립된 상태다(Plomin, 2018; Plomin & von Stumm, 2018). 침팬지 연구에서도 이를 뒷받침하는 데이터를 발표했다 (Hopkins et al., 2014). 하지만 유전자 데이터의 일부 측면에 대해서는 아 직도 해결되지 않은 해석 문제가 남아 있으며(Nisbett et al., 2012; Shonkoff et al., 2000), 지능과 관련된 특정 유전자를 규명하고 확인할 때까지는 여 전히 그럴지도 모른다. 일반적으로 말해서, 지능에 대한 환경적 영향을 선호해 유전적 영향에 대한 연구의 중요성을 폄하하려는 풍조는 여전 히 사라지지 않고 있으며(Nisbett, 2009), 이런 점이 좀더 면밀한 연구를 외면하게 만들기도 한다(Lee, 2010). 하지만 다행히도 최근에는 특정한 유전자와 그 영향을 발견하는 데 실질적인 진전을 보여주는 연구가 속 속 진행되어 지능에 대한 이 분야 연구에 좋은 길잡이가 되고 있다. 정 량유전학과 분자유전학 분야에서 얻은 주목할 만한 연구 결과를 검토 하기에 앞서, 지능에 대한 유전적 이야기를 맥락에 맞게 이해하기 위해 이 과정에서 빚어진 놀라운 실패와 사기 혐의의 사례를 잠시 살펴보기 로 하자.

2.2 IQ 향상을 노렸던 초창기의 실패

이 실패 사례는 1969년에 아무런 예고도 없이 들이닥쳤다. 1960년대 초 린든 존슨(Lyndon B. Johnson) 대통령은 빈곤과의 전쟁에 돌입했다. 이와 관련한 연방 정부의 여러 가지 시도 중 하나는 과거 수십 년 동안 끊임없이 논란이 되었던 대중의 중요한 관심사를 겨냥한 것이었다. 가난한 가정의 아동, 특히 일부 소수 집단의 가난한 어린이들이 IQ 검사를 포함한 인지 능력 검사에서 평균적으로 낮은 점수를 받는 현상이 바로 그것이었다. 당시 많은 교육자와 심리학자 그리고 정책 입안자들은 그러한 검사, 특히 지능 검사에서 노출된 인지 능력의 차이는 대부분 또는 아예 전적으로 교육적 불이익에서 발생하며, 따라서 중산층과 상류층 가정이 일상적으로 제공하는 것과 같은 수준의 조기 교육 기회를 가난한 집 아이들에게도 제공하면 이를 해소할 수 있다는 데 동의했다. 미국에서는 1954년 대법원이 인종에 따른 차별적 교육 방식을 폐지하라는 판결을 내리기 전까지 빈곤층 아동들에게 그런 기회를 전혀 제공하지 않았다. 따라서 인지 능력의 격차를 없애기 위한 해결책은 분명해 보였으며, 보상 교육에 대한 아이디어는 연방 정부의 지원을 받는 헤드스타트 프로그램(Head Start Program)으로 이어졌다. 그 이전에도 물론 여러 가지 보상 교육 시범 프로젝트를 제한적으로 시행하기는 했다. 아울러 그런 프로젝트 중 일부는 인지 능력의 격차를 줄이고 IQ 점수를 높이는 데 상당히 유망했으며, 심지어 극적으로 긍정적인 결과를 보고하기도 했다. 이러한 노력이 아동들의 평균 IQ 격차를 없애는 데 헤드 스타트 프로그램이 커다란 성공을 거둘 거라는 낙관적 전망을 낳게 하는 근거가 되었던 것도 사실이다.

바로 그즈음에 〈하버드 교육 리뷰(Havard Educational Review)〉가 저명한 교육심리학자 아서 젠슨에게 아동들의 지능 격차를 줄이기 위해 시행되는 조기 보상 노력의 타당성을 검토해달라고 요청했다. (헤드 스타트 프로그램은 당시만 해도 아직 시행 초기여서 이 학술지에서 직접 다루기엔 시기가 적절하지 않았다.) 젠슨 교수의 글(Jensen, 1969)은 〈우리는 IQ와 학업 성취도를 얼마나 높일 수 있을까?〉라는 제목으로 실렸는데, 첫 문장을 다음과 같이 시작했다. "보상 교육을 시도했지만, 그것은 명백한 실패를 불러왔다." 젠슨은 100쪽이 넘는 이 글에서 지능 연구에 대한 상세한 분석을 통해, 초기의 보상 노력이 IQ 점수나 학업 성취도에 미치는 지속적 영향은 거의 없었다는 주장을 펼쳤다. 초기 헤드 스타트 프로그램에 대한 열정이 널리 퍼져 있던 정치적 맥락에서는 그것만으로도 충분히 나쁜 일이었지만, 젠슨이 유전학을 언급하면서 더욱 악화했다. 그는 먼저 환경이 지능에 미치는 영향에 대한 그동안의 연구를 검토했다. 그 결과 일반적으로 말해서 지능에 대한 환경적 영향은 매우 미약하며, 특히 g-인자에 대한 경험적 증거 역시 실제로는 아주 약하다고 결론 내렸다. 아울러 그렇게 환경적 영향이 미약한 이유 중 하나는 지능, 특히 g-인자의 차이가 부분적으로 유전적 요인에 기인하기 때문이며, 적어도 개인 단위에서는 더욱 그러하다고 주장했다. 그는 이러한 견해를 뒷받침하는 것으로 보이는 그동안의 유전 연구를 요약했다. 사실 1969년 당시에는 대규모 표본과 탄탄한 연구 설계를 갖춘 환경 및 유전학적 연구가 부족했기 때문에 지능에 유전적 요소가 강하다고 결론 내리기는 다소 무리가 있었다. 하지만 지능은 대부분 환경에서 비롯된다는 대다수 견해에 이미 불쾌감을 던진 이 논문은 논란의 여지가 있음에도 한 걸음 더 나아갔다. (여기서 논란의 여지가 있다는 말은 이를 상당히 과소평가한 표현이라고 할 수 있다.) IQ 점수가 보상 노력에 거의 영향을 받지 않는 것으로 여겨지는 반면, 유전자는 각 개인에게 중요한 역할을 하는 것으로 보였기 때문에 젠슨은 백인과 비교했을 때 일부 인종에게서 발견되는 평균적인 지능 차이(그는 흑인과 백인의 차이에 초점을 맞추었다)에는 어떤 유전적 요소가 작용할 수 있다는 가설을 주장했다. 그리고 이러한 가설이 발표됨으로써 지능에 대한 연구는 한 세대 넘게 멈추었다.

젠슨의 글에 대한 부정적 반응은 격렬했다. 가장 악의적인 반응은 흑인은 유전적 구성 때문에 지적으로 열등하다는 선동적인 추론과 유전자가 지능에 중요한 역할을 하고 환경은 그렇지 않다는 일반적 관점을 겨냥한 것이었다. 모든 아동의 학업 성취도를 극대화하기 위해서는 개별 학생의 학습 능력에 알맞게 교육 방법을 조정하는 것이 중요하다는 젠슨의 결론은 거의 주목을 받지 못했다(섹션 6.6 참조). 이후 비평가들은 수십 년 동안 젠슨 개인과 그의 주장을 공격했다. 1장에서 간략히 언급했듯 1973년에 출간된 또 다른 책《능력주의 사회의 IQ》(Herrnstein, 1973) 역시 지능에서의 유전자 역할에 대해 비슷한 논쟁을 불러일으켰다. 당시 인종에 대한 사람들의 고정관념과 사회의 뜨거운 감정적 분위기를 감안했을 때, 지능 연구에 자신의 미래를 거는 연구자나 학생이 거의 없었던 것은 오히려 당연한 일이었다. 지능 연구를 위해 정부 연구비 지원을 받는 것은 사실상 불가능했다. 거의 하룻밤 사이에 지능 연구가 온통 방사능에 오염된 것이다.

그럼에도 헤드 스타트 프로그램이 본격적으로 추진되면서 이에 대한 사람들의 관심은 점점 더 뜨거워졌다. 1970년대와 1980년대를 거치면서 젠슨을 비판했던 사람들은 IQ 검사와 그 점수의 타당성, g-인자의 존재, 정량유전학의 제반 원칙, 심지어 개별 학자의 연구 진실성과 동기 부여에 대해서까지도 공격을 일삼았다. 한 가지 간단한 주장은 지능 검사 점수가 그룹 사이에 다르게 나타나는 것은 단순히 검사 편향성에서 기인할 가능성이 높으므로 아무런 의미도 없다는 것이었다. 이미 1장에서 설명한 것처럼 편향성 가설은 그동안 광범위하게 연구되었지만 경험적 뒷받침은 사실상 거의 없었다(Neisser et al., 1996; Warne, 2020). 시험 점수가 실제로는 아무런 의미도 갖지 못한다는 가설에 대해서는 이미 1장에서 언급했듯 IQ 점수가 삶의 여러 측면을 예측한다는 증거가 무수히 많다(Deary et al., 2010; Gottfredson, 1997b). 또한 이 책 3장과 4장에서 지능 검사 점수가 두뇌의 다양한 구조적·기능적 측정치와 상관관계에 있다는 것을 신경 영상을 통해 보여줄 텐데, 이는 IQ 검사 점수가 무의미하다면 도저히 얻을 수 없는 결과다. 일부 비평가는 g-인자가 단지 통계적 인공물에 불과한지 여부에 대해서도 문제를 제기했는데, 이는 많은 정교한 심리 측정 연구를 통해 뒷받침되지 않는 견해라고 할 수 있다(Jensen, 1998a; Johnson et al., 2008). 다른 비평가들은 데이터에 대한 논쟁을 넘어서 젠슨과 일부 행동유전학 연구자를 노골적인 인종차별 혐의로 공격하기도 했다. 젠슨 자신이 인종차별주의자인지 아닌지 직접 질문을 받은 적도 있다. 그의 대답은 이러했다. "나는 이런 점에 대해 그동안 수많은 생각을 해봤는데, 인종차별과는 아무런 관련이 없다는 결론에 도달했다"(Arden, 2003: 549). 나도 젠슨을 오랫동안 알고 지냈는데, 설령 그의 데이터 해석이 무의식적 인종주의에 물들었을 가능성이 있다고 해도 객관적인 과학적 방법으로 얼마든지 그것을 검증할 수 있고 위조 여부 또한 판별할 수 있다는 그의 주장을 신뢰한다. 그는 향후 연구에서 자신의 가설이 반박당할 수 있다고 확신했다. 그를 지켜본 대부분 관찰자들이 인지했다시피 젠슨은 자신을 향한 인신공격에도 전혀 흔들리지 않았다. 그는 전적으로 데이터에 의해서만 움직였기 때문이다. 내 생각에는 설령 새로운 데이터가 자신의 가설이 틀렸다는 걸 증명한다고 해도 그는 전혀 실망하지 않았을 것이다. 젠슨과 그가 기여한 지능 연구의 업적에 대해 좀더 자세히 알고 싶은 독자는 1998년의 〈인텔리전스(Intelligence)〉 특별호를 참조하기 바란다 (Detterman, 1998; Jensen, 1998b).

지능 연구의 역사에서 이 격동의 시기를 여기서 요약하는 이유는 오늘날에도 지능 연구가 어느 정도는 감수할 수밖에 없는 부정적 시각의 기원을 설명하는 데 도움을 주기 때문이다. 지능에 관한 연구가 이런 파괴적인 논쟁을 극복하고 앞으로 나아가는 데 이 책에서 다루고자 하는 현대 신경과학 연구의 성과가 어느 정도 유용할 것이라는 게 내 생각이다. 지능 및 기타 인지 능력에 대한 심리 측정 검사에서 집단 사이에 크고 작은 평균 점수의 차이가 나타나는 것은 분명하다. 그럼에도 그런 차이의 근거가 아직 불분명한 것도 사실이다. 하지만 앞으로 섹션 2.3에서 자세히 설명하는 것처럼, 적어도 개인들 사이의 지능 점수 차이를 설명하는 데 유전학이 정말로 중요한 역할을 한다는 점은 이미 잘 정립되어 있다.

그러면 요즘 '초기 아동 교육(early childhood education)'으로 이름이 바뀐 '집중적인 보상 교육'은 지능의 개발에 얼마나 도움이 될까? 이에 관한 최신 연구는 여전히 IQ 점수에 대한 지속적인 효과를 찾지 못하고 있으며, 심지어 설령 단기간 동안 어느 정도 IQ 점수 증가를 관찰했다고 해도 그것이 과연 g-인자와 명확하게 관련이 있는지는 아직 밝혀지지 않은 상태다(te Nijenhuis et al., 2014). 물론 한 소규모 표본 연구에서 집중적인 학령 전 프로그램을 시행한 결과, g와 관련 있는 것으로 보이는 IQ 증가를 보고한 적은 있다(Pages et al., 2021). 새롭게 시행한 집중적인 보상 교육이 학교 졸업률이나 학업 성취도 같은 일부 중요한 측면에서 분명한 성과를 이룩했다는 연구(Barnett & Hustedt, 2005; Campbell et al., 2001; Ramey & Ramey, 2004)가 있는 반면, 다른 연구들에서는 거의 그러지 못했다는 결과를 얻기도 했다(Durkin et al., 2022). 또 어떤 연구는 보상 교육이 설령 IQ 점수의 개선을 가져오지 못했더라도 장기적인 경제적 이점을 줄 수 있다고 주장하기도 했다(Bailey et al., 2021). 그럼에도 헤드 스타트 프로그램이 취약 계층 아동의 지능 개발에 크게 도움이 된다거나(Miller et al., 2016), 학교 수료율과 장래 성인이 되었을 때의 소득 증가 등(Pages et al., 2020)에 특히 효과적이라는 증거는 아직 없다는 것이 내 생각이다. 어떤 형식의 과도한 영유아 교육이라도 역시 마찬가지 결과를 가져올 것이다.

정교하게 짜인 아주 특별한 정량적 연구에서는 학령 전에 적절한 프로그램을 제공할 경우 취약 계층 아동의 IQ 점수가 잠재적으로 크게 증가할 수 있다는 보고가 일부 존재한다(Duncan & Sojourner, 2013). 하지만 최근 시행된 두 건의 소규모 표본 연구를 제외하면 그런 IQ 점수의 증가는 반드시 다른 어떤 노력을 병행했을 때에만 얻어진 것으로 보인다(Pages et al., 2021; Romeo et al., 2021). 나는 IQ 점수의 개선 여부와 상관없이 유전적이거나 기타 이유로 인한 것이 아니더라도, 아동들의 조기 교육을 지원해야 마땅한 이유는 여전히 많다고 생각한다. 아울러 조기 교육의 정당성을 논의하는 데 IQ 문제를 포함시키는 것은 별로 좋은 일이 아니라고 생각한다. 지능 향상의 신경과학적 잠재력에 대한 자세한 내용은 5장에서 자세히 살펴볼 것이다.

지능의 유전적 기반과 조기 교육이 IQ를 높이는 데 실패한 것과 관

련해 젠슨의 가설은 지난 50년 동안의 연구에서 얻은 새로운 데이터로
도 아직 반박되지 않았다고 말할 수 있다(Johnson, 2012 참조). 젠슨 논쟁
에 관해 관심 있는 독자들은 이번 장 뒤에 있는 참고문헌을 자세히 살
펴보라(Snyderman & Rothman, 1988). 스티븐 핑커의 《빈 서판》은 지능에
대한 연구를 광범위하게 역사적·철학적 맥락에서 다룬 포괄적인 책이
다. 나는 신경과학이나 다른 접근법을 활용해 지능 연구 분야에서 경력
을 쌓고 싶은 학생이라면, 이 책과 함께 1969년 발표된 젠슨의 논문도
읽어볼 것을 권한다. 이 논문은 지금도 여전히 종종 인용되고 또한 잘
못 이해되기도 하지만, 내 생각에는 여전히 현대적 방법으로 검증 가능
한 중요한 아이디어와 가설을 제시하는 심리학의 중요한 고전적 저작
이라고 할 수 있다.

2.3 '사기' 사건이 유전학적 진보를 멈추게 하다

정량유전학과 분자유전학에서의 최근 성과를 검토하기 전에 먼저 여기
서는 역사적 사실 하나를 잠깐 살펴볼 필요가 있다. 이 이야기를 하면
자연스레 정량유전학의 기본적 연구 전략도 설명하게 된다. 1969년 젠
슨의 유명한 논문 발표 이후, 일단의 비평가들은 젠슨이 자신의 주장
을 뒷받침하기 위해 인용한 일부 유전자 데이터가 사기라고 주장했다.
이 데이터는 20세기 중반 영국의 저명한 심리학자 시릴 버트 경(Sir Cyril
Burt)이 보고했던 일란성 쌍둥이와 관련한 것이었다.
　여기서 '사기(fraud)'라는 단어의 의미는 그 출처가 분명하지 않은 숫
자 0.771에서 비롯되었는데, 그 배경은 이러하다. 일란성(monozygotic,

MZ) 쌍둥이는 유전자의 공통점이 100퍼센트이기 때문에 두 쌍둥이에게서 동시에 발견되는 모든 형질은 바로 그런 유전적 요소가 있는 것으로 여겨진다. 쌍둥이들의 형질이 비슷하면 비슷할수록 유전자의 영향이 더 강하게 나타난다고 할 수 있다. 그런데 한 집에서 자란 일란성 쌍둥이는 출생 전과 후의 제반 환경 요소 역시 똑같이 공유한다. 따라서 일란성 쌍둥이의 지능 검사 점수가 상당히 비슷하다고 했을 때, 그것이 똑같은 환경에서 자란 데서 얻어진 유사성일 가능성 역시 배제하기 어렵다. 개념적으로 이 문제는 DNA가 100퍼센트 공통된 일란성 쌍둥이 한 쌍과 (평균적으로) 50퍼센트 똑같은 이란성(dizygotic, DZ) 쌍둥이 한 쌍 사이의 형질 유사성을 비교하면 쉽게 해결할 수 있다. 이란성 쌍둥이는 초기 환경 대부분을 공유하지만 DNA의 50퍼센트만 공유하기 때문에 일란성 쌍둥이만큼 유사성이 강하지 않아야 한다.

그러면 실제로는 어떠할까? 많은 지능 연구들이 일란성 쌍둥이의 형제간 평균 상관관계는 약 0.80, 이란성 쌍둥이의 형제간 평균 상관관계는 약 0.60이라고 보고했다(Loehlin & Nichols, 1976). 이런 결론에 대해서는 누구도 이의를 제기하기 어렵다.

여기에 더해 입양아에 대한 연구는 함께 자란 일란성 쌍둥이와 이란성 쌍둥이를 비교하는 것보다 유전적 영향과 환경적 영향을 더 명확하게 구분할 수 있기 때문에 더욱 강력하고 설득력 있는 연구라고 하겠다. 예를 들어, '덴마크 입양아 연구(Denmark Adoption Studies)'는 정신분열증을 앓는 친부모를 둔 입양아들이 정신분열증이 없는 친부모를 둔 다른 입양아보다 그런 병에 걸릴 위험이 높은 상태에서 성장했기 때문에, 정신분열증의 원인에 대한 논쟁을 유전적 요소가 얼마나 작용하는지에 대한 논쟁으로 전환시켰다. 다비드 로센탈(David Rosenthal)은 이 덴

마크 입양아 연구의 책임자 중 한 명이었는데, 나는 대학원 졸업 후 첫 직장으로 국립정신건강연구소(NIMH)에 있는 그의 실험실을 선택했다. 그는 나에게 이런 연구들이 유전적 요소가 어떤 식으로든 관련이 있다는 것 외에는 정신분열증에 대해 많은 것을 밝히지 못했지만, 입양 설계의 아름다움은 개념적 단순성이라고 말한 적이 있다. 기본적으로 이 연구에서는 오직 2개의 숫자만 중요했다. 누구라도 한 그룹은 다른 그룹에 비해 조현병 발병률이 더 높다는 걸 알 수 있었기에 유전학의 역할을 부정하기는 어려웠다. (물론 일부 반유전학 비평가들은 분명히 그런 시도를 하려 했지만 말이다.)

지능과 관련해 잘 수행된 입양아 연구는 상대적으로 매우 빈약하다. 많은 변수를 통제하기가 아주 어렵고 복잡하기 때문이다. (예를 들어, 입양 당시의 연령, 지능 검사 당시의 연령, 환경적 유사성을 정량적 방식으로 지수화하기, 연구 중도 탈락률, 환경에 대한 무작위 배정 등 그 어떤 것도 연구자가 통제하기 쉽지 않다.) 그럼에도 입양 아동과 친부모 사이의 지능 검사 점수 상관관계는 양부모와의 상관관계에 비해 일관되게 더 높은 것으로 보고되었다. 실제로 양부모와의 상관관계는 매우 낮아 심지어 0에 가깝기도 했는데 (Petrill & Deater-Deckard, 2004), 특히 입양 당시 아동의 나이가 많을수록 더욱 그러했다. 이런 점은 지능에 미치는 유전적 영향을 부정하는 비평가라면 인정하기 어려운 또 다른 현상이라고 할 수 있다. 흥미롭게도 입양 쌍둥이에 대한 어느 연구에 따르면, 입양 아동의 IQ가 그렇지 않은 형제자매에 비해 더 높았는데, 이는 입양 가정의 풍요로운 교육 환경이 청소년기 IQ를 3~4점 더 끌어올릴 수 있음을 시사한다(Kendler et al., 2015). 이 연구는 입양되지 않은 형제자매를 대규모로 조사하고 그보다 더 많은 의붓형제자매를 대상으로 삼았다는 점에서 주목할 만하다.

이렇게 엄청난 수의 샘플을 확보할 수 있었던 것은 스웨덴 정부가 이런 정보를 체계적으로 관리하고 있었기 때문이다. IQ 검사는 스웨덴 군대에서 사용하는 4개의 하위 검사로만 이뤄졌으므로 이에 대한 해석에는 약간의 주의가 필요하다. 앞서 1장에서 언급했듯이 모든 IQ 점수는 기본 구성을 전제로 한 추정치다. 따라서 그룹 사이에 나타나는 작은 차이는 그 인과관계를 해석하기가 쉽지 않다. 이 연구 결과는 입양 가정의 환경이 어느 정도는 지능에 영향을 미친다는 점을 시사하는데, 이런 결과는 다른 유전성 연구 데이터들과 서로 모순되지 않았다. 이처럼 유전성 연구는 항상 지능에 일부 환경적 영향이 작용하고 있다는 사실을 보여준다. 예를 들어, 영국 바이오뱅크 프로젝트(UK Biobank Project)가 입양아 6311명을 대상으로 수행한 대규모 연구에서는 가족 환경과 유전자 영향 사이에 통계적인 상호 작용이 있다는 걸 발견했다(Cheesman et al., 2020). DNA 기반 다원성 점수(텍스트 상자 2.2 참조)는 입양인에게서보다 비입양인에게서 지능 검사 점수가 학업 성취도(즉, 지능의 간접적 척도인 재학 연수)를 더 강력하게 예측하는 것으로 나타났다. 이런 사실은 가정 환경이 유전적 영향을 어느 정도 매개하는 것 아닌가 하는 생각을 갖게 한다. IQ 점수나 g가 교육 수준과 동일한 매개 효과를 보이는지는 아직 밝혀지지 않았다. 지능 관련 입양 연구에 대한 자세한 논의는 다른 논문들을 참조하라(Haier & Colom, 2023).

입양과 쌍둥이를 결합한 더욱 강력한 연구 설계도 있다. 이란성 쌍둥이가 어릴 때 친부모와 떨어져 각기 다른 가정에서 자랐는데, 그 둘은 서로의 존재조차 몰랐다고 상상해보자. 그렇게 떨어져서 성장한 일란성 쌍둥이는 지능 검사 점수 등에서 여전히 서로 매우 비슷할까?

이제 다시 0.771로 돌아가 보자. 20세기 중반 영국에서 시릴 버트 경은 친부모와 떨어져 각기 다른 입양 가정에서 자란 일란성 쌍둥이를 대상으로 지능과 관련한 중요한 연구를 최초로 시행했다. 버트 경은 수년에 걸쳐 서로 떨어져 성장한 일란성 쌍둥이들을 대상으로 지능 검사를 실시했는데, 이런 쌍둥이를 찾는 일 자체가 어려웠기 때문에 아주 희귀한 연구라고 할 수 있었다. 그 결과 일란성 쌍둥이 15쌍에서 0.77의 상관관계를 발견했는데(Burt, 1943), 이는 지능에 강력한 유전적 요소가 있음을 시사하는 것이었다. 그 후에 버트 경은 다시 6쌍의 쌍둥이를 추가해 0.771의 상관관계를 재차 보고했다(Burt, 1955). 그리고 세 번째 보고서에 53쌍의 일란성 쌍둥이를 포함했는데, 그 상관관계 역시 0.771로 나타났다(Burt, 1966).

세 보고서의 표본 크기는 15개에서 53개까지 차이가 있었는데, 그렇게 표본 수가 크게 증가했음에도 불구하고 상관관계는 0.771(첫 번째 보고서는 0.77)로 동일했다. 버트 경의 연구 결과는 1969년 젠슨이 했던 주장의 핵심 요소였다. 젠슨의 유전적 관점을 비판한 사람들은 있을 법한 결함을 찾기 위해 버트의 논문을 재검토했는데, 이때 0.771이라는 수치가 그들의 관심을 끌었다. 이들은 표본 크기에서 커다란 차이가 있음에도 불구하고 소수점 셋째 자리까지 동일한 상관관계 값이 나온다는 것은 통계적으로 불가능하다고 주장했다. 그러면서 버트 경이 분명히 과학적 사기를 저질렀다고 결론지었는데, 이 사례는 오늘날까지도 유전자가 지능에 중요하다는 관점을 폄하하는 데 그대로 인용되고 있다. 그런데 사기 혐의가 처음 제기되었을 때 진작부터 버트 경(1971년 사망)을 알고 있던 젠슨은 버트의 원본 데이터 파일을 미리 검토했으며, 그 결과 몇 가지 우려할 만한 심각한 점을 발견하고 이를 상세히 보고했다(Jensen, 1974). 젠슨은 자신의 논문에서 기꺼이 버트의 데이터를 제외했지만, 그 밖의 다른 데이터들은 지능에 대한 유전적 영향의 역할을 뒷받침한다고 주장했다. 버트 경의 데이터를 검토한 대부분의 독립적인 조사는 그것이 의도적 사기였다는 주장에 의문을 제기한다(Mackintosh, 1995). 이제 우리가 그 진위를 확실하게 밝힐 수 있는 길은 사라졌지만, 그래도 중요한 점은 이제 버트 경의 데이터가 더 이상 중요하지 않게 되었다는 사실이다.

이후 전 세계의 여러 연구자들이 좀더 큰 규모의 표본을 대상으로 실시한 쌍둥이 연구 결과는 따로 떨어져 살았던 일란성 쌍둥이들의 지능 지수 상관관계를 평균 0.75로 보고했다(Plomin & Petrill, 1997). 버트 경의 수치는 0.77이었다. 비교를 위해 언급하자면, 26~1300쌍의 이란성 쌍둥이를 대상으로 수행한 19개 연구는 그들 사이의 상관관계 평균 값을 약 0.86이라고 보고했다(Loehlin & Nichols, 1976: 39, 표 4.10 참조). 이 수치는 이란성 쌍둥이 26~864쌍을 대상으로 연구한 상관관계 평균값 약 0.60(같은 책)과도 비교된다. 쌍둥이 입양 연구의 전반적 내용은 그림 2.1에 잘 요약되어 있다(Bouchard & McGue, 1981; Loehlin, 1989; Pedersen et al., 1992). 그런데 후속 연구를 통해 그림 2.1의 패턴을 더욱 명확하게 설명하는 다소 극적인 새로운 통찰이 등장했다. 이제 우리는 지능 검사 당시의 나이가 유전성 추정에서 상당한 차이를 만든다는 사실을 알게 되었는데, 이에 대해서는 섹션 2.4에서 설명할 것이다.

따라서 0.771 '사기' 혐의는 버트 경의 연구가 일정 부분 결함이 있었다고 해도 독립적인 연구자들이 압도적으로 그 데이터를 인정하는 것으로 끝났다. 단일 연구나 연구자 한 명의 결과에는 언제라도 결함이 있을 수 있지만, 유전자가 지능에 중요한 역할을 한다는 기본적인 결론은 쌍둥이, 입양아, 입양 쌍둥이에 대한 수많은 연구에서 일관적으로

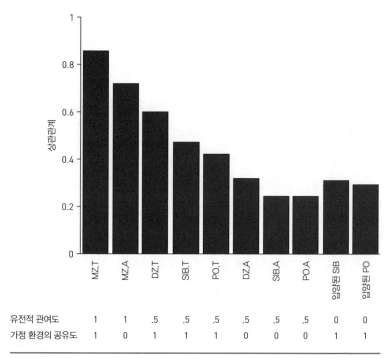

	MZ,T	MZ,A	DZ,T	SIB,T	PO,T	DZ,A	SIB,A	PO,A	입양된 SIB	입양된 PO
유전적 관여도	1	1	.5	.5	.5	.5	.5	.5	0	0
가정 환경의 공유도	1	0	1	1	1	0	0	0	1	1

그림 2.1 가족, 쌍둥이, 입양아 등을 토대로 조사한 지능 지수의 분산도 비교. T=함께 자랐을 경우, A=분리되어 자랐을 경우, MZ=일란성 쌍둥이, DZ=이란성 쌍둥이, SIB=형제자매, PO=부모와 자식. 허가를 받아 인용(Plomin & Petrill, 1997).

뒷받침되고 있다. 이는 증거의 무게를 살펴볼 수 있는 훌륭한 사례다. (서문에서 내가 언급한 세 가지 법칙을 기억해보자. 첫째, 두뇌에 관해서라면 그 어떤 이야기도 간단하지 않다. 둘째, 지능과 두뇌에 관한 한 그 어떤 연구도 확정적인 것은 없다. 셋째, 서로 상충되고 일관적이지 않은 발견들을 가려내고 설득력 있는 증거의 무게를 얻을 때까지는 몇 년이 걸릴 수도 있다.) 지능에서 유전학의 역할에 관한 많은 문제는 아직도 해결되지 않은 채로 남아 있다. 예를 들어, 여러 곳에서 진행된 연구와 이제까지 얻은 과거 데이터를 종합했을 때, 평균 IQ 점수는 전 세계적으로 매 10년마다 약 3점씩 꾸준히 증가하는 것으로 나타났다. 이를 '플린 효과(Flynn effect)'라고 부른다(Flynn, 2013; Trahan et al., 2014). 지능에 기여하는 유전적 역할의 중요성을 비판하는 일부 비평가는 이러한 증가가 유전적 진화의 느린 속도와는 부합하지 않는다고 주장한다. 이는 필경 옳은 주장이다. 어쩌면 이런 증가는 부분적으로 g 효과일 수 있으며(Pietschnig & Voracek, 2015), 그렇게 되는 주요 원인으로는 유아들의 전반적 영양 개선(Lynn, 2009)이나 기타 일반적인 사회적 조건의 개선 때문일 수도 있다. 그렇지만 플린 효과가 지능에 대한 유전적 영향의 중요한 역할을 부정하거나 약화시키는 것은 아니다. 단지 사람들 사이에 나타나는 지능 차이의 일부는 유전자에만 기인하는 게 아니라는 사실을 입증할 뿐이며, 이는 아주 역사가 오래된 논란의 여지가 전혀 없는 주장이다. 이번 장에서 요약한 증거의 무게로 따져볼 때, 유전자가 지능에 중요한 영향을 미친다는 주장에는 합리적 의심의 여지가 전혀 없다. 단지 말하기 좋아하는 사람들만이 여전히 이를 부정하고 있을 따름이다. 이번 장 뒷부분에서 설명할 최근의 쌍둥이 연구는 그동안의 지능과 유전자 논쟁에 DNA 관련성을 추가해 신경과학의 새 장을 열어주었다. 하지만 우리는 유전적 연구가 몇 가지 놀라운 경험적 관찰을 통해 비유전적 요소들의 중요성 역시 강조하고 있다는 점을 간과해서는 안 된다. 이제 그런 점을 먼저 살펴보기로 하자.

2.4 정량유전학 연구는 환경적 요소의 중요성 역시 강조한다

지능 연구를 둘러싼 분위기가 여전히 험악하고 버트 경의 데이터가 여전히 공격받고 있을 당시, 토머스 부샤드(Thomas Bouchard) 교수가 이

끄는 미네소타 대학의 연구팀은 한 희귀한 집단을 대상으로 새로운 프로젝트에 착수했다. 이 연구의 대상은 따로 떨어져 사는 일란성 쌍둥이들이었다. 이런 쌍둥이를 확인하는 데에만 21년이 걸렸는데(1979~2000), 결국은 전 세계적으로 139쌍의 쌍둥이를 모았다. (여기에는 세쌍둥이 한 쌍도 포함되었다.) 어떤 쌍둥이는 미네소타에서 처음 재회할 때까지 서로 만날 기회가 전혀 없었는데, 모든 쌍둥이는 일주일 이상 약 50시간에 걸쳐 정교한 시험을 치렀다. 이런 일련의 시험에는 지능 검사, 인성 검사, 태도 검사, 가치관 검사를 비롯해 여러 신체적 특징에 대한 검사도 포함되었다.

이 연구에서는 외향성(extroversion) 같은 성격적 특성에도 유전적 요소가 작용하는 것으로 밝혀졌는데, 놀랍게도 개인의 가치관이나 태도 등에서도 그러한 경향성이 발견되었다. 멀리 떨어져 자란 일란성 쌍둥이들의 지능 점수는 그 상관관계가 0.70으로 가장 비슷했다(Bouchard, 1998, 2009). 서로 떨어져 자란 일란성 쌍둥이의 상관관계가 0.70이라는 것은 결국 지능 차이의 70퍼센트가 유전적 요인에 의한 것이라는 얘기다. 그렇다면 30퍼센트는 그렇지 않다는 뜻이다. 대규모 절제된 연구에서 얻은 이런 결과가 유전적 역할의 중요성에 대한 모든 회의론을 종식시킬 수 있었던 것은 아니다. 하지만 버트 경의 연구 결과를 의심하면서 확인되지도 않은 환경적 요인에 더 많은 관심을 기울였던 많은 비평가들의 마음은 점차 누그러지기 시작했다. 정신분열증에 대한 덴마크 입양 연구의 영향과 마찬가지로 미네소타 연구는 지능의 유전적 기여에 대해 새로운 객관적 관심으로 조류가 바뀌기 시작했다.

쌍둥이와 입양아에 대한 모든 지능 연구가 유전자의 중요한 역할을 강조하지만, 그럼에도 유전자가 지능 변이의 100퍼센트를 다 설명하지는 못한다는 점을 일관되게 보여준다. 따라서 유전학 연구의 한 가지 중요한 결과는 지능을 설명하는 데 있어 비유전적 요인이 어떤 식으로든 관여한다는 게 충분히 입증되었다는 것이다. 후성유전학과 유전자-환경 조합에 대한 사람들의 관심이 요즘처럼 부각되기 이전에도 물론 지능에 미치는 유전적 요인과 비유전적 환경 요인의 기여도를 나누려는 시도가 적지 않았다. 이런 배분에 대한 가장 일반적인 견해는 약 50 대 50이었다. 그러나 이 비율에 관한 연구들엔 상당한 편차가 있었고, 이러한 편차의 대부분을 설명하는 흥미로운 요소는 검사 대상인 쌍둥이 자체였다(Haworth et al., 2010; McGue et al., 1993).

횡단 연구 데이터에 따르면, 4~6세 어린 쌍둥이의 경우 지능의 유전성 추정치는 약 40퍼센트였는데, 이 쌍둥이가 성인이 되었을 때는 그 수치가 약 85퍼센트까지 높아졌다. 다시 말해, 지능 분산에 대한 유전적 영향은 나이가 들수록 **증가하는** 반면, 환경적 영향성은 감소한다는 것이다. 여기서 횡단 연구는 서로 다른 쌍둥이들을 대상으로 서로 다른 시기에, 서로 다른 연구를 시행했다는 뜻이다. 그러면 동일한 쌍둥이들을 추적 관찰하면서 주기적으로 재검사를 실시한다고 가정해보자. 이런 종단 연구에서도 동일한 경향성을 찾아볼 수 있을까? 대답은 '그렇다'이다. 네덜란드 쌍둥이들을 대상으로 수행한 대규모 연구(Posthuma et al., 2003)는 나이에 따른 지능 변화를 추적하기 위해 그들의 일반 지능을 주기적으로 조사했다. 이 쌍둥이들의 일반 지능 검사에서 나타난 유전성 추정치는 5세에 26퍼센트, 7세에 39퍼센트, 10세에 54퍼센트, 12세에 64퍼센트였으며, 18세부터는 그 추정치가 80퍼센트 이상으로 증가했다. 연령이 늘어나면서 이렇게 유전자의 기여도가 높아지는 이유는 점점 더 많은 유전자가 지능 발달에 '관여하기 시작했거나' 유전자-환경의 조합이 점점 더 증가했기 때문일지도 모른다. 사실 '유전성'이란 유전적 요인과 비유전적 요인을 모두 포함하는 복잡한 개념으로, 어떤 특성이 가족 내에서 발현될 수 있는 이유를 설명하는 용어다. 쌍둥이 및 입양아에 대한 연구가 그런 영향을 분리하는 데 어느 정도 도움이 되겠지만, 유전성 추정이나 유전 모델링 등에 대한 자세한 논의는 이 책의 의도를 벗어나기에 여기서는 생략한다.●

이제부터는 신경과학적 접근의 근거를 제공하는 유전학 연구의 개요에 초점을 맞추어보자. 먼저, 정량유전학 연구에서 얻은 비유전적 요인에 대한 중요한 발견을 설명하는 데이터부터 살펴보자. 지금까지 나는 환경적 요인을 하나의 카테고리로 묶어서 논의했다. 그런데 일반적인 정량유전학 모델에서는 환경 요인을 공유 요인(shared factor)과 비공유 요인(nonshared factor)으로 나누는 것이 보통이다. 공유 요인은 말 그대로 공유 환경이다. 쌍둥이와 형제자매는 같은 가정에서 자라고 같은 동네에 살며 같은 학교에 다닌다. 그들이 지능에 영향을 미칠 수 있는 일반적인 경험을 많이 공유하는 것은 당연하다. 이에 반해 서로 다른 친구, 학급, 선생님 등 각자에게 고유한 경험도 많다. 이 같은 고유한 영향은 공유되지 않는 환경이다.

이런 모델에서는 유전적 영향과 공유 및 비공유 환경 요인을 모두 합산하면 사람에게서 나타나는 어떤 특성의 분산을 100퍼센트 다 설명할 수 있다고 가정한다. 지능 차이도 물론 그러하다. 각 구성 요소에 기인하는 분산의 정도는 일란성 쌍둥이, 이란성 쌍둥이, 형제자매로부터 얻

● 상세한 설명은 Hunt, 2011: chapter 8; www.nature.com/scitable/topicpage/estimating-trait-heritability-46889/ 참조.

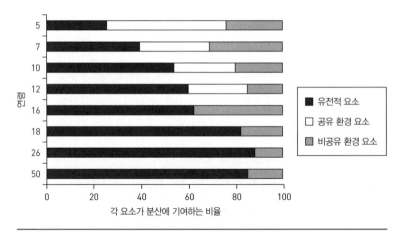

그림 2.2 연령대별 지능 차이에 대한 유전적, 공유적, 비공유적 환경의 영향. 허가를 받아 인용(Hunt 2011, Posthuma et al., 2003에 기초).

은 각각의 지능 점수에서 그 유사도를 계산한 다음, 이 수치를 함께 자란 그룹과 따로 떨어져서 자란 그룹의 유사도와 비교한다. 이런 그룹들에서 나온 지능 검사 점수의 상관관계 차이는 세 가지 구성 요소가 각각 얼마나 많이 분산에 기여하는지 추정하는 데 유용하다(Plomin & Petrill, 1997). 이 기본적인 세 가지 구성 요소 모델은 유전자-환경 조합이나 무작위 사건의 영향을 포함할 수 있는 오류 구성 요소를 통합하지 않지만(Mitchell, 2018), 중요한 관찰 결과를 제공했다.

섹션 2.3의 마지막 부분에서 설명한 네덜란드 쌍둥이 연구의 추가 데이터를 살펴보자. 그림 2.2의 그래프는 다양한 연령대 사람들의 지능 점수에서 유전에 의한 영향, 공유 환경의 영향, 비공유 환경의 영향 정도를 보여준다. 막대의 검은색 부분은 섹션 2.3의 마지막 부분에서 언급한 유전적 영향을 나타낸다. 그리고 막대의 흰색 부분은 공유 환경을, 회색 부분은 비공유 환경의 영향을 나타낸다. 공유된 환경의 영향을 가리키는 흰색 막대는 5세 때 정점에 도달한 후 16세가 되면 사실상 0으로 감소한다. 그리고 비공유 환경의 영향을 보여주는 회색 막대는 대체적으로 낮은 연령에서는 어느 정도 영향을 미치고, 일부 비공유 환경의 영향은 최소 50세까지도 영향이 지속된다. 비공유 환경의 영향이 연령에 따라 달라질 수도 있다는 점에 유의하자.

유전이 지능에 미치는 영향에 대한 논의의 핵심은 이렇게 요약이 가능하다. 즉, 일반 지능의 유전성은 나이가 들면서 점점 더 커져서 10대 말에 이르러 약 80퍼센트까지 증가하는 반면, 공유 환경이 지능에 미치는 영향은 조금 더 일찍 0에 가깝게 감소하는 것 같다. 이는 매우 놀라운 것으로, 이제까지 심리학에서 발견한 가장 강력하고 중요한 연구 결과 중 하나일 수 있다. 유전자가 지능에 중요하지 않다고 확신하는 사람이라면 쉽게 받아들이기 어려울 것이다. 또한 이 결과는 어린 시절의 풍요로운 가족 경험이 여러 가지 좋은 이유에서 누구에게나 즐거움을 줄 수는 있겠지만, 그것이 지능 발달에 지속적 영향을 미친다는 생각에는 잠깐 고개를 갸우뚱하게끔 한다. 하지만 그림 2.2의 결과는 공유 환경과 비공유 환경 모두가 연령에 따라서, 특히 18세 이전에는 서로 다른 양상으로 지능에 분명하게 영향을 미친다는 점을 강조한다. 그런 영향이 한때 우리가 믿었던 것만큼 그렇게 강력하지는 않지만, 그래도 유전자가 전부는 아니라는 사실을 분명히 보여준다. 모든 유전학 연구자는 유전자가 언제나 다양한 방식으로 작용하지만 단지 주어진 환경적 맥락 안에서만 그 기능을 발현한다는 사실을 잘 알고 있다. 비록 학교 교육 같은 일반적인 환경 요인이 어느 정도 영향을 미치기는 하지만, 지능에 영향을 미치는 특정 유전자가 아직 밝혀지지 않은 것처럼 지능에 대한 이러한 비유전적 영향의 구체적인 원인도 아직까지 밝혀지지 않았다(Ceci, 1991; Ceci & Williams, 1997; Ritchie & Tucker-Drob, 2018; Tommasi et al., 2015). 앞서 언급한 것처럼, 지능은 소득이나 기타 지능을 정의하는 요인에 영향을 미치기 때문에 사회경제적 지위 같은 환경적 요인이 지능의 유전적 요인과 혼동되는 경우가 많다는 점도 이런 질문에 대한 대답을 어렵게 만든다. 이에 대해서는 텍스트 상자 2.1에서 자세히 설명했다.

그럼에도 21세기 초에 이르러 지능에 대한 유전적 관점이 부상하자 정량유전학의 세 가지 '법칙'이 여기에 반영되었다(Turkheimer, 2000). "첫 번째 법칙: 모든 인간의 행동 특성은 유전된다. 두 번째 법칙: 같은 가정에서 자라며 미치는 영향력은 유전자의 영향력보다 적다. 세 번째 법칙: 복잡한 인간 행동 특성에서 관찰할 수 있는 변이의 상당 부분은 유전자나 가족의 영향력으로 설명되지 않는다." 터크하이머(E. Turkheimer)는 유전과 환경의 영향력이 어떻게 작용하는지 설명하기 위한 새로운 도전이라는 맥락에서 이 법칙의 의미에 대해 논의한 바 있다. 최근에는 플로민과 디어리(Plomin & Deary, 2015)가 위의 세 법칙에 대한 자신들만의 새로운 버전을 제시했다. 첫째, 모든 형질은 상당한 유전적 영향력을 보여준다. 둘째, 그 어떤 형질도 100퍼센트 유전에 의해 결정되지는 않는다. 셋째, 지능이나 기타 특성이 유전의 결과라면, 이는 적은 영향력을 미치는 수많은 유전자가 총체적으로 작용해서 나타난 것이다. 이번 장은 이런 '법칙'에 대해 자세히 논의하는 자리가 아니다. 그럼에도 내가 이것을 굳이 여기서 인용하는 이유는 지금까지 수행된 거의 모든 쌍둥이 및 입양 연구를 포함한 포괄적인 메타분석에 따르면, 사실상 유전성이 높은 것으로 추정되는 모든 복잡한 형질에서 유전자의 역할에 대한 사고의 변화를 강조하기 위해서다(Polderman et al., 2015). 유전자 널리 인용되는 연구들에 따르면, 지능의 유전성은 '사회경제적 지위 (SES)'가 높은 가정에서 더 강력하고, SES가 낮은 가정에서는 상대적으로 약하다고 한다(Turkheimer et al., 2003). 하지만 이에 동의하지 않는 연구들도 있다(Asbury et al., 2005; van der Sluis et al., 2008). 일반적으로 SES를 지능과 혼동하는 경우가 있다. 평균적으로 지능이 높은 사람은 급여가 많은 일자리에 취업하는 것이 보통이므로 자녀들의 각종 자원을 위해 더 많은 돈을 쓸 수 있다. 그들은 다른 요인들(여기에는 행운도 포함된다)에 더해 적어도 부분적으로는 높은 지능 때문에 직간접적으로 더 높은 SES에 도달할 수 있다. 그런데 지능은 유전자에 의해 결정되는 부분이 상당히 크기 때문에 지능에 대한 유전적 영향을 검토하면서 이와 무관하게 SES 효과를 평가하는 일은 사실상 그리 쉽지 않다. 이런 점은 유전자와 환경의 복합적 영향을 평가하기 어렵게 만든다. 최근에 진행된 SES와 지능의 유전성 연구에 대한 메타분석은 그 둘 사이에 좀더 복잡한 통계적 상호 작용이 있음을 시사하며(Bates et al., 2013), SES·교육·지능이 모두 공통의 유전자를 가지고 있다는 증거도 있다(Marioni et al., 2014).

이러한 맥락에서, 과거 사회주의 시절 폴란드에서 이뤄진 한 연구는 사회 계층에 대한 문제를 특이한 방식으로 살펴보았다. 이 연구는 꽤 오래된 것이지만 매우 흥미롭다(Firkowska et al., 1978). 다음은 이 연구에서 발표한 보고서를 요약한 것이다.

바르샤바는 제2차 세계대전이 끝나자 사회주의 정부하에 주민들의 사회 계층에 관계없이 주택, 학교, 보건 시설 등을 고르게 할당하는 정책을 통한 국가 재건을 추진했다. 1963년에 태어나 바르샤바에 거주하는 1만 4238명의 아동 중 96퍼센트가 1974년 3월부터 6월까지 레이븐식 점진적 매트릭스 검사(Raven's Progressive Matrices Test)와 산술 및 어휘력 검사를 받았다. 아동들의 가족, 학교 및 도시 지역의 특성 관련 정보도 함께 수집했다. 부모의 직업과 학력 등에 대한 정보는 가족적 요인을 결정하는 데 쓰였으며, 거주 지역 관련 자료는 두 가지 요인, 즉 사회적 소외 정도(social marginality)와 도심과의 거리라는 항목 속에 뭉뚱그려 넣었다. 그런데 이러한 자료를 종합적으로 분석한 결과, 아동들의 지능 발달에는 가족, 학교, 지역적 특성이 균등하게 작용한다는 초기 가정이 대체로 합당한 것으로 나타났다. 정신적 성취도는 학교나 학군 요인과 별로 관련이 없었다. 부모의 직업 및 학력이 강력한 영향을 미쳤는데, 여기엔 일정한 규칙성이 있었다. 보고서는 한 세대에 걸쳐 실행한 평등주의적 사회 정책이 현대 산업 사회의 특징이라고 할 수 있는 사회적·가족적 요소와 개인의 지능 및 인지력 발전과의 깊은 관련성을 타파하는 데 실패했다고 결론 내렸다.

이번 장의 맥락에서 유전적 요인과 SES 요인을 혼동하는 것은 가능한 대안적 결론으로 이어진다. 즉, 사회 정책이 사람의 정신적 성과에 미치는 영향은 유전적 요인을 무시하지 못한다는 것이다. 인지도/성취도 격차의 기저에 존재하는 두뇌적 차이를 SES가 설명할 수 있다는 새로운 연구에서도 그와 같은 혼란이 명백하게 드러난다. 이에 대해서는 6장에서 자세히 설명할 것이다.

는 생물학적 연구의 대상이기 때문에, 그것이 지능에 미치는 영향력이 크다는 의미는 곧 우리가 지능을 이해하기 위해 신경과학적 연구를 좀 더 빨리 확장해야 하는 주된 이유일 수 있다. 사실상 이런 확장은 지능 연구와 관련한 여러 검증된 행동유전학적 발견에 의해서도 촉진되었다 (Plomin et al., 2016).

그러면 지능에 영향을 미치는 요소들이 지능의 전체 범위에 걸쳐 일관성 있게 나타날까? 다음은 유전자가 지능에 관여하는지 여부뿐만 아니라 유전자가 어떻게 관여하는지에 대한 가설을 검증하는 데 진전을 보여준 흥미로운 사례. 여기서 중요한 질문은 높은 지능을 낮게 하는 유전적 기반의 영향과 그런 두드러진 유전자의 발현에 관여하는 환경적 요인의 영향을 지능 검사 점수의 정규 분포 곡선에서 평균적인 점수를 보이는 사람들과 하위 점수를 나타내는 사람들에게서 동일하게 관찰 가능한지 여부라고 할 수 있다. 어쩌면 평균적인 지능이나 낮은 지능에 영향을 미치는 유전적·환경적 요인과 달리 높은 지능에 영향을 미치는 유전적 요인이 따로 있을 수도 있다는 말이다. 이러한 관점을 불연속성 가설(discontinuity hypothesis)이라고 한다. 이런 불연속성 가설 중 하나는 높은 지능과 관련한 전문성은 유전된 것이라기보다 경험에서 비롯된 연습과 동기 부여 효과의 반영이라는 견해가 핵심이다. 또 다른 불연속성 가설은 높은 지능에는 평균 지능에 관여하는 유전자와는 다른 유전자가 관여한다는 것이다. 이와 대조적으로 연속성 가설(continuity hypothesis)은 지능 분포 전반에 걸쳐 평등하게 유전적·환경적 요인이 작용한다는 관점을 검증하는 데 노력을 기울인다. 각각의 요소들이 지능에 미치는 효과가 가산적(additive)이기 때문에 높은 지능은 관련 유전자와 경험을 더 많이 축적했다는 걸 반영한다.

고지능 그룹과 평균 지능 그룹을 비교하기 위해 특정한 지능 유전자를 찾는 대신, 쌍둥이 연구는 이 두 그룹 사이에서 지능에 영향을 미치는 유전적 영향, 공유 환경의 영향 그리고 비공유 환경의 영향을 비교해 그런 경쟁 가설을 검증할 수 있다. 간단히 말해, 불연속성 가설은 지능이 높은 그룹과 평균 그룹에서 지능 점수 분산에 영향을 미치는 세 가지 인자가 서로 다를 것이라고 예측한다. 이런 가설을 지지하는 강력한 연구가 스웨덴에서 이루어졌는데, 여기에는 징집된 18세 남성 300만 명 중에서 표본으로 추출한 9000쌍의 쌍둥이와 36만 명의 형제자매가 연구 대상이었다(Shakeshaft et al., 2015). 이들에 대해서는 모두 인지 검사를 통해 g-인자를 추출했으며, 연구자들은 그중 IQ 125 이상을 얻은 상위 5퍼센트를 고지능 그룹으로 설정했다.

　환경적 또는 유전적 불연속성 가설 대신 연속성 가설을 강력하게 지지하는 연구도 여러 건 보고되었다. 그 같은 연구의 저자들은 이런 결론을 내렸다. "좀더 도발적으로 말하면, 우리가 정의했던 높은 지능이란 결국 정상적 변이를 일으키는 동일한 유전적 요인이 극단적으로 작용했기 때문인 것으로 보인다"(Shakeshaft et al., 2015: 130). 또한 연구팀은 고지능 그룹을 상위 5퍼센트가 아닌, 갤튼(F. Galton, 1869)이 천재성을 정의할 때 제시한 상위 0.025퍼센트로 더 극단적으로 정의했을 경우 그룹에 미치는 영향력이 달라질 수 있는지를 판단할 만한 통계적 여력이 충분하지 않다고 경고했다.

　또 다른 쌍둥이 연구는 유전자가 주로 g-인자를 설명하는지, 아니면 g를 구성하는 특정 인지 영역을 설명하는지에 대한 중요한 문제를 검증했다(Panizzon et al., 2014). 이 연구자들은 노화 관련 종단 연구에서 베트남 전쟁에 참전했던 중년의 대규모 퇴역 군인(평균 연령 55세) 표본 중

346쌍의 일란성 쌍둥이와 265쌍의 이란성 쌍둥이를 발견했다. 모든 쌍둥이는 네 가지 기본적이고 잘 정립된 인지 영역(언어 능력, 작업 기억, 시각적 공간 추론, 처리 속도)을 대표하는 10가지 검사를 마쳤다. 그리고 유전자의 영향, 공유 환경의 영향, 고유 환경이 설명하는 분산 추정치에 대해 검사 영역 사이의 관계와 관련한 몇 가지 대체 요인 분석 모델(1장 참조)을 계층 구조의 정점에 놓지 않은 상태에서 비교했다. 데이터에 가장 적합한 모델은 계층적 모델에서의 g가 다른 어떤 모델보다 유전성이 높았고(86퍼센트), 특정한 영역에서 유전적 효과의 대부분을 설명하는 것으로 나타났다. 연구자들은 연구 설계의 일부 한계를 인정했지만, 대체 모델을 직접 검사함으로써 다양한 지적 능력의 근간이 되는 주요 공통 유전 요인으로서 g에 대한 초기 연구를 확장하고 강력하게 뒷받침할 수 있는 결과를 얻었다.

샘플 규모가 매우 클 뿐만 아니라 DNA 평가와 신경 영상이 결합된 정교한 새로운 쌍둥이 연구에서도 추가적인 진전을 확인할 수 있었다. 이 연구들은 정량유전학과 분자유전학을 혼합한 것으로, 3장에서 신경 영상학을 소개한 후 4장에서 다시 검토할 것이다. 하지만 그 전에 먼저 분자유전학을 살펴보고, 특정 유전자 찾기에 대한 초기 연구를 소개해 보자.

2.5 분자유전학의 '지능 유전자' 찾기

측정 기술의 발전은 과학의 진보를 촉진한다. DNA 관련 기술이 비용 효율적인 방법을 사용해 이중 나선을 정교한 조각으로 잘라내고, 수십

억 개의 조각(가장 작은 단위인 염기쌍)을 통계적으로 특성화할 수 있을 정도로 발전하기 전까지 인간의 지능 유전자 찾기는 본격적으로 진전되기 어려웠다. 그 이전 수십 년 동안 생쥐를 대상으로 수행한 일련의 사육 실험에서는 생쥐들이 치즈를 얻기 위해 미로 찾는 방법을 배우는 데 분명한 유전적 근거가 있다는 사실이 밝혀졌다. 어떤 쥐는 다른 쥐들보다 더 빨리 학습할 수 있었으며 '똑똑한' 쥐를 다른 똑똑한 쥐와 교배시키면 그 자손들은 미로 찾기를 더 빨리 학습했다. 1999년에는 유전공학 기술을 사용해 미로 찾기를 더 빨리 학습할 수 있는 똑똑한 생쥐가 처음으로 탄생했다(Tang et al., 1999). 연구팀은 이 생쥐의 이름을 '두기(Doogie)'라고 불렀는데, 한 텔레비전 드라마에서 10대의 어린 나이에 의과 대학을 졸업한 캐릭터의 이름에서 따온 이름이다. (텔레비전 프로그램이 아닌 생쥐 실험을 통한) 이런 성공은 특정한 시냅스 수용체인 NMDA(N-methyl D-aspartate)가 학습과 기억에 관여한다는 이전의 동물 연구에서 얻은 결과에 토대를 둔 것이었다. 단일 유전자(NR2B)가 이 수용체의 기능 일부를 조절하는 것으로 밝혀졌다. 연구팀은 이 유전자를 조각내서 일반 생쥐 배아의 DNA에 삽입하는 데 성공했다. 그 결과 두기는 대조군 생쥐들보다 훨씬 더 빠르게 일련의 과제를 학습할 수 있었다.

모든 신경전달물질과 수용체는 아주 복잡한 균형을 이루면서 기능한다. 시냅스의 세계에서는 어떤 성분이 너무 많거나 적으면 해롭거나 치명적인 결과를 초래하기 때문에 동물 연구 결과를 인간한테 적용하려면 상당한 인내력과 주의가 필요하다. 인간의 NMDA 수용체(NMDA receptor: 신경계에서 중요한 역할을 하는 글루탐산 수용체의 일종으로, 특히 학습과 기억에 중요한 역할을 한다—옮긴이)에 대한 유전자 조작이 심각한 부작용 없이 유사한 학습 및 기억력 향상을 가져올 수 있는지 여부는 아직 제대로 알려지지 않았으며, 이를 밝혀내는 일도 결코 쉽지 않다. 이런 사례는 학습·기억력 또는 지능과 관련한 유전자를 찾는 것이 동물에게서조차 어려운 일로서 아직은 그 첫 단계에 놓여 있다는 걸 분명히 보여준다. 유전자가 작동하려면 일련의 신경생물학적 단계와 비독립적인 조합을 통과해야 하기 때문에 유전자가 어떻게 그리고 왜 기능하는지를 알아내는 일은 훨씬 더 어렵다. 원하는 결과를 얻기 위해 유전적 효과를 조작하는 것은 소심한 겁쟁이나 충동적인 성격을 가진 연구자 또는 단기투자자가 함부로 손댈 일이 아니다. 그럼에도 생쥐 두기는 무언가 유전적인 강력한 기반이 있다고 가정하는 결정론을 획기적으로 흔들 수 있는 강력한 잠재력을 보여주는 흥미로운 사례다.

동물 학습 및 기억 연구와는 별개로, 인간의 지능 유전자 탐색은 간단한 연구 전략으로 시작되었다. 먼저 IQ 점수를 기준으로 몇 개의 그룹 표본에서 DNA 샘플을 수집한다. 그런 다음 각 참가자들의 DNA를 개별 유전자를 식별할 수 있는 작은 조각으로 쪼갠다. (텍스트 상자 2.2에서는 DNA 분석에 사용되는 주요 용어와 그 방법을 설명했다.) 그리고 IQ가 높은 그룹과 낮은 그룹(또는 평균 그룹)의 DNA 조각을 일일이 분석하고 비교해서 지능과 관련된 유전자 후보를 골라낸다. 이런 DNA 단편들과 개별 유전자 또는 염기쌍의 수가 수백만 개에 달하고, 그 분석 비용이 상당히 높고, 각각의 IQ 그룹이 IQ 외에도 통제하기 어려운 많은 특성에서 차이가 있기 때문에 이런 작업은 그 자체로 건초 더미에서 바늘을 찾는 격이라고 할 수 있다. 그럼에도 불구하고 연구자들은 새로운 DNA 평가 기술이 개발됨에 따라 특정한 지능 유전자를 발견할 수 있을 것으로 낙관했다. 그리고 실제로도 점점 더 정교해지는 여러 정량화 기술을 적용함으로써 더 많은 지능 관련 후보 유전자가 밝혀졌다.

텍스트 상자 2.2 유전학의 기본 개념

분자유전학에 사용되는 DNA 분석 기술과 방법은 다양하고 복잡하며 빠른 속도로 발전하고 있다(Mardis, 2008). 이러한 발전을 가능케 하는 기본 동력은 비용은 감소하면서 분석의 정밀도와 범위는 증가하고 있는 데 있다. DNA 분석 기술을 이용한 지능 연구가 현재도 많이 이뤄지고 있는데, 이번 장에서 요약한 대표적인 연구에서 사용한 주요 유전학 용어는 다음과 같다(자세한 내용은 '용어 설명' 참조). 유전자(gene)는 유전의 기본 단위다. 인간 게놈(인간이 갖고 있는 DNA의 총합)은 23개의 염색체 쌍으로 구성되는데, 각 부모로부터 하나씩 받은 것이다. 이 게놈에는 약 2만 개의 유전자가 들어 있으며, 이 유전자가 각각의 단백질을 만드는 원본이 된다. 유전체학(genomics)은 다양한 방법을 사용해 게놈을 분석하는 연구 분야를 일컫는다. 대부분의 유전자 서열은 모든 사람에게서 동일하게 나타나지만, 모든 사람은 각기 고유한 게놈을 갖는다. 염색체는 소위 '이중 나선'이라고 하는 두 가닥의 DNA 분자로 구성된다. 번식 과정을 거치면서 자손은 양쪽 부모로부터 하나씩 이 가닥을 무작위로 물려받는데, 이 가닥은 각각 아데닌(adenin, A), 구아닌(guanine, G), 사이토신(cytosine, C), 티민(thymine, T)이라 불리는 네 가지 염기 분자의 조합으로 이뤄져 있다. 이 네 가지 염기는 마치 사다리의 난간처럼 이중 나선의 두 가닥에 걸쳐 쌍으로 배열되어 있다. 이중 나선 구조란 양쪽 부모로부터 얻은 DNA 가닥이 A와 T, G와 C가 쌍을 이루면서 서로를 마주 보며 꼬여 있는 형태를 의미한다.

인간 게놈에는 약 30억 개의 이러한 '염기쌍(뉴클레오타이드(nucleotide)라고도 부른다)'이 있는 것으로 추정된다. 한 가닥의 DNA에 들어 있는 이러한 염기쌍의 순서가 바로 유전 암호다. 모든 인간은 거의 동일한 유전 암호를 가지며, 개인 간 차이는 상대적으로 작은 유전적 변이에서 비롯된다. 유전자는 수천 개의 서로 다른 단백질을 형성하는 아미노산을 생성하며, 단백질은 세포 수준에서 유기체의 발달과 기능을 결정하는 생명의 구성 요소라고 할 수 있다. 아미노산 생성에서 단백질 형성까지의 순서를 유전자 발현이라고 한다. RNA는 DNA와 유사하다. RNA는 본질적으로 DNA 코드를 아미노산과 단백질로 번역하는 역할을 한다. 유전자는 활성 또는 비활성 상태일 수 있으며, 발달 과정과 수명이 다하는 동안 기능이 켜지고 꺼지기도 한다. 유전자 발현은 음식, 질병, 스트레스 등 비유전적 요인에 의해 영향을 받을 수 있는 여러 신경생물학적 메커니즘 중 하나인 메틸화에 의해 부분적으로 조절된다(Jaenisch & Bird, 2003). 메틸화는 정상 세포와 비정상 세포 발달의 여러 측면에 관여하는 과정이다. 특히 흥미로운 점은 염기쌍에서 A와 C의 분자 구조를 변화시킬 수 있다는 사실이다. 이러한 변화는 일부 인간 유전자의 발현을 변형시키며(Wagner et al., 2014), 중요한 것은 그런 변형 유전자가 잠재적으로 유전될 수도 있다는 점이다. 후성유전학은 비유전적 요인에 의해 유전자 발현이 어떻게 변형되는지를 연구한다.

DNA 시퀀싱(sequencing)은 DNA 가닥에서 모든 염기쌍의 정확한 물리적 순서를 파악하는 작업을 의미한다. 유전자는 염기쌍의 연속적인 부분이지만, 한 유전자가 어디에서 끝나고 다른 유전자가 어디에서 시작되는지가 항상 명확한 것은 아니다. DNA 가닥의 특정 부위에서 나타나는 염기쌍의 변이를 대립 유전자(alleles)라고 부른다. 예를 들어, 눈 색깔을 결정하는 유전자가 있다고 했을 때, 이 유전자의 다양한 형태인 파란색·갈색·녹색 눈 색깔을 결정하는 것이 각각의 대립 유전자다. 각 개인은 부모로부터 각각 하나의 대립 유전자를 물려받아서 쌍을 이룬다. 이는 유전 형질의 다양성을 만들며, 어떤 형질이 발현되는지는 이 대립 유전자들의 상호 작용에 따라서 결정된다. 예를 들어, 한 쌍의 대립 유전자 중 하나가 우성(dominant)이고 다른 하나가 열성(recessive)일 경우, 우성의 대립 유전자에 의해 그 형질이 표현된다.

염색체에서 유전자가 자리하는 위치를 유전자좌(locus)라고 한다. 양적 형질 좌위(quantitative trait locus, QTL)는 지능 같은 복잡한 형질과 관련된 DNA의 영역을 의미한다. DNA 가닥에서 유전자가 위치하는 부위에는 종종 유전자 복사본이 반복적으로 존재하기도 하는데, 그 복사본의 수가 때때로 정상적인 또는 비정상적인 단백질 기능과 관련이 있을 수 있다. DNA 분석은 일반적으로 여러 가지 기술 중 하나를 사용해 그 가닥을 여러 조각으로 나누는 일에서 시작한다. 한 가지 기술적 혁신을 통해 염기쌍이 변경되거나 돌연변이가 발생한 가닥의 어느 지점에서든 DNA 서열의 작은 변이를 식별할 수 있게 되었다. 이렇게 나타나는 변이를 단일 염기 다형성(single nucleotide polymorphisms, SNPs)이라고 부른다. 예를 들어, 한 유전자좌의 염기 서열이 GTCGAA7TGGAA7TGG인 경우, 일부 개인에게서는 첫 번째 T가 C일 수도 있다. 이러한 염기 서열의 변이를 SNP라고 한다. 대부분의 SNP는 별다른 기능을 갖지 않지만 일부 SNP는 질병과 관련이 있으며 지능 같은 특성과 관련이 있을 수도 있다. 한 추정에 따르면, 사람의 DNA에는 약 1000만 개의 SNP가 존재한다고 한다. SNP는 IQ 점수가 높거나 낮은 두 그룹을 비교해 구분하는 DNA 조각, 즉 개별 유전자를 찾기 위한 노력의 일환으로 쓰일 수 있다. 초기 연구에서는 수천 개의 SNP를 조사했다. 지금은 한 사람의 게놈 전체를 충분히 시퀀싱할 수 있을 만큼 기술이 발달했고, 전장 유전체 연관 분석(GWAS)에서는 수백만 개의 SNP를 평가하고 있다.

대규모 샘플군에 대한 조사에서는 많은 수의 SNP가 지능 측정과 연관이 있으며, 각각의 SNP는 아주 작은 영향을 미치는 것으로 나타났다. 모든 개인은 관련된 SNP 중 일부를 가지고 있으며 그 수는 사람마다 다를 수 있다. 지능 관련 SNP의 수를 집계해 '다유전자 점수(PGS)'를 생성할 수 있는데, 이는 개인의 실제 지능 점수와 상관관계를 가진다. PGS를 계산하는 방법에는 여러 가지가 있으며, 키와 기타 여러 특성 및 건강 상태를 예측하는 데 사용된다(확률 또는 설명 분산 비율). 세션 2.7에서 살펴보겠지만, PGS는 GWAS 분석에서 점점 더 많은 양의 지능 분산을 예측한다.

이러한 유전체 연구는 방대한 데이터 세트를 생성하며, 게놈정보학 분야에서는 질병, 건강 상태 및 무수히 많은 유전 형질에 관여하는 특정 유전자를 식별하기 위해 가능한 한 모든 조합을 분류하는 통계적 방법을 개발한다. 지금은 클라우드 컴퓨팅 기법을 사용해 DNA 분석에서 얻은 유전 정보의 빅 데이터 세트를 축적·정리 및 분석하고자 하는 생물정보학적 노력이 진행되고 있다. 단백질체학(proteomics, '용어 설명' 참조)은 단백질과 단백질 다양성이 어떻게 작용하는지를 연구하는 학문이다. 현재 수천 개의 단백질과 그 변이에 대한 유전자 발현을 동시에 조사할 수 있는데, 이는 다양한 반응제가 포함된 마이크로어레이(microarray)에서 작은 DNA 샘플을 사용해 수행한다. 이처럼 끊임없이 진화하는 분자유전학적 기술과 방법을 사용함으로써 뉴런, 시냅스, 뇌의 기능 및 구조 발달의 신경생물학 및 신경화학에도 새로운 길이 열리고 있다. 하지만 DNA 데이터의 복잡성과 그 어마어마한 양을 고려할 때, 내 생각에는 DNA 분석 기술과 유전체학의 급속한 진보에도 불구하고 분자 수준에서 지능을 이해하고자 하는 도전은 여전히 한계가 있는 것처럼 보인다. 1장에서 논의했듯 행동과학 수준에서 지능을 이해하는 일이 여전히 도전 과제로 남아 있는 것처럼 분자 수준에서의 지능에 대한 이해 역시 아직은 커다란 도전 과제라고 할 수 있다.

이런 유전자 검색의 어려움에도 불구하고 전 세계의 많은 연구팀이 지능에 영향을 미치는 특정 유전자를 찾기 위해 다양한 시도를 하고 있다. 일본의 한 흥미로운 연구에서는 IQ 점수가 일치하지 않는 33쌍의 일란성 쌍둥이를 대상으로 복합적인 DNA 평가 기법을 사용했다(Yu et al., 2012). 즉, 한 쌍의 쌍둥이는 IQ 점수가 최소 15점(표준 편차＝1) 이상 차이가 났다. 한 집에서 함께 자랐으면서도 IQ 점수 차가 큰 일란성 쌍둥이들에게서 유전자 샘플을 취하면, 유전적·환경적 요인을 최소화하면서도 지능과 관련된 유전자 발현의 두드러진 차이를 발견할 기회를 극대화할 수 있다. 여기에 더해서 여러 DNA 분석 방법을 사용해 동일한 샘플을 독립적으로 복제하는 것도 가능했다. 그 결과 일본 연구자들은 지능과 관련이 있을 수 있는 뇌 메커니즘이 따로 존재한다는 걸 암시하는 유전자 발현에서의 몇 가지 가능한 차이를 확인했다. 이런 연구 결과는 유전자 발현과 조절의 복잡성이 얼마나 심대한지를 알려주지만, 이에 대한 논의는 이 책의 범위를 훨씬 넘어서는 것이다. 다만 그런 연구가 지능 결정에 중요한 역할을 담당하는 유전자의 발견이 얼마나 중요한지를 보여준다는 걸 기억하라. 다시 말해, 유전자가 어떤 역할을 하고 어떻게 지능에 영향을 미치는지 그리고 신경생물학과 분자 수준에서의 뇌 기능 조절을 어떻게 통제하는지 밝히는 데 우리는 이제 겨우 첫발을 뗀 것에 불과하다.

이런 지능 유전자 탐색의 초기 단계에서도 새로운 데이터는 두 가지 중요한 측면에서 일관성을 보여준다. 첫째, 후보 유전자 중에서 지능 검사 점수의 편차를 보다 확실히 설명할 수 있는 뚜렷한 유전자는 아직 없었다. 이런 결과는 그동안의 쌍둥이 연구가 지능의 많은 부분이 유전 가능하다는 확신을 심어주었기에 비록 변이의 대부분은 아니더라도 최소한 그 일부는 몇몇 유전자에 의한 것임이 밝혀질 것으로 기대했던 사람들에게는 상당히 실망스러울 수 있다. 다른 연구자들에겐 이것이 지능과 관련된 인지 과정의 복잡성을 반영하는 것으로서 지능 변이의 작은 부분을 차지하는 수많은 일반 유전자에 대한 플로민의 예측과 일치한다는 것을 인정하는 계기가 되었다. 플로민의 견해는 초기에 많은 경험적 지지를 받곤 했다(Trzaskowski, Shakeshaft & Plomin, 2013). 둘째, 이 초기 단계에서 확인된 후보 유전자 중 어떤 것도 개별적인 시료로서 복제할 수 없었다. 이는 매우 실망스러운 일이 아닐 수 없었다. 독립적인 재현은 과학 연구의 초석이자 반드시 필요한 사안이다. 여기서 '독립적'이라는 것의 의미는 다른 연구자가 다른 샘플을 사용해서 똑같은 결과를 재현해야 한다는 뜻이다. 이 연구의 초기 단계에서는 '그' 유전자를 찾기 위해 상당한 경쟁이 벌어졌으므로, 학술지들도 그런 시류에 휩쓸려 심지어 같은 연구자가 별도의 샘플을 사용했더라도 독립적인 재현까지 요구하지는 않았던 게 사실이다.

여기서 지능에 영향을 미친다고 알려진 초기 후보 유전자들의 실패 경험담을 일일이 나열할 이유는 없다. 그런데 이런 실망스러운 상황은 이후 20여 년 동안 DNA 기술과 게놈 정보 통계 기술에 (그 분석의 정밀도와 비용 효율성 측면에서) 그야말로 장족의 발전이 있었음에도 사정은 거의 변하지 않았다. 한 가지 중요한 문제는 대부분 연구의 샘플 크기들이 작아서 유전자가 지능에 미칠 수 있는 작은 영향력을 재현할 통계적 여력이 부족하다는 데 있었다. 그러다가 마침내 2012년 크리스토퍼 채브리스 등(Christopher Chabris et al., 2012)이 지능 유전자 검색에 대한 연구의 종합적인 상황을 다룬 논문에 다음과 같은 제목을 달았다. 〈일반 지능에 대해 지금까지 보고된 대부분의 유전적 연관성은 필경 위양성(false positive)일 가능성이 높다.〉 이 말은 곧 그동안의 모든 연구가 실패로 끝났다는 고백이다. 이 연구팀은 기존에 발표된 연구에서 지능과 관련 있는 12개 후보 유전자의 기능을 재현해보려고 시도했다. 그들은 각기 독립적인 3개 샘플군의 데이터에 접근할 수 있었는데, DNA 분석과 지능 검사를 완료한 총 6000명 이상의 데이터를 검토했다. 분석 결과는 확실히 부정적이었다. 12개 후보 유전자 중 어느 것도 강력한 통계적 방식으로 지능과 연관이 없었다. 만약 어떤 효과가 존재한다면, 대규모 샘플을 사용했을 때 무난히 그런 효과를 재현할 수 있을 것이다. 그런 식으로 알츠하이머나 체질량과 관련된 후보 유전자를 재현하는 데 성공했다. 하지만 지능 유전자의 경우에는 대규모 샘플에서도 그런 성공을 거두지 못했다. 저자들은 지능 유전자 재현에 실패한 것에 실망하지 않고, 각 유전자가 지능 변이의 더 작은 부분을 설명할 수 있다면, 여러 유전자를 찾고 복제하기 위해 더 큰 샘플이 필요할 수 있다고 결론지었다. 그들은 이런 취지에서 지능 유전자 사냥꾼들에게 수천 명의 샘플을 생성할 수 있는 다기관 컨소시엄에 참여하도록 권장했다.

2.6 분자유전학적 접근법의 8가지 사례 연구

이 섹션에서는 유전자가 지능에 미치는 연구와 관련해 이 분야가 어떻게 발전하고 있는지 시간순으로 그 과정을 살펴보려 한다. 컨소시엄 접근법의 이점은 전 세계 59명의 연구자가 그동안 얻은 모든 데이터를 정리해 그 결과를 공동 집필한 논문에 잘 설명되어 있다(Rietveld et al., 2014). 이 연구는 실제로 사회과학 유전학 협회 컨소시엄(Social Science Genetic Association Consortium, SSGAC)과 아동 지능 컨소시엄(Childhood Intelligence Consortium, CHIC)이라는 두 기관이 공동으로 수행했다. 연구자들은 개념적으로 간단하고 기발한 두 단계 과정을 채택했는데, 10만 6736명의 표본으로 시작해 2만 4189명의 독립적인 표본들에서 간접 재현을 이끌어내는 방식이었다. 첫 번째 샘플에서는 각 개인의 DNA에 대해 수백만 개의 SNP를 평가했는데(텍스트 상자 2.2 참조), 그중 69개는 교육 수준(교육받은 연수)과 관련이 있었다. 교육 수준은 지능과 높은 상관관계를 가진다. 두 번째 샘플에서는 이 69개 SNP가 인지 검사 점수를 통해 도출한 g-점수와 연관성이 있는지 검증했다. 모든 사람이 동일한 검사를 완료한 것은 아니지만, 검사 종류가 풍부하고 샘플이 충분히 다양할 경우 서로 다른 소집단에서 g-점수는 (심지어 0.95 이상의) 아주 높은 상관관계를 보였다(Johnson et al., 2008). 이 연구에서는 몇 가지 고급 통계 분석을 사용해 인지 능력의 아주 작은 차이와 관련된 네 가지 유망한 유전자도 밝혀냈다. 흥미롭게도 이 유전자들(KNCMA1, NRXN1, POU2F3, SCRT)은 뇌 가소성(brain plasticity: 뇌가 경험, 학습, 환경적 변화, 손상 등에 반응해 구조와 기능을 변화시키는 능력을 의미한다—옮긴이), 학습 및 기억과 관련이 있는 글루탐산 신경전달물질 경로에 영향을 미치는 것으로 알려졌다. 이 경로에는 NMDA 수용체, 글루탐산 결합 및 시냅스 변화가 포함된다. 이 연구는 이런 유전자들과 관련 있는 지능 변이의 규모는 그리 크지 않지만, 그런 작은 효과를 찾기 위해서라도 대규모 샘플이 필요하다는 통계적 현실감을 여실히 보여주었다. 또한 이 연구 결과는 지능과 관련이 있을 수 있는 분자 메커니즘에 대한 힌트를 제공하며, 신경생물학적 연구의 중요성을 일깨운다.

거의 같은 시기에 이뤄진 두 번째 연구(Hill et al., 2014)는 3511명을 대상으로 전체 게놈 분석을 사용해 기능적으로 관련된 유전자들의 통합 네트워크에서 인지 능력과의 연관성을 발견함으로써 1461개의 개별 유전자가 지능에 미치는 작은 영향을 조사했다. 연구팀은 포스트 시냅틱 기능〔post-synaptic functioning: 시냅스 신경 신호의 뉴런 간 전달 과정에서, 신호를 받는 쪽인 포스트 시냅틱 세포(post-synaptic cell)가 신호를 처리하고 반응하는 과정을 말한다. 이 기능은 학습, 기억, 감정, 감각 처리 등 다양한 뇌 기능에 중요한 역할을 하는데, 시냅스 후 세포의 기능이 적절하게 이루어지지 않으면 신경 신호의 전달이 원활해지지 않아 신경계 질환이나 정신 질환이 발생할 수 있다―옮긴이〕과 관련된 유전자에 초점을 맞춘 특정 가설에서 출발했다. 독립적인 샘플을 검증한 결과, NMDA 수용체와 관련된 단백질은 유동성 지능과 특히 연관이 있었다. 포스트 시냅틱 기능의 다른 측면은 그 밖의 인지 능력 변화와 관련이 없었다. 다른 연구(Rietveld et al., 2014)에서도 NMDA가 간접적으로 관련이 있었지만, 이러한 포스트 시냅틱 기능의 발견은 특정 단백질의 유전적 변이와 유동성 지능의 개인차를 연결시켰다. 여기서 핵심 단백질은 구아닐레이트 키나아제(guanylate kinase)로, 뉴런의 기능이 신경세포 활동 전위를 뇌 전체 정보 처리의 기초가 되는 생물학적 신호로 변환하는 데 근본적으로 중요한 역할을 한다. 이는 지능 연구에서 신경생물학의 중요성을 일깨우는 추가적인 힌트라고 할 수 있다.

이런 연구들과 대조적으로 리트벨트 등(C. A. Rietveld et al., 2014)의 연구는 건초 더미에서 바늘을 찾는 식으로 구경이 매우 큰 이론적 산탄총을 채택하는 방식을 사용했으며, 힐 등(W. D. Hill et al., 2014)의 연구는 기능적으로 관련된 유전자 네트워크에 초점을 맞추었다. 또 다른 연구팀은 특정 유전자와 외상성 뇌 손상(traumatic brain injury, TBI)이 지능에 미치는 영향에 초점을 맞춘 다른 전략을 사용했다(Barbey et al., 2014). 잘 기능하는 시냅스를 촉진하고 조절하는 '뇌 유래 신경 영양 인자(brain-derived neurotropic factor, BDNF)'라는 신경화학 물질이 있다. BDNF는 건강한 사람의 인지 기능, 특히 기억력 측면과 알츠하이머병 및 기타 뇌질환의 인지 장애와 관련이 있는 물질이다. BDNF와 관련된 유전자인 Val66Met는 TBI에서 회복된 후 전전두엽 피질의 신경 재생을 자극하는 신경 복구 메커니즘에도 관여한다. BDNF는 지능과 관련이 있을까? 일부 환자는 전두엽에 TBI 손상을 입은 후 g-부하 작업에서 지속적인 결손을 보인 반면, 다른 환자들은 g-부하 작업 수행 능력이 보존된 것으로 나타났다. BDNF의 유전적 기반은 두 가지 주요 변이가 있는 Val66Met 다형성이었는데(텍스트 상자 2.2 참조), Val/Met와 Val/Val이 그것이다. 이 연구의 질문은 이러한 두 가지 변이가 뇌 손상 이후의 지능 보존과 관련이 있는지 여부였다.

안타깝게도 다수의 TBI 사례가 존재하며, 많은 사람이 재향군인청 병원(우리나라의 보훈병원에 해당—옮긴이)에서 치료를 받고 있다. 이 연구에 참가한 사람들은 베트남 전쟁 중 관통성 두부 손상을 입은 171명의 남성 퇴역 군인이었다. 이들 중에서 151명은 컴퓨터 단층 촬영을 통해 뇌 병변의 위치를 파악하고 전두엽에서 그 병변을 확인했다. 각 참가자는

14개 하위 척도의 WAIS III 시험을 완료했는데, 이들은 군에 입대할 때 군인 자격 시험(Armed Force Qualification Test, AFQT)도 치른 터였다. 즉, TBI 발생 이전에 말이다. 이 두 가지 검사 결과를 통해 다른 하위 요인과 함께 g-인자 점수도 추정할 수 있었다. 이들은 자신이 가진 유전자형에 따라 두 그룹으로 분류되었다. 그렇게 Val/Met(n = 59)와 Val/Val(n = 97)으로 두 그룹을 정의하고 정교한 심리 측정 분석을 통해 그들의 지능 요인 점수를 비교했다.

결과는 다소 놀라웠다. AFQT에서 도출된 점수는 두 그룹 간에 차이가 없었다. 즉, TBI가 발생하기 전에는 퇴역 군인의 유전자형(Val/Met 또는 Val/Val)이 일반적 인지 능력에 영향을 미치지 않았다. 그러나 TBI 이후에는 상당한 차이가 있었다. Val/Val 그룹은 언어 이해력, 지각 조직, 작업 기억 및 처리 속도를 포함한 기타 주요 요인 및 g-인자 점수가 감소한 것으로 나타났다. 평균 점수 차이는 약 0.5 표준 편차로 비교적 큰 편이었다. 저자들은 Val/Val 유전자형이 TBI에 대한 인지적 감수성과 관련이 있는 반면, Val/Met 유전자형은 TBI 후 인지 기능을 보존하는 데 도움을 줄 수 있다고 결론지었다. 이러한 결과는 현재 관련 연구가 부족하기는 하지만, 다른 연구들보다 효과적인 인지 재활 전략에 더 큰 영향을 미칠 수 있다. 또한 이 결과는 BDNF 유전자의 변이를 지능과 연관시키고, 지능과 관련된 특정 유전자 변이를 식별하는 데 어느 정도 진전이 있었음을 보여준다. 이 같은 데이터는 분자 수준에서 신경화학적 사건들이 단계적으로 마치 폭포처럼 발생한다는 가설을 세우는 데에도 도움을 줄 수 있다. 그럼으로써 개인들 사이에 있는 약간의 지능 점수 차이를 설명할 BDNF의 유전학을 유도할 수 있다는 것이다. 이런 '폭포수 가설'에는 여러 단계가 있다. 그리고 다른 유전적 또는 생물학적 요인과 여러 가지 복잡한 조합이 있을 수 있으며, 그중 일부는 후성 유전학적 맥락에서 발생할 가능성이 있다. 어쩌면 BDNF는 관련된 많은 요인 중 하나일 수도 있다.

네 번째 연구는 아동 지능 컨소시엄, 즉 CHIC에서 나왔다. 그들은 전장 유전체 연관 분석(GWAS) 자료를 활용했는데, 6~18세 연령대에서 유전자형이 밝혀진 총 1만 2441명과 그렇지 않은 대조군 총 5548명의 자료를 검증했다(Benyamin et al., 2014). 이 연구에서는 지능과 관련 있는 단일 SNP를 발견하지 못했지만, 가장 큰 3개 소집단에서 일반 SNP의 총합이 지능 변이의 22~46퍼센트를 설명할 수 있음을 알아냈다. 나중에 밝혀진 FNBPIL 유전자는 3개의 작은 소집단에서 각각 1.2퍼센트, 3.5퍼센트, 0.5퍼센트로 지능과 관련이 있다는 게 밝혀졌다. 저자들은 대규모 인구 집단의 자료를 활용했음에도 불구하고 게놈 전체에서 유의미한 개별 SNP를 탐지하려면 더 많은 샘플이 필요할 수 있다고 결론지었다.

다섯 번째 흥미로운 사례는 중국에서 나왔다. 내 생각에는 이 역시 기념비적인 연구였다. 이 연구는 생물체의 복잡한 조절과 상호 작용을 밝히고 이를 주도하는 메커니즘에 대한 가설을 고안하기 위해 설계된 광범위한 시스템 생물학적 접근법을 차용했다(Zhao et al., 2014). 채브리스와 그 동료들은 앞선 연구에서 지능과 관련 있는 12개 후보 유전자를 살펴봤지만, 어느 유전자에서도 지능과의 관련성을 재현하지 못했다. 연구자들은 이번에는 IQ 점수와 관련 있는 158개 유전자를 선택했고, 염색체에서 그 유전자들의 위치를 매핑한 결과 7번 염색체와 X-염색체의 7개 영역에서 대부분 유전자가 모여 있는 것을 발견했다. 이들 유전자 다수는 다양한 신경 메커니즘과 신호 전달 경로에 관여하는 것으로 알려져 있다. 연구자들은 일종의 네트워크 분석 기술을 사용해 'IQ 관련 경로들'을 구축했다. 이런 경로들은 신경전달물질로서 여러 뇌 기능에 관여하는 주요 물질인 도파민(dopamine) 및 노르에피네프린(norepinephrine)과 관련이 있었다. 이 분석의 세부 사항은 이번 장에서 다루고자 하는 의도를 훨씬 뛰어넘지만, 보고서는 분자유전학이 지능과 관련된 특정한 신경 메커니즘에 대해 어떻게 검증 가능한 가설을 입안할 수 있는지, 그리고 그런 메커니즘이 약물이나 다른 수단에 의해 어떻게 조정될 수 있는지를 잘 보여주었다. 이런 종류의 분석은 지능의 유전적 기반이 결정론과 불변성에서 물러날 수 없다는 내 낙관론에 힘을 실어주었다. 오히려 그 반대로 일단 지능에 대한 유전학적 근거를 이해할 수 있다면, (5장에서 설명하는 것처럼) 우리가 IQ 저하를 초래하는 뇌 질환을 치료하거나 예방할 수 있는 놀라운 능력을 갖게 될 것이다. 나아가 전방위적으로 사람들의 IQ를 획기적으로 높일 수 있는 놀라운 힘, 즉 지능 개선의 성배를 얻게 될 것이다.

이 분야의 진전을 보여주는 여섯 번째 연구는 또 다른 접근 방식을 도입했다(Davis et al., 2015). 이 연구자들은 단 하나의 분자적 요소, 즉 뇌 크기 및 뇌 진화와 관련이 있는 DUF1220 단백질에 초점을 맞췄다. DUF1220 단백질엔 CON1과 CON2라는 두 가지 주요 유형이 있다. 많은 사람의 DNA에는 똑같은 유전자 서열이 여러 개 존재하는데, 그런 사본의 수가 몇 개인지는 질병이나 기타 특성의 발현과 관련이 있다. 이 연구에서는 CON2의 복사본 수와 IQ 점수의 연관성이 선형적으로 나타났다. 다시 말해, CON2 복사본 수가 많은 사람일수록 IQ 점수가 높았다. 자기 공명 영상(Magnetic Resonance Imaging, MRI)으로 평가한 뇌의 크기도 IQ 점수와 상관관계가 있었으며, 특히 양쪽 측두피질 표면적의 경우 우측 전두엽 표면적은 CON1 및 CON2의 증가와 관련이 있었다. 이러한 결과는 600명의 북미 청년을 대상으로 얻은 것인데, 뉴질랜드에 거주하는 75명의 소규모 표본에서도 재현되었다. 두 표본 모두 바로 앞에서 요약한 이전 연구와 비교하면 매우 작은 규모였지만, CON2 복사본 개수와 IQ 검사 점수 사이에 선형적인 관련성을 보였다는 점이 대단히 흥미롭다. 이런 현상은 특히 6~11세 남성에게서 가장 강하게 나타났다. 저자들이 인정한 것처럼 이 연구에 대해서는 신중하게 고려해야 할 몇 가지 이유가 있으므로 그 결과를 액면 그대로 받아들이기는 너무 이른 감이 있다. 그럼에도 이 연구는 지능에 영향을 미치는 특정 유전적 요인이 있다는 선험적 가설에 바탕을 둠으로써 지능 유전자 탐색 연구가 어떻게 추진될 수 있는지 그 가능성을 보여준 좋은 사례다.

일곱 번째 연구는 31개 소집단(N = 53,949)으로 이뤄진 또 다른 다중 사이트 컨소시엄, 즉 게놈 역학의 심장 및 노화 연구 코호트(Cohorts for Heart and Aging Research in Genomic Epidemiology, CHARGE: 다양한 코호트 연구 간 협력을 통해 유전적 요인이 심혈관 및 노화 관련 질환에 어떻게 영향을 미치는지 이해하기 위해 2008년에 설립되었다—옮긴이)에서 수행한 연구다. 이들은 네 가지 인지 검사를 완료한 중년 및 노년층의 전체 게놈 연관성 연구를 기반으로 수행한 메타분석 결과를 보고했다(Davies et al., 2015). 이는 현재까지 알려진 일반 인지 능력에 대한 연구 중에서 가장 큰 규모였다고 할 수 있다. 전체 샘플에서 13개의 SNP가 일반 인지 능력과 관련 있는 것으로 식별되었는데, 가장 큰 두 소집단 샘플에서는 그것들이 지능에 미치는 변이 정도의 각각 29퍼센트와 28퍼센트를 차지했다. 3개 게놈 영역이 이러한 13개 SNP와 연관되어 있었으며, 특히 HMGN1(high-mobility group nucleosome-binding domain 1: 고이동군 단백질(high-mobility group protein) 패밀리에 속하는 단백질로 핵 속에 존재하며, 염색질(chromatin)의 구조와 기능을 조절하는 역할을 한다—옮긴이) 영역에 초점이 모아졌다. 앞서 알츠하이머병과 연관이 있던 4개 유전자도 일반적 인지 능력과 관련이 있었다(TOMM40, APOE, ABCG1, MEF2C). 다유전적 유전 모델과 일관되게 이러한 유전자는 개별적으로 적은 비율의 변이를 설명한다. 또한 연구자들은 더 많은 게놈 전체의 연관성을 확인하려면 더 큰 샘플이 필요하다고 결론 내렸다. 얼마나 많은 유전자가 지능의 변이에 기여하고 있는지는 아직 아무도 모르지만, 이러한 다기관 협업 연구의 존재 자체만으로도 큰 의미가 있다고 생각한다. 사실 이 책의 초판을 인쇄할 즈음 한 정교한 협력 연구에서 2개의 유전자 네트워크(한 네트워크에 1148개의 유전자, 다른 네트워크에 150개의 유전자)가 일반 인지와 관련이 있음을 확인했다(Johnson et al., 2016). 이 대부분의 유전자는 잠재적으로 지능에 영향을 미치도록 인위적 조작이 가능한 특별한 시냅스 기능에 연관된 것이었다. 나는 이 기념비적인 연구에 대해 더 자세히 설명할 여력이 부족하다. 하지만 이 연구가 향후 우리가 나아갈 바를 충분히 잘 보여주고 있다고 생각한다.

여덟 번째 연구는 다양한 소집단에 속한 약 8만 명의 어린이와 성인을 대상으로 수행한 메타분석으로, 전체 1200만 개 이상의 SNP 평가에서 336개 SNP가 지능과 관련이 있는 것으로 식별되었다. 연구자들은 이 SNP를 포함해 총 47개 유전자가 지능 검사 점수에서 나타나는 차이의 약 4.8퍼센트를 예측할 수 있었다고 보고했다(Sniekers et al., 2017). 그런 영향력이 가장 컸던 것은 시냅스 형성 관련 유전자(SHANK3), 축색유도 및 푸타멘(putamen) 부피 관련 유전자(DCC), 신경세포 분화와 관련 깊은 유전자(ZFHX3) 등이었다. 여러 다양한 방법을 통해 총 47개의 유전자가 지능 또는 교육적 성취도와 관련이 있는 것으로 확인되었다. 그 비율(4.8퍼센트)이 비록 적기는 했지만, 텍스트 상자 2.2에서 설명한 대로 다유전자 점수(PGS)를 사용해 DNA로부터 지능을 예측할 수 있다는 걸 초창기에 입증한 사례다. 이 연구가 〈네이처〉에 게재되었을 때, 지능을 이해하기 위한 유전학 연구의 중요성을 분명하게 강조한 그 저널 편집자의 논평도 주목할 만했다(Editorial, 2017). 이 논평은 지능 연구를 다시 주류 심리학으로 끌어오는 데 적지 않은 도움을 주었다. 섹션 2.7에서 설명할 예정이지만, PGS를 이용한 지능의 실제적 예측과 관련해 앞의 접근법은 많은 연구자에게 대단한 관심을 불러일으켰다. 고급 과정에 있는 학생들을 위해 지능 관련 유전학 및 분자유전학적 연구에 대한 훌륭한 요약본을 여기에 소개한다(Deary et al., 2022).

2.7 PGS를 사용해 DNA에서 지능 예측하기

PGS는 매우 큰 샘플을 갖는 GWAS를 기반으로 할 때 가장 강력한 무기가 된다. 예를 들어, 로버트 플로민과 폰 슈툼(von Stumm)은 다유전자 점수와 지능 및 학업 성취도 데이터의 관계에 대해 쉽게 이해할 수 있는 논문을 작성했다(Plomin & von Stumm, 2018). 이들은 한 독립적인 표본에서 지능 편차의 10퍼센트를 예측할 수 있는 PGS를 구축하려면 100만 명의 GWAS 표본이 필요할 것으로 추정했다. 그러면 연구자들이 그런 엄청난 표본을 확보하는 데 얼마나 많은 세월을 기다려야 했을까? 그리 오래 걸리지 않았다.

지능 관련 PGS 연구는 불과 몇 달 후, 100만 명 이상의 참가자를 대상으로 획기적인 GWAS 목표를 달성했다(Lee et al., 2018). 여기서 종속 측정값은 (대부분의 연구 컨소시엄 참가자들에게서 쉽게 구할 수 있는 지능 검사 점수와 상관관계가 깊은 변수인) 학업 성취도였다. 연구자들은 학업 성취도와 관련된 1838개의 유전자를 발견하고 그중에서 1271개의 SNP를 확인했는데, 대다수가 뇌 발달과 뉴런 통신에 관여하는 유전자였다. 하위 샘플을 사용해서 구한 PGS는 학업 성취도 분산의 11~13퍼센트, 인지 검사 수행 능력 분산의 7~10퍼센트를 예측했다. 이러한 수치는 본질적으로 플로민과 폰 슈툼이 예측했던 것과 거의 일치했다.

마찬가지로 영국 바이오뱅크 프로젝트에서 7026명의 어린이와 청소년을 대상으로 시행한 또 다른 연구는 PGS가 지능의 최대 11퍼센트, 학업 성취도의 16퍼센트를 예측했다고 보고했다(Allegrini et al., 2019). (섹션 2.4에서 설명한 유전성이 그러했던 것처럼) 그 예측력은 나이가 들수록 심화되었으며 성별에 따른 차이는 나타나지 않았다. PGS는 다중 형질 유전체 방법(multi-trait genomic methods)과 비교해서 가장 강력한 예측력을 보여주었다.

하지만 잠깐. 한 가지가 더 있다. 최근의 한 연구는 300만 명의 개인을 분석해 110만 개의 샘플 확보를 극적으로 돌파했다! 이 연구는 학업 성취도에 대해 12~16퍼센트의 분산을 설명할 수 있었다고 보고했다. 이는 110만 명을 대상으로 수행한 연구에서 얻은 예측도보다 약간 더 증가한 수치에 불과하다. 저자들은 "이 논문에서 보고된 학업 성취도에 대한 GWAS의 표본 크기는 지금까지 알려진 것 중에서 가장 컸다. 하지만 PGS로 더 큰 예측력을 얻고자 하는 목적에서라면 샘플 크기가 커진다고 해도 거기서 얻을 수 있는 이익은 그리 기대할 것이 못된다고 할 수 있다"라고 강조했다(Okbay et al., 2022: 444). 유전학 이야기가 복잡하고 불안정한 것은 그리 놀랄 일이 아니다.

DNA 정보를 사용해 지능 변이의 16퍼센트를 예측 가능하다는 것은 유전학의 중요한 역할을 입증하는 성과라는 점에 주목할 필요가 있다. 하지만 앞에서 설명한 쌍둥이와 입양아에 대한 행동유전학적 연구에 따른다면, 우리는 PGS 분석으로 적어도 지능 변이의 50퍼센트는 예측할 수 있어야 한다. 여기서 '누락된 유전성'이 있는지 여부를 공개적으로 제기할 수 있는데, 이는 PGS에 기반한 추정치가 과소평가되었기 때문인지도 모른다(Willoughby et al., 2021). 어쩌면 학업 성취도에는 g 효과에 혼동을 일으키는 다른 요인이 너무 많기 때문에, 그 대신 일부 인지 능력에 대한 예측에 더 유용할 수도 있다(Genc et al., 2021). PGS에 대한 다른 고려 사항도 있다. 그중 하나는 유전적 조상이 다른 집단에서는 예측 결과가 달라질 수 있으며, 심지어 지리적 위치가 결과에 영향을 미칠 수도 있다는 것이다(Abdellaoui et al., 2022; Mitchell et al., 2022). 또 다른 하나는 PGS가 유전자 발현이 지능에 어떻게 영향을 미치는지 그 분자 역학에 대해 의미 있는 통찰력을 제공할지 여부이지만, 이런 메커니즘 관련 질문에 활용할 수 있는 다른 방법도 존재한다. 이러한 여러 가지 고려 사항에도 불구하고, 내가 보기에 지능 연구에 대한 PGS의 잠재력 평가는 여전히 진행 중에 있으며, 아주 흥미로운 새로운 접근 방식인 것 같다(Visscher, 2022; von Stumm & Plomin, 2021; 또한 Haier & Colom, 2023: 6장 참조).

이번 장에서 유전자가 지능에 중요한지 여부에 대한 오래된 (그리고 현재도 일부 존재하는) 비판들을 더 이상 언급하지 않은 이유는 바로 이런 연구들 때문이다. 지능에 영향을 미치는 유전자의 역할에 대해서는 아직 충분히 밝혀지지 않았지만, 지능에 유전자가 주요하게 관여한다는 증거는 압도적이다. 아무도 지능을 분자 수준에서 이해하는 일이 간단할 거라고 믿지 않지만, 여기서 요약한 연구와 그 복잡한 분석은 그런 도전이 결코 불가능하지 않다는 걸 보여준다.

마지막으로, 유전자 연구는 특히 대규모 샘플이 필요한 경우 물류적(物流的)으로 복잡하고, 따라서 그 비용이 대단히 많이 소요된다. 예를 들어, DNA 시퀀싱 기계만 해도 대당 100만~200만 달러에 달한다. 언론 보도에 따르면, 2012년 초 중국의 행동유전학연구소(Behavioral Genetics Institute)는 슈퍼컴퓨터를 비롯해 그런 장비를 무려 128대나 보유한 것으로 알려졌다. 지능 유전자를 찾는 게 최우선 과제이기 때문이다. 이 연구소에는 4000명 넘는 과학자와 기술자가 근무하고 있으며, 벽에 걸린 포스터에는 "유전자가 미래를 만든다(Genes build the future)"는 문구가 적혀 있다고 한다. 지능 유전자를 찾기 위한 경쟁과 그 일이 과연 어떤 결과를 낳을지 한번 생각해보자. 20세기 말에 플로민은 다음과 같이 말했다. "과학에 그리고 사회에 대해서도, 가장 광범위한 영향력을 미치는 일이라고 하면 g의 유전에 결정적 역할을 하는 유전자를 찾는 작업일 것이다"(Plomin, 1999: c27). 한편에선 중국이 이 사냥에 엄청난 투자를 하고 있는가 하면, 다른 한편에서는 현재 미국 의회의 대다수 의원들이 진화론조차도 믿고 있지 않는 듯하다. 정말로 난감한 일이 아닐 수 없다.

이번 장에서 언급한 모든 연구는 지능의 유전학적 근거를 찾는 데, 그리고 특정한 유전자 효과가 무엇이고 그런 유전자가 어떻게 작동하는지 규명하는 데 어떻게 정량유전학적 연구 전략과 정교한 DNA 분석 기술이 사용되고 있는지 여실히 보여준다. 현재 전 세계적으로 이런 노력을 경주하기 위해 몇 개의 연구 컨소시엄이 진행되고 있는데, 이제 세 번째 방법론적 요소로서 정량신경학적 영상으로 뇌의 구조와 기능을 측정하고자 하는 여러 컨소시엄이 새로 나타나고 있다. 이 세 가지 연구 요소의 조합은 지능과 관련해 뇌의 특성에 영향을 미치는 유전자를 식별하는 것이 목표다. 내가 생각하기에 이런 연구는 유전자가 지능에 어떻게 영향을 미치는지 탐구하는 데 새로운 길을 열어주고 있다. 물론 아주 흥미로운 연구 결과가 벌써부터 도출되고 있으며, 우리는 4장에서 이에 대해 검토할 것이다. 하지만 그러기에 앞서 뇌를 대상으로 삼는 쌍둥이 연구 설계를 사용한 최신 DNA 연구가 어떤 영향을 미치고 있는지 이해하기 위해 3장에서 그 세 번째 요소인 신경영상학을 소개한다.

2장 요약

○ 시릴 버트 경과 아서 젠슨 교수는 지능에서 유전적 역할의 중요성을 일찍부터 주장했지만, 그들의 견해는 학계의 상당한 공격에 직면했으며 널리 거부당했다.

○ 현대의 정량유전학 연구 결과는 개인들 사이에서 나타나는 지능 검사 점수의 차이를 설명하는 데 유전자가 결정적 역할을 한다는 점에 의견이 일치한다.

○ 동일한 연구들에 따르면 아동기 초반에는 환경 요인, 특히 비공유 요인이 지능 발달에 중요한 역할을 하지만 10대 초반에 이르면 그런 역할이 대부분 다 사라진다.

○ 집중 보상 교육에 대한 그동안의 연구는 현재 조기 아동 교육으로 명칭이 바뀌었지만 여전히 IQ 점수 상승의 지속적 효과를 확인하는 데 실패했다.

○ 지능에 관여하는 특정 유전자를 찾는 연구는 진전이 느리고 실망스러웠지만, 각각 아주 작은 영향을 미치는 수많은 유전자가 한데 관여해 지능에 커다란 영향을 주는

것이 분명하다는 결론에 도달했다.

◦ 그럼에도 분자유전학적 연구에 적용된 첨단 DNA 기술을 통해 지능에 영향을 미치는 유전자와 그 유전자가 신경생물학적 수준에서 어떻게 작용하는지 서서히 밝혀지기 시작했다.

복습 문제

1. 인간 행동에 대한 유전학적 설명이 그렇게 많은 논란을 불러일으키는 이유는 무엇인가?

2. 젠슨의 1969년 글이 불러온 즉각적 영향과 장기적 영향은 무엇인가?

3. 유전자가 사람들 사이의 지능 차이에 관여한다는 정량유전학적 연구에서 가장 설득력이 큰 증거는 무엇인가?

4. 지능의 변화에 영향을 미치는 유전 요인과 환경 요인의 역할(또는 상대적 기여도)은 인간 발달 과정에서 어떻게 바뀌는가?

5. 지능에 영향력이 작은 수많은 유전자가 관여한다는 설명은 어떤 유리한 점이 있는가?

6. 지능 관련 특정 분자유전학 연구에서 최근 발견된 중요한 결과의 예로는 어떤 것들이 있는가?

더 읽을거리

"How Much Can We Boost IQ and Scholastic Achievement?" (Jensen, 1969). 현대 심리학에서 가장 악명 높았던 논문 중 하나로 현대 지능 연구의 기초가 되었다.

The IQ Controversy, the Media and Public Policy (Snyderman and Rothman, 1988). 설문 조사 데이터를 바탕으로 젠슨의 연구와 지능 관련 다른 유전 연구에 대한 보고가 편견에 의해 체계적으로 왜곡되었다고 주장하는, 논란의 여지가 적지 않은 책이다.

Cyril Burt: Fraud or Framed? (Mackintosh, 1995). 버트 논쟁의 모든 측면을 다룬 논문집이다.

Intelligence, Race, and Genetics: Conversations with Arthur R. Jensen (Jensen and Miele, 2002). 젠슨이 직접 자신의 말로 자신의 견해를 업데이트한 책이다.

"Genetics and Intelligence Differences: Five Special Findings" (Plomin and Deary, 2015). 지능과 그것이 의미하는 바에 대해 유전학적 발견의 성과를 잘 설명하고 있는 책이다.

Blueprint: How DNA Makes Us Who We Are (Plomin, 2018). 수십 년간 지능을 연구해온 전설적인 행동유전학자가 쓴, 가독성 높은 유전학 연구 개요서다.

Innate: How the Wiring of Our Brains Shapes Who We Are (Mitchell, 2018). 현대 유전학 연구와 그 데이터에 대한 해석을 탁월하게 설명한 책이다.

3

살아 있는 두뇌 속 들여다보기
신경영상학이 지능 연구의 게임 체인저가 되다

뇌는 블랙박스와 같다. 그래서 우리는 그 안을 들여다볼 수 없고 따라서 무시해야 한다.

−1950년대 스키너(B. F. Skinner)의 주장(확인되지는 않았음)

만약 프로이트가 지금 살아 있다면, 자신의 소파를 MRI 기계와 바꾸었을 것이다.

−리처드 하이어(Richard Haier, 2013)

지구상에 동일한 게놈을 가진 두 개인이 절대로 있을 수 없기 때문에 동일한 두뇌를 가진 두 개인도 있을 수 없다. ……지금부터 우리는 이 사실을 절대로 무시할 수 없으며, 왜 어떤 사람은 다른 사람보다 더 똑똑한지에 대해 신뢰할 만한 답변을 얻고자 할 때는 반드시 이 점을 염두에 두고 생각해야만 한다.

−케니아 마르티네스와 로베르토 콜롬(Kenia Martinez & Roberto Colom, 2021)

학습 목표

○ 뇌 영상 기술은 심리 측정 방법을 넘어서 인간 지능 연구를 어떻게 발전시켰나?

○ 양전자 방출 단층 촬영(PET)과 자기 공명 영상(MRI)의 기본 기술은 서로 어떻게 다른가?

○ 지능에 대한 초기 PET 연구에서는 어떤 놀라운 발견이 있었을까?

○ 신경 영상 연구는 뇌에 '지능 센터(intelligence center)'가 있다는 것을 보여줄 수 있을까?

○ 두정엽 – 전두엽 통합 이론(Parieto-Frontal Integration Theory, PFIT) 지능 모델에는
 어떤 뇌 영역이 포함될까?

머리말

이번 장과 4장은 지능에 대한 그동안의 뇌 영상 연구를 전체적으로 조
망한다. 특히 이번 장에서는 1988년부터 2006년까지 이 분야에서 내가
경험한 것을 소개하려 하는데, 이 기간은 대체로 현대적인 뇌 영상 기
술을 지능 연구에 적용한 초창기 세대에 해당한다고 할 수 있다. 구체
적으로는 1988년에 발표된 지능 관련 최초의 PET 연구부터 2007년에
발표된 관련 문헌의 검토 논문까지다. 이때 수행된 도합 37개 연구는
우리가 전혀 예상하지 못했던 몇 가지 결과를 보고했는데, 이는 지능
탐구와 관련한 뇌 영상 연구의 방향을 새롭게 설정하는 데 커다란 기여
를 했다. 이번 장은 나 자신의 연구를 포함해서 그런 초기 연구들이 어
떻게 전개되었는지 보여주기 위해 대체로 논문의 출판 순서에 맞추어
기술한다. 아마도 이런 관점은 특히 연구자가 자신의 연구 결과에서 어
떻게 새로운 질문을 이끌어낼지 궁금해하는 학생들에게 유용할 것이다.
또한 이번 장에서는 중요한 영상 촬영 기술이 어떻게 작동하는지 기본
적인 설명도 제시한다. 지능 관련 전 세계적 뇌 영상 연구의 후속 상황
과 좀더 정교한 2단계 연구에 대해서는 4장에서 살펴볼 예정이다. 뇌
영상 기술은 주로 (1장에서 설명한) 심리 측정 방법부터 시작해 뇌의 특성
을 정량화할 수 있는 신경과학적 접근법에 이르기까지 지능 연구 발전

에 크게 기여했다. 뇌 영상 연구는 이 분야에서 핵심적인 발전이므로 두 챕터에 걸쳐 이에 대해 설명하고자 한다.

2장에서 설명한 지능 관련 초기 정량적 유전 연구는 지능에 생물학적 요소가 있다는 근거를 제공했는데, 여기에 더해 강력하고 새로운 신경 영상 기술이 등장하면서 신경과학 연구의 토대가 마련되었다. 1980년대 초 신경 영상 기술을 도입하기 이전까지는 실험실에서 일하는 연구자들에게 구체적인 뇌 연구 방법론이 거의 없었다. 기껏해야 피험자의 혈액, 소변, 척수액에 들어 있는 뇌 화학 부산물을 채취해서 분석하는 정도의 간접적 측정에 의존하는 게 고작이었다. 뇌전도 검사(Electroencephalogram, EEG)와 유발 전위 검사(Evoked Potential, EP)를 통해 밀리초 단위로 두뇌 활동을 측정할 수 있었지만, 두피에서 측정되는 전기 신호의 왜곡과 낮은 공간 해상도 등의 기술적 문제로 인해 데이터의 범위와 그 해석이 크게 제한적이었다. 오늘날 이런 뇌파 측정 기술은 더욱 정교해졌으며, 여기에는 두뇌 피질에서의 활동을 매핑하는 방법도 포함된다(Euler et al., 2017; Euler & Schubert, 2021; Euler et al., 2015)(4장 참조). 뇌 손상 환자를 대상으로 수행한 연구와 부검을 통한 연구에서 얻은 추론도 마찬가지로 뇌와 지능의 관계를 파악하는 데 제한적인 성공만 거둘 수 있었다. 예를 들어, 뇌 손상 환자를 대상으로 수행한 일부 연구에서는 전두엽이 지능을 관장한다는 결론이 일찌감치 내려졌지만(Duncan et al., 1995), 최근의 병변 연구에 따르면 이는 지나치게 단순한 결론이라는 것이 연구자들의 주된 입장이다(4장 참조).

3.1 최초의 PET 연구 결과들

1980년대 초 양전자 방출 단층 촬영(Positron Emission Tomography, PET)이 등장하면서 지능 연구의 판도가 완전히 바뀌었다. 이번 장 뒷부분에서 설명할 MRI가 널리 보급되기 약 20년 전에 나타난 PET 기술은 연구자들이 살아 있는 사람의 뇌 내부를 관찰하면서 어떤 정신 활동이 진행될 때 뇌의 어느 영역이 더 많이, 또는 비교적 덜 활성화하는지를 상당한 고해상도로 살펴볼 수 있게 되었다. 이 기술은 컴퓨터 단층 촬영(Computed Axial Tomography, CAT)을 포함해 훨씬 이전부터 사용되던 X-선 기술과는 크게 달랐다. X-선 촬영술은 두개골 안쪽에 위치한 뇌 조직의 구조를 보여주지만, 두뇌 활동에 대해서는 침묵한다. CAT 영상은 사람이 깨어 있든, 잠들어 있든, 수학적 연산을 하고 있든, 죽어 있든 모두 똑같아 보인다. 뇌는 연조직(soft tissue)이기 때문에 X-선이 쉽게 통과하고, 따라서 두뇌 촬영 사진의 해상도가 크게 제한적이다. 이에 반해 PET는 포도당 대사를 통해, 혈류 측정 속도를 통해, 경우에 따라서는 신경전달물질 활동을 통해 두뇌 활동의 정량화가 가능하다. 이는 개념적으로 아주 간단한 방식이다. 어떤 인지 활동을 수행하는 동안 방사성 추적자(radioactive tracer)를 그 사람에게 주입하면, 작업 중 가장 활동적인 뇌 영역에서 가장 많은 추적자가 흡수된다. 이때 피험자에게 노출되는 방사선 양은 의료용으로 정해진 한도 이내다. 이후에 개발된 PET는 수학적 모델을 사용해 두뇌의 어떤 부분에서 어느 정도의 방사능이 축적되었는지를 3차원 영상으로 보여주었다.

예를 들어 설명해보자. 먼저 불소 18(fluorine[18]) 같은 양전자 방출 동위원소를 플루오로데옥시글루코스(fluorodeoxyglucose, FDG)라는 특수한 포도당에 부착한다. 본질적으로 설탕인 포도당은 두뇌의 에너지 공급원이므로 뇌의 어느 부위가 열심히 활동하면 할수록 해당 부위에 더 많은 방사성 포도당이 흡수되어 물질대사적으로 고정되고, 따라서 더 많은 양전자가 축적된다. 양전자는 자연적으로 어디에나 존재하는 전자와 충돌하는데, 이때마다 항상 180도 서로 다른 각도로 2개의 감마선이 방출된다. PET 스캐너는 이러한 감마선을 감지할 수 있는 감마선 검출기를 장착하고 있다. 감마선이 검출기에 도달하면, 스캐너는 방사성 동위원소가 소멸한 위치를 계산한다. 스캐너는 여러 방향에서 감마선을 감지하며, 이 데이터를 바탕으로 컴퓨터 영상 기술로 두뇌의 내부 이미지를 작성한다. 우리 뇌가 FDG 추적자를 흡수하는 데는 약 32분이 소요된다. 즉, 두뇌 활동은 32분 동안의 FDG 흡수량을 합산해서 결정해야 하기 때문에 FDG PET 스캔의 시간 분해능은 시간적으로 매우 길 수밖에 없다. 두뇌 활동이 초 단위로 어떻게 변화하는지 감지하기가 어렵다는 얘기다. 만약 포도당 대신 방사성 산소를 사용하면 PET에서도 분 단위 시간 분해능으로 혈류를 영상화할 수 있다. 이에 반해 MRI를 기반으로 하는 다른 영상 기술은 초 단위의 시간 해상도를 갖고 있으며, MEG(magneto-encephalogram, 뇌 자기 공명 영상 기술) 같은 최신 촬영 기법은 밀리초 단위로 두뇌 활동의 변화를 보여준다. PET에 비해 MRI와 MEG 기술은 주사를 맞거나 방사능에 노출되지 않는다는 점에서도 훨씬 비침습적인데, 이에 대해서는 이런 기술을 지능 연구에 적용하는 과정을 설명할 때 소개할 예정이다. 〔의료 및 생물학 분야에서 '침습적(invasive)'과 '비침습적(non-invasive)'이라는 용어는 절차나 방법이 인체에 어떤 영향을 미치는지를 설명하는 데 쓰인다. 침습적 절차는 인체의 피부나 장기를 물리적으로 관통하거나 내부에 도구를 삽입하는 과정을 포함해 수술, 주사, 내시경 검사, 혈액 채취 등을 포함한다.

비침습적 절차는 인체를 관통하거나 내부에 접근하지 않고 외부에서 수행하는 방법을 의미하며, 대표적으로 초음파, MRI, CT 스캔, 피부 표면의 전극을 이용한 검사(예: ECG) 등이 있다. 통증이나 합병증의 위험이 적고, 회복 시간도 필요하지 않은 경우가 많지만 침습적 절차보다 정확성이 떨어진다—옮긴이.]

PET의 장점은 추적자 주사 후 주기적으로 혈액 내 방사능 붕괴도를 측정해 포도당 대사 속도를 계산할 수 있다는 것이다. PET 기술은 피험자가 인지 과제를 푸는 동안, 두뇌에서 이뤄지는 포도당 대사율(glucose metabolic rate, GMR)의 정량적 지도를 그려낼 수 있다. 불소 18의 물리학은 방사성 포도당의 반감기를 110분으로 정하고 있기 때문에 PET 연구에 요구되는 단계가 매우 복잡하고 소요 비용 역시 만만치 않다. 이 단계에는 먼저 사이클로트론(cyclotron)에서 불소 18을 제조하고, 근처의 방사능 실험실(hot lab)에서 그것을 포도당에 부착시킨 후 피실험자가 약 32분 동안 인지 작업을 수행하는 도중 그것을 주입한다. PET는 이후 45~60분 동안 피험자를 스캔하면서 감마선을 검출하는데, 포도당이 대사적으로 고정되어 있으므로 작업 완료 후에도 스캔이 이루어지며, 그렇게 얻은 이미지 자체는 인지 작업에서 요구된 포도당 흡수의 정도를 보여준다. 작업이 복잡한 만큼 그 비용도 어마어마해서 보통 1회 측정당 약 2500달러가 소요된다. 혈류의 흐름과 일부 신경전달물질의 활동을 보여주는 추적자를 생성하는 데 사용 가능한 다른 동위원소도 있다. PET는 뇌 전체를 아주 얇은 절편으로 분할해서 촬영한다. 그런 절편을 모아 컴퓨터 화면에서 3차원 뇌 지도로 구성하는 것이다. 이 영상의 색상 코딩은 포도당 대사 비율을 강약으로 표시한다. 같은 사람이라 해도 그가 깨어 있는지, 수면 상태인지, 또는 1장에서 설명했던 추상적 추론에 대한 RAPM 검사 문제 풀이와 같은 인지적 작업을 수행하는지에 따라서 PET 이미지가 다르게 나타난다.

나는 1980년대 초 미국 국립보건원(National Institute of Health, NIH) 산하 국립정신보건원(National Institute of Mental Health, NIMH)의 한 내부 연구 프로그램에 소속되어 일할 때 PET에 대해 처음 알았다. 그리고 PET를 보자마자 지능 연구에 적용했을 때의 잠재력을 알아챘다. 하지만 NIMH가 최초의 PET 스캐너 중 하나를 납품받기 이전에 나는 브라운 대학교로 자리를 옮겨 두뇌 활동에 대한 초보적인 EEG/EP 매핑 작업을 수행했다. (이 작업을 하면서 나는 당시 최초로 시판된 개인용 컴퓨터 APPLE II Plus를 사용했는데, 지금 생각해도 그 일이 아주 자랑스럽다.) 여기에서 얻은 결과는 레이븐 지능 검사와 관련이 있다(Haier et al., 1983). 그러다가 NIMH 근무 당시 동료였던 몬테 부흐스바움(Monte Buchsbaum)이 캘리포니아 대학교 어바인 캠퍼스(UCI)로 자리를 옮기면서 그의 연구실에 새로이 PET 스캐너가 도입되자 나는 지체 없이 캘리포니아로 이주했다. 1980년대 초, 최초의 PET 연구는 대부분 정신분열증을 비롯한 각종 정신 질환에 관한 것이었다. 심리학적 연구를 위한 PET 적용은 그 자체가 아주 드문 시절이었다. 1987년에 내가 수행한 첫 번째 연구 프로젝트는 성공적인 비용 조달 활동에 대한 보상으로 겨우 여덟 번의 PET 무료 사용을 허가했다. (당시에는 PET를 이용해서 연구를 할 수 있다는 것 자체가 비용 문제를 비롯해 엄청난 정치적 도전이었다. 수천 건의 뇌 영상이 담긴 데이터베이스를 공개할 수 있다는 생각 역시 상상하기 힘든 먼 미래의 일이었다.) 나는 이 여덟 번의 PET 사용 기회를 통해서 해결할 수 있는 간단한 질문을 생각해냈다. 도대체 우리 뇌의 어느 부분에 지능이라는 것이 도사리고 있을까?

1988년 우리는 지능에 대한 최초의 PET 연구 논문을 발표했다(Haier et al., 1988). 우리는 8명의 남성 지원자에게 36개 항목의 RAPM 검사를 치르게 했다. 여러분은 2장에서 내가 RAPM 검사는 추상적 추론을 강조하는 비언어적 테스트이며, g-인자에 대한 단일 추정치를 찾는 데 가장 유용한 검사라고 말했던 것을 기억할 것이다. 이 검사에서 우리는 기존의 RAPM 검사지가 제한된 범위에서만 문제를 출제해 변이의 폭이 그리 크지 않다는 점을 극복하기 위해 충분히 어려운 문제를 보강해서 검사지를 작성했다. 12개 항목으로 이뤄진 연습 문제지의 답안 작성을 완료한 각 참가자들이 본 검사의 문제 36개 항목을 푸는 동안 연구자는 가장 열심히 활동하는 그들의 뇌 부위에 방사성 포도당을 주입했다. 32분 동안 문항을 풀고 난 후, 우리는 그들을 PET 스캐너로 옮겨 문제 해결이 필요 없는 간단한 주의력 테스트를 하는 다른 대조군들과 비교해 뇌의 어느 부위에서 활동이 증가했는지 확인했다.

일반적인 분석을 통해 RAPM을 수행한 그룹과 주의력 과제를 수행한 그룹 간의 포도당 대사율을 비교한 결과는 뇌 피질 전반의 여러 영역에서 통계적으로 유의미한 차이를 보여주었다. 우리는 여기서 한 걸음 더 나아가 일반적인 분석은 아니지만 개인적 차이라는 관점에서 논리적인 분석을 수행했다. RAPM 점수가 넓은 범위의 차이를 나타내는 경향이 있기 때문에 피험자들을 여러 RAPM 점수 그룹으로 나누어 두 뇌 여러 영역의 포도당 대사율에서 어떤 상관관계를 나타내는지 분석한 것이다. 그러자 RAPM 점수와 포도당 흡수율 사이에 유의미한 상관관계가 발견되었는데, 놀랍게도 모든 상관관계가 음의 값을 나타냈다. 다시 말해, RAPM 점수가 가장 높은 그룹은 대부분 뇌 영역에서 포도당 흡수율이 가장 낮았다. 이런 반비례 관계는 그림 3.1에서 찾아볼 수 있다.

오른쪽과 왼쪽의 두 사진은 RAPM 검사를 받은 각기 다른 사람의 뇌

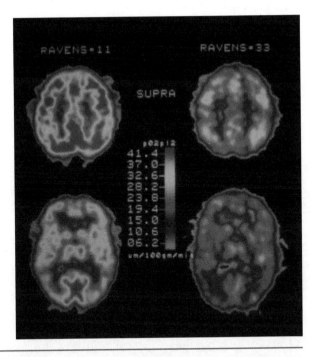

그림 3.1 RAPM 검사 도중 PET로 평가한 두뇌 활동 상황. 빨간색과 노란색은 포도당 대
사율, 즉 GMR 단위로 가장 큰 활동성을 나타낸다. RAPM 점수가 가장 높은 사람(오른쪽
사진)은 검사 동안 두뇌 활동이 아주 낮게 나타났는데, 이는 지능 관련 두뇌 효율성과 일치
하는 현상이다(리처드 하이어 제공).
*이 그림의 흑백 버전은 일부 형태를 표시한다. 컬러 버전은 간지의 별도 사진 참조.

영상 사진이다. 이 사진들은 뇌의 상단과 중앙을 가로지르는 수평(축 방
향) 절편을 보여준다. (그래서 위 사진의 뇌 부위가 아래 사진에서보다 더 작게 나
타나 있다―옮긴이.) 모든 사진에서 포도당 대사율이 정도에 따라 동일한
색깔로 표시되어 있다. 붉은색과 노란색은 가장 높은 포도당 흡수율을,
파란색과 검은색은 가장 낮은 흡수율을 나타낸다. 그림 3.1에서는 왼쪽
사람이 오른쪽 사람보다 두 사진 모두에서 훨씬 더 많은 포도당 흡수율
을 보였다. 그런데 왼쪽 사람의 RAPM 검사는 11점으로 가장 낮았고,

이에 반해 오른쪽 사람은 33점으로 가장 높았다. 두뇌의 포도당 대사율이 가장 낮은 사람의 지능이 가장 좋았던 것이다. 당시에는 아무도 그런 결과를 예상하지 못했기 때문에 심지어 역설적으로 보이기까지 했다. 두뇌 활동이 높을수록 그 수행 능력은 떨어진다? 이것은 과연 무엇을 의미할까?

3.2 두뇌의 효율성

당시 이 반직관적인 결과는 우리 두뇌가 얼마나 열심히 일하느냐가 아니라 얼마나 효율적으로 일하느냐가 사람을 똑똑하게 만든다는 사실을 시사했다. 그래서 우리는 이 결과에 바탕을 두고 지능이 높을수록 두뇌 활동을 **덜 필요로 한다**는 지능의 두뇌 효율성 가설을 제안했다. 거의 같은 시기에 또 다른 연구팀은 여러 피질 영역의 GMR 값과 언어 유창성 검사 점수 사이에 역상관관계가 나타났다고 보고했다(Parks et al., 1988). 언어 유창성은 높은 g-부하를 가진다고 잘 알려져 있다. 연구팀은 16명의 피험자를 대상으로 언어 유창성 검사를 시행하면서 동시에 PET 촬영을 했다. 아무런 짓도 하지 않고 단지 휴식 상태에 있는 대조군 35명의 DMR 값과 비교했을 때 이들의 GMR가 높게 나타났다. GMR와 언어 유창성 점수 사이의 상관관계는 전두엽, 측두엽 그리고 두정엽 영역에서 음의 관계로 나타났다. 마찬가지로 세 번째 연구팀(Boivin et al., 1992)에서도 33명의 성인을 대상으로 언어 유창성 검사를 실시했다. 이들은 대뇌 피질 전반에서 검사 점수와 GMR 사이에 양의 상관관계와 음의 상관관계를 보이는 부위들을 발견했다. 음의 상관관계는 주로 전두엽 영역(왼쪽과 오른쪽 모두)에서, 양의 상관관계는 측두엽 영역, 특히 좌반구에서 나타났다. 연구 참여자의 연령대는 21~71세까지 다양했으며 남성과 여성을 합쳐서 분석했는데, 나이와 IQ의 영향을 제거해도 통계적으로 결과에 별다른 영향을 미치지는 않았다. (성별에 따른 분석은 보고되지 않았다.) 오늘날의 이미지 분석 표준에 따른다면, 이 모든 연구는 피질 영역을 정의하는 데 초보적인 방법을 사용했다는 점에 유의해야 한다. 그럼에도 인지 활성화 과정에서 발견된 음의 상관관계는 연구자들이 전혀 예상하지 못한 결과였고, 따라서 당시의 많은 인지심리학자는 이런 결과에 상당한 의구심을 내비쳤다.

이 놀라운 발견 이후 많은 연구자가 두뇌 효율성과 지능에 정확히 어떤 관련성이 있는지 이해하려고 노력을 기울였다. 4장에서는 두뇌 효율성이라는 개념이 여전히 유효하다는 것을 보여주는 최근의 연구 결과들을 자세히 살펴볼 것이다. 그런데 1988년 당시 우리는 지능의 핵심 구성 요소인 학습력이 어떻게 두뇌 효율성을 높일 수 있는지에 대해 먼저 생각하기 시작했다. 한 가지 예를 들어보자. 자동차 운전은 일단 배운 후에는 두뇌 효율성이 높아져 교통 체증 속에서도 운전을 하면서 동시에 조수석의 사람과 대화를 나누는 게 가능하다. 하지만 처음 운전을 배울 때에는 텅 빈 넓은 주차장에서 오직 전진만 하는 데도 불구하고 운전에만 온정신을 집중한 경험이 있지 않은가?

그래서 우리는 당시 막 출시되어 지금은 가장 인기 있는 컴퓨터 게임 중 하나가 된 테트리스를 이용해 학습에 대한 PET 연구를 하기로 결정했다. 우리는 8명의 지원자를 대상으로 50일 동안 테트리스 오리지널 버전으로 연습하기 전과 후에 각각 PET 스캔을 실시했다(Haier et al., 1992a). 1990년대 초에는 아직 가정에 컴퓨터를 보유한 사람이 거의 없었기 때문에 모두 대학생 남성이던 지원자들은 내 사무실 컴퓨터를 사용해 테트리스 연습을 했다. PET에 대한 접근 역시 매우 제한적이었기 때문에 복잡한 과제를 학습한 이후의 뇌 변화 데이터 수집에도 한계가 있었다. 그 당시 우리의 자연스러운 기대는 복잡한 작업을 학습한 후에는 더 높은 수준의 작업을 수행하는 데 필요한 더 힘든 정신적 노력을 반영해 두뇌 활동이 증가할 것이라는 예상이었다. 하지만 앞에서의 RAPM 연구 결과와 효율성에 대한 해석을 바탕으로, 더 나은 수행 방법을 학습한 후에는 두뇌 활동이 감소할 것이라는 반대 가설 또한 수립했다.

테트리스를 모르는 분들을 위해 오리지널 버전의 작동 방식을 간단히 소개한다. 4개의 동일한 사각형을 배열해 만든 다섯 가지 각기 다른 형태의 물체가 화면 상단에서 하나씩 나타나 천천히 아래로 떨어진다. 게임을 하는 사람은 키보드의 버튼을 눌러서 도형을 오른쪽·왼쪽으로 이동하거나, 회전하거나, 바로 떨어뜨릴 수 있다. 이 게임의 목표는 각 도형을 화면 하단에 간격 없이 완벽한 줄을 이루도록 배치하는 것이다. 그렇게 행을 완성하면 해당 행은 사라지고 그 위의 미완성 행이 내려와 그 빈자리를 채운다. 위에서 내려오는 물체는 계속 떨어지는데, 만약 완성된 행이 사라지는 속도보다 떨어지는 물체의 속도가 더 빠르면 결국은 화면이 온통 미완의 행으로 다 채워져 게임이 종료된다. 결국 이 게임의 목표는 종료되기 전에 가능한 한 많은 행을 완성하는 것이다. 게임자가 더 많은 행을 더 빨리 완성할수록 물체의 떨어지는 속도가 더 빨라지도록 세팅되어 있어 연습을 하면 할수록 게임은 점점 더 어려워진다. 규칙은 매우 간단하지만 시각적 공간 인식 능력, 미리 계획하는 능력, 주의력, 운동 조정 능력, 빠른 반응 속도 등 복잡한 인지를 요구

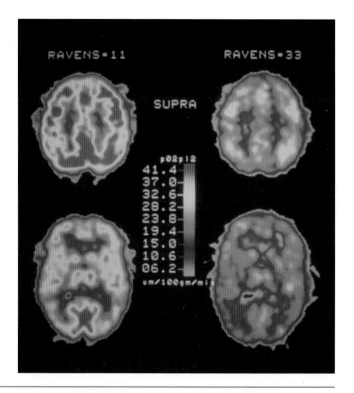

그림 3.1 RAPM 검사 도중 PET로 평가한 두뇌 활동 상황. 빨간색과 노란색은 포도당 대사율, 즉 GMR 단위로 가장 큰 활동성을 나타낸다. RAPM 점수가 가장 높은 사람(오른쪽 사진)은 검사 동안 두뇌 활동이 아주 낮게 나타났는데, 이는 지능 관련 두뇌 효율성과 일치하는 현상이다(리처드 하이어 제공).

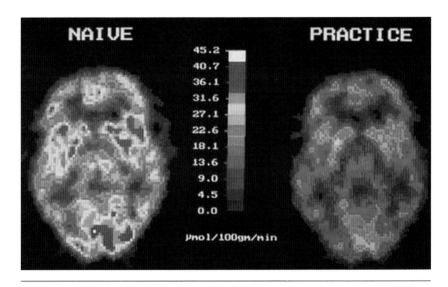

그림 3.2　테트리스 게임에 초짜인 사람과 숙달된 사람의 PET 영상 비교. 빨간색과 노란색은 GMR 단위로 가장 큰 활동 부위를 나타낸다. 두뇌 활동은 연습할수록 GMR가 감소하며, 이는 뇌의 효율성이 그만큼 높아졌다는 것을 의미한다(리처드 하이어 제공).

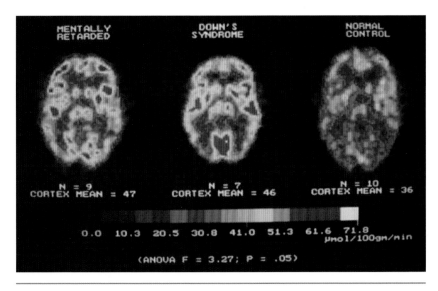

그림 3.3　평균적인 IQ를 가진 대조군보다 더 높은 두뇌 활동을 보이는 낮은 IQ를 가진 두 사람의 PET 이미지. 빨간색과 노란색은 GMR 단위로 가장 높은 활동을 나타낸다(리처드 하이어 제공).

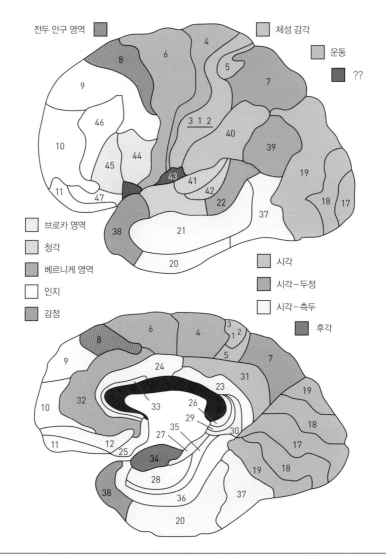

전두 안구 영역

체성 감각

운동

??

브로카 영역

청각

베르니케 영역

인지

감정

시각

시각-두정

시각-측두

후각

그림 3.6 BA는 뉴런 조직에 대한 초기 부검 연구에 기반해 두뇌의 각 영역을 구별하는 표준적인 방식이다(퍼블릭 도메인).

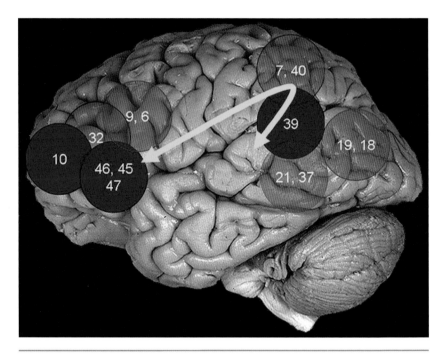

그림 3.7   지능과 관련 있는 뇌 영역을 보여주는 PFIT(렉스 융 제공).

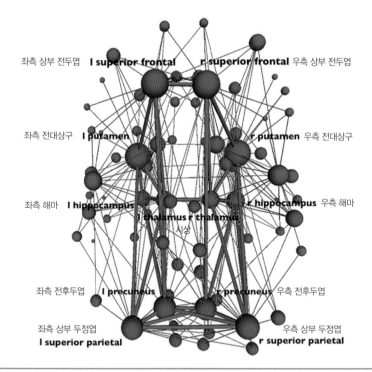

그림 4.1 그래프 분석으로 파악한 뇌 연결망. 빨간색 노드는 연결성이 강한 뇌 영역을 나타낸다. (노드가 클수록 더 많은 연결을 갖는다.) 에지라고 부르는 푸른색 선은 영역 간의 연결 강도를 나타낸다. (선이 굵을수록 연결성이 강하고, 진한 파란색 선은 다른 뇌 영역과의 리치 클럽 연결이 풍부한 것을 말한다.) 이 그림은 판 텐 호이펠과 올라프 슈포른스(van den Heuvel & Olaf Sporns, 2011)의 허락을 받아 조금 수정한 것이다.

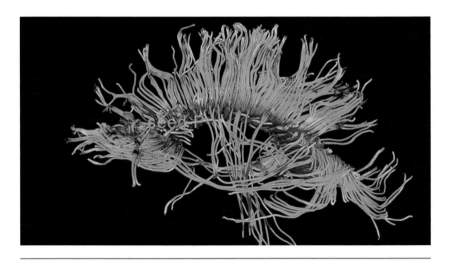

그림 4.2 DTI 스캔으로 얻은 뇌 전체의 백질 섬유 분포도. '출발점'은 한 지점에서 다른 영역으로의
연결을 결정하기 위해 선택된 지점을 의미한다(렉스 융 제공).

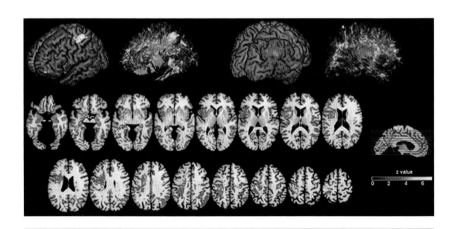

그림 4.3 3D 렌더링(rendering)은 병변 위치와 g-인자 사이에 통계적으로 유의미한 관계(빨간색/노
란색)가 있는 피질 및 피질하 영역을 보여준다(맨 윗줄). 아래 두 행의 사진은 좀더 자세한 검사를 위
해 축 방향(가로) 영상 슬라이스를 보여준다. 허락을 받아 인용(Glascher et al., 2010: 4707, 그림 2).

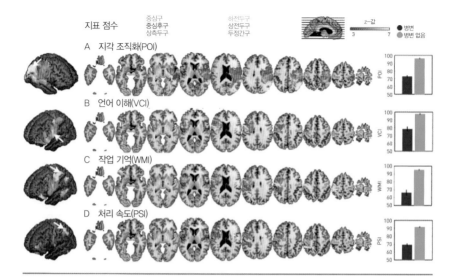

그림 4.4   지적 능력의 네 가지 지표에 대한 병변 위치의 효과. 각 행마다 (A) 지각 조직, (B) 언어 이해, (C) 작업 기억, (D) 처리 속도에 문제가 있을 때 두뇌의 병변 위치를 보여준다. 빨간색/노란색은 각 검사 점수에 크게 영향을 미치는 병변의 부위를 나타낸다. 오른쪽 그래프는 최대 효과 영역(3D 투영의 흰색 화살표)에서 병변이 있는 환자와 없는 환자 사이의 각 지표 점수에 대한 평균 차이를 보여준다. 허락을 받아 인용(Glascher et al., 2009: 684, 그림 2).

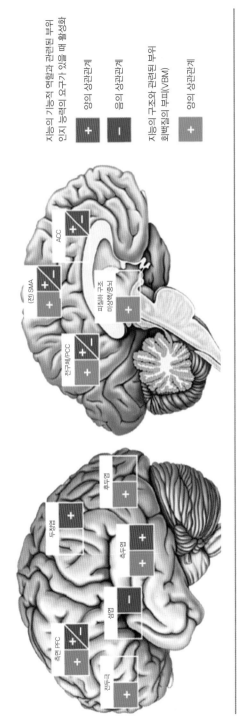

그림 4.5 2015년 리뷰에서 제시된, 지능과 관련이 있는 것으로 밝혀진 뇌 영역 지도. 왼쪽은 측면을, 오른쪽은 내측을 보여준다. ACC=전방 대상피질(anterior cingulate cortex), PCC=후방 대상피질(posterior cingulate cortex), PFC=전전두엽 피질(perfrontal cortex), SMA=보조 운동 영역(supplementary motor area), VBM=복셀 기반 형태 측정(voxel-based morphometry). 허락을 받아 인용(Basten et al., 2015).

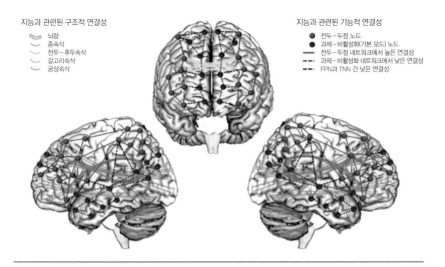

지능과 관련된 구조적 연결성
- 뇌량
- 종속식
- 전두–후두속식
- 갈고리속식
- 궁상속식

지능과 관련된 기능적 연결성
- 전두–두정 노드
- 과제–비활성화(기본 모드) 노드
- 전두–두정 네트워크에서 높은 연결성
- 과제–비활성화 네트워크에서 낮은 연결성
- FPN과 TNN 간 낮은 연결성

그림 4.6 네트워크 신경과학적 관점에서 본 지능의 뇌 기반. 허락을 받아 인용(Hilger and Sporns, 2021).

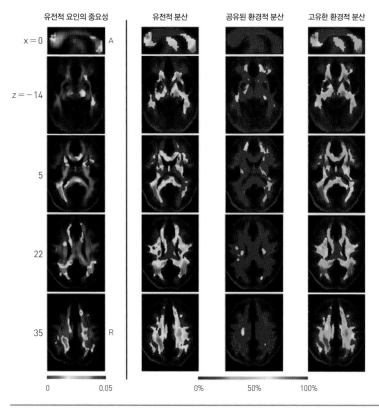

유전적 요인의 중요성　　유전적 분산　　공유된 환경적 분산　　고유한 환경적 분산

x = 0　　　　　　　A

z = −14

5

22

35　　　　　　　R

0　　　　0.05　　　　0%　　50%　　100%

그림 4.8　백질 무결성에 대한 유전적 및 환경적 영향을 나타내는 지도(FA로 측정). 각 행은 서로 다른 축 방향의 뇌를 보여준다(가로 슬라이스). 빨간색/노란색은 가장 강력한 결과를 나타낸다. 왼쪽 열은 유전적 영향의 유의성을 보여준다. 다른 열은 각각 유전적 환경, 공유 환경, 비공유 환경에 대한 FA 측정의 강도를 보여준다. 허락을 받아 인용(Chiang et al., 2009: 그림 4).

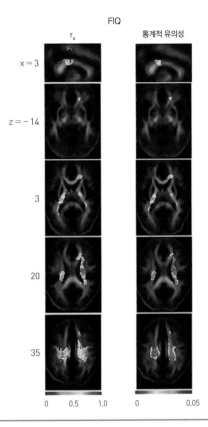

그림 4.9 그림 4.8에 표시된 영역의 교차 특성 분석에 기반한 FA와 FSIQ(왼쪽 열)의 공통된 유전적 요인의 중첩. 오른쪽 열은 통계적 유의성을 보여준다. 각 행은 서로 다른 축 방향(가로 슬라이스)의 뇌 슬라이스를 보여준다. 허락을 받아 인용(Chiang et al., 2009: 그림 7).

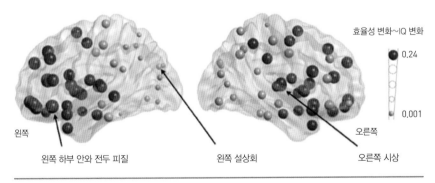

그림 4.10 3년간의 IQ 점수 변화와 FA로 측정한 국소 두뇌 효율성 변화 간의 상관관계. 가장 큰 보라색 영역이 가장 강력한 IQ/효율성 변화 상관관계를 보여준다. 허락을 받아 인용(Koenis et al., 201 5).

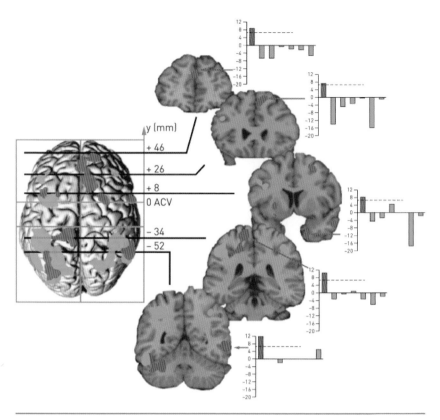

그림 6.1 복잡한 암산을 수행하는 기억력 챔피언의 PET 스캔을 비전문가 대조군 6명과 비교한 결과. 전문가에게서만 활성화한 뇌 영역은 녹색으로 표시하고, 전문가와 비전문가 모두에게서 활성화한 영역은 빨간색으로 표시했다. 막대그래프는 각 사람에 대한 각 영역의 활성화 정도를 보여준다. (빨간색 막대가 전문가다.) 허락을 받아 인용(Pesenti et al., 2001).

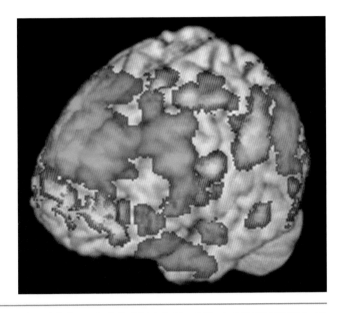

그림 6.2 즉흥 연주 중 재즈 피아니스트의 뇌 활성화(빨간색/노란색) 및 비활성화(파란색/녹색) (Limb & Braun, 2008. 오픈 액세스에서 각색).

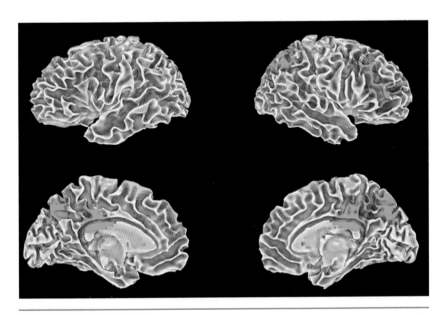

그림 6.3 즉흥적인 상황과 일반적인 상황에서 래퍼의 fMRI 비교. 노란색은 즉흥 연주 중 fMRI 혈류 의 현저한 증가를, 파란색은 현저한 감소를 나타낸다. 위쪽 줄은 피질 표면, 아래쪽 줄은 내측(안쪽) 표면을 보여준다(Liu et al., 2012. 오픈 액세스에서 인용).

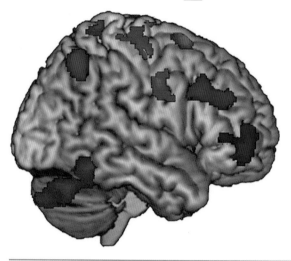

활동성 감소

연결성 증가

그림 6.4 다양한 수준의 즉흥 연주 경험을 한 피아니스트의 fMRI. 훈련량이 많을수록 창의적인 표현을 하는 동안 두뇌 활동은 감소하며(파란색), 다른 영역들 사이의 기능적 연결성은 증가하는 경향성을 보였다(빨간색)〔Pinho et al. (2014: 그림 3)의 허락을 받아 인용. 무료 액세스〕.

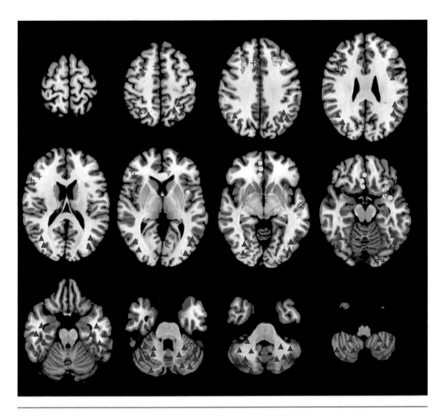

그림 6.5 일곱 가지 MRI 연구의 다양한 창의성 결과. 각 색상의 기호는 다른 연구에서 창의성과 관련해 활성화된 뇌 영역을 나타낸다. 각 연구 사이에 영역이 겹치는 부분은 거의 없다〔Arden et al.(2010: 그림 1)의 허락을 받아 인용〕.

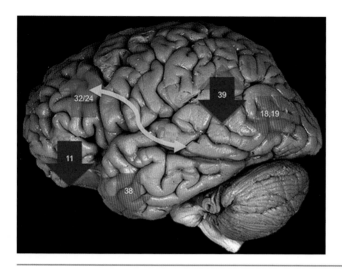

그림 6.6 창의성의 F-DIM. 숫자는 두뇌 활동 증가(위쪽 화살표) 또는 감소(아래쪽 화살표)와 관련 있는 BA를 나타낸다. 파란색은 좌측, 녹색은 내측, 보라색은 양측, 노란색 화살표는 전방 시상 방사선 백질 관로다. 허락을 받아 인용(Jung & Haier, 2013).

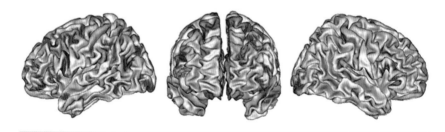

그림 6.7 창의성에 관한 34개의 기능적 영상 연구 요약 결과. 공통적으로 활성화하는 뇌 영역은 창 의성과 관련한 분산된 네트워크를 보여준다(Gonen-Yaacovi et al., 2013: 그림 1, 오픈 액세스에서 발췌).

하는 게임이 바로 테트리스라고 할 수 있다.

게임을 이해했는지 확인하기 위한 10분의 연습 시간을 제외하고 테트리스 게임을 처음 즐긴 첫날, 학생들은 첫 번째 PET 스캔에서 방사성 포도당이 두뇌에 주입되는 동안 게임당 평균 10행을 완성할 수 있었다. 50일간의 연습 기간이 지난 후 두 번째 PET 스캔 때에는 게임당 100행 정도까지 그 속도가 증가했다. 일부 게임자들이 그토록 빨리 결정을 내리고 실행할 수 있다고는 믿기지 않을 정도로 훌륭한 실력을 보여준 것이다.

그림 3.2는 바로 이 두 번의 PET 스캔으로 무엇을 발견할 수 있었는지 보여준다. 왼쪽 영상은 테트리스 게임자 한 사람의 최초 PET 영상이다. 빨간색으로 표시한 부분이 바로 두뇌 활동이 높은 부위라는 점에 유의하라. 오른쪽 그림은 똑같은 사람이 50일 동안 연습한 후의 PET 영상이다. 게임이 더 빠르게 진행되고 이에 대처하느라 게임자가 더 많은 신경을 써야만 했음에도 불구하고 연습 후에는 두뇌 활동이 감소한 것을 알 수 있다. 이에 대한 우리 해석은 두뇌가 **사용하지 말아야 할** 영역을 배우고, 연습을 통해 더 효율적이 되었다는 것이다. 또한 우리는 이 연구에서 지능 검사 점수가 가장 높은 사람들이 일정한 연습을 거친 후에는 두뇌 활동이 가장 크게 감소하는 경향이 있다는 것을 발견했다 (Haier et al., 1992b). 다시 말해, 가장 똑똑한 사람이 연습을 거친 후 가장 높은 두뇌 효율성을 보여준 것이다. 다른 후속 연구에서는 이런 관찰과는 다소 동떨어진 결과가 나타나기도 했다. 바로 이 같은 사정으로 인해 증거의 무게에 대한 배심원단의 최종 결정은 아직 내려지지 못했다. 그러나 다른 많은 후속 연구의 결과는 우리의 두뇌 효율성 가설과 일치했다. 즉, 학습 후 두뇌 활동의 감소가 재현되었다. 다른 연구에서는 이

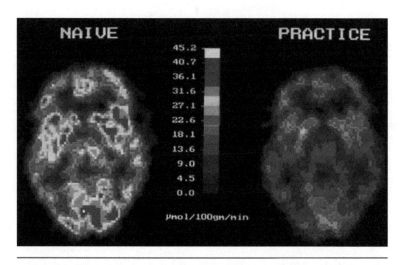

그림 3.2 테트리스 게임에 초짜인 사람과 숙달된 사람의 PET 영상 비교. 빨간색과 노란색은 GMR 단위로 가장 큰 활동 부위를 나타낸다. 두뇌 활동은 연습할수록 GMR가 감소하며, 이는 뇌의 효율성이 그만큼 높아졌다는 것을 의미한다(리처드 하이어 제공).
*이 그림의 흑백 버전은 일부 형태를 표시한다. 컬러 버전은 간지의 별도 사진 참조.

러한 효과가 나타나지 않았기 때문에 학습/두뇌 활동과 관련된 조건과 변수는 여전히 미해결 과제로 남아 있다. 개인차라는 관점에서 본다면 중요한 변수는 과제보다 사람 내부에 존재하는 것일 수도 있다.

그 당시 나는 지능에 미치는 영향을 연구하기 위한 뇌 영상 프로그램에 자금을 마련하려고 기회만 있으면 연방 정부에 보조금을 신청했다. 2장에서 설명했듯이 생물학적 관점에서 지능 연구는 일정 부분 사람들의 의구심을 떨쳐버릴 수 없었으며, 따라서 대부분의 경우 연구 자금 조달이 그리 쉽지 않았다. 그래서 나는 연구 주제를 조금 바꾸기로 결정했는데, 보통은 낮은 IQ와 관련된 유전 질환으로 알려져 있는 다운증후군(Down's Syndrome)을 연구하면 보조금을 받을 수도 있겠다는 데 생각이 미쳤다. 이들은 본질적으로 사람들의 관심을 더 많이 끌 수 있으며 연구에 필요한 정상 대조군에 대해서도 마찬가지일 터였다. 연방 지원 기관들은 질병과 증상 관련 항목에 더 많은 관심을 갖는 것이 보통이다. ('멍청함'은 아직 국립보건원에서 인정하는 질병의 범주에 속하지 않기 때문에 이를 연구 대상으로 삼는 국립 기관은 없다.) 바로 이런 이유로 연구비 신청서에서 IQ에 대한 언급은 여전히 거의 없는 실정이다. 요즈음에는 인지 훈련을 통해서 불우한 아동들의 IQ를 높이려는 프로젝트의 경우 다소 예외가 있기는 해도 그런 경향은 거의 변하지 않고 있다. 이런 점에 대해서는 5장에서 자세히 설명할 것이다.

당시 우리는 IQ가 낮은 사람들은 어쩌면 효율이 낮은 두뇌를 가졌기 때문이 아닐까 궁금해하곤 했다. 그렇게 두뇌 효율이 낮은 이유는 필경 5세 무렵부터 시작하는 신경 가지치기(neural pruning)의 실패 때문이라고 할 수 있는데, 이는 과도하거나 불필요하게 진행되는 시냅스 발달을 초래하기 쉽다. 그래서 우리는 다운증후군을 앓고 있는 IQ 50~75의 사람들과 유전적 또는 뇌 손상 등의 뚜렷한 이유 없이 IQ가 낮은, 다운증후군이 없는 대조군의 PET 영상을 비교하는 데 관심을 가졌다. 이런 관심은 평균 범위의 IQ를 가진 다른 대조군에 대해서도 마찬가지였다 (Haier et al., 1995).

당시 대부분의 연구자는 IQ가 낮은 사람, 특히 다운증후군 같은 뇌 이상이 있는 사람들의 뇌는 PET 촬영에서 낮은 활동성을 보일 것으로 예측했다. 왜냐하면 그렇게 IQ가 낮은 원인이 바로 일종의 뇌 손상에서 기인한다고 생각했기 때문이다. 그런데 신경 가지치기의 실패는 다운증후군에서 시냅스 밀도가 더 높게 나타났던 초기 연구 결과와 일관성을 보였다(Chugani et al., 1987; Huttenlocher, 1975). 이런 효율성 가설과 신경 가지치기의 부족 가능성에 근거해, 우리는 지능 낮은 그룹에서 더

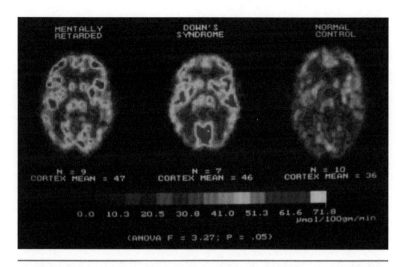

그림 3.3 평균적인 IQ를 가진 대조군보다 더 높은 두뇌 활동을 보이는 낮은 IQ를 가진 두 사람의 PET 이미지. 빨간색과 노란색은 GMR 단위로 가장 높은 활동을 나타낸다(리처드 하이어 제공).

*이 그림의 흑백 버전은 일부 형태를 표시한다. 컬러 버전은 간지의 별도 사진 참조.

높은 두뇌 활동을 찾아볼 수도 있다는 가능성을 열어두었다.

그림 3.3은 우리가 PET 촬영에서 발견한 사실을 그대로 보여준다. 왼쪽의 두 PET 영상은 낮은 IQ 그룹의 것으로 오른쪽의 정상 대조군과 비교할 때 뇌 전체에 걸쳐 더 많은 활동이 진행되고 있음을 알 수 있다. (빨간색과 노란색 부분이 크게 나타났다.) 우리는 이것이 효율성 가설에 대한 더 좋은 증거라고 생각했지만, 가능한 뇌 손상을 보상하기 위해 그렇게 두뇌 활동이 더 활발해질 수도 있다는 다른 해석의 가능성도 인정했다(Haier et al., 1995).

3.3 모든 뇌가 다 같은 방식으로 작동하는 것은 아니다

그 무렵 나는 연구비로 PET 촬영 비용을 지불할 때마다 한 번의 무료 촬영을 할 수 있도록 하는 협상에 성공해 효율성 가설에서 한 걸음 더 나아간 연구를 착수하는 게 가능해졌다. 여러분은 1장에서 내가 1970년대에 줄리언 스탠리 교수가 시작한, 수학 영재들에 대한 존스 홉킨스 연구 이야기를 꺼냈던 걸 기억할 것이다. 초창기 영재 탐색자들은 SAT-수학 점수가 높은 여학생보다 그런 남학생이 훨씬 더 많다는 사실을 이미 잘 알고 있었다. 바로 그 점에 착안한 나는 1995년, 수학적 추론 문제를 풀 때 남학생과 여학생이 같은 뇌 영역에서 동일한 두뇌 효율성을 보이는지 확인하기 위해 PET를 사용하기로 결정했다. 수학적 추론은 g-인자보다 더 특별한 지적 능력이기 때문에 이를 확인한다면 효율성 가설의 범위를 더 확장할 수 있다고 생각했기 때문이다. 나는 스탠리 교수와 함께 일한 또 다른 존스 홉킨스 대학원생 카밀라 벤보 교수와 함께 이 프로젝트에 착수했다.

나는 내가 속한 UCI에서 확보한 입학 당시의 SAT-수학 점수를 기준으로 남녀 대학생 44명을 모집했다(Haier & Benbow, 1995). 그리고 이들을 다음과 같이 4개 그룹으로 분류했다. SAT-수학 점수가 700점 이상인 남학생, 700점 이상인 여학생, 410~540점대를 받은 남학생과 같은 범위의 평균 점수를 받은 여학생. 4개 그룹에는 각각 11명의 학생이 있었다. (피험자는 44명이 전부였지만 당시로서는 가장 큰 규모의 PET 연구 중 하나였다.) 참가자들이 실제 SAT-수학 추론 문제를 푸는 동안 PET 촬영을 진행했다. 당시 우리는 평균 성적의 대조 그룹과 비교할 때 SAT-수학 성적이 높은 남학생과 여학생 그룹 모두에서 두뇌 효율성이 낮게 나타날 것으로 예상했다. 또한 뇌의 크기와 구조에 어느 정도 남녀 성별 차이가 있기 때문에 수학 추론 능력이 높은 남성과 여성이 다른 뇌 영역에서 효율성을 보일 수도 있을 거라고 생각했다. 물론 당시에는 그런 차이가 오늘날만큼 설득력을 가질 수 있다고는 생각하지 못했다(Halpern et al., 2007; Luders et al., 2004; Martinez et al., 2017; Ritchie et al., 2018; van der Linden et al., 2017).

연구 결과는 다음과 같았다. 22명의 남성을 대상으로 수행한 통계 분석 결과, 수학 능력이 높을수록 문제를 푸는 동안 측두엽(중요한 기억 영역을 포함하는 해마 같은 뇌의 아래쪽 부분)의 활동이 **더 활발했다**. 이는 효율성 이론과는 정반대 현상이었다. 22명의 여성에게서는 수학적 추론 능력과 두뇌 활동 사이에 체계적인 통계적 관계가 발견되지 않았다. SAT-수학 성적이 높은 여성은 남성과 똑같이 동일한 문제를 잘 풀었음에도 불구하고 뇌가 문제를 풀기 위해 어떻게 활동했는지 도무지 확인할 수 없었다. 그리고 남성들은 우리가 예상했던 것과는 정반대의 결과를 나타냈다. 연구란 종종 이런 식으로 진행되곤 한다.

사실, 이런 발견은 남성과 여성이 서로 다른 뇌 네트워크를 사용해서 정보를 처리하고 문제를 해결할 수 있다는 사실을 영상 데이터를 통해 처음으로 명확하게 보여준 사례 중 하나였다. 이 연구에서 남성과 여성의 SAT-수학 점수가 동등하게 일치했고, 같은 문제를 똑같이 잘 풀었다는 점에 유의하자. 하지만 그들의 뇌는 명백하게 다른 활동 패턴을 나타냈다. 이는 모든 뇌가 똑같이 작동하는 것은 아니라는 걸 의미한다. 당연하고 진부해 보일 수 있겠지만, 대부분 인지 연구자는 모든 뇌가 기본적으로 같은 방식으로 작동한다고 가정하고 일반적으로 뇌가 어떻게 작동하는지 알아내는 데 관심을 갖는 것이 보통이다. 개인적 차이에 초점을 맞추어 모든 뇌가 다 같은 방식으로 작동하는 것은 아니라는 생각은 당시엔 그다지 인기가 없었지만, 최근에는 인지 연구자들 사이에서도 이에 대한 관심이 높아지고 있다(Barbey et al., 2021). 또한 수학적 추론 능력은 보다 구체적인 지능의 요소이며 두뇌 효율성은 g와 관련이 있을 수 있지만, 수학적 추론 같은 특정한 능력의 경우에는 더 나은 성과를 얻기 위해 더 많은 두뇌 활동을 필요로 할 수 있다는 점에 유의하자. 이와 비슷한 시기에 중년 남성 8명을 대상으로 또 다른 PET 연구가 이뤄졌는데, 시각적-공간적 추론의 척도인 지각 미로 찾기 과제를 수행하는 동안 두뇌 활성화가 증가하는 것으로 나타났다(Ghatan et al., 1995). 미로 찾기 능력은 g-인자보다 훨씬 더 특별한 지능의 한 요소다.

  독자들로서는 아마도 헷갈릴 수도 있을 것이다. 내가 연구의 흐름을 시간 순서대로 설명하는 이유는 실제로 연구자들이 어떻게 연구를 진행하고 있으며, 그 과정에서 서로 상반된 결과가 나왔을 때 어떻게 정리해나가는지를 여러분이 충분히 이해할 수 있도록 하기 위해서다. 독자들은 내가 제시했던 세 가지 법칙을 기억할 것이다. 그걸 절대로 잊지 말기 바란다. 첫째, 두뇌에 관해서라면 그 어떤 이야기도 간단하지 않다. 둘째, 지능과 두뇌에 관한 한 그 어떤 연구도 확정적인 것은 없다. 셋째, 서로 상충되고 일관적이지 않은 발견들을 가려내고 설득력 있는 증거의 무게를 얻을 때까지는 몇 년이 걸릴 수도 있다. PET 영상 연구 결과가 어느 정도 명확해지면서 전혀 놀랍지 않게도 새로운 질문들이 제기되었는데, 이는 4장에서 설명할 것이다.

  하지만 지능 연구와 관련한 PET 사용 초창기 시절의 이야기를 마무리하기 이전에 한 가지만 더 거론하고자 한다. 21세기에 들어설 무렵까지만 해도 PET나 다른 영상 기술을 사용하는 지능 연구자가 거의 없었다. 그런데 우리는 뇌의 효율성에 대해서는 여전히 관심을 갖고 있으면서도 다른 한편으로는 뇌가 문제를 풀지 않을 때에도 그 효율성을 지능과 관련지을 수 있는지 궁금해지기 시작했다. 똑똑한 두뇌는 세밀한 작업을 하지 않을 때에도 여전히 구별이 가능할까?

다음 PET 연구 과제에서, 우리는 8명의 신입 대학생에게 아무런 과제도 주지 않고 그저 무심히 비디오만 시청하도록 했다(Haier et al., 2003). 원래 이 연구는 감정적 기억력에 관한 프로젝트였기 때문에 일부 비디오의 내용은 다른 비디오들보다 감정적 부하가 더 높았다. 하지만 우리는 별도의 분석을 병행해 비디오의 감정적인 내용과는 상관없이 지능이 비디오 시청과 어떤 관련성이 있는지 살펴보았다. 여기서 지능이란 추상적 추론을 할 수 있는 g-부하를 검증하는 RAPM 검사로 평가한 지능을 의미한다. 우리는 아무런 문제 해결 과제가 주어지지 않은 상태에서의 두뇌 활동성과 RAPM 점수 사이의 상관관계를 검토했다. 그런데 두뇌 여러 곳에서 상당한 상관관계가 나타났다. 전두엽에서는 그런 상관관계를 전혀 찾을 수 없었다. 그 대부분은 뇌 앞쪽에 있는 연상 영역에서 처리되기 전에 기본 정보를 미리 인지하는 뇌 뒤쪽 영역에서 발견되었다. 이는 RAPM 점수가 높은 사람들은 그 점수가 낮은 사람들과 달리 동영상을 시청할 때 다른 두뇌 활동이 있다는 걸 시사한다. 우리는 이를 똑똑한 사람은 그렇지 못한 사람들에 비해 비디오 시청 같은 단순한 일에서도 좀더 몰입도가 높고 좀더 활발하게 정보를 받아들여 처리한다는 걸 의미한다고 생각했다. 다시 말해, 똑똑한 두뇌는 수동적이지 않았다. 이는 그 어떤 상황에서도 우리 두뇌의 작동 방식이 항상 같을 수는 없다는 명백한 증거로 보였다.

이 초기 시절에는 지능과 관련한 여러 다른 PET 연구도 이뤄졌다.

전체적으로, 그 연구들은 피험자가 연역적/귀납적 추론 능력을 평가하는 다양한 검사를 수행할 때 두뇌의 여러 영역이 활성화되었다고 보고했다(Esposito et al., 1999; Goel et al., 1997; Goel et al., 1998; Gur et al., 1994; Wharton et al., 2000). 개인적 차이점을 찾아내는 연구, 즉 지능 검사 점수와 두뇌 활성화 정도 사이의 상관관계를 찾는 연구들의 성과는 체계적으로 보고되지 않았다. 하지만 이 모든 연구는 우리가 무엇인가를 생각하는 동안에는 뇌 전체의 여러 영역이 활성화된다는 사실을 분명히 보여주었다. 지능 연구가 단순히 전두엽의 기능만을 살펴서 해결될 일이 아니라는 증거가 점점 더 많아지고 있었던 것이다.

3.4 초기 PET 연구에서 밝혀진 것과 밝혀지지 않은 것

지금까지 살펴본 PET 연구는 지능 탐구를 위해 첨단 기능의 뇌 영상 기술을 사용한 최초의 시도였다. 여기서 중요한 것은 이러한 초기 연구조차도 지능 연구가 그동안 주로 심리 측정 접근 방식과 그에 대한 논쟁에서 벗어나 좀더 신경과학적인 관점으로 전환하는 데 크게 기여했다는 사실이다. 왜냐하면 영상 기술은 심리 측정 검사 점수가 두뇌의 포도당 대사 같은 측정 가능한 뇌 특성과 어떻게 연관될 수 있는지 구체적으로 확인하는 방법을 처음으로 제공했기 때문이다.

다음은 이런 뇌 기능 영상 연구에서 나타난 네 가지 중요한 관찰 결과를 요약한 것이다.

1. 지능 검사 점수는 두뇌 포도당 물질대사와 관련이 있다. 이는 지능 검사

점수가 아무런 의미도 없는 통계적 가공물이 아니라는 걸 입증하는 데 크게 유용하다. 실제로 지능에 대한 신경 영상 연구가 점점 더 많이 이뤄지면서 지능 검사 점수가 아무런 의미도 없다는 그동안의 끈질긴 비판은 점점 더 의미가 축소되고 있다. 그런 주장을 하는 사람들이 지금도 아주 없는 것은 아니지만 말이다.

2. 이 연구 초기에 우리는 지능 검사 점수가 높을수록 두뇌 활동은 낮아진다는 예상치 못한 반직관적인 결과를 얻었다. 그렇게 해서 탄생한 효율성 가설은 많은 후속 연구를 촉진했으며 여전히 유효한 가설이긴 해도, 4장에서 설명하겠지만 점점 더 그 양상이 복잡해지고 있다. 모든 과학이 다 그러하듯 연구가 점점 더 많이 이뤄질수록 발견되는 성과의 풍성함도 그만큼 더해질 것이다.

3. 어떤 과제를 학습하면 그 후에 두뇌 활동성이 이전보다 낮아지는 것으로 보아 뇌의 효율성은 학습 효과와 어떤 관련성이 있는 듯하다. 이런 관찰은 훈련을 통해 지능을 향상시킬 수 있는지에 근본적인 의문을 제기할 수 있다. 5장에서는 이런 가능성과 최근 시도되고 있는 여러 학습 강화론에 대해 우리가 갖고 있는 깊은 의구심을 자세히 설명할 것이다.

4. 문제를 푸는 남성과 여성의 PET 영상에서 나타나는 차이, 비디오를 시청하는 높은 지능의 피험자와 평균 지능의 피험자 PET 영상 차이는 모든 사람에게서 두뇌가 다 같은 방식으로 작동하는 것은 아니라는 점을 시사한다. 이 개념에 대해서는 4장에서 자세히 설명할 것이다.

그런데 뇌 영상 연구와 관련해 당시 우리가 미처 알아채지 못한 다른 한 가지 중요한 추론이 추가로 제기되었다. 초기 PET 연구에서는 이른바 '지능의 중심부'라고도 부를 수 있는 뇌의 특정한 어느 한 영역을 적시하지 못했다. 실제로 초기 PET 영상 데이터는 두뇌 전체에 분포하는 많은 영역이 지능 검사 점수와 관련을 맺고 있다고 보고했다. 그런데 2000년 들어 한 연구팀이 PET 연구를 통해서 g-인자의 신경학적 근원을 특정한 측전두엽 시스템(lateral frontal lobe system)에서 찾을 수 있었으며 다른 두뇌 영역은 별로 중요하지 않다는 주장을 펼쳤다(Duncan et al., 2000). 이 연구팀은 13명의 피험자들(21~34세의 폭넓은 연령대)이 다양한 g-부하를 갖는 몇 가지 문제를 푸는 동안 2분 간격으로 혈류의 흐름을 영상으로 촬영했다. 연구에서는 과제를 수행하는 동안 전반적으로 혈류가 증가했지만 고강도 및 중강도 과제에서는 전두엽 활성화만 두드러지게 관찰되었다. 이 논문은 과학자라면 누구나 잘 알고 있는 〈사이언스(Science)〉에 게재되면서 상당한 주목을 받았다. 하지만 이 분야의 많은 연구자는 연구의 설계와 해석에서 몇 가지 중요한 결함을 재빠르게 눈치챌 수 있었다(Colom et al., 2006a; Newman & Just, 2005). 그들은 연구가 설계부터 잘못되었다고 지적했는데, 피험자의 성별과 IQ에 대한 정보가 빠졌던 것이다. 또한 피험자 모두를 저명한 대학의 학생들로 채웠으므로 g-점수의 범위가 크게 좁아져서 그들의 지능과 PET 영상 간 상관관계 신뢰도 역시 제한될 가능성이 높았다. 영상 촬영은 피험자가 자신의 속도에 맞춰서 문제를 푸는 동안 이루어졌기 때문에 과제 신뢰도가 낮았으며, 피험자들의 평균을 구하면 문제에 반응하는 속도로 인한 차이가 최소화될 수 있었다. 영상을 해석하는 데도 높은 g-점수와 관련된 영역의 혈류 분포를 보여주는 이전 PET 연구 중 어느 것도 인용하지 않아 전두엽 이외 영역에서의 역상관관계와 분산된 두뇌 활동 네트워크에 대한 검토나 논의조차 없었다. 게다가 고난이도 과제를 제시한 경우, 자체 실험 데이터에서도 전두엽 이외의 여러 영역이 활성화한 것으로 추후 확인되었다. 이런 연구 자체에 대한 의문이 연이어 제기되면서 이 연구를 주도했던 존 던컨(John Duncan) 박사는 전두엽 중심 지능 모델을 버리고 두뇌의 다른 영역도 관여한다는 견해에 도달했다(Bishop et al., 2008; Duncan, 2010). 이는 당시의 거의 모든 다른 연구와 일치하는 견해였다(Jung & Haier, 2007). 〈사이언스〉에 게재했던 그 논문은 영상/지능 연구에 중요한 관심을 불러일으키면서 의외로 논란이 많았던 g-점수를 과학적으로 연구할 수 있다는 사실을 과학계에 일깨워 주었다. 비록 연구 자체에 결함이 있었다고는 해도 어쨌든 지능 연구에 대해서는 어느 정도 긍정적인 영향을 미쳤던 것이다. 당시만 해도 〈사이언스〉 같은 저명한 과학 저널들은 1970년대와 1980년대에 겪었던 IQ 검사를 둘러싼 사회적 논란의 여파를 걱정해서 지능 관련 연구 논문 발표를 꺼려했다(2장 참조). 〈사이언스〉에서 일했던 과학 기자 콘스턴스 홀든(Constance Holden)은 지능 연구에 대한 자사의 편견에 한탄하며 저널리스트로서 진실성과 회의론을 겸비한 자세로 지능 관련 연구 취재에 최선을 다했다. 홀든이 갑작스러운 사고로 세상을 떠난 후, 국제지능연구학회는 연례 회의에 언론인 발표 자리를 별도로 마련해서 '콘스턴스 홀든 추모 강연'이라는 이름으로 그녀의 공로를 기리고 있다.

3.5 최초의 MRI 연구

2000년에 이르러 새로운 영상 기술 하나가 PET보다 훨씬 더 빠르게 시장에 진출했다. PET는 양전자와 전자의 충돌을 기반으로 하기에 환자의 몸에 방사성 추적자를 주사해야만 한다. 하지만 MRI는 방사성 물질 주사가 필요하지 않으므로 추적자를 생산하기 위한 사이클로트론이나 그런 추적자를 가공하는 데 필요한 방사능 실험실이 필요하지 않다. 이 때문에 MRI 스캔 비용은 PET보다 훨씬 저렴하다(500~800달러 대 2500달러). MRI는 회전하는 양성자와 수소 분자에 대한 자기장의 효과를 기반으로 한다. 방사선 노출 없이 신체 부위의 고해상도 영상을 생성해서 임상적으로 중요한 용도로 쓰이기 때문에 대부분 병원, 특히 의과 대학 부속 병원의 필수 장비로 빠르게 자리를 잡았다. 따라서 자연스럽게 많은 인지심리학자에게 MRI에 접근할 수 있는 길이 열렸는데, 실제로 불과 10여 년 만에 주요 대학교의 심리학과 대부분에서 수백만 달러에 달하는 비용을 들여 MRI 스캐너를 자체적으로 보유하게 되었다. 〔적어도 한 명 이상의 선도적인 연구자가 머지않아 심리학과에 그런 영상 장비가 보급될 것이라는 예언을 일찍이 남겼다(Haier, 1990).〕 인지 연구를 위한 MRI 사용은 2000년 이후 기하급수적으로 성장했으며, 이제 MRI 분석은 인지신경과학 연구의 주류가 되었다(Barbey et al., 2021).

MRI의 작동 원리는 다음과 같다. 수소 원자의 양성자는 축을 중심으로 자연스럽게 회전하고 있는데, 이러한 회전이 약한 자기장을 생성한다. 각 양성자 축은 서로 다른 임의의 남북 방향을 갖고 있다. 만약 양성자가 강한 자기장 안에 들어가면 동일한 남북 방향으로 정렬된다. 그래서 자기장의 전파를 빠르게 켜고 끄면 양성자는 정렬선을 벗어났다가 다시 원래 자리로 돌아온다. 이런 펄싱(pulsing)이 초당 여러 차례 이뤄지며 양성자가 자기 정렬을 벗어났다가 다시 들어오는 과정에서 약한 에너지가 방출되는데, 이 에너지를 감지해 자기장이 다양한 강도의 기울기를 따라 적용되면 양성자가 어디에 있는지 매핑할 수 있다. 이러한 일련의 과정을 '자기 공명 영상'이라고 부른다. (이 기술의 원래 이름은 '핵 자기 공명'이었으나 '핵'이라는 의미를 피하기 위해 바뀌었다.) 수소 양성자는 물에 풍부하고 대부분의 우리 몸은, 특히 연조직은 물을 다량 포함하고 있기 때문에 MRI는 뇌를 비롯해 우리 몸 구석구석을 아름답고 섬세한 이미지로 보여줄 수 있다.

MRI 스캐너는 매우 강력한 자석이 들어 있는 커다란 도넛 모양의 장치다. 스캐너 침대에 누워서 사람의 머리나 전신이 자석으로 둘러싸인 중앙 튜브 모양의 영역에 들어가면, 자기장에 전파가 빠르게 펄스되면서 몸 안의 양성자가 정렬과 비정렬을 반복한다. 하지만 사람은 이러한 스냅(snap)을 전혀 인지하지 못한다. 이런 스냅에 의해 형성된 에너지 패턴의 변화를 감지하고 컴퓨터가 수학적으로 처리해서 영상으로 구현하는 것이다.

그림 3.4는 MRI로 찍은 뇌 구조의 기본 영상이다. 이 사진은 측면 단층을 보여준다. 〔의사들은 시상 절편(sagittal slice)이라는 어려운 단어를 사용한다.〕 전체 뇌의 3D 이미지도 그려낼 수 있다. 물론 이런 사진은 실제 슬라이스가 아닌 수학적 슬라이스다. 마치 신문에 인쇄된 사진처럼 뇌 이미지는 픽셀(pixel)이라고 부르는 수많은 개별 점으로 이뤄져 있다. 그런데 MRI의 픽셀은 실제로 3차원 구조를 갖기 때문에 이를 특별히 복셀(voxel)이라고 부르며, 이는 단순히 면적 개념이 아닌 부피 개념의 점이다. 뇌 영상은 수백만 개의 복셀로 이뤄지며, 각 복셀은 이미징 기술에 의해 결정된 수치라고 할 수 있다. 그 수치는 양성자 스냅에 의해 감지된 에너지의 정도이며, 예를 들어 회백질(gray matter)의 양으로 해석할 수 있다.

그림 3.4의 구조 이미지는 뉴런이 활동하는 회백질과 뇌의 각 영역을 연결해서 정보를 전달하는 백질 섬유(white matter fibers)를 보여준다. 회

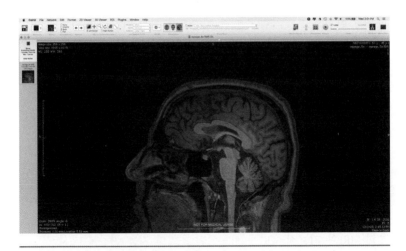

그림 3.4　시상 절편을 보여주는 '구조적 MRI' 두뇌 사진(렉스 융 제공).

백질과 백질 조직은 수분 함량이 다르기 때문에 이 영상에서 서로 구분
이 가능하다. 하지만 구조적 영상은 아무런 기능적 정보도 포함하지 않
으므로 구조적 MRI(structural MRI) 영상으로는 그 사람이 깨어 있는지,
잠을 자고 있는지, 수학 문제를 풀고 있는지, 심지어 살아 있는지 죽었
는지조차도 알 수 없다. 그래도 종양의 크기나 뇌졸중을 비롯한 다양한
유형의 뇌 손상을 감지할 수는 있다. 물론 MRI는 뇌 기능을 보여주는
데에도 사용할 수 있다. 매우 빠르게 영상을 찍어서 그것을 순차적으로
분석하면, 헤모글로빈 측정의 함수로서 국소 혈류의 흐름을 보여줄 수
있는 것이다. 혈류는 뉴런 활동의 간접적 척도라고 할 수 있다. 뇌 영역
이 더 많이 활동할수록 더 많은 혈액이 그쪽으로 흐른다. 특정한 인지
적 작업을 하는 중의 두뇌 활동을 알기 위해 인지신경과학에서 널리 사
용하는 것이 바로 기능적 MRI(functional MRI)다.

　MRI의 기본 기술은 쓸모가 매우 다양하다. 마치 라디오파 펄스의 주

파수를 변경하는 것처럼 스캐닝 시퀀스의 매개 변수를 다양하게 변경함으로써 다양한 뇌 특성을 강조하는 여러 종류의 영상을 찍을 수 있다. 앞에서 설명했듯이 MRI의 종류에는 구조적 MRI와 기능적 MRI가 있다. 구조적 MRI 기술에는 두뇌의 회백질과 백질을 해부학적으로 자세히 보여주는 기본 스캔과 자기 공명 분광법(MRS)이라든지 확산 텐서 영상(diffusion tensor imaging, DTI)이 그려내듯 백질 섬유와 그 관로(tract)의 영상을 극대화하는 기타 방법이 포함된다. 구조 영상은 MRI가 스캔하는 동안 두뇌가 하는 일에 전혀 영향을 받지 않는다. 이제부터는 구조적 MRI와 기능적 MRI를 사용했던 초기의 지능 연구를 다시 검토해보기로 한다. 구조적 MRI가 가장 먼저 사용되었기 때문에 기본적인 구조적 MRI 영상부터 시작하도록 하자.

3.6 구조적 MRI 사용에서 얻은 기본적인 발견

MRI 영상과 관련해서 사람들이 지능에 대해 갖는 첫 번째 질문은 아마도 전체 뇌 크기에 대한 것일 터이다. 이전의 수많은 연구에서 이미 뇌크기와 지능 검사 사이에는 양의 상관관계가 있다는 보고가 있었다. 하지만 그 상관관계가 그리 대단하지는 않았다. 가장 큰 문제는 뇌 크기를 측정하는 일에서 발생했는데, 머리 둘레를 자로 직접 재거나 (18세기에는) 빈 두개골 안쪽에 담기는 금속 구슬의 수를 세는 등 간접적인 추정에 기반했기 때문이다. 이에 반해 MRI 기술은 **살아 있는 사람의** 뇌 크기와 부피를 훨씬 더 정확하게 측정할 수 있으므로 그런 데이터를 사용해 지능 검사 점수와의 사이에서 양의 상관관계를 확인한 것은 사실 그리 놀라운 일이 아니었다(Willerman et al., 1991). 이는 여러 차례 반복적으로 확인된 간단한 발견이었다. 종합적인 문헌 조사 메타분석(37개 연구에서 얻은 1530명의 사례 검토)에 따르면, 전체 뇌 크기와 부피가 지능 검사 점수와 갖는 평균적인 상관관계는 성인과 어린이의 사례를 모두 포함했을 때 약 0.33으로 보고되었다(McDaniel, 2005). 이 상관관계는 여성에서 조금 더 높았다. (남성의 0.34에 비해 약 0.40로 나타났다.) 여성 성인과 여성 어린이에게서 그 상관관계는 각각 0.41과 0.37이었다. 남성 성인과 남성 어린이의 경우에는 상관관계가 각각 0.38과 0.22로 특히 어린이에게서 큰 차이를 보였다. 이런 데이터는 뇌 크기를 둘러싼 이전의 논쟁을 근본적으로 해결하며 두뇌가 클수록 지능이 높다는 사실을 확실하게 보여준다. 또한 GWAS 데이터를 사용한 유전체 정보 연구(복제 포함)에서도 뇌 크기가 지능에 인과적인 영향을 미치는 것으로 나타났다(Lee et al., 2019).

물론 의문점은 여전히 남아 있다. 특정 뇌 영역의 부피는 다른 영역들보다 지능과 더 관련이 있을까? 무엇이 뇌 크기의 발달에 영향을 미치고, 무엇이 그런 두뇌 발달 메커니즘을 강조할까? 후자의 질문은 5장에서 지능 향상에 대해 살펴볼 때 논의할 것이다. 전자의 질문에 대한 해답은 피질(cortical area)과 하부 피질 영역(subcortical area)을 관심 영역(region of interests, ROIs)으로 세분화하거나 '분할'해서 MRI가 그것들을 스캔할 수 있을 만큼 기술이 발전하면서 가능해졌다. ROIs는 보통 한 영역을 정의한다고 여겨지는 일련의 복셀군에 근거해서 간단한 알고리즘을 적용해 구하거나, 연구자가 자신의 역량을 최대한 활용해서 MRI 영상을 일일이 들여다보며 그 속에서 각 영역을 찾아내 구할 수 있었다. 이런 초창기의 두뇌 영역 세분화 방법은 연구팀에 따라 조금씩 달라지는 게 당연했으며, 오늘날의 기준으로 보면 극히 초보적이었다고 할 수 있다. 그럼에도 그 결과들은 모두 뇌 일부 영역의 크기와 부피가 다른 영역들에 비해 지능과 더 관련성이 있는 것으로 나타났다. 예를 들어, 한 연구팀에서는 FSIQ와 측두엽·해마·소뇌의 부피 사이에 낮은 정도의 양의 상관관계가 있다고 보고했으며(Andreasen et al., 1993), 또 다른 연구에서는 전두엽·측두엽·두정엽의 일부 영역이 (비언어적) 업무 수행 IQ와 작은 상관관계가 있다고 추가로 보고했다. 이런 상관관계 중 그 어느 것도 전체 뇌의 크기나 부피가 IQ 점수와 갖는 상관관계를 뛰어넘지는 못했지만, 적어도 뇌 영역별 분석의 중요성을 암시하는 데에는 일정 부분 성공했다고 할 수 있다.

3.7 개선된 MRI 분석이 혼돈스러운 결과를 도출하다

구조적 MRI를 사용해 지능에 대한 새로운 연구 결과를 조금씩 얻을 무렵, 영상 분석 기술은 ROIs 분할에서 회백질과 백질을 복셀 단위로 정량화하는 방법으로 대체되었다. 그 결과 뇌의 공간적 국소화가 크게 향상했으며 공간 해상도는 전두엽·측두엽 등으로 부르는 방식이 아닌, 그 부위를 밀리미터 단위로 미세 구분할 수 있을 만큼 개선되었다 (Ashburner & Friston, 1997, 2000). 1999년에는 복셀 기반 형태 측정(voxel-based morphometry, VBM)을 적용하기 위한 새로운 소프트웨어, 즉 통계적 매개 변수 매핑(statistical parametric mapping, SPM)이 출시되었다. 이에 따라 두뇌 영상 분석 방법은 그동안 각 연구팀마다 경계가 조금씩 다를 수밖에 없었던 ROIs에 기반한 맞춤형 영상 분석에서 좀더 표준화한 영상 분석 방식으로 급격히 전환했다. 일반적으로 복셀 기반 분석 결과는 몬트리올 신경학연구소(Montreal Neurological Institute, MNI)에서 개발한 표준 좌표 세트(MNI 좌표)를 사용해 뇌의 공간적 위치로 보고되었으며, 피질 영역 간 다양한 세포 조직에 대한 초기 부검 설명에서 파생된 브로드만 영역(Brodmann area, BA)을 기반으로 하는 표준 명명법을 사용해 그 위치를 추가적으로 설명했다(Brodmann, 1909). 텍스트 상자 3.1에는 VBM 방법에 대한 설명과 함께 BA에 대한 그림도 있다. SPM은 분석에 대한 개선 사항과 추가 옵션을 포함하면서 주기적으로 업데이트되고 있다.

최초의 복셀 기반 MRI 분석은 어린이를 대상으로 했다. 한 연구팀이 146명의 어린이(평균 연령 11.7세, 표준 편차 13.8)를 대상으로 MRI 촬영을 한 결과, FSIQ와 전측 대상회(anterior cingulate gyrus, BA 42)의 회백질 부위 사이에서 0.30의 상관관계가 있다고 보고했다(Wilke et al., 2003). 또 다른 그룹은 40명의 어린이(평균 연령 14.9세, 표준 편차 2.6)를 대상으로 연구한 결과, 회백질 부피가 전측 대상회(BA 24, 31, 32)의 여러 부분과 전두엽(BA 9, 10, 11, 47) 및 두정엽(BA 5, 7) 영역과 상관관계가 있다고 보고했다(Frangou et al., 2004). 아동들을 대상으로 수행한 좀더 최근의 연구에서는 해상도가 훨씬 좋은 MRI 영상을 사용할 수 있었는데, 그 결과는 4장에서 볼 수 있다. 어린이를 대상으로 수행한 대부분의 초기 연구는 두뇌 발달과 IQ 점수 사이의 관계를 규명하는 데 영상 촬영의 잠재력을 입증하는 중요한 역할을 했다.

한 가지 추가적인 초기 연구가 이를 잘 보여준다. 한 연구팀이 당시까지 MRI를 사용한 사례로는 가장 큰 규모의 연구를 진행하면서, 피질의 두께를 결정하는 또 다른 영상 분석 방법을 도입했다(Shaw et al.,

두뇌의 구조와 기능을 연구하는 데 사용되는 중요한 MRI 영상 분석 기술은 VBM이다. 여기에는 그림 3.5에서처럼 세 가지 기본 단계가 있다. 먼저 왼쪽의 MRI 기본 영상으로 시작한 다음, 수학적 알고리즘을 사용해 회백질과 백질 조직의 경계를 결정한다. 마지막으로, 전체 두뇌와 각 영역에서 회백질 조직의 복셀 개수와 백질 조직의 복셀 개수를 세어 그 값을 계산한다. 전체 뇌 사진에는 수백만 개의 복셀이 존재하므로 그 데이터 세트의 규모는 어마어마하다. 이어서 가령 IQ 검사 점수와 이러한 모든 복셀군을 연계해 그 상관관계를 구해서 통계적으로 유의미한 뇌의 위치를 찾아낸다. 영상 분석에서 상관관계가 있다고 발견된 부위의 위치는 표준 공간 좌표 시스템(높이, 너비, 깊이)으로 표시하거나, 브로드만이 개발한 세포 구조에 기반한 두뇌 영역 표준 명명법

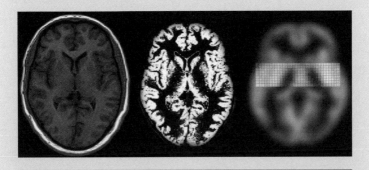

그림 3.5 VBM 기술은 왼쪽의 MRI 기본 영상에서 시작해 자동화된 알고리즘이 회백질과 백질을 분리한 다음(가운데), 세포 밀도를 반영하는 값을 영상의 각 복셀에 할당한다. 이 값은 IQ, 나이 또는 기타 변수와 상관관계가 있을 수 있다(렉스 융 제공).

으로 표시한다. BA는 그림 3.6에 나와 있다. 연구 보고서에는 종종 BA
와 공간 좌표(일반적으로 탈레라크 뇌 지도집(Talairach brain atlas) 또는 MNI 시스
템을 기반으로 한다)가 모두 포함된다.

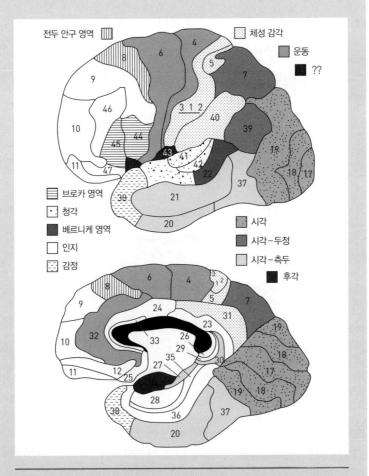

그림 3.6 BA는 뉴런 조직에 대한 초기 부검 연구에 기반해 두뇌의 각 영역을 구
별하는 표준적인 방식이다(퍼블릭 도메인).
*이 그림의 흑백 버전은 일부 형태를 표시한다. 컬러 버전은 간지의 별도 사진 참조.

2006). 이것은 VBM이 아니었다. 그 대신 피질의 수많은 부위에서 복셀의 두께를 계산하고 이를 유클리드 기하학에 접목해 피질 주변의 여러 지점에서의 두께를 계산했다. 연구팀은 307명의 정상 아동(평균 연령 13세, IQ 점수 표준 편차 4.5)을 표본으로 삼아 여러 차례에 걸쳐 IQ 검사와 MRI 촬영을 시행했다. 그 결과 대뇌 피질 두께(CT)는 IQ와 상관관계를 나타냈지만, 아동기와 청소년기를 거치면서 뇌가 성숙함에 따라 국소적 CT와 지능 사이에 역동적인 관계를 보여주는 명확한 발달 순서가 나타난다는 것이 밝혀졌다. 가장 강력한 상관관계는 아동기 후반(8~12세)에서 발견되었다. 이는 양의 상관관계로 나타났으며, 전체 뇌에 걸친 여러 영역에서 그러했다. 하지만 IQ가 높은 사람과 평균인 사람 사이에는 다소 차이가 감지되었다. IQ가 높은 피험자에게서는 "어린 나이에는 피질 증가가 가속화하고 장기간 지속되었다가 청소년 초기에 이르면서부터는 오히려 피질 두께가 얇아지는 경향으로 반전되었다"라고 연구팀은 보고했다(Shaw et al., 2006: 676). 이는 아주 흥미로운 발견이라고 할 수 있다. 하지만 재현 연구가 필요하다고 생각되는데, 4장에서 이와 관련된 새로운 연구 결과를 소개할 것이다. 이 연구는 저명한 과학 저널 〈네이처〉에 게재되었고, 국립아동건강발달연구소(National Institute of Child Health and Development)의 연구비 지원을 받았으므로 뇌의 크기와 지능 지수 사이의 관계에 대한 조사로서 더욱 높은 신뢰를 얻었다.

거의 같은 시기에 VBM을 처음으로 성인의 지능 연구에 적용했다. 우리는 넓은 범위 연령대(18~84세)의 성인 47명을 대상으로 MRI 촬영을 하고 회백질과 백질의 크기 및 IQ 점수와의 상관관계를 구했는데, 물론 연령과 성별에 의한 차이를 보정했다(Haier et al., 2004). 그 결과 뇌의

4개 엽(lobes)과 양쪽 반구 모두에 고르게 분포하는 여러 영역에서 회백질과의 상관관계가 밝혀졌다. IQ와 백질 사이의 상관관계는 두정엽(BA 39 근처)에서 두드러지게 나타났다. 데이터를 남성과 여성으로 구분해 재분석했을 때 그 결과가 크게 달라지는 것을 보고 우리 역시 크게 놀랐다(Haier et al., 2005). 남성들의 경우에는 IQ가 높아질수록 회백질 부분이 더 많아지는 뇌 영역은 뇌의 후방 부분으로, 특히 시각-공간 처리와 관련된 두정엽에서 그러했다. 하지만 여성들의 경우에는 회백질이 IQ와 상관관계를 갖는 거의 모든 영역이 전두엽이었으며, 특히 브로카 영역(Broca's Area)이라고 불리는 언어 관장 뇌 부위와 관련성이 깊었다.

수학적 추론 능력에 대한 앞의 PET 연구에서와 마찬가지로 남성과 여성은 상관관계에서 각기 다른 패턴을 보였다. 이제 아직까지 해결되지 못한 문제는 남성과 여성의 그런 차이가 통계적으로 유의미한 것인지 여부다. 그럼에도 불구하고 이런 연구 결과는 앞으로 지능에 대한 모든 영상 연구에서는 연령대가 다른 그룹을 따로 분석해야 하는 것처럼 남성과 여성에 대한 데이터 역시 따로 분석해야 한다는 우리의 견해를 재확인해주었다. 연령과 성별의 차이를 발견했다는 것은 우리의 기본 가정을 강조하는 의미라고 하겠다. 다시 말해, 모든 두뇌가 다 같은 방식으로 작동하는 것은 아니다.

그러나 좀더 표준적인 VBM 방법을 적용했음에도 불구하고 일관성 없는 결과도 많이 보고되었다. 예를 들어, 한 그룹은 노인 30명(평균 연령 61.1세, 표준 편차 5.18)을 대상으로 연구한 결과, 우측 소뇌의 후엽에서만 수행 IQ와 뇌 부피 사이의 상관관계를 발견하는 데 그쳤다(Lee et al., 2006). 또 다른 연구팀은 성인 55명(평균 연령 40세, 표준 편차 12)을 대상으로 연구한 결과, 회백질과 FSIQ 사이의 상관관계가 오직 전측 대상회와 내측 전두엽의 영역으로 제한된다고 보고했다(Gong et al., 2005). 앞에서도 지적한 바 있듯 이런 결과는 종종 남성과 여성을 구분하지 않은 분석에 근거하는 경우가 많으며, 1장에서 설명한 것처럼 변수의 범위가 크게 제한됨으로써 상관관계 자체가 신뢰성을 확보하기 어려운 경우도 많았다. 또 다른 중요한 문제는 IQ 검사로 얻는 지능 평가에서 찾을 수 있다. 표준 IQ 검사가 g-인자에 대한 좋은 추정치를 제공한다고 해도 IQ 점수는 g뿐만이 아니라 다른 특정한 지능 요인의 결합이라고 하는 게 좋을 것이다. 그럼 더 나은 g 추정치를 사용한다면 영상 검사 결과를 더 일관성 있게 얻을 수 있을까?

우리는 상관 벡터 방법(Jensen, 1998b)을 사용해 2004년 VBM 데이터를 재분석한 2개의 연구 사례에서 이 문제를 다루었다(Colom et al., 2006a; Colom et al., 2006b). 이 사례에서는 이러한 방법이 WAIS의 각 하위 검사에 대한 g-부하 순위를 회백질에 대한 동일한 검사 상관관계의 순위와 연관시킨다. 우리는 g-인자 점수가 전측 대상회(BA 24), 전두엽(BA 8, 10, 11, 46, 47), 두정엽(BA 7, 40), 측두엽(BA 13, 20, 21, 37, 41) 및 후두엽(BA 17, 18, 19) 피질 등의 회백질과 FSIQ 사이 상관관계의 많은 부분을 설명하는 것으로 평가했다(Colom et al., 2006b). 또 별도의 분석에서 WAIS 각 하위 검사의 g-부하 및 각 하위 검사 점수와 상관관계를 갖는 회백질의 양 사이에 거의 완벽한 선형 관계가 있음을 발견했다(Colom et al., 2006a). 따라서 우리는 또 다른 중요한 관찰에 다다랐다. IQ 검사는 표준화한 일련의 검사라는 장점을 가지고 있지만 그 점수는 일반적인 g-인자와 다른 특정한 지능의 능력을 결합한 수치라고 할 수 있다. 따라서 지능이 뇌 구조 및 기능과 어떻게 연관되는지에 대한 질문은 그것이 오로지 일반적인 지능에 관한 것인지, 아니면 보다 구체적인 지적 능력에 관한 것인지에 따라 달라질 수 있다. 여러 초기 연구에서 그 결과가 일관되지 않게 나타났던 것은 샘플링 및 영상 분석의 문제에 못지않게 바로 그런 문제 자체에 대한 혼란에서도 기인했던 것 같다.

3.8 두 가지 방법으로 백질 관로 영상화하기

그런데 확산 텐서 영상술, 즉 DTI라고 불리는 다른 종류의 구조적 MRI도 있다. DTI는 MRI 촬영이 백질 섬유의 수분 함량(즉, 수소 분자)을 이미지화하도록 최적화되어 특수한 수학적 알고리즘을 사용하면 백질의 연결망만 특별히 세밀하게 표현할 수 있다. 아울러 DTI 측정은 신호를 얼마나 잘 전달하는지와 관련 있는 관로의 밀도 및 조직화 정도를 평가할 수 있다. DTI는 우리 뇌 속의 네트워크를 식별하는 데 가장 탁월한 기술이다. 지능에 대한 대부분의 DTI 연구는 최근에 이루어졌으며, 이에 대해서는 4장에서 자세히 설명할 것이다. 여기서는 슈미소스트(V. J. Schmithorst)와 그 동료들이 수행한 지능 관련 최초의 DTI 연구에 대해서만 살펴보기로 한다(Schmithorst et al., 2005). 그들은 5~18세의 청소년 47명을 대상으로 연령과 성별을 보정한 후, IQ와 백질 섬유의 밀도/조직 사이의 상관관계를 구했다. 그랬더니 전두엽과 두정엽/후두엽 영역에서 가장 강력한 상관관계가 발견되었다. 연구팀은 이러한 결과가 VBM 방법을 사용한 윌케(M. Wilke) 등의 연구(Wilke et al., 2003)와 일치한다고 언급했다. 다른 초기 MRI 연구들과 마찬가지로, 이는 새로운 영상 기법을 사용해 뇌와 지능의 관계를 정량화했다는 점에서 많은 연구자들의 관심을 끌었다.

DTI가 뇌 백질의 밀도와 조직을 정량화할 수 있는 데 반해 자기 공명 분광법, 즉 MRS는 뇌 같은 생체 조직 내의 화학적 구성 성분을 분석할 수 있다. 예를 들어, MRS는 신경세포의 밀도와 생존력을 나타내는 표지(marker)인 N-아세틸아스파르트산염(N-acetylaspartate, NAA)을 측정할 수 있다. 그러나 초기 MRS 기술은 단일 복셀 분석으로 제한되어 있어 두뇌 전체를 한꺼번에 측정할 수 없었다. MRS를 이용한 지능 관련 초기 연구는 다음과 같은 세 가지가 특히 관심을 끌었다. 먼저 융 교수 연구팀은 26명의 대학생을 대상으로 좌측 두정엽 BA 39와 40의 기저 백질에 NAA 측정 복셀을 배치했다(Jung et al., 1999). 그들은 NAA와 FSIQ 사이에 0.52의 상관관계가 있음을 발견했다. 연구팀은 범위를 확장해 27명의 대학생을 대상으로 똑같은 연구를 재현했는데, 여기서도 같은 부위에서 NAA-IQ 상관관계가 나타났고 양측 전두엽의 대조군 영역에서는 그렇지 않았다(Jung et al., 2005). 특이하게도 그런 상관관계는 여성들만을 대상으로 했을 때 더 높게 나타났다. 또 다른 그룹에서의 세 번째 MRS 지능 연구는 광범위한 연령대(20~75세)에 걸친 성인 62명을 대상으로 했다. 여기에서는 WAIS-R의 하위 검사인 어휘력 평가 점수와 좌측 전두엽 BA 10 및 46의 상관관계가 0.53으로, 그리고 좌측 전대상회 BA 24 및 32와의 상관관계가 0.56으로 나타났다(Pfleiderer et al., 2004). 이런 회백질과 백질 구조에 대한 초기 MRS 연구는 뇌의 특정 위치와 그들 사이의 연결망에서 다양한 심리 측정 검사 점수와 뇌 정량화 점수 사이에 깊은 상관관계를 발견했다는 점에서 특히 연구자들을 들뜨게 했다. 이런 연구를 통해 지능이 비단 뇌의 '어디에' 위치하는지뿐만 아니라 뇌 기능과 '어떻게' 관련되는지를 밝힐 수 있다는 낙관론이 한층 높아졌다.

3.9 기능적 MRI

헤모글로빈에는 철분이 포함되어 있고 철분은 MRI에 활용되는 자기장에 매우 민감하게 반응하기 때문에 기능적 MRI는 적혈구 내 헤모글로빈 농도를 이미지화하는 스캔 매개 변수로 사용한다. 초당 수천 장의 매우 빠른 이미지 시퀀스가 만들어지는 것이다. 컴퓨터는 이를 분석해 뇌 혈류의 흐름으로 나타낼 수 있다. (아무 일도 하지 않는 휴식 상태와 비교했을 때) 어떤 작업을 하는 동안에는 가장 활동적인 뇌 영역에서 혈류가 더 많아지고 덜 활동적인 영역에서는 혈류가 감소한다. 앞에서 설명한 포도당 PET 스캔이 32분에 걸쳐 두뇌 활동의 축적을 보여주는 반면 기능적 MRI, 즉 fMRI 스캔은 거의 초 단위로 그 활동이 변화하는 영상을 찍어낼 수 있다. 이런 fMRI는 현재 인지심리학 연구에서 가장 널리 쓰이는 영상 기술이다.

fMRI를 사용한 최초의 지능 연구는 스탠퍼드 대학교 연구팀에서 수행했다(Prabhakaran et al., 1997). 그들은 RAPM 검사에서 문제 해결에 핵심적으로 요구되는 세 가지 유형의 추론을 선택해 각각 개별 항목으로 활용했다. 연구팀은 7명의 젊은 성인(23~30세)이 각 항목의 문제를 해결하는 동안, 그들의 전두엽과 두정엽에서 혈류량이 증가한다는 사실을 발견했다. 연구팀은 몇 가지 문제만 제시했고 각 피험자는 모든 항목에 정답을 맞혔다. 그들은 굳이 뇌 활성화의 정도와 과제 수행 사이의 상관관계를 찾지는 않았다. 연구 설계상 이런 방식은 과제 수행 능력에서의 개인차를 제거하기 때문이다. 이런 식의 연구는 지능과 관련된 피험자 간 개인적 차이를 본질적으로 무시하는 것인데, 많은 인지 연구에서 일반적으로 볼 수 있는 현상이다. 최근 들어서는 이런 경향을 반성하면서 개인적 차이를 강조하는 연구 접근법과 인지 영상 연구의 발전 가능성에 대해 유익한 논의가 많이 진행되고 있다(Anderson & Holmes, 2021; Biazoli et al., 2017; Kanai & Rees, 2011; Parasuraman & Jiang, 2012).

2006년까지 수백 건의 인지 연구에 fMRI가 활용되었지만, 지능이나 추론 측정을 포함한 연구는 17건에 불과했다. 이 17건의 fMRI 연구 중 3건을 제외한 모든 연구에서 표본 크기가 16개 이하로 나타났으며, 대조군 활용에서도 그 방법이 아주 다양했다. (일부 연구에서는 그런 대조군을 아예 사용하지 않았다.) 지능/추론 측정에서도 아주 다양한 방법이 사용되었다. 하지만 그 어떤 연구도 g-인자 추정을 위한 일련의 검사를 체계적으로 진행하지 않았다. 이 연구들에서 채용한 일부 검사라고 해봐야 작업 기억(Gray et al., 2003), 체스 게임(Atherton et al., 2000), 유추(Geake & Hansen, 2005; Luo et al., 2003), 시각적 추론(Lee et al., 2006), 연역적 또는 귀납적 추론(Goel & Dolan, 2004; Fangmeier et al., 2006), 동사 찾기(Schmithorst & Holland, 2006) 등을 포함하는 정도였다. 특히 그 마지막은 323명의 아동(평균 연령 11.8세, 표준 편차 3.7)이라는 인상적인 표본 규모를 가진 독특한 연구였다. 초기 연구들에서 나타난 이 같은 다양한 결과와 방법론을 고려했을 때, 우리는 과연 어떤 일관된 실마리를 찾을 수 있을까?

3.10 두정엽-전두엽 통합 이론(PFIT)

2003년 12월, 나는 국제지능연구학회(International Society for Intelligence Research) 연례 회의에서 한 초청 심포지엄을 주관하는 기회를 얻었다. 영상 연구자들이 지능 연구에 대해서 논의하기 위해 한자리에 모인 것은 그때가 처음이었는데, 참석자들은 나를 비롯해 제러미 그레이(Jeremy Gray), 비베크 프라바카란(Vivek Prabhakaran), 렉스 융, 알요샤 노이바우어, 폴 톰슨(Paul Thompson) 등이었다. 알요샤 노이바우어를 제외하고 나는 이 연구자들을 그때 처음 직접 만났다. 렉스 융 교수의 발표는 지능과 관련 있는 뇌 영역이 분산되어 있다는 특성을 강조한 그동안의 여러 연구를 리뷰한 것이었는데, 커다란 설득력을 보였다. 그는 또한 신경심리학자로서 임상적 배경과 백질 및 IQ에 대한 MRS 연구에 근거해 중요한 뇌 영역들 사이에서 백질 연결의 중요성을 강조했다. 그와 나의 관심사가 비슷했기 때문에 우리는 힘을 합쳐서 뇌 영상과 지능을 관련지어 종합적인 문헌 검토를 한번 해보자는 데 의기가 투합했다. 우리는 2년 동안의 문헌 검토를 마치고 2007년 관련 연구자들의 논평까지 곁들인 2편의 리뷰 논문을 출간했다(Haier & Jung, 2007; Jung & Haier, 2007).

1988년 단 8명의 피험자를 대상으로 수행한 첫 번째 PET 연구부터 시작해 2006년 대규모 fMRI 연구에 이르기까지 전 세계 여러 그룹에서 총 37건의 지능 관련 영상 연구가 있었다. 그런데 그 방법과 측정의 차이가 너무 크고 연구한 잠재적 뇌 영역의 수도 너무 많았기 때문에 일반적인 메타분석은 별로 적절하지 않았다. 그래서 우리는 대신 인지 신경 영상 연구의 최신 문헌을 검토하는 데 사용되는 방법을 따랐다(Cabeza & Nyberg, 2000). 우리는 구조적 MRI 연구 결과와 PET 연구 결과, 그리고 fMRI 결과를 뭉뚱그려서 검토했다. 다양한 영상 촬영 기법 및 평가 방법에 관계없이 모든 연구에서 공통적으로 발견되는 결과에 초점을 맞춘 것이다. 37개 연구 중 50퍼센트 또는 그 이상에서 공통적으로 같은 뇌 영역을 다루었다. 이는 다소 낮은 비율로 보일 수도 있지만, 잘 통제된 조건 속에서 수행한 인지 실험에 대한 카베자(R. Cabeza)와 나이버그(L. Nyberg)의 리뷰에서 발견된 비율과 유사했다(Cabeza & Nyberg, 2000).

지능과 관련 있는 두드러진 부분은 뇌 전역에 분포했지만 대체로 두정엽과 전두엽에 집중되어 있었다. 우리는 이 모델을 지능의 '두정엽-전두엽 통합 이론(Parieto-Frontal Integration Theory, PFIT)'이라고 명명했다. 여기에서 '통합'은 특정한 뇌 영역을 식별하는 것이 유용한 지능 모델 찾기의 시작에 불과하다는 점을 항상 인식해왔기 때문에, 그런 두드러진 영역 간 소통이 이 모델의 핵심이라는 점을 강조하려는 의미였다. 각 영역을 연결하는 네트워크 간의 시간적·순차적 상호 작용을 이해하는 것이 필경 지능 문제를 해결하는 데 핵심일 것이다. 그림 3.7은 이 모델에 포함된 모든 영역을 보여준다.

그림 3.7의 원(圓)은 지능과 관련 있는 두뇌 영역을 나타내며, 숫자는 표준 BA 명명법(Brodmann, 1909)을 참조했다. 우리는 이런 영역이 지능의 기초가 되는 일반적인 뇌 네트워크와 그 하위 네트워크를 정의한다고 제안했다. 대부분의 영역은 전두엽과 두정엽에서 나타나며, 일부는 좌반구(파란색 원), 또 일부는 양쪽 반구(빨간색 원)에 위치했다. 전두엽과 두정엽을 연결하는 것은 마치 초고속도로(superhighway)같이 뻗어 있는 백질 섬유관이다(노란색 화살표). 이를 아치형 소체(arcuate fasciculus)라고 부르는데, 우리는 이 부위가 지능을 결정하는 데 중요한 역할을 한다고 제안했다.

우리는 이 뇌 영역들이 문제의 해결과 추론에 관여하는 동안 정보의 흐름과 처리 과정에서 4단계 역할을 담당한다고 가정했다. 1단계에서는

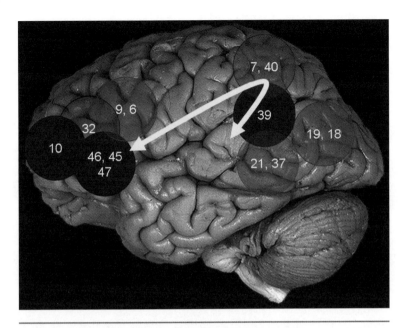

그림 3.7 지능과 관련 있는 뇌 영역을 보여주는 PFIT(렉스 융 제공).
* 이 그림의 흑백 버전은 일부 형태를 표시한다. 컬러 버전은 간지의 별도 사진 참조.

감각 지각 채널을 통해 정보가 뇌의 뒷부분으로 들어간다. 2단계에서
는 정보가 관련 기억을 통합하는 뇌의 연상 영역으로 이동한다. 3단계
에서는 이 모든 것이 전두엽으로 계속 이어져 통합된 정보를 고려하고,
선택지를 검토하고, 어떤 행동을 취할지 결정한다. 4단계에서는 필요한
경우 행동 또는 언어 영역이 작동한다. 이런 과정은 필경 엄격하게 순
차적이거나 일방향적 흐름이 아닐 가능성이 높다. 복잡한 문제는 실시
간으로 해결해야 하기 때문에 네트워크들 사이에서 그런 일은 앞뒤로
복합적이고 병렬적인 순서로 진행될 것이다.

　지능과 관련된 두뇌의 역할을 탐구하는 데 기본적인 아이디어는 뇌
의 후방 영역에서 감각 정보가 통합된 다음, 그 정보가 뇌의 전방 영역

으로 흘러가면서 더 높은 수준의 처리를 위해 심화 및 통합된다는 것이다. PFIT 모델은 또한 어떤 사람이 지능적이라고 해서 그 모든 영역을 다 사용해야만 할 필요는 없다고 제안한다. 사람들마다 여러 가지 조합을 통해서 일반 지능은 같지만 다른 인지적 요소의 강점과 약점에 있어서는 다를 수도 있다는 것이다. 예를 들어보자. 여기 두 사람이 있는데 IQ는 같지만 한 사람은 언어적 추론에 더 뛰어나고 다른 한 사람은 수학적 추론에 더 탁월하다. 이 두 사람 모두 일부 PFIT 영역에서는 공통점을 갖지만 다른 영역에서는 차이가 있을 수도 있는 것이다.

그동안의 인지 연구에 따르면 뇌의 일부 PFIT 영역은 기억·주의력·언어 등과 관련성이 있으며, 이는 지능이 이러한 기본적 인지 과정을 통합하는 데 기반한다는 것을 시사한다. 우리 가설은 지능의 개인차는 g-인자든 다른 특정 요인이든 특정 PFIT 영역의 구조적 특성과 이 영역을 중심으로 정보가 흐르는 방식 모두에 뿌리를 두고 있다는 것이다. 어떤 사람은 중요한 영역에서 회백질이 더 많거나 각 영역을 연결하는 백질 섬유가 더 많을 수도 있다. 또 어떤 사람한테는 PFIT 영역을 중심으로 정보가 더 효율적으로 흐를 수도 있다. 이러한 각자의 뇌 특징에 따라 어떤 사람은 지능 및 지적 능력 검사에서 더 높은 점수를 받는가 하면, 어떤 사람은 그 효율성이 떨어져서 문제 해결 능력이 뒤처지는 경우도 나타난다. 중요한 부위의 뇌 특징이 어떻게 발달하는지는 향후 어린이와 청소년을 대상으로 수행한 종단 연구에서 다루어야 할 별도의 문제가 될 수 있다. 4장에서는 효율적인 정보 흐름과 지능에 대한 가설을 검증할 수 있도록 뇌 전체의 정보 흐름에서 밀리초 단위의 변화를 보여주는 최신 영상 기법을 살펴볼 것이다.

PFIT 모델 정립에 몰두하는 동안 우리는 2명의 저명한 인지심리학자

(Newman & Just, 2005)가 자신들의 저서 한 챕터를 통틀어서 우리와 유사한 리뷰에 할애했다는 사실을 알지 못했다. 이 저자들 역시 전두엽에만 집중된 모델보다는 분산된 지능 네트워크를 선호했다. 또한 뇌 영역 사이 백질 연결의 중요성에도 주목했다. 효율적인 정보의 흐름과 계산 부하의 중요성은 이들의 모델이 보여주는 탁월한 특징이었다. 비록 우리가 서로 다른 관점에서 문제 해결에 접근했지만 결국은 비슷한 견해에 도달했던 셈이다. 이들의 연구 성과는 이번 장 마지막의 '더 읽을거리' 문헌에 나와 있다. 나는 여러분에게 이것들을 꼭 읽어볼 것을 강력히 추천한다.

그리고 한 가지 더 언급할 것이 있다. PFIT 모델 정립에 기여한 1단계 연구에서 처음 보고된 IQ와 관련 있는 회백질 및 백질 영역 대부분은 어느 정도 유전적 통제 아래 있는 것으로 보인다(Pol et al., 2002; Posthuma et al., 2002; Posthuma et al., 2003; Thompson et al., 2001; Toga & Thompson, 2005). 4장에서는 DNA 분석을 포함한 고급 유전학적 분석 내용과 대규모 피험자의 신경 영상을 결합한 연구들을 살펴보면서 좀 더 최신의, 좀더 강력한 결과에 대해 논의할 것이다.

2007년 37개 연구에 대한 우리의 리뷰 발표 이후, 더 많은 연구자가 일반 지능과 근본적인 인지 과정 사이의 연관성을 인정하면서, 전 세계 수많은 연구팀이 지능에 대한 추가적인 영상 연구를 진행하고 있다. 우리는 이러한 2006년 이후의 연구를 지능 연구에 신경 영상 기술을 적용한 '2단계'라고 부른다(Haier, 2009a). 이 새로운 물결은 이제까지보다 훨씬 더 많은 샘플을 사용하는 연구들을 포함하며, g-인자를 추정하기 위해 여러 가지 지능 측정 방법을 동원하고 있다. 또한 좀더 개선된 해부학적 측정 및 국소화 방법을 포함한 고급 이미지 분석 기법 등을 적

용하면서 그 결과들도 훨씬 더 정교해질 것으로 기대된다. 4장에서는
이 중차대한 2단계 연구에 대해 자세히 설명할 것이다. 하지만 이에 앞
서서 먼저 역사상 가장 유명한 뇌를 잠깐 살펴보도록 하자.

3.11 아인슈타인의 뇌

이번 장을 마무리하기 전에 아인슈타인의 뇌에 대해 간략히 소개해보
자. 아인슈타인의 뇌는 그가 사망한 후 한 의사가 그것을 꺼내 병에 넣
어서 집에 보관했다. 그 의사는 이동할 때마다 자기 차에다 그것을 넣
어두곤 했다. 그 뇌를 공유하기를 꺼렸지만, 그는 결국 다른 연구자들
에게 샘플로 제공했다. 여기서 밝혀진 중요한 사실은 그 해석에 영향을
미칠 수 있는 기술적 문제가 아예 없는 것은 아니지만(Galaburda, 1999;
Hines, 1998), 아인슈타인의 뇌에는 후방 부분에 더 많은 조직이 존재
했으며 특히 뉴런을 지지하는 세포가 많았다는 게 밝혀졌다는 점이다
(Witelson et al., 1999a; Witelson et al., 1999b). 이 부위는 남성들에게서는 IQ
와 높은 상관관계를 보이지만, 여성의 경우에는 그런 상관관계를 찾을
수 없는 두정엽의 거의 동일한 부분이었다(Haier et al., 2005). 아인슈타인
의 뇌 사진을 자세히 분석한 결과에서도 전두엽과 두정엽 영역의 차이
가 발견되었다(Falk et al., 2013). 아인슈타인의 뇌가 다른 사람들의 뇌와
어떻게 다른지에 대한 모든 것은 본질적으로 다 흥미롭지만, 아마도 그
의 뇌에서 가장 주목할 만한 점은 순전히 해부학적 분석만으로는 그다
지 놀랍지 않았다는 것이다. 실제로 부검을 해보면, IQ 70 이하인 사람
의 뇌는 해부학적으로 높은 IQ를 가진 사람의 뇌와 구별할 만한 두드

러진 특징이 아무것도 없는 경우가 종종 있다. 이런 점이 바로 기능적 신경 영상과 정량적 신경 영상 분석 모두가 지능의 본질을 밝히고자 하는 연구에서 얼마나 많은 새로운 통찰력을 제공하는지 알려준다.

새로운 의료용 신경 영상 기술을 적용하는 첫 단계에서 지능 연구자들은 고가의 장비에 대한 접근성이 크게 제한적이었고, 초기 연구는 소량의 샘플을 사용할 수밖에 없었다. 그들은 지능의 척도로 한 가지 검사만을 사용했으며, 보통은 개인적 차이를 무시하는 아주 초보적인 이미지 분석 방법을 채택하는 등 연구 수행상 그 한계가 뚜렷하게 나타났다. 그럼에도 불구하고 1988년부터 2006년까지 느리지만 꾸준한 진전을 이뤄냄으로써, 총 37개 연구를 기반으로 한 문헌 검토를 통해 뇌에는 지능 검사 및 추론 검사 점수와 관련 있는 한정된 수의 식별 가능한 영역이 존재한다는 것과 그 구조 및 기능에 대해서도 일정 부분을 밝혀낼 수 있었다. 영상/지능 연구의 2단계는 이러한 결과를 바탕으로 한층 고급스러운 방법을 사용해 진행되었는데, 4장에서는 그 최신 연구 결과를 중점적으로 다루고자 한다.

3장 요약

○ 이번 장에서는 1988년부터 2006년까지 '1단계'라고 부르는 지능 관련 신경 영상 연구의 초기 역사를 설명했으며, 이 기간 동안 밝혀진 놀라운 연구 결과들을 제시했다.

○ 최초의 신경 영상 연구부터 시작해 대부분의 연구자는 지능을 관장하는 부위가 두뇌 전두엽에만 집중되지 않으며, 뇌 전체에 분포된 네트워크와 관련이 있다는 사실을 알게 되었다.

○ 연구 초기의 한 가지 놀라운 발견은 지능 검사 점수와 GMR로 측정한 두뇌 활동 사

이에 역상관관계가 나타났다는 것이다. 그 대신 뇌의 효율적인 정보 흐름이 높은 지능의 중요한 요소라는 가설이 제기되었다.

○ 두뇌 영상 연구는 또한 모든 뇌가 다 같은 방식으로 작동하는 것은 아니라는 사실도 밝혀냈다. 그룹 데이터를 평균화하고자 할 때는 개인적 차이를 무시하지 말고 어디에서 그런 개인차가 초래되었는지를 좀더 면밀하게 조사할 필요가 있다.

○ 1단계 연구가 지녔던 공통적인 여러 한계에도 불구하고, 그 연구들에서 얻은 일관된 결과는 특정한 뇌 영역의 구조적·기능적 특성과 이들 간의 연결성을 강조했다는 점이다. 이런 발견에 기반해 새로운 두뇌 기능 모델로 PFIT가 제시되었다.

복습 문제

1. 구조적 MRI로 촬영한 영상과 기능적 MRI로 얻은 영상의 차이점을 설명해보자.
2. PET 기술과 MRI 기술의 중요한 차이점은 무엇인가?
3. 지능의 뇌 효율성 가설의 근거는 무엇인가?
4. 우리 뇌 속에 '지능 센터'가 있다는 증거는 무엇인가?
5. 지능에 대한 초기 뇌 영상 연구의 중요한 한계점을 나열해보자.

더 읽을거리

Looking Down on Human Intelligence (Deary, 2000). 지능 연구에 대해 정교하고 포괄적인 설명을 제공한다. 전문 용어 없이 재치 있게 쓰여진 이 책은 초기 사상가와 철학자부터 초기 신경 영상 연구를 포함한 20세기 말까지를 다룬다.

"The Parieto-Frontal Integration Theory (PFIT) of Intelligence: Converging Neuro-imaging Evidence" (Jung and Haier, 2007). 이 논문은 37개의 영상/지능 연구에 대한 독특하고 다소 기술적인 리뷰다. 여기에는 해당 분야 다른 연구자들의 광범위한 논평도 포함되어 있다(Haier and Jung, 2007).

"Human Intelligence and Brain Networks" (Colom et al., 2010). PFIT 모델에 대해 좀더 일반적인 설명을 제공하는 논문이다.

"The Neural Bases of Intelligence: A Perspective Based on Functional Neuro-imaging" (Newman and Just, 2005). PFIT와 유사하지만 따로 독립적으로 개발된 지능의 뇌 모델을 명확하게 제시한다.

IQ and Human Intelligence (Mackintosh, 2011). 실험심리학자가 쓴, 지능의 모든 측면을 다루는 완벽한 교과서다. 지능에 대한 초기 영상 연구를 잘 요약한 챕터도 있다 (6장).

The Cambridge Handbook of Intelligence and Cognitive Neuroscience (Barbey et al., 2021). 인지신경과학 전문가가 쓴 영상 자료 위주의 편집본으로 전공자를 위한 책이다.

두뇌 회백질의 50가지 그림자
한 장의 두뇌 영상에 지능의 모든 것이 담겨 있다

현대 세계에는 그들을 통해서 인간 정신에 관한 모든 근본적인 질문을 다 해결할 수 있을 만큼 뇌가 아픈 사람들이 너무나 많다. 하지만 적절한 교육을 해서 과연 그들을 치료할 수 있을까?

－워드 핼스테드(Ward C. Halstead, 1947)

데이터는 대단히 흥미롭다. 이 분야는 충분히 성숙했다. 발전 속도도 점점 더 빨라지고 있다. 지능 연구가 21세기 신경과학과 결합하면서 새로운 가설과 논쟁이 불가피하다. 이 분야에서 일하기에는 정말로 좋은 시기다.

－리처드 하이어(Richard Haier, 2009a)

보고, 듣고, 느끼고, 움직이는 것과 같은 우리의 능력 대부분이 두뇌의 어떤 특정 영역 때문인지 구체적으로 추적할 수 있다는 사실에서 …… 우리는 더 높은 인지 기능과 지능을 담당하는 부분이 뇌에 분명히 존재할 것이라는 기대를 품는다. 하지만 …… 우리 뇌에는 지능이라는 이름에 걸맞은 '자리'가 존재하지 않는다. 그 대신 지능은 여러 뇌 영역에 분산되어 있다.

－울리케 바스텐과 크리스티안 피바흐(Ulrike Basten & Christian Fiebach, 2021)

학습 목표

○ 신경 영상 기술은 어떻게 지능과 관련 있는 뇌 속의 네트워크를 밝혀낼 수 있었을까?

○ PFIT 프레임워크가 존재한다는 경험적 근거는 무엇인가?

○ 과학적 증거가 충분히 두뇌 효율성과 지능 사이의 관계를 뒷받침할 수 있을까?

○ 뇌 영상에 의존해서 지능 검사 점수를 예측하고자 한다면, 관련된 핵심 문제로 어떤

것을 들 수 있을까?

○ 지능에 대한 뇌 영상 연구는 추론에 대한 뇌 영상 연구와 다를까?

○ 어떤 뇌 구조물에서 지능 검사 점수와 관련 있는 유전자를 공유할까?

○ 신경 영상 연구는 지능과 관련된 유전자의 영향과 두뇌 메커니즘을 밝히는 데 어떤
기여를 했을까?

머리말

여러분이 2장과 3장을 잘 이해했다면 지금쯤은 지능이 유전학 및 신경
영상 연구의 아주 좋은 주제라는 발상에 대한 의구심이 거의 사라졌을
것이다. 만약 그렇지 않다면 이번 장 마지막 부분에서 더욱 설득력 있
는 연구 결과를 설명할 때까지 남은 불신을 잠시 접어두기 바란다. 앞
으로 설명할 내용은 유전학적 방법에서 도출한 결과를 포함해 좀더 개
선된 신경 영상 연구들에서 가져온 것이다. 이번 장에서는 성인과 어린
이, 뇌 손상이 있는 환자를 대상으로 수행한 연구를 포함하며, 뇌 연결
성 분석을 비롯해 좀더 향상된 뇌 영상을 확보하는 방법과 그 분석 방
법도 소개할 예정이다. 이런 연구는 현재 부상하고 있는 네트워크 신경
과학 분야의 일부이며 지능에 대한 연구도 여기에 속한다. 또한 이 분
야 전 세계 연구자들은 평가 기술을 더욱 정밀하게 발전시키고, 표본
크기를 이전에는 상상할 수 없었던 수준으로 확대하며, 지능과 뇌에 대
해 새로운 검증 가능한 가설을 제시하면서 지속적으로 흥미 유발 및 동
기를 부여하고 있다. 여기서 한 가지 독자 여러분이 주의할 점은 3장에

서 소개한 대부분의 연구는 표본 크기가 너무 작아 어떤 확고한 결론을 내리기가 쉽지 않았는데, 이번 장에서 소개하는 일부 연구도 그런 경향에서 벗어날 수 없었다는 사실이다. 이런 점에서 우리는 앞서 언급했던 두 번째 법칙을 다시 한번 기억할 필요가 있다. "지능과 두뇌에 관한 한 그 어떤 연구도 확정적인 것은 없다." 그런데 이 분야 연구가 계속 성숙해짐으로써 이제 표본의 크기가 급속히 증가하고 있다. 시간이 지남에 따라 증거의 무게는 항상 연구 결과의 안정성을 극대화하고, 신뢰할 수 없는 결과를 최소화하는 충분한 표본 규모를 갖는 연구를 더 선호하고 있다. 특히 지능에 영향을 미치는 유전자를 규명하려는 초기 연구의 경우에는 더욱더 그렇다고 할 수 있다. 나는 이런 연구들이 역사적 맥락에서, 그리고 증거의 무게를 더한다는 관점에서 어떻게 진화했는지 살펴보고자 한다.

3장에서 언급했던 PFIT 프레임워크는 지능이 뇌 전체에 분포하는 14개의 특정 영역과 관련이 있다는 것이었다(Haier & Jung, 2007; Jung & Haier, 2007). 이런 영역은 다른 여러 측두엽 및 후두엽 영역과 관련된 하위 네트워크와 함께 전두엽-두정엽 통신의 광범위한 네트워크를 형성한다. 이러한 네트워크를 통해 정보의 흐름 방식이 곧 지적 능력의 개인적 차이, 특히 g-인자 형성의 근거로 제시되었다. 이 모델은 또 동일한 IQ를 가진 개인이라도 다양한 PFIT 영역의 조합을 통해 자신만의 g 수준을 달성할 수 있다고 주장했다. 비유를 든다면, 뉴욕에서 로스앤젤레스까지 운전하는 경로가 여러 곳 있을 수 있듯이 g-인자에 이르는 신경 경로 역시 여러 개가 있고, 심지어 그것들이 서로 겹치고 중복될 수도 있다는 것이다. 각 개인과 관계있는 하위 네트워크를 통한 효율적인 정보 흐름은 높은 g와 관련이 있는 것으로, PFIT의 하위 네트워크는 개인의 지적 능력의 강점 및 약점 패턴을 특징짓는 것으로 추정되었다.

2007년 PFIT 모델이 처음 제기되었을 당시에는 이런 가설을 검증하기가 쉽지 않았다. 신경 영상 촬영 및 분석 방법은 구조적 또는 기능적 뇌 네트워크 연결을 살펴보는 데 한계가 있었다. 문제 해결 과정에서 네트워크의 정보가 얼마나 잘 처리되는지 평가하는 능력에도 제한이 있었다. 그런데 이런 상황은 뇌 영역 간 연결성을 평가할 수 있는 새로운 수학적/통계학적 방법이 등장하고, 백질의 정보 전달 방식을 평가할 수 있는 새로운 영상 분석 기술이 적용되고, 인지 과제를 수행하는 동안 뉴런 활동 영역을 밀리초 단위로 살펴볼 수 있는 새로운 MEG 기술이 활용되면서 그야말로 지능 연구의 새로운 장이 열렸다. 이런 기술들에 힘입어 지능 연구 속도가 비약적으로 빨라지면서 신경 영상은 유전학과 점점 더 밀접해지고, 그 결과 이 두 분야가 함께하는 대규모 컨소시엄 역시 빈번하게 구축되고 있다. 이번 장에서는 그런 최근의 발전에 초점을 맞추고자 한다. 최근의 수많은 신경 영상 연구 중에서 이런 발전의 계기를 보여주는 극적인 사례를 선택하기는 그리 쉽지 않을 것이다. 그것들 모두를 여기에서 다 요약할 수는 없지만, 그래도 우선 뇌 네트워크 연결성에 대한 몇 가지 중요한 연구와 그 결과부터 살펴보려 한다. 나는 이런 연구들을 대부분 연대순으로 제시하면서 자연스레 이야기를 전개할 것이다. 이번 장에서 보고된 모든 연구는 여러 뇌 영역과 관련성이 있다. 하지만 여러분은 그런 영역을 모두 외우지 않아도 일반적인 연구 결과를 충분히 따라잡을 수 있을 것이다. 이번 장을 읽으면서 그림 3.6과 3.7의 뇌 영역 지도를 참조하면 이해하는 데 크게 유용할 것이다.

4.1 뇌 네트워크와 지능

모든 뇌 영상은 수많은 작은 복셀로 이뤄져 있다. 3장에서 설명한 것처럼 각 복셀에는 사용한 영상 유형에 따라 값이 할당된다. 3장에서 설명한 FDG PET 연구에서는 이 값이 GMR다. 구조적 MRI에서 이 값은 회백질 또는 백질의 밀도를 의미한다. 기능적 MRI, 즉 fMRI에서는 혈류량을 기준으로 한다. 뇌의 한 영역이 다른 모든 뇌 영역과 어떻게 관련되어 있는지 결정하기 위해서는 그곳의 개별 복셀 또는 복셀 그룹과 전체 뇌의 다른 모든 복셀(또는 ROI) 간 상관관계를 계산해 ROI를 정의할 수 있다. (ROI는 관심 영역이라는 의미다.) 그런 시작 복셀을 '출발점(seed)'이라고 부른다. 검증하고자 하는 가설에 따라 연구자는 원하는 영역에 여러 개의 출발점을 만들 수도 있다. 상관관계 패턴은 출발점 영역이 다른 뇌 영역과 어떻게 연결되어 있는지를 나타낸다. 연결은 통계적 수치이며 실제로는 해부학적 연결을 반영할 수도, 반영하지 않을 수도 있다.

이러한 식의 연결성 분석이 WAIS IQ 테스트를 완료한 59명의 fMRI 데이터에 적용되었다(Song et al., 2008). 보통 fMRI는 참가자가 인지 과제를 수행하는 동안 작동한다. 연구마다 다른 인지 과제를 사용하므로 각 과제마다 다른 뇌 영역을 포함한 고유의 인지적 요구 사항이 있어 그 결과를 비교하는 일이 종종 문제가 되기도 한다. 이번 연구에서는 참가자들이 휴식 상태에 있는 동안 획득한 fMRI 데이터를 사용해서 기능적 연결성을 측정했다. 말을 바꾸면, fMRI 데이터를 얻는 동안 인지 과제를 수행하지 않았다는 뜻이다. 이 아이디어는 휴식 상태의 두뇌 활동이 IQ와 관련한 기능적 연결성을 나타낼 수 있는지 여부를 검증하기 위한 것이었다. 휴식 상태에서 두뇌 활동의 일관적 패턴은 '디폴트 네트워크 (default network)'로 특정할 수 있다. 즉, 사람이 아무런 인지 과제도 수행하지 않을 때의 두뇌 활동 패턴은 혼란스러운 활동으로 완전히 무작위적인 패턴을 보여주는 게 아니라, 각 영역과 거의 아무런 연결성도 없이 안정을 유지하는 기본적인 패턴이다.

이 연구에서는 전두엽의 BA 46과 9가 만나는 부분을 잡아서 출발점으로 삼았다(PFIT, 그림 3.7 참조). 각 반구에 하나씩 출발점이 정해진 것이다. 분석의 첫 번째 단계에서는 출발점의 혈룻값과 다른 모든 복셀 혈룻값의 상관관계를 통계적으로 처리해서, 뇌가 휴식 상태에 있을 때 출발점과 나머지 뇌 사이의 기능적 연결성이 결정되었다. 그러자 통계적으로 유의미한 몇 가지 연결이 확인되었다. 예상했던 대로, 전두엽의 출발점과 다른 영역들 사이의 일부 연결성은 그 강도가 나머지 다른 영역에서보다 훨씬 강하게 나타났다. (즉, 더 강한 상관관계가 있었다.) 두 번째 단계에서는 그런 연결의 강도를 IQ 점수와 결부시켰다. 그랬더니 IQ 점수와 가장 강력한 상관관계를 보이는 연결이 바로 PFIT 모델에서 제기된 것들이었다. 이 연구는 또한 휴식 상태의 디폴트 네트워크 활동 정도가 IQ의 개인적 차이와 관련이 있음을 보여주었다.

이 논문 발표 이후 곧바로 여러 연구에서 뇌 네트워크와 지능의 상관관계를 추론할 수 있는 더 나은 통계적 방법을 사용했다는 보고가 쏟아졌다. 이런 방법을 그래프 분석(graph analysis)이라고 하는데(Reijneveld et al., 2007; Stam & Reijneveld, 2007), 각각의 복셀이 다른 모든 복셀과 어떻게 연결되어 있으며 그 연결성이 얼마나 강력한지를 결정할 수 있는 수학적으로 아주 정교한 기술이다. 〔그래프 분석에서는 복셀을 노드(node)라고 하며, 영역 사이의 연결을 에지(edge)라고 부른다.〕 그래프 분석 기술은 구조적 MRI 영상에서나 기능적 MRI 영상에서 모두 적용 가능하다. 그런데 이 그래프 분석의 결과 일부 노드는 다른 노드와 더 많은 연결을 갖는 허브(hub)라는 것이 밝혀졌다. 뇌 속의 네트워크는 대부분의 연결이 인접한 뇌 영역 또는 '이웃' 영역과 밀접하게 연결된다는 점에서 클러스터링(clustering)하는 경향성을 갖고 있는데 이런 현상을 '스몰 월드(small-world)'를 구축하고 있다고 표현한다. 좀더 멀리 떨어져 있는 영역들 사이의 연결망도 보이는데, 이는 허브들을 통해서 이어져 리치 클럽(rich club)이라고 부른다(van den Heuvel et al., 2012). 스몰 월드 네트워크는 더 적은 배선(백질 섬유)으로 더 짧은 거리에서 좀더 효율적으로 정보를 전송하는 경향이 있으며, 리치 클럽은 더 먼 뇌 영역들 사이에서 빠른 통신을 촉진한다. 이런 네트워크는 유아기부터 성인기 초반에 이르기까지 각기 다른 시기에, 각각 다른 속도로 발달한다. 네트워크의 발달에 영향을 미치는 요인에 대해서는 아직 잘 밝혀지지 않았지만, 인지 능력의 개인적 차이와 관련이 있을 가능성이 높다. 그래프 분석 기법은 텍스트 상자 4.1에 설명되어 있다.

판 덴 호이펠과 그 동료들은 성인 소규모 집단(19명)이 휴식 상태에 있을 때 수집한 fMRI 데이터에 그래프 분석을 적용했다(van den Heuvel et al., 2009). 그들은 먼저 전체 경로 연결 길이에 기반해 여러 뇌 영역 사이의 전반적인 효율적 커뮤니케이션 척도를 계산했다. 그런데 이 척도가 피험자의 IQ 점수와 반비례하는 상관관계를 나타냈다. 즉, IQ 점수가 높을수록 정보 전달 경로의 길이가 짧아졌는데, 이는 곧 전체 뇌에서 정보 전달의 효율성이 그만큼 높아지기 때문이라고 할 수 있다는 것이다. 전두엽-두정엽 연결의 경로 길이가 IQ와 가장 강력한 역상관관계를 보였다. 이와 유사하게, 또 다른 연구팀은 디폴트 네트워크를

텍스트 상자 4.1 **그래프 분석**

그래프 분석은 뇌의 연결성을 모드화해서 네트워크를 추론하는 데 사용되는 수학적 기법이다. 이 아이디어는 뇌 영상의 각 복셀이 뇌 전체의 다른 복셀과 어떻게 연관되어 있는지 파악하려는 것이다. 이 기법

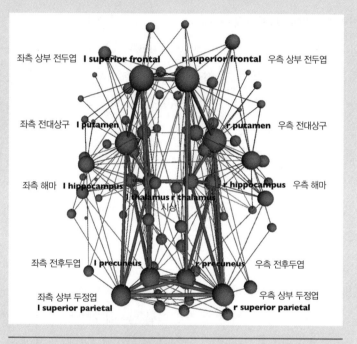

그림 4.1 그래프 분석으로 파악한 뇌 연결망. 빨간색 노드는 연결성이 강한 뇌 영역을 나타낸다. (노드가 클수록 더 많은 연결을 갖는다.) 에지라고 부르는 푸른색 선은 영역 간의 연결 강도를 나타낸다. (선이 굵을수록 연결성이 강하고, 진한 파란색 선은 다른 뇌 영역과의 리치 클럽 연결이 풍부한 것을 말한다.) 이 그림은 판 덴 호이펠과 올라프 슈포른스(van den Heuvel & Olaf Sporns, 2011)의 허락을 받아 조금 수정한 것이다.

*이 그림의 흑백 버전은 일부 형태를 표시한다. 컬러 버전은 간지의 별도 사진 참조.

에서는 각 복셀을 에지라고 부르는데, 에지 사이의 연결망 분석은 구조적 MRI 영상이나 기능적 MRI 영상에서 모두 가능하다. 많은 복셀과 연결되는 한 복셀, 또는 그런 복셀의 집합을 허브라고 한다. 그런 허브들 중에서 다른 허브와 특별히 많은 연결을 갖는 허브는 리치 클럽이라고 부른다. 그림 4.1에서 복셀과 허브 사이의 연결성 강도는 그들 사이의 상관관계 정도에 따라 그 굵기가 결정된다. 또한 연결의 효율성은 그 사이의 길이로 추정할 수 있다. 대부분의 뇌는 인근의 많은 복셀이 이웃 허브를 통해 서로 연결되어 있다는 점에서 국소적 연결성을 지니며, 이는 효율적인 정보 전달을 가능케 한다. 리치 클럽은 더 멀리 떨어진 뇌 영역을 연결해 더 빠른 커뮤니케이션을 가능케 한다. 이는 그림 4.1에 설명되어 있다(van den Heuvel & Sporns, 2011). 섹션 4.1에서 설명한 대로, 심리 측정 검사의 점수는 허브 및 그 연결성의 강도와 밀접한 상관관계를 가지고 있어 뇌의 어떤 네트워크가 지능과 관련이 있는지를 나타낸다. 그래프 분석은 두뇌 여러 영역의 연결성을 계산하는 다양한 방법으로 발전해왔으며, 연결성 분석은 네트워크 신경과학이라는 새로운 분야를 낳았다(Hilger & Sporns, 2021).

대상으로 그래프 분석을 했는데, IQ가 높은 그룹과 평균적인 그룹(N = 59)에서 차이가 나타났다(Song et al., 2009). 이 연구팀 역시 디폴트 네트워크의 전반적인 연결 효율성 차이가 IQ와 관련 있다는 사실을 발견했다. IQ가 높은 그룹이 더 높은 정보 전달 효율성을 보였던 것이다. 또 다른 연구팀은 120명의 참가자들로부터 확보한 fMRI 영상을 사용해 전반적인 정보 전달 효율성에 대한 그래프 분석을 수행했다(Cole et al.,

2012). 그들은 전체 뇌를 대상으로 분석한 결과, 좌측 등측 전전두피질 (prefrontal cortex)과 다른 전두엽-두정엽 피질 사이의 효율적인 연결만이 지능 검사 점수와 상관관계가 컸다고 보고했다. 다른 연구자들은 참가 자 74명의 휴식 상태 뇌파 데이터를 가지고 그래프 분석을 수행해 두정 엽을 중심으로 한 효율적인 연결이 지능 검사 점수와 가장 높은 상관관 계를 나타냈다고 보고했다(Langer et al., 2012).

또한 샌타네키(E. Santarnecchi)와 그 동료들은 다양한 연령대의 개인 207명에게서 얻은 휴식 상태의 fMRI 영상을 기반으로 그래프 분석을 수행해 IQ 점수가 PFIT 영역을 포함한 뇌 곳곳의 연결망과 관련이 있 음을 발견했다(Santarnecchi et al., 2014). 강한 국소 연결성(local connectivity) 과 약한 원거리 연결(long-distance connections)을 모두 발견했지만, 이 연 구에서는 새롭고 놀라운 관찰 결과가 추가되었다. 즉, IQ는 강하고 짧 은 연결보다 약한 장거리 연결의 강도와 가장 관련이 있었다. 이 연구 자들은 또한 그래프 분석과 수학적으로 생성된 '손상(damage)'을 이용한 매우 영리한 실험을 보고했다. 먼저, 연구팀은 IQ 점수와 관련된 기능 적 연결성을 기반으로 뇌의 회복력을 측정했다. 그런 다음 특정한 영역 또는 임의의 영역에 대한 '손상'의 영향을 검증했다(Santarnecchi, Rossi & Rossi, 2015). 연구팀은 지능이 높을수록 표적 손상에 대한 뇌의 회복력도 증가한다는 사실을 발견했으며, 그런 손상의 주요 영역이 PFIT 모델의 주요 영역과 일치한다고 보고했다. 이러한 일반적인 결론을 뒷받침하는 이전 연구가 있다. 2장에서 설명한 뇌 유래 신경 영양 인자, 즉 BDNF 분비와 관련 있는 Val/Met 유전자가 외상성 뇌 손상, 즉 TBI 후 IQ 보 존에 중요한 역할을 할 수 있다는 보고가 그것이다.

207명의 동일한 샘플과 fMRI 데이터를 사용한 이 연구팀은 또한 우반구와 좌반구의 동일한 뇌 영역 사이에 기능적 상관관계에 기반한 다른 연결성이 있음을 보고했다(Santarnecchi et al., 2015b). 이를 호모토픽 연결성〔homotopic connectivity: 대뇌의 좌우 반구에 있는 동일한 뇌 영역 간의 연결을 말한다. 이는 뇌 질환과도 관련이 있는데, 예를 들어 자폐 스펙트럼 장애(ASD)나 정신분열증 같은 질환을 가진 환자들에게서는 이 연결이 약해진다는 연구 결과가 있다―옮긴이〕이라고 하는데, 결과는 연구자들의 예상과 달랐다. 높은 IQ는 두 반구 간 호모토픽 연결성이 약한 뇌 영역과 상관관계를 보였는데, 이는 반구 간 의사소통 감소가 높은 지능과 관련이 있다는 것을 시사한다고 할 수 있다. 호모토픽 연결성을 보이는 몇 개 영역은 PFIT 모델에도 포함되어 있었지만, 이 연구는 우반구와 좌반구 사이의 소통이라는 새로운 차원을 추가했다. 연령과 성별에 따른 차이도 보고되었다. 예를 들어, 지능이 높은 여성은 전전두피질(prefrontal cortex)과 후전두중피질(posterior midline regions) 영역에서 약한 호모토픽 연결성을 보였다. 25세 미만의 IQ 높은 젊은 참가자들은 호모토픽 연결성 패턴이 증가하는 것으로 나타났다. 이러한 연령 및 성별에 따른 분석은 소규모 하위 표본을 대상으로 수행했으므로 그 결과를 주의해서 살펴봐야 하지만, 이러한 변수를 일상적으로 사용하는 것이 잠재적으로 중요하다는 점을 입증한다고 할 수 있다. 이런 결과는 다 모든 참가자가 휴식 상태에서 촬영한 영상에 기반하는 것이기에, 인지 작업 중 촬영한 fMRI 영상을 사용했다면 IQ와의 기능적 호모토픽 관계가 더 강해지지 않을까 하는 궁금증을 갖게 한다.

하지만 더 이상 궁금해할 필요는 없다. 2014년 79명의 참가자를 대상으로 수행한 연구에서는 휴식 상태의 fMRI 영상과 RAPM 검사 수행 중인 fMRI 영상을 서로 비교했는데, 모두에서 그런 네트워크가 확인되었다(Vakhtin et al., 2014). 이 연구는 당시 동일한 피험자를 대상으로 휴식 상태와 과제 활성화 상태를 모두 조사한 유일한 지능 영상 연구였다. 여기에서는 이후에 보고된 동형 분석에 앞서 독립 구성 요소 분석(Independent Component Analysis)이라는 통계적 기법을 사용해 연결성을 측정했다(Santarnecchi et al., 2015b). 문제 해결 중의 기능적 연결성은 휴식 상태의 기능적 연결성에 중첩되었다. 이렇게 중첩된 네트워크는 PFIT 모델과 일치했다.

PFIT 프레임워크는 뇌 연결성을 복셀 단위로 분석하는 다른 방법(Shehzad et al., 2014)과 진화론적 관점(Vendetti & Bunge, 2014), 두뇌 발달의 관점(Ferrer et al., 2009; Wendelken et al., 2015) 등에서도 강력한 지지를 받고 있으며, 이런 관점은 모두 추론 능력에서 두정엽/전두엽 연결의 중요성을 강조한다. 다양한 인지 기능의 근간이 되는 하위 네트워크에 대한 PFIT 가설은 비언어적 추론 과제를 풀 때 표준 fMRI 영상을 분석한 연구에서도 강력한 지지를 얻었다(Hampshire et al., 2011). 전반적으로, 다양한 방법을 사용한 수많은 네트워크 분석의 결과는 실질적으로 수렴되며, 뇌에 분포하는 지능 관련 네트워크의 존재를 뒷받침한다. 이러한 연구 결과는 일반적으로 PFIT 프레임워크와 일치하지만, 앞으로 새로운 데이터가 등장하면서 수정되거나 좀더 정교화될 수도 있다. 심지어는 그 신뢰성이 손상될 수도 있다.

많은 연구 분석은 실제 뇌의 해부학적 구조와는 상관없이 수학적으로 네트워크를 식별하기도 한다. 백질 섬유는 한 영역에서 다른 영역으로 정보를 전달하는 뇌의 가시적인 구조 단위라고 할 수 있다. 그림 4.2는 확산 텐서 영상술로 그려낸 뇌 전체의 백질 섬유를 보여준다. 한 초기 연구는 좌반구와 우반구를 연결하는 백질 섬유인 뇌량(corpus

그림 4.2 DTI 스캔으로 얻은 뇌 전체의 백질 섬유 분포도. '출발점'은 한 지점에서 다른 영역으로의 연결을 결정하기 위해 선택된 지점을 의미한다(렉스 융 제공).
*이 그림의 흑백 버전은 일부 형태를 표시한다. 컬러 버전은 간지의 별도 사진 참조.

callosum)의 두께가 지능과 양의 상관관계가 있다고 보고했다(Luders et al., 2007).

한 연구팀은 두뇌 효율성을 평가하기 위해 백질 연결에 대한 그래프 분석을 보고했다(Li et al., 2009). 3장에서 우리는 백질의 특성을 평가하는 특별한 종류의 MRI로 DTI를 소개했다. 라이(Y. Li) 박사 연구팀은 79명의 젊은 성인을 대상으로 DTI 영상을 촬영했다. 그 결과 여러 가지 사실이 새로 밝혀졌는데, 전체 백질의 효율성은 지능이 높은 하위 그룹에서 더 높았다. 연구팀은 다음과 같은 결론을 내렸다. "지능 점수가 높을수록 연결 통로의 길이가 더 짧고 네트워크의 전체적 효율성이 더 높았는데, 이는 두뇌에서 병렬적인 정보 전달이 더 효율적으로 이루어진다는 것을 의미한다. ……우리의 연구 결과는 뇌 구조 조직의 효율성이 지능의 중요한 생물학적 기반이 될 수 있다는 것을 시사한다"(Li et al.,

2009: 1).

또 다른 연구팀에서는 420명의 노인을 대상으로 DTI로 백질을 평가했다(Penke et al., 2012). 연구팀은 지능 점수와 높은 상관관계가 있는 백질의 경로를 찾지 못했다. 그러나 지능 검사 점수 차이의 10퍼센트는 모든 영역을 합쳐서 계산한 전체 백질 통로의 일반적 요인으로 설명할 수 있다고 보고했다. 이 효과는 전적으로 정보 처리 속도라는 요인에서 기인한 것이었다. 또 다른 그룹에서도 중년 이상 성인들에게서 비슷한 결과를 보고했다(Haasz et al., 2013). 다른 연구자들은 40명의 젊은 성인으로 구성된 소규모 표본에서 남성과 여성을 대상으로 백질과 지능의 상관관계를 따로 계산했다(Tang et al., 2010). 이 연구에서는 IQ와의 상관관계 패턴이 성별에 따라 다르게 나타났다. 표본 크기가 너무 작아서 일반화하기에는 다소 무리가 있지만, 개인적 차이와 성별의 차이를 고려할 때, 특히 남성과 여성의 지능이 비슷하게 나타나는 경우에는 항상 두 성을 분리해서 별도의 분석을 수행해야 한다는 주장이 강하게 제기되었다(Luders et al., 2004; Luders et al., 2006).

이러한 초기 연구들은 상대적으로 표본 수가 너무 적고 그 결과도 일관되지 않은 경우가 많았지만, 지능과 백질부 뇌 연결(white matter brain connections) 사이에 상당한 관련성이 존재한다는 사실을 종합적으로 보여주었다. 좀더 자세한 내용은 이 책 뒤에 실린 참고문헌(Genc & Fraenz, 2021)에서 확인할 수 있다. 그런데 2022년에 백질과 지능의 연관성을 다룬 대규모 표본 연구가 보고되었다(Stammen et al., 2022). 이 연구에서는 총 2000명 이상의 건강한 개인으로 이뤄진 4개의 독립적인 샘플군을 대상으로 최신 영상 및 분석 방법을 사용했는데, 이전의 일관되지 않은 연구 결과를 새로 점검한다는 차원에서 시행한 터였다. 연구팀은 4개 샘플군 모두에서 반복되는 결과만을 보고했는데, 가장 중요한 발견은 특정한 백질 다발이 연령과 성별을 통제한 상태의 g-인자와 관련이 있다는 것이었다. 그들은 이 연구 결과가 PFIT 모델을 포함한 이전의 연구들과 어떻게 일치하는지 자세한 논의와 함께 결론을 내렸다. 그중 일부 결과는 상당 부분 일관성이 있었으며, 다른 결과들은 PFIT 모델을 넘어서는 피질하 영역(subcortical areas)의 중요성을 강조했는데, 이는 하등 놀라운 일이 아니었다. 이 연구는 영상 연구 데이터가 어떻게 이론을 발전시키고 새로운 검증 가능한 가설을 제안할 수 있는지를 보여준 아주 훌륭한 사례라고 할 수 있다. (아마도 출판을 위해 필수적으로 요구되겠지만) **동일한 보고서에서** 검증을 위해 여러 샘플군을 사용하는 일이 앞으로 더 일반화되어 일관성 없는 연구 결과가 줄어들 수 있었으면 하는 것이 내 바람이다.

뇌 네트워크를 조사한 또 다른 연구는 뇌 병변(brain lesion)이 있는 환자에게서 나타나는 인지적 결함의 패턴을 대상으로 뇌 네트워크를 검사했다. 신경 영상 기술이 등장하기 전에는 뇌 병변 환자를 대상으로 수행한 연구가 뇌와 지능의 관계를 추론하는 데 비록 정확성은 떨어지지만 그래도 중요한 정보원이었다. 그런데 신경 영상 기술이 등장하면서 병변의 정확한 위치를 파악할 수 있고 인지 검사 점수의 결손과 뇌 매개 변수 사이의 상관관계를 살필 수 있게 되면서 새로운 연구 접근 방식이 출현했다. 예를 들어, 글래셔(J. Glascher) 박사와 그 동료들은 뇌 손상을 앓는 241명의 신경과(科) 환자를 대상으로 g를 포함한 지능의 주요 요인을 평가했다(Glascher et al., 2009; Glascher et al., 2010). 이 연구에서 얻은 주된 결과는 전두엽과 두정엽 영역의 손상이 g-인자의 결함과 관련이 있으며, 전두엽-두정엽 네트워크의 다른 부분에서 손상이 발생

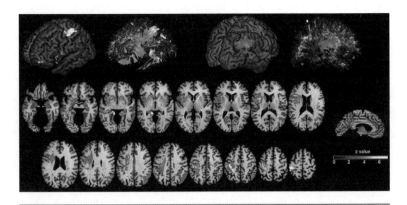

그림 4.3 3D 렌더링(rendering)은 병변 위치와 g-인자 사이에 통계적으로 유의미한 관계(빨간색/노란색)가 있는 피질 및 피질하 영역을 보여준다(맨 윗줄). 아래 두 행의 사진은 좀더 자세한 검사를 위해 축 방향(가로) 영상 슬라이스를 보여준다. 허락을 받아 인용 (Glascher et al., 2010: 4707, 그림 2).
＊이 그림의 흑백 버전은 일부 형태를 표시한다. 컬러 버전은 간지의 별도 사진 참조.

하면 다른 지능 요소(언어 이해력, 지각 조직 및 작업 기억 등)에서도 결함이 관찰된다는 것이었다(그림 4.3과 4.4 참조). 에런 바비(Aron Barbey)와 그 동료들도 비슷한 결과를 얻은 병변 매핑 연구를 보고했다(Barbey et al., 2012; Barbey et al., 2014; 지능과 뇌 네트워크에 대한 훌륭한 리뷰도 참조(Barbey, 2021)). 다른 연구자들도 부분적으로 다양한 인지 장애가 특징인 희귀 유전 질환, 곧 슈바크만-다이아몬드 증후군(Shwachman-Diamond Syndrome)을 앓는 소수의 사람들을 대상으로 구조적 MRI, 기능적 MRI 및 DTI를 사용해 뇌-지능 관계를 조사했는데(Perobelli et al., 2015), 이들 역시 PFIT 모델과 일치하는 뇌 이상을 발견했다.

또 다른 포괄적인 병변 연구는 특히 (다중 인지 검사 결과에 대한 요인 분석을 통해 얻은) g-점수와 작업 기억이 심리측정학적으로 특이하게 관련되어 있으며, PFIT 모델에서 강조했던 동일한 백질 관로인 아치형 근

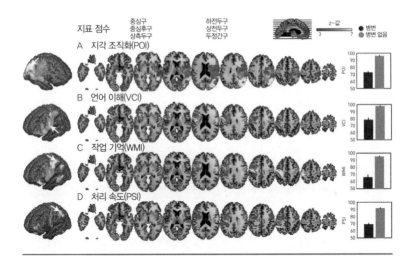

그림 4.4　지적 능력의 네 가지 지표에 대한 병변 위치의 효과. 각 행마다 (A) 지각 조직화, (B) 언어 이해, (C) 작업 기억, (D) 처리 속도에 문제가 있을 때 두뇌의 병변 위치를 보여준다. 빨간색/노란색은 각 검사 점수에 크게 영향을 미치는 병변의 부위를 나타낸다. 오른쪽 그래프는 최대 효과 영역(3D 투영의 흰색 화살표)에서 병변이 있는 환자와 없는 환자 사이의 각 지표 점수에 대한 평균 차이를 보여준다. 허락을 받아 인용(Glascher et al., 2009: 684, 그림 2).

＊이 그림의 흑백 버전은 일부 형태를 표시한다. 컬러 버전은 간지의 별도 사진 참조.

막과 일상적으로 연관되어 있다는 증거를 제공해 특별한 관심을 끌었다(Bowren et al., 2020). 이 연구는 만성 국소 병변이 있는 402명의 데이터를 분석하고 101명의 급성 뇌졸중 환자 샘플에서 주요 결과를 교차 검증했는데, 여기서 작업 기억의 해부학적 국소화가 실제 g 점수와 0.42(p<0.001)의 높은 상관관계가 있었다. 저자들은 "작업 기억은 도메인 일반 인지(domain-general cognition)에 기여하는 핵심적인 **메커니즘**"이라고 결론지었다(Bowren et al., 2020: 8924, 강조 추가). (위 문장에서 "작업 기억은 도메인 일반 인지에 기여하는 핵심적인 메커니즘"이라는 말은 작업 기억이 다양한 인지 능력 영역에 걸쳐 기본적인 역할을 수행하며, 이를 통해 여러 종류의 문제를 해결하거

나 새로운 정보를 배우는 데 필수적인 역할을 한다는 의미다—옮긴이.) 나아가 그들은 "우리는 g의 차이가 주로 작업 기억의 개인차에 의해 좌우되는 것으로 재구성함으로써 도메인 일반 인지 메커니즘에 대한 이해를 구축할 수 있다"고 주장했다(Bowren et al., 2020: 8934). 작업 기억과 g는 얼마 동안 연관되어 있는데(Kyllonen & Christal, 1990), 이런 종류의 뇌 데이터를 통해 이러한 연관성의 이유가 더욱 흥미로워지고 있다.

이제까지 살펴봤듯이 PFIT 프레임워크는 많은 연구에서 지지를 받고 있으며, 방금 설명한 것과 같은 추가 데이터가 이를 더욱 정교하게 다듬어준다. 그 이전에 신경 영상 분석을 피질을 넘어 피질하 영역으로 확장시킨 연구팀이 있었다(Burgaleta et al., 2013). 이들은 일련의 인지 검사를 완료한 젊은 성인 104명의 MRI 영상을 기반으로 여러 피질하 구조의 모양을 분석했다. 유동성 지능 점수는 g-인자와 높은 상관관계를 보였는데, 이 점수는 모두 우반구에만 존재하는 핵(nucleus), 꼬리핵(caudate), 조가비핵(putamen)의 형태와 관련이 있었다. 이런 영역과 시상〔thalamus: 여러 감각 정보(시각, 청각, 촉각 등)를 처리해 대뇌 피질로 전달하는 일종의 중계소 역할을 하며 주의, 인지, 감정, 운동 제어 등 다양한 뇌 기능에도 관여한다—옮긴이)의 형태는 시각-공간 지능의 요인과도 관련성이 있다. 또 다른 연구에서는 기저핵(basal ganglia)의 부피가 다른 지능 요소와 상관관계가 있으며, 성별에 따라서도 약간의 차이를 보였다고 보고했다(Rhein et al., 2014). 이 두 연구는 PFIT 프레임워크를 피질하 영역으로 확장했으며, 앞서 설명한 최신 백질 데이터의 증거들이 이를 뒷받침한다(Bowren et al., 2020; Stammen et al., 2022).

울리케 바스텐이 이끄는 독일 연구팀은 한 종합 보고서에서, 2014년까지 지능에 대한 신경 영상 연구의 상세한 메타분석을 완료해 PFIT

를 검증하고자 한 자신들의 원래 목적을 달성했다고 언급했다(Basten et al., 2015). 그들은 최종 분석에서 지능의 개인적 차이를 직접 평가할 수 있는 연구만을 고려했으며, 일반 그룹들 사이의 비교 연구는 제외했다. 이에 반해 융과 하이어는 두 가지 유형의 연구를 모두 포함했으며, PFIT 프레임워크는 그동안의 연구 결과를 종합해서 공통된 영역에 대한 질적 평가를 기반으로 작성한 것이었다. 독일 연구팀은 공통적인 뇌 영역을 파악하기 위해 총 1000명 이상이 참여한 28개 연구에서 얻은 구조적 및 기능적 영상 결과들에 대해 경험적 복셀 단위 분석을 수행했다. (복셀 기반 형태 측정, 즉 VBM에 대해서는 3장에서 설명했다.) 그 결과 그들은 두정엽-전두엽 네트워크가 지능에 일차적으로 관여한다는 PFIT 프레임워크의 주장을 충분히 지원할 수 있었다고 결론지었다. 또한 그들은 대상피질/설전부(cingulate/precuneus), 꼬리핵, 중뇌 등을 PFIT 프레임워크에 포함시켜 수정하도록 제안할 수 있는 증거도 발견했다. 수정된 프레임워크는 그림 4.5에 나와 있다. 최근 바스텐과 피바흐가 제출한 훌륭한 리뷰도 참조하기 바란다(Basten & Fiebach, 2021).

PFIT는 좋은 시작이었고 이 가설에 대해서 많은 검증 연구들이 뒤따랐지만 여전히 좀더 개선된 모델이 만들어지고 더 많은 검증이 있어야 할 것이다(Hilger et al., 2022). 처음의 PFIT와 이후 수정된 것을 막론하고 그런 프레임워크는 두뇌 측정 결과와 인지 검사 결과 사이에서 벌어지는 인과관계를 밝힐 수 없으며, 다만 상관관계를 일러주는 데 그칠 뿐이라는 개념적인 문제를 안고 있다(Kievit et al., 2011). 이러한 한계를 해결하고 '뉴로-g(neuro-g)' 연구로 나아갈 수 있는 한 가지 유망한 가능성은 여러 지표와 여러 원인을 두루 살펴보는 연구 기법을 사용하는 것일 테다(Kievit et al., 2012). 여기에서 자세히 설명하기에는 너무 복잡한 이런

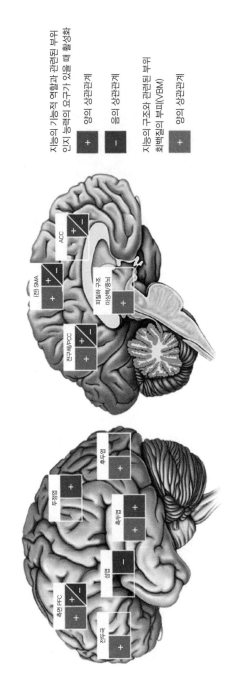

그림 4.5 2015년 리뷰에서 제시된, 지능과 관련이 있는 것으로 밝혀진 뇌 영역 지도, 왼쪽은 측면을, 오른쪽은 내측을 보여준다. ACC=전방 대상피질(anterior cingulate cortex), PCC=후방 대상피질(posterior cingulate cortex), PFC=전전두엽 피질(perfrontal cortex), SMA=보조 운동 영역(supplementary motor area), VBM=복셀 기반 형태 측정(voxel-based morphometry). 허락을 받아 인용(Basten et al., 2015).

* 이 그림의 흑백 버전은 일부 형태를 표시한다. 컬러 버전은 인지의 별도 사진 참조.

고급 통계학적 접근법은 뇌 변수에 대한 좀더 구체적인 가설을 생성할 수 있으며, 특히 대규모 데이터 세트를 규명하는 데 대단히 중요하다. 특히 인지 검사에서 나타나는 개인적 차이와 관련된 다양한 뇌 변수를 식별함에 있어 두뇌생리학(brain physiology) 측면과 인지과학 측면이 구체적으로 어떻게 관련되어 있는지를 밝히는 데에도 매우 큰 역할을 기대할 수 있다(섹션 4.3 참조).

두뇌 발달과 관련한 PFIT 연구 결과도 있다. PFIT와 네트워크 분석이 등장하기 이전에도 이미 여러 연구에서 다양한 연령대의 어린이와 청소년 그룹을 대상으로 뇌 영상을 사용했으며(단면 디자인), 다른 연구에서는 몇 년에 걸쳐 나이에 따라 동일한 개인을 계속 추적하기도 했다(종단 디자인). 후자의 연구 설계가 특히 유익했는데, 이에 대해서는 참고문헌을 참조하기 바란다(Kievit & Simpson-Kent, 2021). 단면 연구는 다양한 연령대의 그룹에서 두뇌 발달 패턴과 지능 점수의 관계를 추론했다(Shaw et al., 2006). 국가를 대표하는 대규모 표본의 어린이와 청소년을 대상으로 수행한 일련의 연구에서는 CT와 지능 사이의 연관성을 보고했다(Burgaleta et al., 2014; Estrada et al., 2019; Karama et al., 2009b; Karama et al., 2014; Román et al., 2018). 이 시리즈 연구는 이제 CT 이상의 추가 정보를 제공하는 골수화(myelination)의 간접적 척도로서 MRI 기반 백질/회백질 촬영을 포함한다(Drakulich et al., 2022). 이런 연구 결과는 주로 PFIT 프레임워크에서 제안된 것을 포함해 수행 IQ 점수가 뇌 전반에 걸친 영역과 관련이 있다는 것을 시사한다. 또 다른 연구는 6~11세 아동 99명을 대상으로 수행했는데, PFIT와 관련된 효율적인 구조적 뇌 네트워크가 지각적 추론 및 높은 g-부하 측정값과 관련이 있다고 보고했다(Kim et al., 2016). 이 부분에 대해서는 이번 장 말미에서 다시 자세히 설명할 것이다.

최근에는 루벤 거(Ruben Gur)가 동료들과 함께 MRI 측정과 인지 평가를 받은 8~22세 청소년 1601명을 대상으로 PFIT 모델을 구체적으로 검증했다(Gur et al., 2021). 이 보고서는 전반적으로 PFIT를 뒷받침하는 일련의 복잡한 결과를 담고 있어서 흥미롭지만 특히 이 모델을 확장해 "피질, 선조체(striatal), 변연계(limbic), 소뇌 영역(cerebellar regions)과 네트워크 등이 …… 동기와 그 영향에 관여한다"고 언급했다. 또한 연구팀은 "이런 뇌 영역의 연관성은 아동기부터 청소년기, 청년기에 이르기까지 연령대가 높아질수록 더 강해지며, 여성에게서는 그 효과가 더 일찍 나타난다. 이 확장된 PFIT 네트워크는 인간이 성장하는 과정에서 점차 미세 조정되어 낮은 휴식 에너지 상태를 유지하면서 신경 조직의 풍부함과 무결성을 최적화한다"고 결론지었다(Gur et al., 2021: 1444). 이것은 새로운 경험적 관찰을 통해 얻은 이론을 확장한 또 다른 좋은 사례라고 할 수 있다.

여기서 잠시 다른 길로 빠져 성(性)과 PFIT에 대해 이야기해보자. (내가 아는 한 아직은 이런 제목을 단 영화나 책이 등장하지 않았다.) 루벤 거 등의 연구가 비록 초기에 적은 표본으로 초보적인 영상 자료를 사용해 이 문제를 다루기는 했지만(Gur er al., 2021), 그래도 뇌와 지능 관계에서 성별 차이를 제기한 최초의 연구는 아니었다(Haier & Benbow, 1995; Haier et al., 2005; Jung et al., 2005). 좀더 정교한 지능 연구에서도 성별이 뇌와 지능의 관계에서 중요하다는 사실이 밝혀지긴 했다(Dreszer et al., 2020; Ryman et al., 2016). 이번 장 뒷부분에서 설명할 연결성 분석을 사용한 두 가지 연구가 더 있는데, 흥미로운 성별 차이를 보고하므로 지금 여기서 잠깐 소개해보겠다.

첫 번째 연구에서는 중국의 한 연구팀이 fMRI 연결성 패턴을 사용해 IQ 점수를 예측하고 다른 두 샘플에서 그 예측 방정식을 검증했다(Jiang et al., 2020). 그 결과 PFIT에서 제기한 부위를 포함해 여러 뇌 영역이 지능의 예측 변수로 부각되었는데, 이는 PFIT 모델의 확장을 제안하는 것이라고 할 수 있다. 하지만 이 연구는 흥미로운 성별의 차이도 보고했다. 뇌 영상 분석에서 예측된 IQ 점수와 실제 IQ 시험에서 얻은 점수 사이의 상관관계가 남성의 경우에는 0.63으로, 여성의 경우는 0.77로 더 높게 나타난 것이다. 이는 상당히 강력한 상관관계라고 할 수 있는데, 놀랍게도 2개의 검증용 샘플에서는 그 상관관계가 현저하게 낮아졌다. (남성의 경우는 각각 0.25와 0.23으로, 여성의 경우에는 0.29와 0.40으로 낮았다.) 물론 이런 결과가 크게 놀랄 일은 아니다. 다만, IQ 예측이 여성의 경우에 더 정확했다는 점에는 주목할 필요가 있다. 하지만 흥미롭게도 남성과 여성의 예측 모두 서로 다른 뇌 영역과 관련된 연결 패턴에 기반했으며, 이는 세 차례의 연구에서도 모두 그러했다. 이 연구 결과는 초창기의 미흡했던 연구들에서 얻은 결과보다 훨씬 더 강력한 경험적 관찰에 기반한 것이라고 할 수 있다(Haier & Benbow, 1995; Haier et al., 2005; Jung et al., 2005).

두 번째 연구에서는 또 다른 그룹이 휴식 상태의 fMRI 영상을 기반으로 뇌의 기능적 연결성 척도를 분석했다. 이 연구는 PFIT 모델을 검증하고, 그것이 높은 g 점수와 어떤 관계에 있는지를 구체적으로 찾아보기 위함이었다(Fraenz et al., 2021). 그들은 본 연구와 그에 따른 검증을 위해 도합 1489명의 개인을 2개의 샘플군으로 구분했다. IQ 점수와 연관 있는 두뇌 연결 패턴은 두 샘플군 모두에서 PFIT 영역 BA 8, 10, 22, 39, 46, 47(좌반구) 및 44, 45(우반구)에서 발견되었다. 이런 결과를 전체 샘플군에서 얻었지만 성별에 따라 별도로 분석했을 때 여성에게서 더욱 두드러졌다. 따라서 휴식 상태에서 결정된 원래의 PFIT 모델의 영역 연결성은 유동성 지능의 좋은 척도로서 관련성을 갖지만, 이런 관련성은 오직 여성에게만 국한된다. 성은 여전히 미스터리투성이라고 할 수 있다.

여기까지 설명하면서 나는 지금쯤 여러분이 지능과 관련된 다양한 뇌 영역과 네트워크를 모두 염두에 두는 게 어렵고 혼란스러울 거라고 짐작한다. 나도 물론 그런 느낌을 잘 알고 있다. 그런데 여기에 크게 도움을 줄 만한 것이 있다. 두뇌의 각 영역이 무엇을 하는지 보여주는 표 (table)가 있으면 좋을 것 같다는 생각이 그것이다. 예전에도 그런 표가 있었지만, 더 많은 데이터가 축적되면서 각각의 영역과 네트워크가 일반적으로 두 가지 이상의 기능에 관여한다는 게 분명해졌다. 이는 뇌 병변 환자를 대상으로 수행한 초기 신경심리학 연구에서 g-인자를 추적하는 동안 관찰되었으며(Basso et al., 1973), 최근에는 다중 수요 이론 (multiple demand theory: 경제학에서, 여러 가지 상품이나 서비스에 대한 수요가 어떻게 상호 작용하는지를 설명하는 이론—옮긴이)으로 공식화되었다(Duncan, 2010). 이렇게 하나의 뇌 영역이나 네트워크와 하나의 인지 기능 사이에서 그렇게 단순한 대응만 있는 게 아니라면, 우리는 그것을 어떻게 수습할 수 있을까? 우리가 설명을 거듭할수록 복잡한 상황이 더욱 복잡해지는 것은 아닐까? 설상가상으로, 뇌 영역을 정의하는 방식도 그리 정확하지 않고, 또한 사람들마다 뇌의 경계가 일정 부분 다를 수도 있다. 하지만 방법이 아주 없는 것은 아니다. 여러분은 내가 앞에서 강조한, 뇌에 관한 첫 번째 법칙을 기억할 것이다. "두뇌에 관해서라면 그 어떤 이야기도 간단하지 않다." 내 생각에는 뇌 영역의 그 어떤 부분이라도 또는 어떤 네트워크라도 그것이 하는 일을 모두 외울 필요는 전혀 없다. 나는 여러분이 단지 이 점만 기억하면 된다고 생각한다. 우리는 이제 비로소 지능처럼 복잡한 존재와 관련된 일련의 뇌 영역과 (하위 네트워크를 포함한) 일련의 네트워크를 식별할 수 있는 단계에 이르렀다는 것이다. 여기까지 읽었다면 알겠지만, 더 많은 의문을 불러일으키는 흥미로운 연구 결과가 여전히 많다. 비유하자면, 우리는 오케스트라에서 개별 악기와 전체 악기를 파악하는 도중에 있다. 그것들이 함께 연주되면서 어떻게 지능이라는 교향곡을 만들어내는지 알아내는 것은 더 나은 기술과 분석 방법이 필요한 과제다. 지금부터는, 그리고 5장과 6장에서는 그런 더 많은 진전에 대해 설명할 것이다.

새로운 방법을 기반으로 한 최근의 연구 결과를 살펴보기 전에 먼저 초기의 뇌 네트워크 연구 결과를 요약해보자. 3장에서 설명한 1988년부터 2007년까지, 신경 영상 연구의 첫 번째 단계에서 제안된 두 가지 중요한 가설은 두 가지다. 첫 번째는 지능이 뇌의 효율성과 관련이 있으며, 두 번째는 뇌 전체에 분포한 여러 영역, 특히 두정엽-전두엽 네트워크가 크게 관여한다는 것이다. 이번 장에서 지금까지 요약한 신경 영상 연구의 두 번째 단계에서는 그러한 아이디어를 검증하기 위해 훨씬 더 큰 샘플을 사용하고 더욱 정교한 영상 수집 및 분석 기술을 적용했다. 이런 초기 연구는 (비록 일부 수정이 있기는 해도) 두정엽-전두엽 분포 가설을 뒷받침하는 증거와 뇌 연결성 측정에 기반한 효율성 가설을 잠정적으로 뒷받침하는 증거를 구축했다고 요약할 수 있다.

그렇다면 최신 연구 결과는 PFIT에 대해 무엇을 보여주고 있을까? 이 책의 초판을 출간한 2015년 당시에는 지능에 대한 연결성 분석이 학계에 막 소개될 즈음이었다(Finn et al., 2015; Smith et al., 2015). 핀(E. S.

Finn)의 논문은 지능과 관련된 휴먼 커넥톰 프로젝트〔Human Connectome Project, HCP: 2009년에 시작된 대규모 신경과학 연구 프로젝트로, 인간 뇌의 복잡한 연결망(connectome)을 고해상도로 규명하고, 뇌의 구조적·기능적 연결성을 이해하는 것을 목표로 한다—옮긴이〕의 흥미로운 첫 번째 보고서였다. 해당 논문은 461명의 참가자가 휴식 상태에 있을 때의 fMRI 촬영을 기반으로 했다. 이 연구에서는 200개 뇌 영역을 선별해 그 기능적 연결성을 계산하고 158개의 인구통계학적 및 심리 측정 변수를 단일 분석에 통합했다. g-인자에 대한 직접적 언급은 없었지만, 주요 결과는 뇌 영역 간의 전반적인 연결성이 지능 변수와 가장 강력한 연관성을 보였으며, 그런 연결성이 높을수록 시험 점수 또한 높다는 걸 보여주었다.

내게는 이런 연구 결과 자체가 크게 놀라웠을 뿐만 아니라, 뇌 프로파일을 이용해 우리 개개인이 지닌 지적 능력을 설명하고자 노력한 지난 40년 동안의 내 꿈이 실현된 연구라는 점에서 더욱 감회가 깊었다. 연구팀은 (그림 4.1이 보여주는 것과 같이) 뇌 영역들 간의 연결 패턴을 분석한 결과를 토대로 다음과 같이 보고했다. 그들은 네 가지 과제를 수행하는 경우와 두 가지 휴식 시의 경우를 포함한 6개의 세션 동안, 126명의 fMRI 데이터를 수집하는 것으로 연구를 시작했다. 일반적인 분석이라면 과제 수행 시와 휴식 시의 조건에서 전체 그룹의 평균 연결성을 비교했을 것이다. 하지만 연구팀은 그룹의 차이가 아닌, 개인적 차이에 초점을 맞추었다. 즉, 각각의 사람들에게 연결성 패턴이 안정적인지 여부에 초점을 맞추었던 것이다. 이 복잡한 과제를 수행하기 위해 그들은 (10개의 네트워크를 구성하는) 268개 뇌 노드 사이의 기능적 연결 패턴을 찾아서 각 세션마다 그 연결성의 정도를 개별적으로 계산했다. 그랬더니 사람들 각각에게서 두 번 휴식 시의 연결성 패턴이 거의 비슷하게 안정적으로 나타났으며, 이런 점은 네 가지 다른 작업을 수행할 때에도 똑같았다. 그런가 하면 그 연결성 패턴만 보고서도 누구의 것인지 식별할 수 있을 만큼 고유했다. 이런 놀라운 연구 결과는 두뇌 연결성 패턴의 안정성과 고유성을 결합하는 것이었다. 그래서 그들은 이를 뇌 지문(brain fingerprint)이라고 명명했는데, 나는 그것을 뇌문(brainprint, 腦紋)이라 불러야 한다고 생각했다.

그런데 내게 더욱 흥미로웠던 점은 그들이 개인의 뇌 지문을 통해서 유동성 지능의 개인적 차이를 예측할 수 있다고 지적했다는 데 있었다. 이는 사실상 기대 이상의 성과였다. 유동성 지능과 가장 강력한 상관관계는 두정엽-전두엽 네트워크에서 나타났다. 그리고 무엇보다도 이 보고서에는 교차 검증이 포함되었다. 저자들은 이렇게 지적했다. "이러한 결과는 fMRI 영상에 기반한 연결성 '뉴로마커(neuromarker)'를 발견할 수 있는 잠재력을 강조했다. 이런 뉴로마커의 활용은 궁극적으로 각 개인에게 적합한 교육 및 임상 관행을 개발하고, 그렇게 해서 그들의 삶을 개선하는 데 크게 유용할 수 있을 것으로 기대된다"(Finn et al., 2015: 6). 그들의 결론은 다음과 같았다.

> 이러한 연구 결과를 종합하면, 개별 fMRI 데이터의 분석이 가능하고 실제로 바람직하다는 것을 알 수 있다. 이러한 발견을 토대로 했을 때, 우리는 인간에 대한 신경 영상 연구가 우리 두뇌가 갖고 있는 일반적인 네트워크를 밝히는 것을 넘어서서 각 개인들의 뇌 네트워크가 어떻게 그처럼 고유하게 조직화되는지 밝혀낼 수 있다고 생각한다. 그렇게 함으로써 우리는 각자의 행동과 질병을 통제하는 고유한 두뇌 표현형을 찾을 수 있을 것이다(Finn et al., 2015: 7).

나는 이 연구가 획기적이라고 생각한다. 나도 이 연구에 참여할 수 있었으면 하는 생각도 든다. 지금부터 살펴보겠지만, 이 연구는 지능과 관련된 뇌 네트워크를 더 자세히 설명하는 새로운 길을 열었다.

현재 뇌 연결성 및 지능과 관련해 수많은 연구가 진행 중에 있다(예: Santarnecchi, Emmendorfer & Pascual-Leone 2017a; Santarnecchi et al., 2017). 우리는 이미 성별 차이와 관련된 연결성을 다룬 각기 다른 성격의 두 연구에 대해 논의한 바 있다(Fraenz et al., 2021; Gur et al., 2021). 그 연구들은 네트워크 신경과학의 새로운 범주를 정의하는 데 큰 도움을 주었다(Barbey, 2018, 2021; Girn et al., 2019). 내가 보기에 그런 연구가 이미징/지능 연구의 세 번째 단계를 정의했다고 생각한다. PFIT에 관해서는 전두엽-두정엽을 포함한 기능적 네트워크의 연결성 차이가 WAIS IQ 점수와 관련이 있다는 추가적인 증거가 존재한다(Hilger et al., 2017b). 그 연구는 참가자 309명의 휴식 상태 fMRI 영상에 기반을 두었다. 그리고 네트워크 내의 국소화된 구성 요소(모듈은 연결된 노드의 그룹이다)를 좀더 자세히 분석하기 위해 개별 뇌 영역(노드)을 네트워크 내의 모듈로 그룹화했다. 이러한 연구 결과를 바탕으로 힐거(K. Hilger)와 그 동료들은 뇌 모듈들 사이의 연결성이 시간이 경과함에 따라 어떻게 변화하는지 그 역동성을 추적했다(Hilger et al., 2020). 연구팀은 IQ 점수가 높은 개인일수록 시간 경과에 따른 변동성은 적고 그 대신 안정성이 높아진다는 사실을 발견했는데, 이는 우리가 가장 중요하다고 생각하는 네트워크에서 가장 두드러지게 나타났다(Shi et al., 2022 참조). 이처럼 신경 영상에 기반한 연결성 연구는 지능과 관련된 뇌 네트워크의 측면을 점점 더 많이 밝혀내고 있다. 그림 4.6은 연결성 네트워크와 지능에 대한 연구 결과를 요약해서 보여주는 그림이다.

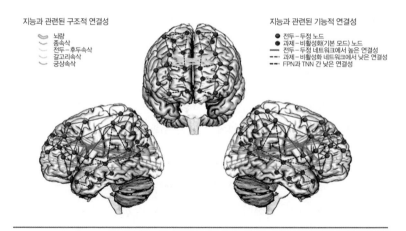

지능과 관련된 구조적 연결성

- 뇌량
- 종속삭
- 전두-후두속삭
- 갈고리속삭
- 궁상속삭

지능과 관련된 기능적 연결성

- ● 전두-두정 노드
- ● 과제-비활성화(기본 모드) 노드
- ─ 전두-두정 네트워크에서 높은 연결성
- --- 과제-비활성화 네트워크에서 낮은 연결성
- ·-· FPN과 TNN 간 낮은 연결성

그림 4.6 ˙ 네트워크 신경과학적 관점에서 본 지능의 뇌 기반. 허락을 받아 인용(Hilger and Sporns, 2021).

＊이 그림의 흑백 버전은 일부 형태를 표시한다. 컬러 버전은 간지의 별도 사진 참조.

다음 섹션에서는 연결성 분석이 특히 뇌 효율성 가설과 신경 영상에서 지능 예측이 목표인 지능 연구를 어떻게 발전시켰는지 논의할 것이다. 5장에서 살펴보겠지만, 이런 연구 결과는 궁극적으로 지능 향상이라는 결코 작지 않은 목표를 염두에 두고 우리가 어떻게 뇌 네트워크를 조사 및 조작할 수 있는지 실험하는 연구의 기초가 될 수 있다.

4.2 기능적 두뇌 효율성: 영상은 더 적을수록 더 많은 것을 보여줄까

지능 검사 점수와 피질의 GMR(포도당 대사율) 사이의 역상관관계를 관찰한 이후, 우리는 높은 지능은 효율적인 두뇌 활동과 관련이 있다는 가설을 세웠다(Haier et al., 1988). 이 보고서에서 우리는 효율성의 개념을 일반적인 것으로 설정해 뇌 네트워크, 뉴런(특히 뉴론 속 미토콘드리아) 또는 시냅틱 이벤트(synaptic event) 등 측정 가능한 특성이 포함될 수 있는 것으로 상정했다. 또한 과제 수행 후에 나타나는 피질의 활성화 감소는 뇌가 과제를 학습한 결과라고 생각했다. 과제와 관련된 영역이 열심히 일하는 동안 사용하지 않은 영역에서 학습이 이루어졌을 거라고 말이다(Haier et al., 1992a). 이런 다소 부정확한 시작에서 엿볼 수 있듯이 두뇌 효율성과 지능 사이의 관계를 입증하고자 했던 연구들이 지난 수년에 걸쳐 일관성 없는 결과를 낳았다는 것은 그리 놀라운 일이 아니다. 이후 연구 문헌을 철저히 재검토한 결과, 우리는 뇌의 효율성이 주로 작업 유형과 성별에 따라 조작된다고 결론지었다(Neubauer & Fink, 2009). 당시까지 대부분의 두뇌 효율성 연구는 EEG(뇌전도 검사)를 기반으로 이루어졌다(Dreszer et al., 2020 참조). 그런데 섹션 4.1에서 요약한 그래프 분석이 구조적·기능적 뇌 네트워크 효율성은 지능과 관련 있다는 간접적 증거를 제공했지만, 효율성에 영향을 미치는 변수가 더 많이 확인되면서 이야기는 더욱 복잡해졌다(Dreszer et al., 2020; Ryman et al., 2016; Euler & Schubert, 2021의 리뷰 참조).

초기에 수행한 두 차례의 fMRI 연구에서는 샘플 규모가 비교적 작았는데, 높은 IQ의 사람들과 평균 IQ인 사람들의 피질 활성화도(cortical activation)를 비교해 두뇌 효율성을 조사했다(Graham et al., 2010; Perfetti et al., 2009). 이 연구들은 지능의 차이에 따라 참가자를 선정해 고지능 그룹과 저지능 그룹을 비교했다는 점에서 주목할 만하다. 대부분의 인지 영상 연구에서는 지능을 독립 변수로 사용하지 않는데, 이는 연구자들이 모든 인간의 뇌는 기본적으로 같은 방식으로 작동한다는 일반적인 가정을 너무 믿고 있기 때문이다. IQ 점수 자체를 기준으로 사람들을 구분해서 비교하는 것은 의미가 없다고 생각했던 것이다. 하지만 이런 가정이 과연 타당한지는 상당히 의심스럽다. 영상 연구의 설계에서 지능을 고려하면 그 차이가 분명하게 드러난다. 이 두 연구는 대체로 일관된 결과를 보고했는데, 그중 한 연구는 다음과 같은 결론을 내렸다.

> 과업의 복잡성이 증가하면 지능이 높은 피험자는 일부 전두엽과 두정엽 영역의 신호가 강화되는 반면, 지능이 낮은 피험자는 같은 영역의 두뇌 활동이 감소하는 것으로 나타났다. 또한 두 그룹의 뇌 활성화 패턴을 직접 비교한 결과, 중간 수준의 과제를 수행할 때 낮은 IQ 샘플에서 더 큰 신경 활동이 관찰되었다. 이는 내측 및 외측 전두엽 영역이 강하게 관여해서 IQ 점수 정도에 따라 두뇌 활동에서도 그 작용 부위와 강도가 다를 수 있음을 시사했다(Perfetti et al., 2009: 497).

마찬가지로 다른 한 연구에서는 다음과 같은 결론을 내렸다.

> ('신경 효율성' 논쟁에서) 더 높은 지능이 더 많은 두뇌 활동과 어떤 관련성을 갖는지 여부는 주어진 과제가 무엇인지, 그리고 어떤 두뇌 영역을 조사하는지와 어느 정도 관련성이 있다. 여기서 시사하는 것 한 가지는 IQ 점수가 서로 다른 그룹을 비교할 때 두뇌 부위의 활성화 차이 해석에 있어 특별한 주의가 필요하다는 것이다(Graham et al., 2010: 641).

안타깝게도 이 연구들에서처럼 지능을 독립 변수로 사용하는 경우는 지금도 여전히 예외적으로 취급된다. (다른 한 가지 추가 사례는 섹션 4.4에서 설명할 것이다.)

다른 2개의 초기 연구에서는 fMRI 데이터로 뇌 효율성 가설을 직접 조사했다. 첫 번째 연구는 (남성과 여성이 각각 20명씩인) 10대 청소년 40명을 대상으로 연구 설계를 하면서 성별, 과제 난이도, 지능을 포함시켰다(Lipp et al., 2012). 이 40명은 900명의 모집단에서 뽑았는데, (일반 지능 점수 및 시각 공간 점수에서) 남성과 여성의 지능 점수가 일치하도록 조절했다. 그리고 과제 난이도가 너무 작은 데 따르는 문제를 회피하기 위해 점수의 차이를 크게 만들었다. 이 연구에서 각 참가자는 fMRI를 사용하는 동안, 제어 문제(control problem)와 함께 일련의 공간 회전 문제(spatial rotation problem)를 풀었다. 그런데 시각 공간 과제(visual-spatial test)가 주로 전두엽과 두정엽 영역을 활성화하기는 했지만, 효율성 가설에서와 달리 지능과 과제 수행 중 두뇌 활성화 사이에서 역상관관계를 보여주는 기본적인 발견을 찾아보기 어려웠다. 대신에 후방대상(posterior cingulate)과 두정엽 전구체(prcuneus) 부위의 활성화가 지능과 연관성을 보였다. 이 두 영역은 PFIT에서 추가로 제기된 기본 네트워크 영역 중 하나였다(Basten et al., 2015). 저자들은 이를 지능이 낮은 참가자들에게서 디폴트 네트워크 영역의 비활성화가 보다 큰 역할을 할 수 있다는 걸 시사하는 것으로 해석했다. 또한 여성 참가자들의 경우에는 지능이 높을수록 어려운 문제에 마주했을 때 과제 관련 영역에서 활동이 더 증대한다는 사실도 발견했다. 요컨대 이런 결과는 우리가 첫 번째 법칙에서 강조했던 두뇌 효율성의 복잡성 문제를 더욱 강화시켰다고 할 수 있다.

두뇌 효율성에 대한 두 번째 연구에서 바스텐과 그 동료들은 52명의 참가자에게 난이도가 높아지는 작업 기억 과제를 수행하도록 하면서

fMRI 데이터를 획득했다(Basten et al., 2013). 이들은 두 가지 종류의 뇌 영역, 즉 과제 수행 중 활성화가 증가하는 양성 영역과 감소하는 음성 영역을 중요하게 구분했다. 연구팀은 지능 검사 점수와 두 종류의 영역 활성화 점수 사이의 상관관계를 개별적으로 분석했다. 그런데 과제에 반응해 긍정적 활성화가 이루어진 네트워크에서는 지능이 높을수록 그 효율성이 떨어지는 것으로 나타났다. 과제 부정적 네트워크에서는 높은 지능 점수가 더 높은 효율성과 관련이 있었다. 남성과 여성의 하위 표본에서도 그 결과는 유사했는데, 이러한 상반된 결과는 효율성 가설을 입증하고자 할 때 전체 두뇌 분석이 영역별 분석보다 더 혼란스러울 수 있음을 시사한다.

지능의 개인차에 관한 단순한 효율성 가설이 초기에 상당히 매력적이었음에도 불구하고, 후속 연구들은 계속해서 그것이 지닌 일련의 복잡한 문제를 강조해왔다. 다른 한편으로, 효율성이 신경 회로 활동과 그것이 어떻게 복잡한 인지(complex cognition)와 관련 있는지 생각할 때 여전히 인기 있는 개념이었다(Bassett et al., 2015). 반면, 이 개념은 너무 모호해서 쓸모없다는 평가를 받기도 한다. 하지만 더 잘 정의하고 더 잘 측정한다면 여전히 잠재적인 설득력을 지닌 이론인 것 또한 분명하다(Poldrack, 2015).

앞에서 언급한 것처럼 이 책의 초판 이후 진행된 새로운 연결성 탐구는 뇌 효율성 연구가 제공할 수 있는 잠재적 설명력이 얼마나 클 수 있는지를 잘 보여준다. 예를 들어, 힐거와 그 동료들은 지능과 관련해 잘 설계된 신경 영상 연구를 여러 편 발표했는데, 그중 두 편은 네트워크 모듈에 관한 것으로 섹션 4.1에서 이미 논의한 바 있다. 또 다른 연구는 54명의 개인이 휴식 상태에 있을 때의 fMRI 영상을 기반으로 주요 전체 네트워크(즉, 해부학적으로 이질적인 뇌 영역을 연결하는 전반적 네트워크)와 네트워크 내 개별 노드(즉, 해부학적으로 가까운 영역들 사이의 네트워크) 간의 뇌 효율성 및 기능적 연결성을 살펴보았다(Hilger et al., 2017a). 연구팀은 전체 네트워크 효율성 측정치가 WAIS IQ 점수와 상관관계가 없다는 것을 발견했지만, 노드 효율성 측정치는 뇌의 세 영역에서 IQ와 상관관계가 있다는 증거를 찾아냈다. 이 영역들은 뇌 영역 간 효율적인 의사소통을 설명하는 데 유용한 정보 처리의 특별한 측면과 관련이 있었다. 자세한 논의 끝에 저자들은 다음과 같은 결론을 내렸다.

> 우리 분석에 의하면 뇌 네트워크의 전체 위상과 관련해 생각할 때 이전에는 중요한 정보 처리를 담당한다고 알려졌던 영역들이 …… 그리고 추가 처리에서 관련 없는 정보를 걸러내는 필터링을 한다고 알려졌던 영역들이 …… 지능의 개인적 차이를 설명하는 데 중요한 역할을 하고 있다고 여겨진다. 우리는 이 세 영역의 네트워크 통합에서 관찰된 차이를 통해 지능 높은 사람들이 더 빠르게 새로운 자극을 감지 및 평가하고, 새로운 자극으로 표시해 추가 처리를 하고, 관련 없는 정보의 간섭으로부터 지속적인 인지 처리를 보호함으로써 궁극적으로 더 높은 인지 능력과 높은 지능에 기여하는 것으로 추측하고 있다(Hilger et al., 2017a: 20).

이러한 방식의 연구는 지능과 인지신경과학을 잘 연결시켜준다(Barbey et al., 2021; Euler & McKinney, 2021; Hilger & Sporns, 2021).

하지만 여러분은 2017년의 이 연구가 상대적으로 표본이 적은 휴식 상태에서 fMRI 영상만을 기반으로 했다는 점에 주목할 필요가 있다. 그러면 과제 의존적 fMRI 영상은 무엇을 보여줄 수 있을까? 또 다른 연구에서는 휴식 상태와 일곱 가지 과제를 수행하는 동안의 fMRI 영상을 비교함으로써 지능 검사 점수와 관련된 여러 네트워크 역학을 살펴보았다(Thiele et al., 2022). 그들은 134명에 대한 연구 결과와 함께 다른 184명에 대한 검증 연구 결과도 같이 보고했다. 이 연구의 핵심은 각각의 작업에 따라 기능 네트워크가 어떻게 변화하는지를 평가하는 것이었는데, 여기에서는 그런 변화를 재구성(reconfiguration)이라고 불렀다. 종합적인 연구 결과는 여러 네트워크에 걸친 재구성이 12가지 인지 측정의 요인 분석으로 추출한 g의 측정값과 반비례한다는 것이었다. 다시 말해, g 점수가 높은 개인일수록 과제 간 재구성이 적은 것으로 나타났는데, 이는 (모든 지적 능력 검사가 서로 양의 상관관계에 있다는) 포지티브 매니폴드의 좀더 일반적인 신경 반영과 뇌 네트워크의 훨씬 효율적인 구성을 시사하는 것이다. 또한 연구팀은 이번 연구 결과가 "분산된 다중 작업 뇌 네트워크에서 나타나는 인간의 지능에 대한 통찰력"을 밝혀냈다고 주장했다.

이러한 연결성 연구만큼이나 정교하면서도 뇌 영역 사이의 정보 흐름을 측정하는 훨씬 더 직접적인 방법도 있다. 앞서 언급했듯이 EEG와 EP 방법은 같은 전기생리학적 기법으로 뇌의 전기 신호 변화를 밀리초 단위로 연속 측정하기 때문에 1~2초 미만으로 지속되는 인지 과정을 그래프로 나타내는 데 매우 유용하다. 몇 가지 기술적 한계에도 불구하고, 이 방법들은 지능 연구에서 오랜 역사를 지니고 있으며 정보 처리와 관련해 몇 가지 측면에서는 더 자세히 설명할 수 있는 잠재력을 갖고 있다(Euler & Schuber, 2021의 종합적인 리뷰 참조). 예를 들어, 지능 측정과 인지 처리 속도 사이의 비교적 강력한 연관성을 발견한 연구를 포함해 최근의 여러 전기생리학적 연구를 아날레나 슈베르트

(AnnaLena Schubert)와 그 동료들이 검토했다(Frischkorn et al., 2019; Schubert & Frischkorn, 2020; Schubert et al., 2017; Schubert et al., 2019; Schubert et al., 2020). 그러나 니코틴(nicotine)을 사용해 정보 처리 속도를 높였던 한 영리한 실험에서는 그것이 인과관계가 아닐 수 있다고 주장했다. 저자들은 "뇌의 구조적 특성이 정보 처리 속도와 일반 지능 모두에 영향을 미칠 수 있으며, 따라서 정신 속도와 지적 능력 사이의 잘 확립된 연관성을 보여준다고 할 수 있다"고 결론 내렸다(Schubert et al., 2018: 66).

효율성을 측정하는 또 다른 접근 방식은 MEG, 즉 뇌 자기 공명 영상 기술을 기반으로 하는 비침습적 신경 영상 기술을 사용한다. MEG는 뉴런 그룹이 켜지고 꺼질 때 발생하는 미세한 자기 변동(magnetic fluctuation)을 감지한다. 이 기술의 공간 해상도는 약 1밀리미터이지만, EEG에서와 마찬가지로 시간 해상도는 밀리초 단위로 영상을 찍을 수 있으므로 두뇌의 정보 흐름을 연구하는 데 특히 매력적이다. 또한 자기 신호는 두개골을 통과할 때 뇌파 신호보다 왜곡이 적어서 어떤 활동의 공간적 위치를 감지하는 데 더욱 유리하다. 피험자가 인지 문제를 푸는 동안 MEG 영상을 찍어내면, 뉴런 발화와 관련한 밀리초 단위의 변동을 뇌 전체에서 감지하고 추적할 수 있다. 이러한 변동의 해석을 둘러싼 여러 가지 문제가 있을 수는 있지만, 잠재적으로 문제 해결 과정에서 개인의 두뇌가 정보를 어떻게 처리하는지에 대해 중요한 통찰력을 제공할 수 있다.

그런 사례 중 하나를 들어보자. 한 연구팀은 지능과 관련이 있다고 여겨지는 뇌 활성화의 타이밍과 순서를 평가하기 위해 선택 반응적 시간 과제를 수행하는 동안 MEG를 사용했다(Thoma et al., 2006). 그들은 선택 반응 시간이 지능과 상관관계가 높기 때문에 이런 과제를 선택했다. (선택 반응 시간 과제는 어떤 반응이 옳은지 결정해야 하지만 단순 반응 시간 과제는 자극에 대한 반응만 있으면 된다.) 선택 반응 시간 과제에서 빠른 반응 시간은 더 높은 지능 점수와 관련이 있지만, 단순 과제에서 반응 시간은 그렇지 않다는 걸 많은 연구들이 이미 보고한 바 있다(Jensen, 1998b; Jensen, 2006; Vernon, 1983). 21명의 젊은 성인 남성을 대상으로 수행한 또 다른 MEG 영상 분석 결과는 후방 시각 처리 영역과 감각 운동 영역을 포함하는 일련의 활성화 시퀀스가 추상적 추론에 대한 RAPM 시험 점수와 관련이 있는 것으로 나타났다(1장 참조). 이는 지능을 연구하기 위해 MEG를 사용한 선구적인 시도였지만, 대규모 샘플이나 테스트 모델을 적용하지 않았기 때문에 복잡한 MEG 결과는 단지 잠정적인 것에 불과했다. 20명의 대학생을 대상으로 수행한 또 다른 MEG 연구에서는 언어 기억 과제를 수행하는 도중에 두뇌에서의 효율적인 정보 흐름을 조사했다. 그 결과 연구자들은 "언어 작업 기억 영역에서 효율적인 뇌 조직은 아마도 우측 전전두엽과 좌측 측두엽 영역을 포함하는 대규모 뇌 네트워크에 걸쳐 낮은 휴식 상태의 기능적 연결성과 관련이 있을 수 있다"고 주장했다(Del Río et al., 2012: 160). 이 연구가 PFIT를 직접적으로 검증했다고는 할 수 없지만, 그래도 그 결과는 정보 처리의 순서와 타이밍을 감지하기 위한 MEG 분석의 잠재력을 보여주는 고무적인 사례라고 하겠다.

　MEG는 사용하기가 아주 까다롭고 값비싼 기술이며 연구자들이 활용할 수 있는 MEG 기계 역시 그리 많지 않다. 이는 현재 널리 쓰이는 MRI 방법과는 대조적이다. 대학의 많은 심리학과들이 한 대 이상의 MRI 기계를 보유하고 있으며, 대학원생들은 인지 연구 수행을 위해 수학 전문가들이 개발한 정교한 이미지 분석 소프트웨어에 익숙하다. 하지만 연구 도구로서 MEG는 아직도 개발 단계에 있다. 예를 들어, 한 연구팀은 네트워크 연결성을 밝히기 위한 최적의 방법으로 같은 샘플에 대해 MEG와 fMRI를 사용했고(Plis et al., 2011), 다른 그룹은 연결성 그래프 분석에 데이터를 사용했다(Maldjian et al., 2014; Pineda-Pardo et al., 2014). 그러나 이러한 연구에서 지능은 변수가 아니었다. 또 다른 그룹은 읽기 장애에 대한 연구에서 두뇌의 세 영역에서 IQ 점수와 상관관계가 있는 MEG 활성화를 발견했지만 이 영역들 사이에서의 순차적인 활동 변화 과정은 보고되지 않았다(Simos et al., 2014).

MEG는 이처럼 상대적으로 느리게 지능 연구에 적용되기 시작했지만, 마침내 높은 유동성 지능 점수와 평균적인 유동성 지능 점수를 가진 개인들 사이의 기능적 뇌 네트워크(두뇌 활동의 평가는 빠른 진동의 빈도로 정의했다)를 비교하는 데 사용되었다(Bruzzone et al., 2022). 청년 참가자 66명(남성과 여성 모두 포함, 평균 연령 25세)의 구조적 연결성 또한 DTI로 평가했다. 연구팀은 유동성 지능이 높은 그룹의 DTI 백질 구조적 연결성이 평균 유동성 지능 그룹의 PFIT에 일부 포함된 뇌 영역에서보다 더 강력하다는 것을 발견했는데, 이는 라이 등(Li et al., 2009)의 연구 결과와 유사하게 더 효율적인 정보 처리를 제공하는 것으로 해석할 수 있다. 그런데 MEG 기능성 데이터는 뇌 효율성 가설을 간접적으로만 다룰 수 있으며, 여기에서 도출하는 아주 복잡한 결과는 연구자에 따라 그 해석이 크게 달라질 수 있어 간단명료한 요약을 이끌어내기가 쉽지 않다. 뇌 영상이 정교해지면 질수록 그 결과에 대한 해석은 점점 더 명료해지지 않는다. 특히 (유전학 연구에서도 그랬던 것처럼) 최상의 기술적 지식을 요구하는 아주 복잡한 연구 방법을 동원할 때에는 더욱 그러하다는 걸 여러분도 유념해야 할 것이다. 이제 하이어의 제1 법칙을 다시 한번 강조해야겠다. **두뇌에 관해서라면 그 어떤 이야기도 간단하지 않다.** 그럼에도 불구하고 이 연구는 유동성 지능의 수준에 따라서 달라지는 네트워크 역학을 규명하는 데 또 하나의 중요한 진전을 이룩했다.

MEG는 EEG 방식에 비해 피질 아래의 뇌 영역을 더 잘 포착할 수 있으므로 네트워크 역학에 관해 PFIT 가설을 좀더 단도직입적으로 적용해볼 수 있다. 이런 점에서 나는 앞으로 MEG를 사용하는 연구가 더 많이 이루어지길 기대한다. 예를 들어, PFIT는 지능이 우리가 문제를 해결하고자 할 때 뇌의 특정 영역에서 일련의 특별한 활성화가 진행되는 것과 관련이 있다고 가정한다. 일반적으로 말한다면, 이 순서는 후 감각(posterior sensory) 처리 영역에서 시작해 정보를 통합하는 두정엽과 측두엽 연합 영역으로 이동했다가 가설을 검증해 의사 결정을 내리게 하는 전두엽 영역으로 다시 이동한다. 특정한 문제를 해결하는 동안, 이런 순서가 얼마나 자주 빠르게 반복되는지가 지능의 개인적 차이를 나타내는 핵심 변수일 수 있다. 이런 일련의 시퀀스에 관여하는 두뇌의 정확한 장소는 각 개인마다 다를 수 있으며, 시퀀스의 타이밍 역시 다를 것으로 짐작된다. MEG는 실제 시퀀스를 평가하고 이를 PFIT가 예측하는 것과 비교할 수 있는 특별한 수단을 제공한다. 사례를 든다면, 지능 점수가 높은 사람은 평균 지능의 사람들과는 다른 PFIT 영역을 작동시킬 수도 있다. 어쩌면 높은 IQ를 갖고 있는 그룹에서는 좀더 적은 두뇌 영역에서 그런 시퀀스가 한층 효율적으로 일관되게 발생할 가능성도 있다. 또는 지능에 관계없이 동일한 PFIT 영역에서 동일한 순서로 활성화가 일어나지만, 높은 지능을 가진 사람들에게서는 그런 시퀀스가 좀더 빠르게 또는 반복 진행되는 속도와 관련이 있을 수도 있다.

마지막으로, 뉴런의 효율성이 지능 검사 점수와 밀접할 수 있다는 새로운 증거도 있다. 한 연구에서는 뉴어라이트 방향 분산 및 밀도 이미징(neurite orientation dispersion and density imaging, NODDI)이라는 아주 복잡한 명칭의 고급 MRI 기법을 사용했다(Genc et al., 2018). 이 기술은 뉴런 구조에 대해 정량적인 추론을 가능케 한다. 연구팀은 여러 사람에게서 (뉴런의 가지 끝에 위치하는) 수상돌기의 밀도가 **낮고** 분지화가 **적을수록** 지능 점수가 높다는 사실을 발견했다. 저자들은 이러한 역상관관계를 가리켜 "높은 지능과 관련된 신경 회로는 상대적으로 그 밀도가 덜하면서 좀더 효율적으로 조직되어 있다. 이런 점이 문제 해결 과정에서 한층 직접적인 정보 처리를 가능케 하면서 상대적으로 피질 활성도는 떨어뜨리는 것 아닐까 싶다. ……이런 관찰은 지능의 뉴런 효율성 가설(neural efficiency hypothesis)의 기초가 되는 새로운 신경해부학적 설명을 제공한다고 할 수 있다"라고 언급했다(Genc et al., 2018: 1).

그러나 또 다른 연구팀은 지능과 측두엽 피라미드형 뉴런(temporal lobe pyramidal neurons)의 수상돌기 복잡성 사이에 **양의 상관관계**가 있다며 다음과 같이 보고하기도 했다(Goriounova et al., 2018: 1).

수상돌기 나무가 클수록 피라미드형 뉴런은 빠른 활동 전위 동역학으로 인해 시냅스 입력의 활동을 더 빠르게, 시간적으로 더 정밀하게 감지할 수 있다. 실제로 우리는 IQ 점수가 높은 사람들의 피라미드형 뉴런이 정보가 반복적으로 입력되는 일련의 과정에서 보다 빠른 활동 전위 동역학을 유지한다는 사실을 발견했다. 이런 연구 결과는 …… 인간의 지능이 피질 뉴런의 복잡성, 활동 전위 동역학, 신호 입력에서 출력에 이르기까지의 효율적인 정보 전달과 관련이 있다는 증거를 제공한다.

이러한 발견은 측두엽(이제까지 유일하게 연구된 영역이다)에 기반을 둔 것으로, 언뜻 보기에는 겡크(E. Genc) 등이 대뇌 피질 전체에서 발견한 것(Genc et al., 2018)과 반대 방향의 연구처럼 보일 수도 있다. 좀더 자세한 후속 연구에서 저자들은 측두엽의 피질에 대해 더 자세한 미세 구조 분석을 제공했다. 지능이 높은 사람들의 피질이 두꺼울수록 더 많은 뉴런을 포함하는 게 아니라, 오히려 더 낮은 뉴런 밀도에서 비슷한 수의 더 큰 세포를 포함하고 있음을 확인한 것이다(Heyer et al., 2021). 따라서 겡크 등의 연구에서 뉴어라이트 밀도(neurite density)가 낮다는 것의 의미는 세포 수준에서 수상돌기가 더 큰 뉴런의 밀도가 낮다는 것으로 받아들일 수도 있다. 이를 뒷받침하는 증거도 있는데, 외과적 수술을 하면서 채취한 샘플들에서 그런 정황이 관찰되었다(Douw et al., 2021).

여러분은 이런 상황이 혼란스러울 수도 있을 것이다. 뉴런의 효율성과 지능의 연관성에 대해서는 지금도 여전히 증거가 축적되고 있다. 두뇌 연구에서 얻은 일관되지 않은 데이터 문제를 해결하는 데는 상당한 시간이 필요하다는 나의 제3 법칙을 기억하자. 서로 상충되고 일관적이지 않은 발견들을 가려내고 설득력 있는 증거의 무게를 얻을 때까지는 몇 년이 걸릴 수도 있다. 하지만 큰 그림에서 보면, 지능 연구를 세포 수준까지 끌어내린 것은 괄목할 만한 진전이라고 할 수 있다. 여기 그런 발전을 보여주는 또 다른 측면이 있다. 예를 들어, GWAS 데이터를 죽은 사람의 뇌에서 채취한 뇌세포 유형 및 조직별 전사체(transcriptome, RNA 분자) 데이터와 관련지은 연구가 바로 그것이다(Ardlie et al., 2015). 이 방법론은 특정 유전자 발현을 세포 기능 및 뇌 발달에 작용하는 단백질과 연관시킬 수 있는 잠재력을 갖고 있다. 시냅스와 신경전달물질 활동을 매핑해 유전자 발현 경로를 파악하고, 그로부터 뇌 발달에 미치는 유전자의 영향을 이해하려는 더 새로운 방법도 등장하고 있다(Bhaduri et al., 2021; Hansen et al., 2021; Makowski et al., 2022; Mountjoy et al., 2021). 훨씬 더 많은 것을 기대할 수도 있다. 이러한 접근 방식은 지능 연구를 뇌 속으로 더욱 깊이 파고들 수 있게 하며(Goriounova & Mansvelder, 2019), 신경생물학과 지능 사이의 인과적 연결 가능성을 제시한다. 뇌 발생의 각 단계에서 분자발생학적 메커니즘을 밝히고, 그것들을 서로 연결 짓는 일은 향후 10년 또는 그 이상의 긴 세월이 소요될 것이다. 이 과제를 해결하기 위해 지능의 분자유전학과 지능생물학에 초점을 맞추는 새로운 연구 프로그램이 필요하다. 이런 연구는 우리가 알고 있는 지능의 다른 한 측면인 학습과 기억에 대한 분자 수준에서의 연구 프로그램과 쌍벽을 이루게 될 것이다. 미래의 연구 과제에 대한 검토는 6장에서 다룰 것이다.

4.3 뇌 이미지로 IQ 예측하기

대학에서 입학 지원자에게 표준화한 시험 점수 또는 뇌 영상 사진 중 하나를 제출할 수 있는 선택권을 준다고 상상해보자. 1장에서 설명한 것처럼 SAT 점수는 일반 지능을 잘 추정할 수 있으며, 이것이 학업 성공을 예측하는 좋은 지표로서 중요한 이유이지만, 미국에서는 다양한 이유로 대학 입시에서 이 점수를 비롯해 다른 표준화한 시험 점수들까지 활용이 점차 배제되고 있다(Wai & Bailey, 2021; Wai et al., 2019). 그러면 뇌 영상 자료에서 더 나은 지능 추정치나 학업 성공 예측 인자를 추출할 수 있을까? 뇌 영상 자료가 SAT 같은 표준화한 검사에 대한 비판을 피할 수 있을까? 첫 번째는 경험적 질문이며, 긍정적 대답은 여러분이 생각하는 것보다 훨씬 덜 무서울 것이다. 실제로 대학에 제출할 수 있는 뇌 영상 자료는 좀더 객관적 이미지, 특히 구조 영상일 가능성이 높은데, 이런 영상은 입학에 대한 동기 부여나 시험을 치를 때 갖는 불안감같이 심리 측정 검사를 치를 때 잠재적으로 영향을 미칠 수 있는 여러 요인에 비해 훨씬 덜 민감하다(Bates & Gignac, 2022). 여러분이 특히 시험을 잘 치르는 사람인지 여부는 사실 뇌 영상 촬영과 무관하다. 뇌 영상 촬영은 일반적으로 SAT 시험 준비를 위해 들여야 하는 비용과 시간에 비해 훨씬 더 저렴하기도 하다. 아무런 사전 준비 없이 스캐너에 20~30분만 들어가 있으면 그만이다. 여러분은 구조 영상을 촬영하는 동안 낮잠을 잘 수도 있다. 그래도 아직 이런 가능성에 아무런 관심도 없는가?

뇌 영상으로 IQ를 예측하는 실용적 방법이 있을 수 있든 없든, 그렇게 할 수 있다면 그것만으로도 뇌와 지능의 관계에 대해 현재 우리가 알고 있는 것보다 그동안의 연구 발전이 한결 성숙했다는 신호일 것이다. 사실, 신경 영상 기술 같은 신경과학적 측정 결과로 IQ를 예측하는 일은 지능 연구의 두 가지 주요 목표 중 하나라고 할 수 있다. 그러면 다른 한 가지 목표는 무엇일까? 그것은 바로 뇌 변수를 조작해 IQ를 향상시키는 능력을 얻는 일이다. 이 문제에 대해서는 5장에서 다룰 예정이다.

뇌 측정으로 IQ를 예측하려는 시도는 1950년대와 1960년대의 초기 뇌파 연구로 거슬러 올라가는 오랜 역사를 자랑한다. 이미 1974년에 적어도 한 건의 특허가 발급되었다(US 3,809,069). 2004년에는 내 동료인 렉스 융을 포함한 뉴멕시코 대학 연구팀이 MRI 분광법을 통해 얻은 뇌의 신경화학 신호를 기반으로 IQ를 측정하는 특허(US 6,708,053 BI)를 취득했다. 이런 주장은 두뇌의 단일 영역에서 IQ와 N-아스파르트산염의 상관관계를 연구한 결과에서 도출되었다(3장 참조)(Jung et al., 1999a; Jung et al., 1999b). 2006년에는 한국의 한 연구팀이 구조적 MRI 및 기능적 MRI 영상 평가의 조합으로 IQ를 측정하는 특허를 출원했고, 2012년에 최종적으로 그 특허가 발급되었다(US 8,301,223 B2). 이 특허는 우리의 MRI 연구(Haier et al., 2004)를 포함한 이전 연구들과 다양한 샘플에서 예측 IQ 점수와 실제 IQ 점수 간 상관관계를 보고했던 한국의 다른 연구팀에 의해 뒷받침되었다(Choi et al., 2008; Yang et al., 2013). 나는 여기서 이러한 특허의 상업적 잠재력이 현재로서는 분명하지 않다는 점을 분명히 독자 여러분에게 말씀드리고 싶다. 내가 보기에 이런 특허는 대규모로 시행되는 독립적 검증 과정에서 그 유효성이 아직 입증되지 않았으므로 SAT나 WAIS IQ를 관리하는 기관에 즉각적인 위협이 될 것 같지는 않다. 그런 연구들이 이런 특정한 방법에 긍정적 영향을 미칠지도 의문이다. 그룹의 평균 데이터를 기반으로 개인의 IQ를 예측하는 일 자체가 매우 어렵기 때문이다. 그럼에도 나는 신경 영상에 기반한 IQ 예측이 충분히 가능하다고 낙관하며, 앞에서 이미 연결성 분석에 기반한 사례를 검토했다. 이제부터 곧 살펴보겠지만, IQ 예측에 대한 나의 낙관론을 강력히 뒷받침하는 좋은 증거들이 이미 충분히 쌓여 있다. IQ 예측에 대한 나의 회의론과 낙관론은 모두 개인적 차이를 중요시하는 나만의 견해에서 비롯된 것이다. 지금부터는 이 점에 대해 논의해보기로 하자.

개념적으로 볼 때, 두뇌 영상에서 IQ 또는 지능을 구성하는 요소를 예측하는 일은 상당히 직관적이다. 이 작업의 성공 여부는 두뇌 변수가 개별적으로 또는 여러 변수를 조합해서 지능 검사 점수와 비교했을 때 얼마나 강한 상관관계를 맺을 수 있는지 여부로 결정된다. 1장에서 우리는 IQ 점수가 다양한 인지 영역을 활용하는 여러 하위 검사에서 얻은 점수이며 연령과 성별을 보정한 점수의 조합이기 때문에 g-인자의 좋은 추정치라는 점을 분명히 했다. 아마도 인지 영역마다 서로 다른 뇌 네트워크가 요구될 것이기에 여러 영역에 대한 다양한 두뇌 측정치를 조합한다면 IQ를 예측할 수 있을 것이다. 앞서 3장에서도 언급했듯이 전체 뇌 크기는 IQ와 약간의 상관관계가 있다. 뇌 크기만으로는 IQ를 대체할 만큼 강력한 정도는 아니지만, 그래도 이런 상관관계가 분명히 IQ 예측에 좋은 기반이 될 수는 있다.

　IQ 예측을 위해 여러 측정치를 결합하는 통계적 접근 방식에는 여러 가지가 있을 수 있다. IQ 점수 예측에 적용되는 가장 기본적인 방법은 다중 회귀 방정식(multiple regression equation)이다. 이 방법과 기타 관련 버전은 측정값들 사이의 공통적인 상관관계를 먼저 제거한 후에 IQ와 각 측정값들 사이의 상관관계를 적용한다. 예를 들어, 변수 A가 IQ와 상관관계가 있고 변수 B와 변수 C도 그런 상관관계를 갖는다고 했을 때 먼저 A와 B, A와 C, B와 C 사이의 공통 분산(common variance)을 통계적으로 제거하지 않고 그것들을 단순히 결합할 수는 없다. 각 변수의 IQ에 대한 나머지 상관관계를 부분 상관(partial correlation)이라고 부른다. 회귀 방정식은 각 변수와 IQ 간 부분 상관관계를 결합하고 IQ 예측을 최대화하는 각 변수에 대한 가중치를 계산한다. 위의 ABC 예제에서는 가장 강력한 IQ 예측을 위해 A에 대해서는 B보다 더 많은 가중치를 부여하고 B에 대해서는 C보다 더 많은 가중치를 부여할 수 있을지도 모른다. 그런 가중치를 정한 다음에는 그것을 새로운 사람의 데이터에 적용해 IQ 점수를 예측할 수 있는 것이다. 이 방정식이 실제 IQ 점수를 대체할 수 있는 것으로 인정받으려면 대규모 조사에서 그룹의 예측 IQ 점수와 실제 개인들의 IQ 점수 간 상관관계가 거의 완벽해야만 한다. 그렇다고 방정식이 예측 IQ와 실제 IQ 사이에 통계적으로 유의미한 상관관계가 있다는 것만으로 충분한 것은 아니다. 어떤 연구에서 표본을 대상으로 그런 회귀 방정식이 만들어졌다면, 독립적인 표본에 대해 바로 그 방정식을 적용해서 예측된 IQ 점수와 실제 IQ 점수의 상관관계를 재현할 수 있어야 한다. 이를 방정식의 교차 검증(cross-validation)이라고 하는데, 작은 표본에서는 특히 원래 방정식이 우연 효과(chance effects)를 포함해 뜻하지 않게 높은 상관관계를 생성할 수 있기 때문에 반드시 이런 검증 단계가 필요하다. 우리는 초기 연구에서 회귀 접근법을 여러 차례 적용했지만, 모든 회귀 방정식이 다 교차 검증을 통과하지 못해 논문 발표나 특허 출원을 시도할 수 없었다.

　지금까지 내가 아는 한 뇌 측정값으로 IQ를 예측할 수 있다며 특허를 받은 방법 중에서 이 중요한 단계까지 이른 것은 아직 없다. 최근의 한 논문은 두뇌 여러 부위에서 수집한 구조적 MRI 영상으로부터 IQ 점수를 예측하려 시도했다(Wang et al., 2015). 이 논문에서는 회백질과 백질부 활성화를 통합한 두 가지 회귀 방정식으로 좋은 상관관계를 얻을 수 있다고 자신했지만 독립적인 교차 검증 과정을 거치지는 않았다. 게다가 이 연구에서는 전체 참가자 164명을 6세에서 15세까지의 청소년에 국한했지만 성별 차이에 따르는 효과를 조사하지 않았고, 그들이 수행한 IQ 검사에 대해서도 명확한 설명을 하지 않았다. 연구팀은 예측에 포함된 15개의 뇌 영역 부위를 선정했지만, 그러한 영역을 PFIT 모델 또는 다른 지능 프레임워크에 통합하려는 시도는 아예 없었다. 그렇게 선정된 영역은 일반적으로 지능에 대한 다른 영상 연구에서 잘 발견되지 않은 장소였다. 그런가 하면 독립적인 검증이 없었기에 연구 결과를 전적으로 신뢰하기도 어려웠다. 회귀 모델은 흥미롭지만 저자들이 바라는 대로 분석이 예측 타당성을 가질지 판단하기에는 너무 이르다. 다음은 저자들이 발표한 논문의 마지막 문장이다. "우리 연구는 신경 영상 데이터를 사용해 유아의 미래 IQ 점수를 예측하는 작업의 새로운 길을 열었으며, 이는 필요한 경우 부모가 자녀 교육을 준비하는 잠재적 지표가 될 수 있다는 점을 다시 한번 강조한다"(Wang et al., 2015: 15). 이는 잠재 상업적 시장을 겨냥한 지극히 낙관적인 견해이지만, 좀더 신중을 기했다면 훨씬 더 좋았을 것이다.

이와는 대조적으로 아주 신중하게 수행한 연구들도 있는데, 1장에서 설명한 스코틀랜드 아동에 대한 지속적인 종단 연구를 들 수 있다. 이 연구자들은 평균 연령 73세, 모든 지능 범위를 대표하는 672명의 개인을 대상으로 구조적 MRI 영상을 수집했다(Ritchie et al., 2015). 연구팀은 회귀 방정식의 한 형태인 구조 방정식 모델링 기법을 사용했는데, 여러 가지 MRI 영상 평가를 결합한 네 가지 모델을 비교해 일련의 인지 검사에서 추출한 g-인자를 기반으로 지능의 개인차와 가장 관련이 깊은 뇌의 구조적 특징을 결정했다. 그 결과 선정된 가장 우수한 모델은 g-인자 분산의 약 20퍼센트를 설명하는 것으로 나타났다. 뇌 전체의 부피는 이 모델에서 기대한 분산 예측에 가장 많이 기여한 단일 측정값이었다. 피질 및 피질하 두께와 함께 백질 두께 역시 약간의 추가적인 분산에 기여했지만, 철분 침착도와 두뇌의 미세 출혈은 그러하지 못했다. 향후 연구의 주요 쟁점은 뇌량 두께나 기능적 변수 같은 것을 추가로 측정한다면 예측 분산이 20퍼센트를 초과할 수 있는지 여부일 것이다. 이 프로젝트는 노년층 남성과 여성을 대상으로 대규모 표본을 사용하고 다양한 인지 측정을 수행한 아주 탄탄한 연구였다. 하지만 어떻게 그 연구 결과가 어린이나 젊은 성인의 경우와 그렇게 다를 수 있는지는 복제 및 교차 검증 연구를 통해 밝혀야 할 문제다.

그러면 앞에서 설명한 것과 같은 직관적 예측 접근법이 교차 검증에 실패하는 이유는 무엇일까? 두 변수 간 상관관계는 각 변수의 개인 차이를 기반으로 한다. 다시 말해, 어떤 상관관계가 존재하려면 각 개인에게서 분산이 존재해야만 한다. 회귀 방정식은 일반적으로 각 변수에 분산이 있는 그룹 데이터에서 작동한다. 지능의 경우, 특정 IQ를 똑같이 잘 예측하는 동일한 변수 집합의 조합이 많이 존재할 수 있다. 예를 들어, 한 세트의 두뇌 변수가 IQ 130인 사람을 특정지을 수 있지만, 똑같은 IQ 점수를 갖고 있더라도 다른 사람의 경우에는 다른 세트의 두뇌 변수를 가질 수 있다는 얘기다. IQ가 모두 130인 100명의 그룹에서 지능 관련 뇌 변수의 집합은 몇 가지나 될까? 이 문제를 더 복잡하게 만드는 것은 WAIS IQ가 130인 두 사람의 경우 전체 IQ(full scale IQ)는 같더라도 인지적 강점과 약점을 나타내는 하위 검사의 점수는 매우 다를 수 있다는 점이다(Johnson et al., 2008). 2장에서 설명한 것처럼 전체 IQ 범위에서 관련 유전자가 동일하더라도 여러 IQ 수준에서 동일한 문제가 독립적으로 존재할 수 있으므로 높은 IQ를 예측하는 뇌 변수는 평균 또는 낮은 IQ를 예측하는 뇌 변수와 다를 수 있다. 나이와 성별도 IQ 예측을 위한 최적의 변수 집합을 식별하는 데 중요한 요소일 수 있다.

그런데 또 다른 중요한 난관이 있다. 설령 일란성 쌍둥이라 할지라도 두 사람의 뇌는 구조적으로나 기능적으로 동일하지 않다. 대부분의 뇌 영상 분석은 각 뇌를 템플릿(template)이라고 부르는 표준 크기와 모양에 끼워 맞추는 일에서 시작한다. 이 단계는 '평균적인(average)' 뇌를 만들어서 뇌 해부학적 구조의 개인차를 인위적으로 축소하는 것이다. 그렇게 평균적인 뇌를 만들었으므로 해부학의 부정확성을 고려해 분석은 일반적으로 부정확성을 최소화하는 평활화(smoothing) 단계를 추가한다. 그럼에도 모든 뇌를 표준 공간에 강제로 집어넣으면, 영상에서 IQ를 예측하려는 노력에는 자동적으로 오류가 발생하기 마련이다. 일부 템플릿 방법은 다른 것보다 더 많은 오류를 발생시킨다. 이제 남성과 여성의 차이에 대한 신경 영상 연구를 생각해보자. 남성은 남성 템플릿으로, 여성은 여성 템플릿으로 표준화해야 할까, 아니면 모든 사람을 동일한 템플릿으로 표준화해야 할까? 많은 신경 영상 연구는 분석 소프트웨어에서 제공하는 표준 템플릿을 사용하며, 다른 연구는 참여자만을 대상으로 템플릿을 생성한다. 어느 한 가지 방법이 항상 옳은 것은 아니지만, 이 문제는 IQ를 예측하려는 노력에 문제의 소지를 남긴다. 100명의 사후 뇌를 대상으로 수행한 연구가 이런 문제를 강조했다(Witelson et al., 2006). 그 연구의 결과는 언어 능력 점수 차이의 36퍼센트는 대뇌 부피로 예측할 수 있다는 사실을 가장 강력하게 밝혀냈다. 그렇지만 나이, 성별, 왼손잡이 또는 오른손잡이 여부는 다른 해부학적 특징과 다른 인지 능력 간 회귀 분석에 복잡한 방식으로 영향을 미쳤다. 저자들은 신경 영상 연구자에게 이러한 요소를 모두 고려할 것을 권고했다.

이러한 모든 문제를 고려할 때 회귀 방법을 사용한 IQ 예측은 절대로 간단하지 않다. 얼마나 많은 회귀 방정식이 필요할까? 이것이 바로 내가 회귀 방정식을 활용한 접근 방식에 회의적인 이유다. 그런데 한 가지 대안으로 프로파일 분석(profile analysis)을 사용하는 방법이 있을 수 있다. 이는 다양한 성격 척도의 점수 프로파일로 개인을 특징화하는 성격 테스트에서 흔히 사용된다. 프로파일은 예를 들어 미네소타 다면적 인성 검사(Minnesota Multiphasic Personality Inventory, MMPI) 같은 성격 검사를 해석하는 데 광범위하게 쓰이고 있다. 회귀 분석에는 여러 하위 척도의 MMPI 점수를 사용할 수 있지만, 개별 프로파일을 분석하면 하위 척도 전반에서 유사한 프로파일로 정의된 사람들의 그룹을 비교해 프로파일 유형과 관련 변수를 결정할 수 있다. 우리는 여러 PFIT 영역의 회백질 양을 기반으로 개인의 프로파일을 작성해 지능을 예측하는 이 접근 방식을 설명하고, 이 프로파일을 IQ 점수와 연관시키려고 시도했다(Haier, 2009b). 그러나 그림 4.7에서 볼 수 있듯 이 시범적 연구는 잘 작동하지 않았다. 똑같이 높은 IQ 점수를 보인 두 사람의 회백질 프로파일이 서로 크게 달랐다. 이는 향후 대규모 샘플을 대상으로 수행한 연구에서 유망한 접근 방식이 될 수도 있을 것이다. 실제로 26명의 소규모 참가자가 연역적 추론 문제를 푸는 동안 fMRI 활성화 패턴(일부 PFIT 영역 포함)을 사용해 인지 능력의 프로파일을 예측한 고무적인 보고서가 발표되었다(Reverberi et al., 2012). 분석 결과는 문제의 복잡성을 보여주었지만, 개인차는 단지 골칫거리가 아니라 복잡성에 대한 해결책이 될 수 있다는 나의 낙관적 견해를 지지했다. 연구는 이렇게 진화하는 법이다(Finn & Rosenberg, 2021)

IQ를 예측하는 또 다른 잠재적인 방법이 있을 수 있다. 1장에서 논의했듯이 지능의 g-인자에 대한 정의가 많은 실증적 연구 질문에 충분히 등장하지만, 심리 측정 점수 대신 정량화 가능한 두뇌 측정치를 기반으로 지능을 정의할 수 있다면 과연 어떨까? 두뇌 매개 변수로 IQ

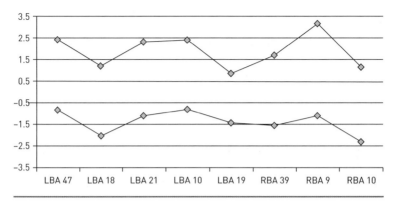

그림 4.7 IQ 132인 두 사람의 뇌 프로파일. 그래프는 번호가 매겨진 BA(L=왼쪽, R=오른쪽)로 식별되는 8개의 PFIT 영역에서 회백질의 양을 보여준다. y축은 표준화한 회백질 점수를 기준으로, 양수는 그룹 평균보다 큰 값을 나타내고 음수는 그룹 평균보다 작은 값을 나타낸다. 이 두 사람의 프로파일 모양은 비슷하지만, 한 사람은 다른 사람보다 8개 영역에서 회백질이 훨씬 더 많았다(리처드 하이어 제공).

를 예측할 수 있다면, 아예 두뇌 매개 변수로 IQ를 정의하면 어떨까? 예를 들어, 대뇌 피질의 특정 부위에 회백질이 2배 많다고 해서 그것이 2배 똑똑하다는 걸 의미하는지 우리는 알지 못한다. 그렇다면 이제 신경 측정적 평가를 통합하는 방식으로 지능을 재정의할 수 있지 않을까? 5장에서 향후 연구 방향에 대해 논의할 때, 이 아이디어를 좀더 자세히 살펴보도록 하자.

지금까지 이 책에서 논의한 모든 사항을 고려하면서 다시 한번 이렇게 물어보자. 과연 신경 영상 기술을 이용해 지능을 예측할 수 있을까? 이 책 초판에서 내 짧은 대답은 "아니다"였다. 좀더 길게 대답하자면 "아직은 아니다"였다. 증거의 무게가 초기 단계에 머물러 있었기 때문이다. 하지만 앞서 언급했듯이 초판의 최종 원고를 마무리할 즈음 뇌지문 연구가 발표되었다(Finn et al., 2015). 이 논문을 읽은 후 나는 신경 영상 기술로 지능을 예측할 수 있는 가능성에 대해 그 답을 "아직은 아니다"에서 "장래가 유망하다"로 바꿀 만큼 충분한 준비가 되었다. 사실상 이 두 번째 판을 쓸 즈음에는 뇌 연결 패턴으로 지능을 예측하고자 하는 연구가 너무나 많아서 어떤 걸 논의에 포함시켜야 할지 말아야 할지 결정하는 작업이 즐거우면서도 어려웠다.

나는 이미 성별의 차이를 보여주는 연결성 연구 두 가지를 설명했다 (Fraenz et al., 2021; Jiang et al., 2020). 장(R. Jiang)과 그 동료들의 연구는 IQ 점수를 구체적으로 예측했는데, 독립적인 표본에서 교차 검증을 거친 후 가장 많은 분산을 차지한 것은 여성의 경우 약 12퍼센트, 남성의 경우에는 약 5퍼센트에 불과했다. 다음은 IQ 예측이 점점 더 강화되고 있다는 걸 보여주는 몇 가지 주목할 만한 연구다. 내가 보기에 이런 연구는 이 작업이 얼마나 거침없이 진행되고 있는지를 잘 설명해준다.

첫 번째 연구는 청년 휴먼 커넥톰 프로젝트(Young Adult Human Connectome Project)에 참여한 884명으로부터 얻은 휴식 상태의 fMRI 영상을 기반으로 했다(Dubois et al., 2018). 이 논문은 기술적으로 난해하지만 정교한 연구 설계와 이미지 분석, 학술적이고 통찰력 있는 논의를 담고 있어서 충분히 읽어볼 만한 가치가 있다. 연구팀은 10가지 인지 검사에서 g-인자를 도출하고, 이를 연령과 성별의 차이를 고려해 보정한 후 연결성 패턴과의 상관관계를 분석했다. 전반적으로 살펴보았을 때, 교차 검증 결과 약 0.46이라는 인상적인 상관관계가 나타났는데, 이는 분산의 20퍼센트를 설명할 수 있었다. IQ 예측에 포함된 여러 뇌 영역이 PFIT 모델과 일치했지만, 그렇다고 어느 특정한 뇌 구조나 네트워크가 다른 영역에서보다 더 예측력이 높지는 않았다. 이 연구는 별도로 성별에 따른 분석을 하지 않았는데, 이어서 보고된 한 기술적 논문에서는 관련 네트워크를 더 자세히 설명하기 위해 휴식 상태의 두뇌 연결성 부분을 더욱 자세히 검증했다(Hebling Vieira et al., 2021). 그런데 2018년 논문에서 뒤부아(J. Dubois)와 그 동료들은 아주 흥미로운 생각을 제기했다. "지능에서 인간이 유전적으로 특화된 제약을 갖는다는 중요한 특징을 다른 동물종과 공유한다는 것은 참으로 기이하다. 하지만 인간만이 교육과 학습을 통해서 뇌 기능에 추가적인 가변성을 제공할 수 있고, 그래서 지능을 바꿀 수 있다는 점은 더욱 그러하다"(Dubois et al., 2018: 10). 이는 환경적 영향이 어떻게, 왜 생물학적 메커니즘을 통해 지능 발달에 작용할 수 있는지를 보여주는 좋은 사례다.

역시 커넥톰 데이터를 사용한 두 번째 연구에서는 사람들이 휴식 상태가 아닌 일곱 가지 다양한 과제를 수행하는 동안, (뇌 영역들 사이의 연결성이 아니라) 개별 영역의 fMRI 활성화 패턴을 기반으로 더욱 강력한 연구 결과를 보고했다(Sripada et al., 2020). 일반적으로는 주어진 과제가 복잡할수록 일반 인지 능력 점수에 대한 예측력이 더욱 높아지는데, 교차 검증의 상관관계가 0.50으로 가장 높았을 때 분산이 25퍼센트로 예측되었다. 두정엽-전두엽과 디폴트 네트워크 데이터만 사용하면 그 상관관계는 0.66으로 증가했다(Sripada et al., 2020: 그림 6). 이런 결과에 대해 저자들은 다음과 같은 결론을 내렸다. "이런 결과는 러닝머신 운동이 심장 기능에 미치는 효과와 유사한 관계를 제시한다. 뇌를 인지적으로 까다로운 작업 상태에 두면 일반 인지 능력에 대한 뇌 기반 예측력이 크게 향상할 수 있다"(Sripada et al., 2020: 3186).

동일한 데이터베이스와 동일한 잣대를 사용한 또 다른 기술적 논문은 피질 패턴의 개인적 차이를 좀더 세밀하게 평가하는 데 초점을 맞춘 분석에서 예측 분산력이 약 40퍼센트까지 개선되었다(Feilong et al.,

2021). 네트워크를 결합해 지능 검사에서 12개 하위 검사의 요인 구조를 살펴보면 최대 70퍼센트까지 더 나은 예측이 가능하다는 주장도 있다(Soreq et al., 2021). 사실이라고 하기에는 너무나 좋은 결과 아닌가? 이런 예측에 대한 자세한 내용은 앞에서 살펴본 것처럼 분석이 정교할수록 의미 있는 요약이 어렵다는 점을 지적하는 걸 제외하고는 여기서 더 이상 다루지 않겠다. 그러나 한 걸음 물러서서 이 책의 초판 이후 발표된 보고서들을 살펴보면 지능, 특히 g의 개인적 차이는 신경 영상으로 평가되는 뇌 구조와 기능의 개인차에 의해 충분히 예측 가능하다는 믿을 만한 증거가 등장하고 있는 게 분명해 보인다. 이러한 노력들에 대한 좀더 자세한 검토는 여러 참고문헌을 살펴보라(Basten & Fiebach, 2021; Cohen & D'Esposito, 2021; Drakulich & Karama, 2021; Hilger et al., 2022; Martinez & Colom, 2021; Vieira et al., 2022). 다만 여기에서는 **그 핵심만을 지적하겠다.** 즉, 추가적이고 독립적인 검증이 이루어지기 전까지 이러한 두뇌/지능 예측은 심리학의 모든 변수와 비교할 때 가장 강력한 예측 중 하나라고 할 수 있다. 지능은 과학적으로 연구할 수 없다는 근거 없는 주장과는 한참 거리가 멀다.

4.4 '지능'과 '추론'은 동의어일까

이상한 질문처럼 보일 수도 있지만, 이 시점에서 생각해볼 만한 연구 문헌의 예외가 존재한다. 인지심리학 분야에는 추론을 연구하는 전문 분야가 있다. 관계적 추론(relational reasoning), 귀납적 추론(inductive reasoning), 연역적 추론(deductive reasoning), 유추적 추론(analogical reasoning) 등은 여러 다양한 연구의 주제가 되며, 여기에는 추론과 관련한 뇌 특성 및 네트워크를 식별하는 데 신경 영상을 사용하는 연구도 포함된다. 그런데 이상한 현상은 이러한 인지신경과학적 추론 연구 상당수가 지능이라는 단어를 사용하지 않으며, 또한 지능에 대한 관련 신경 영상 연구를 인용하지 않는 경우가 대부분이라는 점이다. 이는 추론 검사가 g-인자와 높은 상관관계가 있으므로 문제가 될 수도 있다 (Jensen, 1998b). 실제로 유추 검사(analogy test)는 모든 지적 능력 검사 중에서도 가장 높은 g-부하를 갖는다. 이는 분명히 지능 연구의 성과가 추론 연구와 상당한 관련이 있을 수 있으며 그 반대의 경우도 마찬가지라고 믿게끔 만든다.

내가 보기에 일부 연구자들이 '지능'보다 '추론'을 인위적으로 선호하는 것은 '지능'이라는 단어가 논란의 여지가 너무 크기 때문에 될수록 회피해야 한다는 인지심리학계의 아주 오랜 견해에 기원이 있는 것 같다. 인지심리학이나 인지신경과학 분야의 책에서는 사실 색인에 '지능'이 포함되지 않은 경우를 어렵지 않게 찾아볼 수 있다. 하지만 언어는 대단히 중요하다. 일부 연구비 지원 기관에서는 그렇게 생각할지도 모르겠지만, '지능'을 '추론'으로 대체한다고 해서 거기에 속는 사람은 사실 아무도 없을 것이다.

일반적으로 추론에 대한 신경영상학적 연구는 지능 연구와 일치하는 뇌 네트워크 결과를 보여주지만, 추론 연구는 정보 처리에서 더 많은 구성 요소와 그에 수반되는 하위 네트워크를 구분하고자 하는 경향성을 갖는다. 이는 지능 요인에 관여하는 다양한 인지 과정에 대한 두드러진 뇌 구성 요소를 식별하는 데 있어 중요한 차이점이자 긍정적인 요소라고 할 수 있다. 높은 유동성 지능 점수의 고등학생 그룹(N = 40)이

기하학적 유추 추론을 필요로 하는 다양한 난이도의 문제를 푸는 동안 찍은 fMRI 영상을 평균적인 두뇌의 일반 학생들 영상과 비교한 연구가 좋은 사례다(Preusse et al., 2011). 이 연구의 가설은 부분적으로 PFIT와 두뇌 효율성에 근거했다. 논문 저자들은 다음과 같이 결론 내렸다.

> 〔지능이 높은 학생들은〕 한편으로는 두정엽 뇌 영역에서 과제와 관련해 더 강한 관련성을 보였고, 다른 한편으로는 전두엽 뇌 영역에서 뇌 활성화와 지능 관계에서 부정적 영향이 나타났다. ……우리는 뇌 활성화와 유동적 지능 사이의 관계가 단방향이 아니라고 생각한다. 연구 참가자들이 기하학 적인 유추 추론 과제를 수행할 때, 전두엽과 두정엽 영역은 유동성 지능에 의해 차별적으로 변조된다는 것을 보여주었다(Preusse et al., 2011: 12).

이 연구에서 추론과 지능이 서로 통합되어 있다는 발견은 많은 통찰력을 갖게 하는데, 이런 점은 향후 이 분야의 발전에 크게 유용할 것이다.

논문 어느 부분에서도 지능을 구체적으로 언급하지 않았지만, 유추 추론을 연구한 흥미롭고 잘 수행된 다른 두 편의 fMRI 관련 연구도 있다. 이들 논문은 〈실험심리학 저널: 학습, 기억, 인지(Journal of Experimental Psychology: Learning, Memory, and Cognition)〉의 '유추 추론과 은유 이해의 신경 기질'이라는 한 특별한 세션에 실렸다. (그런데 이 섹션에 실린 다른 6편의 논문 중에서 지능을 언급한 것은 단 한 편뿐이었다.) 첫 번째 사례에서는 23명의 남자 대학생 표본을 대상으로 비유 생성 과제를 수행했는데, 이때는 PFIT 가설대로 좌측 전두-극 피질(left frontal-polar cortex) 영역에서 그에 상응하는 두뇌 활동이 발견되었다(Green et al., 2012). 탐색적인 분석 결과, PFIT 프레임워크와 일치하는 것처럼 보이는 좀더 분산된 활성화가 나타났지만(Green et al., 2012: 그림 3), 논문에서는 이런 결과를 지능이 아닌 창의성과 연결 지었다. 좌측 전두-극 피질은 앞에서 설명한 병변 연구에서도 g와 연관된 것으로 나타났다(Glascher et al., 2010). 두 번째 사례는 24명의 카네기 멜론 대학교 학부생들(남녀 모두 포함)을 대상으로 은유 이해(metaphor comprehension) 중 유추 매핑에 대한 체계적인 조사를 보고했다(Prat et al., 2012). 이 연구 결과에서는 PFIT 및 두뇌 효율성과 일치하는 활성화가 나타났지만, 다른 연구의 PFIT나 지능 효율성 결과는 언급하지 않았다. 이러한 두 연구는 추론 연구 문헌에는 확실한 공헌을 했지만, 지능 문헌에서는 대부분 간과되었다.

내 관점에서 보면, 추론 연구 보고서에는 최소한 '지능'이 색인에 반드시 핵심 단어로 포함되어야 하며, 두뇌와 추론의 관계를 보여주는 결과에 대한 논의에서 추론 검사와 지능의 관계를 설명해야 한다고 생각한다. 지능 보고서도 추론에 대해 똑같이 그래야 한다. 더욱이 연구 대상자를 IQ가 높은 사람들로 하느냐 평균 IQ 점수로 선정하느냐에 따라 인지/영상 실험의 결과가 크게 달라질 수 있다는 인식이 점차 확산하고 있다(Graham et al., 2010; Perfetti et al., 2009; Preusse et al., 2011). MEG 같은 새로운 영상 기술을 도입할 때 추론/문제 해결 동안 두뇌의 정보 흐름을 더욱 상세하게 들여다볼 수 있는데, 특히 참여자의 지능 수준을 고려해서 연구 설계를 한다면 아주 좋은 결과를 기대할 수도 있다. 인지 문제에 대해 충분한 전문성을 갖춘 추론 연구자와 심리 측정 전문성을 가진 지능 연구자들이 힘을 합쳐 더 많은 협업을 할 때 지능과 추론이라는 역사 깊은 두 주제를 통합할 수 있는 새로운 길이 열리지 않을까 싶다.

4.5 뇌 구조와 지능을 관장하는 공통 유전자

2장에서 우리는 지능과 관련된 정량유전학과 분자유전학적 발견에 대해 설명했다. 여기에서는 신경 영상을 포함해 지능 문제를 다루는 유전학적 연구에 대해 논의할 것이다. 그런데 지금까지 지능 연구에 활용되는 신경영상학에 관해 충분히 소개했으므로 이제부터는 지능을 연구하는 데 유전학적 방법과 신경영상학적 방법을 통합했을 때 기대할 수 있는 강력한 효과를 먼저 살펴보기로 한다.

지능과 관련 있는 특정 유전자에 대한 추적이 계속 이어지면서 이에 관한 가장 최신의, 가장 강력한 정량유전학 연구가 일란성 쌍둥이 문제에 모아졌는데, 이런 연구의 주제는 단순히 지능에 유전적 요소가 가미되는지 여부의 수준을 훨씬 뛰어넘는다. 이 연구들은 비록 그런 특정 유전자를 적시하지는 못하더라도 그와 같은 유전적 요소가 뇌에서 어떤 역할을 하는지에 초점을 맞춘다. 폴 톰슨과 그 동료들은 MRI를 사용해 대뇌 피질에 분포하는 회백질의 양적 분포를 평가해서 매핑하고, 이를 지능과 연관시킨 최초의 쌍둥이 연구를 보고했다(Thompson et al., 2001). 그들은 10쌍의 일란성(MZ) 쌍둥이와 10쌍의 이란성(DZ) 쌍둥이로 구성된 작은 규모의 참여자 그룹을 연구 대상으로 삼았다. 쌍둥이들의 유사성에 기반한 회백질 분포의 유전적 기여도는 뇌 영역에 따라 차이가 있었는데, 이는 당시로서는 다소 놀라운 결과였다. 가장 높은 유전적 기여도는 전두엽과 두정엽의 피질 영역에서 관찰되었다. 또한 IQ 점수와 전두엽의 회백질 분포 사이의 상관관계는 통계적으로 매우 유의미하게 나타났다. 이 연구는 쌍둥이들을 대상으로 IQ 검사와 신경영상 촬영이라는 독특한 조합에 기반한 까닭에 많은 연구자가 그동안

의심해왔던 점에 대해 특별한 증거를 제공할 수 있었다. 즉, 개인적 지능의 차이는—적어도 부분적으로는—뇌 구조의 유전학, 특히 대뇌 피질의 회백질 분포가 어떠한지에 기인한다는 것이다. 이 연구는 조사한 표본 수가 비교적 적음에도 불구하고 저명한 학술지 〈네이처 신경과학 (Nature Neuroscience)〉에 게재되어 그 중요성을 분명히 보여주었다. 함께 실린 논평은 유전성이 높다는 것은 곧 회백질 발달이 이제까지 연구자들이 예상한 것보다 경험에 덜 민감하다는 걸 의미한다고 지적했다 (Plomin & Kosslyn, 2001).

 네덜란드 연구자들은 대규모 쌍둥이를 대상으로 얻은 일련의 흥미로운 연구 결과를 발표했다. 우리는 2장에서 지능에 대한 공유 및 비공유 환경의 영향과 관련한 그들의 연구 결과를 검토한 바 있다. 여기에서는 지능과 뇌 구조에 영향을 미치는 공통 유전자가 있다는 것을 보여주는 그들의 중요한 MRI 연구 결과를 요약해서 설명하고자 한다. 그들은 2002년에 회백질과 백질의 유전성과 지능에 관한 연구 결과를 〈네이처 신경과학〉에 발표했다(Posthuma et al., 2002). 백질과 회백질 두 가지 모두 높은 유전성 추정치를 나타냈는데, 전체 뇌에서 백질 부피가 회백질 부피보다 약간 더 유전성이 높았다. 또한 저자들은 MZ와 DZ 쌍둥이를 비교해 회백질의 부피와 일반 지능 사이에 나타나는 상관관계가 전적으로 유전적 요인에서 기인한다는 사실을 발견했다. 공유 또는 비공유 환경 요인으로 인한 차이는 거의 나타나지 않았다. 이후 연구팀은 쌍둥이 표본을 더 늘려서 통계적 역량을 증대시키고 회백질, 백질, 소뇌 부피 등을 다양한 지능 요인과 연관시켜 이들 사이의 상관관계를 조사했다(Posthuma et al., 2003). 그 결과 회백질, 백질, 소뇌 부피 모두가 작업기억 용량과 상관관계를 보였으며, 이들은 모두 공통된 유전적 기반을 갖고 있는 것으로 짐작되었다. 참여자들의 정보 처리 속도는 유전적으로 백질 부피와 관련이 있었다. 지각 조직화(perceptual organization)는 유전적·환경적으로 모두 소뇌 부피와 관련이 있었다. 언어 이해력은 세 가지 요소의 부피 그 어느 것과도 관련이 없었다. 연구팀은 또한 특정 뇌 영역의 회백질과 백질 부피가 IQ와 공통된 유전적 기반을 가진다는 것도 보여주었다(Hulshoff-Pol et al., 2006).

네덜란드의 9세 쌍둥이 112쌍에 대한 연구에서도 비슷한 결과가 발견되었는데(van Leeuwen et al., 2008), 성숙기 뇌의 지능에 초기 유전적 영향이 있음을 보여주었다. 성인 쌍둥이를 대상으로 수행한 종단적 MRI 연구에서는 5년 동안 CT(대뇌 피질 두께)의 변화를 조사한 결과, 그 변화〔가소성(plasticity)이라고도 부른다〕의 정도에 강력한 유전적 근거가 있음을 발견했다(Brans et al., 2010). 그런 변화는 IQ와 관련이 있었다. IQ 점수가 높을수록 시간이 지남에 따라 전두엽의 피질이 얇아지고, 기억과 관련된 측두엽의 중요한 뇌 구조인 파라히포캠퍼스(parahippocampus: 해마를 둘러싸고 있는 뇌의 영역으로, 공간 기억과 시각적 정보 처리에 해마보다 더 특화된 역할을 한다. 해마는 주로 기억 형성과 저장에, 파라히포캠퍼스는 기억과 관련된 공간적·시각적 정보의 처리에 중점을 둔다는 차이가 있다—옮긴이)가 두꺼워졌다. 실제 대뇌 피질의 변화는 1밀리미터의 극히 일부분이지만, 그런 소량의 뇌 조직도 중요할 수 있다. 3장에서 우리는 유아기에 피질이 얇아지는 게 높은 IQ 점수와 관련 있다고 보고한 연구를 살펴보았다(Shaw et al., 2006). 전두엽과 파라히포캠퍼스의 IQ와 뇌 가소성에 대한 이 성인 쌍둥이 연구는 이러한 두 변수가 공통된 유전적 기반을 가질 수 있다고 결론 내렸다. 한 가지 새로운 발견은 피질하 파라히포캠퍼스에 관한 것으로, 대부분의 연구가 피질에 초점을 맞추었기 때문에 이례적이라고 할 수 있다. 네덜란드 쌍둥이 데이터를 바탕으로 한 또 다른 MRI 연구에서는 여러 피질하 영역의 부피가 IQ와 관련 있는지를 조사했다. 그랬더니 뇌 회로 연결에서 중요한 허브 역할을 하는 시상 부피만이 IQ와 관련이 있었고, 두 영역 모두에 공통된 유전적 요소가 관여하는 것으로 나타났다(Bohlken et al., 2014). 여러 연구에서 CT와 IQ가 관련성이 있다는 보고를 했지만, 515명의 중년 쌍둥이를 대상으로 피질 두께와 표면적 측정을 비교한 연구에 따르면, 피질 표면적이 인지 능력 및 관련 유전자와 더 강력한 연관성을 가질 수 있었다(Vuoksimaa et al., 2015). 이 분야는 데이터 분석에 대한 새로운 접근 방식이 진화하고, 이전 연구 결과를 더욱 확장해 정확도가 높아지는 등 매우 역동적으로 발전하고 있다. 이런 연구는 일관되게 유전자와 뇌 구조에 관해 새로운 증거를 쏟아냄으로써 지능 연구에 무게를 더하고 있다.

백질 무결성(white matter integrity)은 신경 섬유가 얼마나 건강하게 기능하는지를 나타내는 중요한 개념으로, 특히 신경세포(뉴런) 간의 빠르고 효율적인 통신을 가능케 하는 역할을 한다. 따라서 그것의 유전성과 여기서 논의하고 3장에서도 언급한 DTI 연구 결과를 고려했을 때 지능 연구의 특별한 초점이 될 수 있다. 톰슨 박사 연구팀은 92쌍의 오스트레일리아 쌍둥이(MZ 23쌍, DZ 23쌍)를 대상으로 DTI를 사용해 분할 비등방도(fractional anisotropy, FA)라는 백질 섬유 무결성의 척도를 정량화했다(3장 참조). 연구팀은 피질 전체에 걸쳐 FA 유전성을 매핑한 결과 전두엽과 두정엽(양측), 좌반구 후두엽에서 가장 높은 값을 발견했다(Chiang et al., 2009). IQ 점수(FSIQ, 수행 IQ, 언어 IQ)는 특정 섬유 관로와 상관관계가 있었으며(높은 무결성은 높은 IQ와 관련이 있었다), 이러한 상관관계도 매핑했다. 연구팀은 교차 특성 매핑[cross-trait mapping: 두 가지 이상의 특성(또는 형질) 간 상관관계를 분석하거나 비교하는 기법으로, 각기 다른 특성 사이에 어떤 유전적·신경학적·심리적 연관성이 있는지 파악하기 위해 사용된다—옮긴이)을 기반으로 공통의 유전적 요인이 IQ와 FA 사이의 상관관계를 매개하며, 이는 이 두 가지 모두에 적용되는 공통적인 생리적 메커니즘이 존재한다는 걸 시사한다고 결론지었다. 이런 결론을 데이터 지도로 표시하면, 그 결과가 더욱 설득력 있게 다가온다. 그림 4.8은 유전적 환경, 공유 환경, 비공유 환경에 대한 FA 분산 분포를 보여준다. 그림 4.9는 FSIQ에 대한 교차 특성 매핑을 보여준다. 2011년에 치앙(M. C. Chiang) 연구팀이 이러한 결과를 확장했다. 이들은 705명의 쌍둥이와 쌍둥이가 아닌 형제자매로 이뤄진 대규모 표본을 바탕으로 연령, 성별, SES, IQ가 FA 측정의 유전성에 미치는 영향을 조사했다(Chiang et al., 2011b). 다양한 뇌 영역에 대한 복잡한 상호 작용이 있었지만 일반적으로 유전적 영향은 성인에 비해 청소년에게서, 여성보다 남성에게서, SES가 높은 사람에게서, IQ가 높은 사람에게서 더 크게 나타났다.

3장에서 언급했듯이 슈미소스트와 그 동료들은 지능에 대한 초기 DTI 연구에서 연령과 성별에 따른 차이를 보고한 바 있다. 네덜란드의 6~10세 아동 1070명을 대상으로 수행한 종합적인 DTI 연구가 슈미소스트의 연구 결과를 뒷받침하는데, FA가 비언어적 지능, 시공간 능력(visual-spatial ability)과 상관관계가 있다고 추가로 보고했다(Muetzel et al., 2015). 청소년 쌍둥이와 그 형제자매를 대상으로 수행한 3년간의 종단 연구에서는 DTI와 그래프 분석을 사용해 백질 섬유 무결성의 유전성을 매핑했다(Koenis et al., 2015). FA로 평가한 백질 네트워크의 효율성은 유전적 영향이 변이의 74퍼센트를 차지할 정도로 유전성이 높았다. 또한 지능과 관련된 흥미로운 발견도 이뤄졌다. 3년 동안 IQ 점수의 변화를

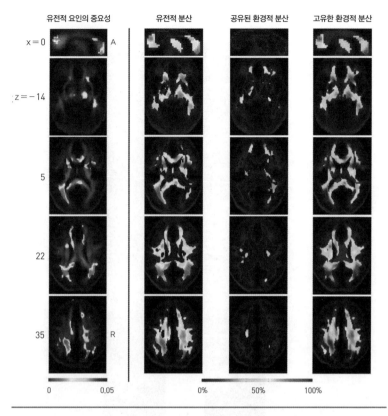

그림 4.8 백질 무결성에 대한 유전적 및 환경적 영향을 나타내는 지도(FA로 측정). 각 행은 서로 다른 축 방향의 뇌를 보여준다(가로 슬라이스). 빨간색/노란색은 가장 강력한 결과를 나타낸다. 왼쪽 열은 유전적 영향의 유의성을 보여준다. 다른 열은 각각 유전적 환경, 공유 환경, 비공유 환경에 대한 FA 측정의 강도를 보여준다. 허락을 받아 인용(Chiang et al., 2009: 그림 4).

*이 그림의 흑백 버전은 일부 형태를 표시한다. 컬러 버전은 간지의 별도 사진 참조.

보였던 하위 그룹의 경우, 개인의 IQ 점수 상승이 전두엽과 측두엽 영역의 국소 네트워크 효율성 증가와 상관관계가 있는 것으로 나타났다. 이러한 결과는 그림 4.10에서 찾아볼 수 있다. 저자들은 백질 네트워크의 효율성을 촉진하는 방법을 찾을 수 있다면, 청소년들의 인지 능력을

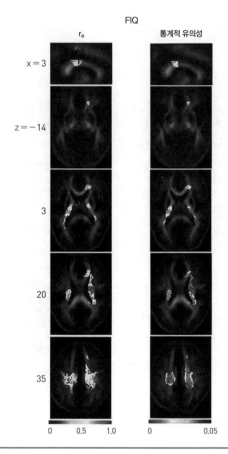

FIQ

r_a 　　　　 통계적 유의성

x = 3

z = -14

3

20

35

0　　0.5　　1.0　　　0　　　　0.05

그림 4.9　그림 4.8에 표시된 영역의 교차 특성 분석에 기반한 FA와 FSIQ(왼쪽 열)의 공통
된 유전적 요인의 중첩. 오른쪽 열은 통계적 유의성을 나타낸다. 각 행은 서로 다른 축 방향
(가로 슬라이스)의 뇌 슬라이스를 보여준다. 허락을 받아 인용(Chiang et al., 2009: 그림 7).
＊이 그림의 흑백 버전은 일부 형태를 표시한다. 컬러 버전은 간지의 별도 사진 참조.

최적화할 수 있다고 추측한다. 만약 그럴 수만 있다면 10대 자녀를 둔
대부분의 부모는 무슨 일이든 시도할 것이다. 대부분의 10대들도 마찬
가지일 것이다.

　현재 이 분야에 대한 연구가 너무 많아서 어쩌면 혼란스럽게 여겨질

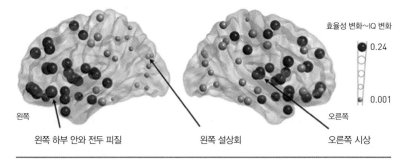

효율성 변화~IQ 변화

0.24

0.001

왼쪽
오른쪽

왼쪽 하부 안와 전두 피질   왼쪽 설상회   오른쪽 시상

그림 4.10   3년간의 IQ 점수 변화와 FA로 측정한 국소 두뇌 효율성 변화 간의 상관관계.
가장 큰 보라색 영역이 가장 강력한 IQ/효율성 변화 상관관계를 보여준다. 허락을 받아 인
용(Koenis et al., 201 5).
＊이 그림의 흑백 버전은 일부 형태를 표시한다. 컬러 버전은 간지의 별도 사진 참조.

수도 있다. 그러면 여기서 짧고 그리 놀랍지 않은 이야기 하나를 제시
해보자. 같은 유전자가 두뇌와 지능 모두에 영향을 미친다. 여기서 영
향력이란 무엇을 의미할까? 여러 가지를 의미할 수 있다. 예를 들어,
한 연구에서는 지능의 다유전자 점수 예측(polygenic score prediction: 인간
의 유전 정보를 바탕으로 특정 질병에 걸릴 위험이나 특정 특성을 예측하는 방법－옮긴
이)을 살펴본 결과, 지능이 CT와 뇌 표면적에 연계된다는 사실을 발견
했다(Lett et al., 2019). 이러한 종류의 영향력은 흥미롭기는 해도 특정 유
전자와 그 발현을 확인하기 전까지는 유전자가 뇌 형태 측정에 영향을
미치고 이것이 지능에 영향을 미치는지, 아니면 유전자가 지능에 영향
을 미치고 이것이 뇌 형태 측정에 영향을 미치는지 직접 구분하기 어렵
다. 또한 많은 유전자가 뇌 형태 측정과 지능 모두에 영향을 미치지만
(다면발현), 오직 일부 유전자만 두 가지 모두에 공통적으로 영향을 미칠
가능성도 존재한다. 영상 및 유전자 데이터로 지능을 예측하는 문제에
대한 유익한 사례와 논의는 참고문헌에서 찾아볼 수 있다(Willoughby,

2021; Anderson & Holmes, 2021).

이번 장에서 지금까지 살펴본 것처럼 신경 영상의 정량적 분석은 통계학의 복잡한 다변수 통계 방법을 통해 상당히 정교해졌다. 유전자 데이터의 정량적 분석 역시 매우 복잡하다. 현재 두뇌 영상 전문가와 유전학 전문가 외에도 수학자를 포함한 연구팀이 이런 연구를 수행하고 있다. 지능은 점점 더 많은 관심을 받고 있으며, 지능 연구 전문가들이 이러한 팀의 일원이 되고 있다. 이번 장에서 신경 영상과 정량유전학 영역의 결합에서 얻은 결과를 지나치게 단순화하지 않으면서 요약하는 것은 매우 어려운 일이었다. 하지만 그래도 최소한 이 분야의 발전에 대해 모든 독자가 이해할 수 있도록 최선의 노력을 기울였다. 우리는 지능의 개인차를 이해하는 데 유전학의 역할에 대해 오래전부터 논쟁을 해왔다. 이어지는 섹션 4.6의 과제는 신경 영상 분석의 복잡성과 분자 수준에서 유전학 분석의 더 큰 복잡성을 결합해 그것을 설명하는 일이다. 물론 그 세부적인 사항은 여러분에게 어려울 수 있으며, 훈련을 받지 않은 사람이라면 문자와 숫자를 조합하는 유전자 명명법조차도 무작위적이거나 비합리적으로 보일 수 있다. 하지만 여기에 바로 그 핵심이 존재한다. 이러한 결과들은 흥미진진하며, 그 복잡성이 서서히 풀리면서 지능에 영향을 미치는 유전적 영향과 뇌 메커니즘에 대한 탐구가 진전을 보이고 있다는 낙관적 전망을 뒷받침한다.

4.6 뇌 영상과 분자유전학

현재 과학계는 신경 영상과 유전자 분석을 결합하는 수많은 연구를 진행하고 있다. 따라서 이 분야의 연구를 따라잡으려면, 어떤 것이 그러한 진전을 가장 잘 보여주는지 선택해야 한다. 먼저 치앙과 그 동료들의 논문을 순서대로 더 자세히 살펴보도록 하자. 455쌍의 쌍둥이와 쌍둥이가 아닌 형제자매를 대상으로 수행한 DTI 분석에서 연구팀은 백질 무결성과 Val/Met 다형성 사이의 연관성을 발견했다. 〔Val/Met 다형성은 주로 '뇌 유래 신경 영양 인자', 즉 BDNF 유전자의 Val66Met(G196A) 변이를 가리킨다. 다형성은 신경학적 및 심리학적 연구에서 자주 언급되며, 2개의 변이형인 Val(발린)과 Met(메티오닌)이 존재한다. 다형성은 BDNF 단백질의 발현 및 기능에 영향을 줄 수 있는데, BDNF는 신경세포의 생존, 성장 및 시냅스 가소성에 중요한 역할을 한다. 특히 학습, 기억, 감정 조절 같은 뇌의 기능에 깊이 관여한다고 알려져 있다. 섹션 2.6 참조―옮긴이.〕 여기서 BDNF는 정상적인 뉴런 기능에 관여하는 뇌 성장 인자다. 그들은 BDNF가 일부 섬유관에서 백질 발달을 조절함으로써 간접적으로 지적 능력과 어느 정도 관련이 있을 수 있다고 주장했다(Chiang et al., 2011a). 또 다른 논문에서 이 연구팀은 백질 뇌 배선과 관련된 유전학이 지능의 기본이라는 생각을 추구했다(Chiang et al., 2012). 그들은 뇌 연결성 및 지능과 관련된 특정 유전자를 식별하는 데 도움을 주는 새로운 방식으로 영상 기술을 활용하고자 노력을 집중했다. 이번 장 앞부분에서 언급했듯이 2009년에 그들은 각각의 유전성에 대한 교차 형질 지도를 기반으로 백질과 지능의 통합에 공통된 유전자가 있다고 보고한 바 있다. 연구팀은 472쌍의 쌍둥이와 쌍둥이가 아닌 형제자매 샘플의 DTI 및 DNA 데이터를 사용해 이러한 접근 방식을 확장했다. 여기서 그들의 기본 아이디어는 유사성에 따라 많은 변수를 클러스터링하는 통계적 방법을 사용하는 것이었다. 먼저, 백질 섬유 내 수천 개의 점을 군집화해서 공통된 유전적 결정성을 가진 뇌 시스템을 찾았다. 백질 측정은 앞서 설명한 대로 FA를 사용했다. 그런 다음에 게놈 전체 스캔과 네트워크 분석에서 DNA를 사용해 주요 부위의 백질 무결성과 관련된 유전자 네트워크를 확인했다. 백질 네트워크의 일부 허브에서 FA는 IQ 점수와 관련이 있었다(Chiang et al., 2012: 그림 9).

이러한 분석 결과는 복잡하고, 14개의 특정 유전자(Chiang et al., 2012: 그림 5)와 더불어 2012년 논문에 각 유전자의 기능에 대해 알려진 내용도 함께 포함되었다. 이런 종류의 연구는 유전자의 기능에 대한 이해가 얼마나 복잡한지, 그리고 앞으로 지능 연구를 위한 주요 신경과학적 연구의 방향이 어디로 향해야 하는지를 모두 보여준다. 이와 같은 관찰 결과를 실용적으로 활용하기까지는 아직도 길이 멀다. 하지만 지능 관련 유전자와 그 기능을 규명하고, 기능적 분자 사건(functional molecular events)에 대한 일련의 유전적 영향을 뇌 발달의 적절한 단계에서 조작할 수 있다면 지적 능력을 향상시키는 잠재적 메커니즘을 제시하는 게 가능할 것이다. 여기에는 지능에 간접적으로 영향을 미칠 수 있는 백질 무결성 같은 뇌 구조에 대한 좀더 일반적인 유전적 영향을 조작하는 것도 포함된다(Kohannim et al., 2012a; Kohannim et al., 2012b). 5장에서는 지능을 강화하는 방법에 대해 자세히 설명할 예정이다.

분자유전학 연구의 급속한 발전 역사에서 다음의 주요한 진전은 뇌 질환과 정상 인지를 조사하기 위해 결성된 전 세계적 다기관 협력 연구를 통해서 수집한 방대한 샘플을 사용해 얻은 것이다(Khundrakpam et al., 2021). 이 중 일부는 앞의 섹션 2.6에서 이미 언급한 바 있다. 이러한 연구팀 결성과 그 결과물인 우수한 저작들은 매우 논리적이며 정치적·과학적 성취의 큰 승리라고 할 수 있다. 가장 큰 연구팀 중 하나는 '신경 영상 유전체학 메타분석을 통한 연구 강화 집단(Enhancing Neuro

Imaging Genetics through Meta-Analysis, ENIGMA)'이라는 이름으로 불렸다. 이들이 발표한 논문 중 하나에는 지능의 개인차가 뇌 크기와 관련 있는 HMGA2(High Mobility Group AT-Hook 2: 인간을 포함한 동물의 유전자 발현 조절에 중요한 역할을 하는 단백질을 코딩하는 유전자—옮긴이)라는 유전자의 특정한 변이와 관련이 있다는 연구 결과가 포함되었다(Stein et al., 2012). 이런 유전자를 발견하고 검증을 통해 다시 확인하는 데에는 수천 명의 참가자들이 모두 인지 검사와 DNA 검사를 수행한 것은 물론 기꺼이 신경 영상 촬영까지도 마다하지 않았기에 가능했다. 다른 연구들과 마찬가지로 이러한 발견은 개인에 따른 지능 차이의 극히 일부만을 설명할 수 있었지만, 인간 DNA라는 건초 더미에서 유전자 바늘을 찾아낸 결정적 승리라고 할 것이다.

또 다른 그룹에서는 '신경 영상 유전체학 메타분석을 통한 연구 강화 집단', 즉 ENIGMA의 데이터 세트 일부와 유럽연합의 청소년을 위한 IMAGEN(Imaging Genetics for Adolescents: 청소년의 두뇌 영상과 유전 정보를 결합해 연구하는 프로젝트. 주요 목표는 청소년기의 두뇌 발달과 정신 건강에 미치는 유전적·환경적 요인을 연구하는 것으로 범유럽권 과학자들의 연구 결집체가 컨소시엄을 이루어 주도한다—옮긴이) 컨소시엄 데이터를 사용해 14세 청소년 1583명을 MRI로 평가한 CT 및 지능과 유전자의 연관성을 조사했다(Desrivieres et al., 2015). CT 측정은 회백질 부피의 VBM(복셀 기반 형태 측정)에 비해 몇 가지 장점이 있으며, 앞서 언급했듯이 CT는 어린이와 청소년의 대규모 조사에서 지능과 관련이 있는 것으로 나타났다(Karama et al., 2009a; Karama et al., 2011). 이 IMAGEN 보고서는 CT와 약 5만 5000개 SNP 사이의 관계를 조사하는 것으로 시작되었다. 한 변이(rs7171755)는 왼쪽 전두엽과 측두엽의 피질이 얇아지는 것과 관련이 있었으며, WAIS 점수도 함께 기재된 소규모 하위 조사 집단에서는 더 얇은 피질과 관련이 있었다. 연구팀은 이 변이가 시냅스 건강에 필요한 당단백질 코딩에 관여하는 NPTN 유전자의 발현에 영향을 미친다는 사실을 추가로 발견했다. 이러한 발견은 시냅스 사건이 CT의 뇌 성숙에 영향을 미치고, 이는 다시 지능에 영향을 미칠 수 있음을 보여준다. 일련의 개입 단계는 복잡하지만 해결해야 할 유일한 문제이기도 하다. 이러한 연구 결과를 이끌어낸 분석 방법론과 복잡성은 고도의 기술적 배경을 필요로 한다. 하지만 앞의 섹션 2.6에서 요약한 연구와 함께 이것만 보더라도 특정 유전자를 찾는 일이 최근 얼마나 정교해졌는지 분명히 알 수 있다.

이러한 모든 연구는 지능에 관여하는 것으로 여겨지는 작은 영향을 행사하는 수많은 유전자를 식별하는 일이 결코 극복할 수 없는 도전이 아니라는 걸 보여준다. 앞으로 더 많은 연구가 진행되면 개별 유전자에 대한 후성유전학적 영향을 조사할 수 있겠지만, 아직은 특정한 후성유전학적 가설을 검증할 수 있는 데이터가 충분하지 않다. 다시 한번 강조하지만, 최소한의 지능 척도와 DNA의 연관성을 보여주는 대규모 연구를 추진할 수 있다면, 지능의 유전적 역할에 대한 의심을 잠재울 수 있을 것이다. 이제 지능에 관한 세 가지 법칙을 다시 한번 상기해보자. 두뇌에 관한 그 어떤 이야기도 간단하지 않다. 지능과 두뇌에 관한 그 어떤 연구도 확정적인 것은 없다. 서로 상충되고 일관적이지 않은 발견들을 가려내고 설득력 있는 증거의 무게를 얻을 때까지는 몇 년이 걸릴 수도 있다. 이 섹션에서 요약한 연구들은 지능의 유전적 측면을 둘러싼 복잡성을 이해하는 데 얼마나 빠른 속도로 진전이 이루어지고 있는지 보여준다.

3장에서 우리는 1988년 PET 보고서를 언급하며 다음과 같은 질문을 던졌다. "지능은 뇌의 어디에 존재할까?" 30여 년이 지난 지금, 신경영상학은 이 질문에 대해 유익한 정보를 제공하고 있으며, 이에 따라 질문 그 자체도 더욱 세분화되었다. 신경 영상과 결합한 유전학 연구는 지능의 개인차에 관여하는 구체적인 뇌 메커니즘을 제시하기 시작했다. 이제 지능을 이해하기 위한 신경과학 연구는 확고한 기반을 갖추었으며, 진화하는 신경영상학 및 유전학 기술과 방법을 바탕으로 빠르게 발전하고 있다. 지능을 예측하거나 정의하는 데 뇌의 측정값을 어떻게 사용할지 생각할 수 있는 여건이 충분히 마련된 것이다. 또한 지능 향상을 위해 뇌의 메커니즘을 어떻게 조작할 수 있는지에 대한 경험적 정보도 축적되고 있다. 바로 이런 것이 5장의 주제다.

4장 요약

○ 새로운 신경영상학적 수단, 특히 그래프 분석은 지능 검사 점수와 관련 있는 두뇌의 구조적·기능적 네트워크를 밝혀준다.

○ 전반적으로, 수많은 지능 연구에서 확인된 뇌 네트워크는 PFIT 프레임워크와 일치한다. 다만, 약간의 변경이 필요한 사항이 있기는 하다.

○ 많은 연구에서 두뇌 측정치와 IQ 점수 사이의 상관관계가 발견되었으며, 이제는 뇌 영상에 근거해 개인의 지능을 예측하는 것이 가능하다고 생각된다.

○ 일반적으로, 추론 관련 신경 영상 연구는 지능에 대한 연구와 거의 일치하는 결과를 보여준다. 그럼에도 추론과 관련된 많은 연구는 이런 중복에 대한 논의를 회피하고 있다. 인지 전문성을 갖춘 추론 연구자와 심리 측정 전문성을 갖춘 지능 연구자가 서로 협력한다면 이 두 가지 풍부한 경험적 전통을 통합하는 가장 좋은 방법이 될 것이다.

○ 정량유전학과 신경영상학의 결합은 두뇌 측정값과 지능의 개인적 차이가 공통된 유전자에서 비롯한다는 점을 시사한다.

○ 분자유전학과 신경영상학을 결합한다면 지능의 개인적 차이에 영향을 미치는 특정 유전자 및 그와 관련된 뇌 메커니즘을 좀더 신속하게 밝혀낼 수 있을 것이다.

복습 문제

1. 지능이 뇌 전체에 분포한 여러 영역에 의존한다는 가장 강력한 증거는 무엇인가?

2. 두뇌 효율성을 측정할 수 있는 여러 방법에는 어떤 것들이 있는가?

3. IQ 점수와 가장 강력한 상관관계를 보이는 뇌 측정은 무엇이며, 그럼에도 뇌 영상으로 IQ를 예측하는 것이 충분하지 않은 이유는 무엇인가?

4. 유추 추론을 지능 연구와 함께 해야 하는 이유는 무엇인가?

5. 정량유전학과 신경영상학의 결합이 지능 연구를 어떻게 발전시켰는지 설명할 수 있는가?

6. 지능 관련 뇌 메커니즘을 이해하기 위해 분자유전학과 신경영상학을 결합하는 것은 어떤 의미가 있는가?

더 읽을거리

What Does a Smart Brain Look Like? (Haier, 2009b). 일반 독자를 대상으로 쓴 이 글은 지능의 두정엽-전두엽 통합 이론(PFIT)에 대한 개요와 신경 영상 연구가 교육에 어떤 의미를 가질 수 있는지 설명한다.

"Where Smart Brains Are Different: A Quantitative Meta-analysis of Functional and Structural Brain Imaging Studies on Intelligence" (Basten et al., 2015). And a newer review (Basten and Fiebach, 2021). 전문 독자들을 위해 기능적·구조적 신경 영상 연구를 기반으로 지능이 어떻게 다른지를 양적 메타분석을 통해

소개한다.

The Cambridge Handbook of Intelligence and Cognitive Neuroscience (Barbey et al., 2021). 전문가들이 23개 장으로 구성한 편집본으로, 신경 영상 및 다양한 인지 연구 주제를 포함한다. 주로 전문 독자들을 위한 자료다.

"The Biological Basis of Intelligence: Benchmark Findings" (Hilger et al., 2022). 이 분야를 훌륭하게 조감하고 있는 논문이다.

"Genetic Variation, Brain, and Intelligence Differences" (Deary et al., 2022). 또 다른 훌륭한 리뷰 논문이다.

위대한 성배를 찾아서

신경과학은 지능을 얼마나 향상시킬 수 있을까

비크먼 대학(Beekman University)에서 이 프로젝트에 참여했던 우리는 자연의 실수 중 하나를 우리 자신의 새로운 기술로 해결하고 우월한 인간을 만들었다는 사실에 만족감을 느낍니다.

　　　　－《앨저넌에게 꽃을(Flowers for Algernon)》의 네무르(Nemur) 교수가 심리학 콘퍼런스에서 정신지체자의 IQ를 초(超)천재 수준으로 끌어올린 방법을 설명하는 프레젠테이션에서 한 말. 대니얼 키스(Daniel Keyes, 1966)

나는 쿵푸를 안다.

　　　　－영화 〈매트릭스(Matrix)〉(1999)에서 네오(Neo) 역의 키아누 리브스(Keanu Reeves)가 격투기 학습 프로그램을 자신의 뇌에 직접 업로드하고 몇 초 후에 한 말.

하루에 한 알을 먹으면 내게는 한계가 없어졌지요. ……나는 감정이 고조되지도, 긴장하지도 않았지요. 하지만 정신은 맑았어요. 나는 내가 해야 할 일을 알았고, 어떻게 해야 할지도 알았어요. 브라이언 그린(Brian Greene)의 《우아한 우주(Elegant Universe)》를 45분 만에 독파했는데, 모든 걸 다 이해했어요!

　　　　－영화 〈리미트리스(Limitless)〉(2011)의 두 등장인물이 IQ 알약을 복용한 후 나누는 대화

학습 목표

○ 지능을 높여준다고 주장하는 연구에서 찾아볼 수 있는, 결과를 신뢰할 만한 중요한 특징을 든다면 어떤 것이 있을까?

○ 사람들은 왜 빠르고 쉬운 방법으로 지능을 높일 수 있다고 주장하는 연구에 그처럼

마음이 끌리는가?

○ 전이(transfer)의 개념은 무엇이며, 지능을 높일 수 있다고 주장하는 연구에서 전이가 중요한 이유는 무엇인가?

○ 지능 향상의 가능성을 실험적으로 증명하기 위해 뇌를 자극하려면 어떤 방법을 사용할 수 있을까?

○ 지능을 높이기 위해 환경을 개선하는 것과 다르게, 약물이나 뇌 자극을 통해 지능 향상을 시도할 때는 어떤 윤리적 문제가 제기될 수 있을까?

머리말

미국 조지아주 주지사는 왜 그 주에서 탄생하는 모든 신생아에게 클래식 음악 CD를 살 수 있는 예산을 달라고 주 의회에 요청했을까? 왜 사람들은 점점 더 긴 난수 문자열을 암기하고 싶어 할까? 예산이 열악한 학교 시스템에서 아이들이 수업 시간에 즐길 수 있는 고가의 컴퓨터 게임을 구입하고자 하는 이유는 무엇일까? IQ를 17~40점 더 높일 수 있는 가장 좋은 다섯 가지, 또는 일곱 가지 혹은 열 가지 팁은 정확히 무엇일까?

이번 장에서는 지능을 향상시킬 수 있는 가능성에 대해 이제까지 알려진 상식적이거나 비상식적인 방법들을 논의한다. 한 가지 좋은 소식은 신경과학이 언젠가는 뇌 메커니즘에 대한 이해를 바탕으로 제기된 다양한 방법을 사용해 지능 향상을 도모할 확실한 가능성을 제시할 수 있을 것으로 진작부터 주장하고 있다는 점이다. 하지만 나쁜 소식은 우리가 이미 그런 방법을 알고 있다는 주장이 사실은 아주 순진하거나, 잘못되었거나, 또는 허위라는 점이다. 이런 주장들이 비단 인터넷에만 떠돌고 특별한 과학적 전문 지식이 없는 저자가 쓴 책에만 있는 것이 아니다. 엄격한 동료 심사를 거쳐 권위 있는 과학 저널에 실리는 연구 논문 중에서도 그런 주장을 발견할 수 있다. 어떻게 이런 일이 일어날 수 있을까?

높은 지능이 낮은 지능보다 낫다는 것은 주지의 사실이다. 선택권이 주어졌을 때 낮은 지능 쪽을 선택하는 사람은 아무도 없을 것이다. 설령 일부 학계에서 여전히 이 문제를 두고 끝없이 논쟁을 벌이고 있다고 해도 이에 심각하게 동의하지 않는 사람은 거의 없다고 해도 좋다. 그럼에도 높은 지능을 선호하는 주장은 종종 똑똑한 사람이 더 나은 사람이겠거니 하는 의미로 오해를 사기도 한다. 한 번 주위를 둘러보라. 그렇지 않은가? 나는 모든 지능 연구가 직간접적으로 지능 향상이라는 목표를 갖고 있다고 확신한다. 이는 물론 아주 숭고한 목표다. IQ가 낮거나 인지적 장애가 있는 자녀를 둔 부모에게 물어보라. 명시적으로 표현하든 그렇지 않든 대부분의 부모는 자녀 양육에서 제1의 목표로 삼는 과제이기도 하다. 더 똑똑해지는 것에 관심을 갖지 않는 사람도 있을 수 있겠지만 나는 아직 그런 사람을 보지 못했다. 6장에서 설명하겠지만 정규 분포에 따르면 인구의 16퍼센트가 85점 미만의 IQ를 갖고 있다. 이런 사람이 미국에서만 무려 5300만 명이다. 바로 이런 점이 일상생활을 좀더 편하게 하기 위한 수단으로 지능 향상을 고려해야 하는 이유 아닐까?

지능 향상이라는 목표를 달성하려면, 지능 요인이 무엇인지, 그것을 측정하는 가장 좋은 방법은 무엇인지, 그것이 어떻게 발달하는지, 특정 뇌 메커니즘과는 어떤 관련이 있는지, 이러한 메커니즘이 어떻게 가변적일 수 있는지 등에 대한 이해가 필요하다. 지능을 높이려는 노력은 역사가 오래되었다. 구체적으로 나열하지는 않겠지만 연금술사, 고대 건축가, 심지어 초기 신비주의자들도 관심을 가진 주제였을 것으로 생각된다. 하지만 역사적으로 그 누구도 지능 향상에 실질적인 성과를 거두지 못했다. 현대의 과학적 노력에 국한해서 말한다면, 잘 설계된 연구에서 지능에 대한 정교한 평가를 바탕으로 시간이 지나도 지속적으로 인정받는 사례를 성공이라고 정의했을 때, 아직까지 그런 지능 향상의 성공적인 사례는 찾아보기 어렵다. 이는 오직 g의 증가를 증거로 삼는, 전적으로 나만의 견해라고 해도 좋으므로 세상 모든 사람이 다 나의 이런 평가에 동의하는 것은 아니라는 점도 밝혀두고자 한다. 소규모에 일시적인 지능 향상 사례가 몇 가지 있기는 해도 그것들 역시 지능의 g-인자를 고양시키는 것과는 다소 동떨어져 있다. 이런 점을 분명히 해야 할 것이다. 내게는 오직 g를 높이는 것이 중요하다.

1장에서 우리는 IQ 점수는 비율 척도가 아니기 때문에 뭔가가 개입해서 점수 변화를 얻는다고 해도 그런 변화를 해석하는 게 거의 불가능하다는 측정상의 중요한 문제점을 지적한 바 있다. 다시 말하면, IQ 점수는 인치나 파운드 같은 측정 단위가 아니다. 지능 향상 관련 주장에서 핵심이라고 할 수 있는 이 문제를 1장에서 살펴본 연구들은 거의 무시했다. 2장에서는 IQ를 높이기 위해 제시한 진지한 보상과 여러 유아 교육 프로그램이 어떤 실패를 경험했는지 논의했다. 이런 프로그램이 다른 긍정적인 결과를 낳기도 했지만, 증거의 무게로 보았을 때 IQ 또는 기타 심리 측정 검사로 평가한 지능 향상을 이룰 수 있다는 주장을 전혀 뒷받침하지 못했다. 여기에서 한 가지 가설은 그러한 실패가—

2장과 4장에서 논의한 여러 연구가 입증했듯─지능이 대부분 유전의 영향을 받아서 결정되기 때문일 수도 있다는 점이다.

그럼에도 과거의 실패 사례를 완전히 무시하면서, 또는 내재된 측정상의 문제점에도 굴하지 않고, 혹은 아예 그런 것들을 애써 외면하면서까지 지능을 극적으로 높일 수 있다고 주장하는 새로운 논문과 보고서들이 여전히 각종 과학 저널에 실리곤 한다. 이제부터는 그러한 구체적인 사례 중에서 "당신에게는 이런 일이 발생하지 않도록 하세요"라는 사뭇 암시적인 주장을 펼치는 세 가지 각기 다른 주장을 살펴보도록 하자. 이런 주장은 클래식 음악 듣기, 기억력 훈련하기, 또는 컴퓨터 게임 등을 통해 IQ를 높일 수 있다는 데 근거하는 것이 보통이다. 그와 같은 주장이 어떻게 회의적인 평가를 받는지 여기에서 명백히 보여줄 수 있다면, 앞으로 여러분이 지능 향상과 관련한 어떤 획기적인 성과나 결과를 접했을 때 쉽게 속지 않을 것이다. 주의를 요하는 이런 사례를 살펴본 다음, IQ 증진용 약물에 대한 똑같이 모호한 주장 역시 들여다볼 것이다. 그런 후에 과학과 공상과학의 경계를 시험하는 신경과학적 수단을 통해 지능을 향상시키는 흥미로운 가능성에 대한 논의로 넘어가도록 하자.

5.1 사례 1: 모차르트의 두뇌

모차르트는 1791년에 사망했지만 그로부터 202년이나 지난 후 열풍의 중심이 되었다. 하지만 그 열풍이 음악적인 것은 아니었다. 저명한 과학 저널 〈네이처〉에 실린 한 편의 짧은 편지가 발단이었다. 이 편지는 특정한 모차르트 소나타를 10분 동안 들으면 일시적으로 IQ가 8점 정도 상승한다고 주장했다(Rauscher et al., 1993). 8점이라고 하면 지능 표준 편차의 절반 정도에 해당하는 것으로, 단 10분의 행동으로는 대단한 효과를 불러올 수 있는 수치다. 지능 연구자들은 이것이 사실이라고 하기엔 너무도 좋게 들린다는 걸 즉시 알아차렸다. 물론 추후에 사실이 아니라고 밝혀지긴 했지만, 놀랍게도 비판적인 검토를 거쳐 대중의 열광을 누그러뜨리기까지 무려 6년이 걸렸다(Chabris, 1999). 그리고 다시 11년이 지나서 〈모차르트 효과―슈모차르트 효과: 메타분석(Mozart Effect―Shmozart Effect: A Meta-analysis)〉이라는 제목의 종합적인 검토 논문이 나오고서야 비로소 이 주장은 종말을 고했다(Pietschnig et al., 2010). (위 논문의 제목에서 'Shmozart Effect'는 모차르트 음악이 인지 능력을 향상시킨다는 개념이 과학적으로 그리 신뢰할 만한 근거가 없다는 걸 강조하는 풍자적인 표현이다―옮긴이.) 사실상 논문의 제목이 모든 것을 말해주었다. 무려 17년이나 이 대중적인 신화가 지속되는 동안, 사람들은 듣기만 해도 IQ가 높아질 것이라는 기대감에 들떠서 셀 수도 없이 많은 모차르트 및 기타 클래식 음악 CD를 구매했다. 학교 교과 과정에서 음악 프로그램이 각광을 받았으며, 음악 사교육 역시 새로운 근거를 얻었다. 수많은 중·고등학교 과학 박람회 프로젝트에서 모차르트 효과의 다양한 측면을 조사했으며, 주로 친구와 가족들을 대상으로 수행한 실험도 넘쳐났다. 공정하게 말하자면, 이는 잘못된 아이디어이긴 해도 결과가 끔찍했던 건 아니다. 아동들이 몇 번의 아코디언 레슨을 받았던 것을 제외하면 그 누구도 다치지 않았고, 물론 그 때문에 IQ가 높아진 사람도 없었다.

1993년에 발표된 최초의 보고서는 36명의 대학생을 세 가지 각기 다른 조건에 10분간 노출시킨 후 추상적 추론 능력을 측정하는 검사를 수행한 결과를 바탕으로 작성한 것이다. 추론 측정은 일련의 스탠퍼드-비네 지능 검사에서 뽑은 세 가지 공간 추론 검사였다. 세 가지 실험 조건은 모차르트의 〈두 대의 피아노를 위한 소나타 D 장조〉 듣기, 심신 이완 녹음테이프 듣기, 침묵 듣기였다. (침묵은 물론 들을 수 없지만, 문장을 병렬로 구성해야 했기에 이렇게 기록했다.) 학생들에게는 각각의 실험 조건을 완수한 후 세 가지 검사 중 하나가 주어졌다. 모차르트 조건의 경우에는 표준 검사 점수가 57.56점이었다. 이는 심신 이완 조건의 54.61점, 침묵 조건의 54.00점보다 통계적으로 약간 높은 수치였다. 이후 표준 검사 점수를 공간 인식 점수로 '변환'하자 각각 119점, 111점, 110점이 나왔다. 그림 5.1은 그 결과를 원본 보고서에서 그대로 가져온 것이다. 저자들은 다음과 같이 말했다. "따라서 음악 조건에 참여한 피험자들의 IQ는 다른 조건에 참여한 피험자들보다 8~9점 더 높게 나타났다" (Rauscher et al., 1993: 611). 그들은 검사를 진행하는 10~15분 동안만 그런 IQ 향상 효과가 지속된다는 점에 주목했다. 그들은 또한 음악 감상과 IQ 검사 사이의 시간적 간격, 감상 시간의 변화, 다른 지능 및 기억력 측정에 대한 영향, 다른 작곡가와 그들의 음악 스타일 비교, 음악가와 비음악가로 나누어 실험했을 때 나타날 수 있는 차이에 대해 추가적인 연구를 권장했다. 실제로 수많은 과학 박람회 프로젝트에서 이런 권장 사항을 시험하면서 IQ 향상을 위한 모차르트 효과가 탄생했다.

그런데 〈네이처〉의 동료 심사위원이 그 누구였든 세 가지 추론 검사를 추상적 추론과 동등한 척도로 취급하는 것이 얼마나 끔찍한 실수인지를 제대로 깨닫지 못했던 것 같다. 그 둘 사이에 서로 상관관계가 있다고 해서 동등하게 취급한다면, 그야말로 심리 측정에서 엄청난 실수를 저지르는 셈이다. 그들은 또한 참가자들에게 IQ 정보나 음악적 경

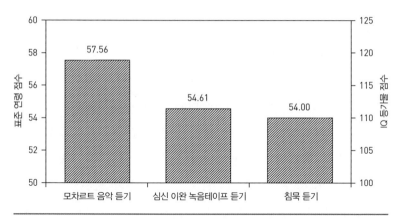

그림 5.1   모차르트 효과를 검증하는 막대그래프. 모차르트 음악 듣기, 심신 이완 녹음 테이프 듣기, 침묵 듣기를 각각 10분간 수행한 후 얻은 공간 지능 검사 점수와 이에 상응하는 IQ 점수(y축)를 표시한 것이다. 각 조건마다 참가자들이 달랐다. 허가를 받아 인용 (Rauscher et al., 1993).

험 및 능력에 관한 정보도 요구하지 않았다. 무엇보다도 심각한 실수는 1장에서 설명한 것처럼 개별 검사 점수를 공간 IQ(spatial IQ) 점수로 환산해 8점 상승을 주장했다는 것이다. 이는 심리측정학적으로 그들이 너무도 순진했다는 사실을 그대로 보여준다. 작은 규모의 표본을 대상으로 수행한 단일 실험에서 특별한 결과를 낳은 사례에 해당한다고 할 수 있는 이 보고서는 특별한 증거에 기반하지 않았기 때문에 특히 〈네이처〉 같은 저명한 잡지에 게재할 만큼의 준비를 전혀 갖추지 못했다는 주장이 제기될 수도 있었다.

비록 저자들이 공간 IQ에 초점을 맞추었지만, 그 결과에 열광했던 언론들의 보도는 그리 구체적이지 않았다. 단지 모차르트 효과가 IQ 전반을 향상시킨다는 정도로만 널리 이해되었을 뿐이다. 당시의 언론 보도 방향에 부응해 일부 연구자들은 지능에 대한 유전적 영향의 강력한 역할과 관련한 여러 증거와 전혀 걸맞지 않게 IQ가 매우 가변적이라는 연구 결과를 내놓기도 했다. 〈네이처〉 보고서는 또한 상대적으로 적은 비용과 그에 따르는 위험 없이 더 높은 지능을 쉽게 얻을 수 있는 방법에 대한 시민들의 열망을 언급하기 시작했다. 〈뉴욕 타임스〉(1998년 1월 15일) 기사에 따르면, 조지아주의 젤 밀러(Zell Miller) 주지사는 매년 그 주에서 태어나는 약 10만 명의 신생아를 위해 클래식 음악 테이프나 CD 구입 예산을 연간 10만 5000달러 지출할 것을 제안했다. (당시 아이팟과 스트리밍 서비스는 아직 출현하지 않았다.) 주지사는 의원들에게 행한 예산안 연설에서 베토벤의 〈환희의 송가〉 연주를 일부 들려주면서 이렇게 물었다. "이제 좀더 똑똑해진 것 같지 않습니까?" 또한 자신의 성장 경험을 언급하면서 "음악가란 비단 바이올린을 연주할 뿐만 아니라 기계공 역할도 넉넉히 할 수 있는 사람들"이라고 말하기도 했다. 이 기사는 회의론자의 의견도 인용했다. 요컨대 유아의 음악적 인식을 연구하는 토론토 대학교의 심리학 교수 샌드라 트레허브(Sandra Trehub)는 "나는 이런 연구 결과들에 대해 잘 알고 있지만, 현재로서는 그러한 주장을 전적으로 받아들일 만한 증거가 아직 없다고 생각한다"고 말했다. "만약 알약을 삼키거나 음반 또는 특정한 책을 구입하거나 어떤 한 가지 경험을 해서 하버드대나 프린스턴대에 입학할 수 있다고 생각한다면 그것이야말로 착각이다." 하지만 예일대는 언급하지 않았다. (같은 아이비리그 대학이라도 예일대는 다른 대학들보다 뛰어난 음악 교육을 제공한다—옮긴이.)

연구 결과를 독립적으로 재현하는 것은 과학적 방법의 초석이 된다. 물론 모차르트 음악에 대해서는 추가적인 연구가 이어졌다. 논문이 처음 발표되고 5년 후, 〈네이처〉에 두 건의 비판적인 서한과 이에 대한 논문 제1 저자의 답변이 실렸다(Chabris, 1999). 크리스토퍼 채브리스 박사의 첫 번째 비평 서한은 참가자 714명의 갖가지 추론 검사를 포함한 모차르트 효과 관련 16개 연구를 종합적으로 검토한 것이었다. 이런 종류의 분석은 여러 연구에서 수행한 모든 결과를 결집하는 것이다. 채브리스 박사는 전반적인 모차르트 효과가 일반 지능에서는 아주 작게 나타났으며, 시공간적 검사에서만 조금 더 컸을 뿐이라고 보고했다. 또 개별 검사 점수를 IQ 등가치로 환산한 결과, 일반 지능 점수에서는 약 1.4점, 시공간 추론 점수에서는 약 2.1점 증가한 데 그친 것으로 나타났다고 썼다. 앞서 설명한 것처럼 그런 점수 변환에는 항상 의심스러운 부분이 있으며, 이 정도의 작은 증가폭이라면 모든 정신 검사에서 항상 발견되는 표준적인 측정 오류로 간주할 수도 있다. 채브리스 박사는 이런 미미한 차이는 모차르트 음악 감상 같은 즐거운 경험에서 비롯된 긍정적인 기분 상승의 효과 때문일 수 있다고 결론지었다. 그의 공식에 따르면, 즐거운 경험은 특히 공간적-시간적 정보를 처리하는 대뇌 우반구의 각성을 증가시킨다. 케네스 스틸(Kenneth Steele) 박사와 그 동료들이 보낸 두 번째 서한은 그들이 1993년 수행한 실험에서 모차르트 효과를 전혀 재현하지 못했다고 보고했다. 그들이 얻은 결과 중 일부에서는 모차르트 음악을 들은 후에 참가자들의 지능 점수가 오히려 조금 낮아지는 것으로 나타나기도 했다.

이에 대해 라우셔(F. H. Rauscher) 박사는 원래 보고서에서는 지능 증가를 주장하지 않았다고 지적했다. 자신의 주장이 정신적 이미지와 시간적 순서를 포함하는 공간적-시간적 과제(spatial-temporal tasks)에 국한된 것이라면서 말이다. 그녀는 공간적-시간적 추론 검사만 검토한 채브리스의 메타분석에서는 모차르트 음악을 들은 후에 지능이 증가한 것으로 나타난 연구 수가 매우 적었다는 점을 지적하면서 그의 즐거움 각성 가설(enjoyment arousal hypothesis)을 비판했다. 또한 스틸 연구팀의 연구는 정확한 재현이 아니었다는 이유를 들어 비판했다. 그녀는 독립적인 연구들에서 일관성 없는 결과가 나왔다는 점을 인정하며 다음과 같이 결론 내렸다. "일부 사람들이 빵이 부풀어 오르지 않은 것을 지적한다고 해서 '효모 효과'의 존재를 완전히 부정할 수는 없다"(Chabris, 1999: 827).

일반 지능의 증가가 원래 보고서에서는 제시하지 않은 잘못된 추론이라는 라우셔 박사의 핵심적인 해명은 일견 정확하기는 해도, 부분적으로는 그래프 축(그림 5.1 참조)에 'IQ 등가물(IQ equivalents)'이라는 라벨을 붙여서 혼란을 자초한 측면도 있다. 게다가 원래 〈네이처〉 논문과 함께 제공된 대학의 보도 자료 역시 그런 혼란을 가중시켰다. 내가 복사한 이 보도 자료[1993년 10월 13일 오후 6시(동부 표준시)까지 배포 금지]는 '공간 지능'에 대한 연구 결과로 시작하지만, 다음과 같은 연구자들의 말을 인용했다. "따라서 음악 조건에 참여한 피험자들의 IQ는 다른 두 조건의 점수보다 8~9점 더 높았다." 공간 지능과 일반 지능을 더 명확하게 구분했으면 좋았을 뻔했다. 1999년 〈네이처〉에 발표된 이후에도 모차르트 효과에 대한 논란은 지적 능력 검사에서 계속되었다. 서로 상충되고 일관되지 않은 결과를 담은 더 많은 연구도 이어졌다.

2010년에 이르러 또 다른 대규모 메타분석 연구 결과가 발표되었는데, 이 메타분석은 최종 결정판으로 지금까지 널리 알려져 있다(Pietschnig et al., 2010). 이 포괄적인 분석에는 약 40개의 연구와 3000명 이상의 참가자가 포함되었다. 여기서 중요한 한 가지 특징은 부정적인 결과를 낸 미발표 연구도 상당수 포함시켰다는 점이다. 왜냐하면 부정적인 연구 결과는 보통 거의 발표되지 않으므로 발표 자료만 검토할 경우 긍정적인 연구 편향으로 흐를 가능성이 크기 때문이다. 또 다른 한 가지 특징은 1993년 보고서의 원저자들이 수행한 연구를 다른 연구자들이 수행한 연구와 비교하기 위해 별도로 똑같은 연구를 다시 진행했다는 점이다. 전반적으로 이 메타분석에서는 모차르트 효과가 공간 과제 수행에 미치는 영향이 아주 작았으며, 다른 음악적 조건들도 거의 동일하게 작은 효과만을 보여주었다. 미발표 연구까지 포함했을 때 그 결과는 더욱 작은 효과로 보정되었다. 원래 연구자들이 수행한 연구만 분석한 결과는 일반적으로 다른 연구자들이 수행한 연구에서보다 조금 더 큰 효과를 보여서 연구팀에 따른 혼란스러운 영향도 배제하기 어려웠다. 메타분석 저자들은 "전체적으로 모차르트의 〈두 대의 피아노를 위한 소나타 D 장조〉에 대한 노출을 통해 공간 과제 수행 능력이 특별히 향상될 수 있다는 개념을 뒷받침할 만한 증거는 거의 남아 있지 않다"고 결론지었다(Pietschnig et al., 2010: 322). 사실 이 메타분석 논문의 제목, 즉 '모차르트 효과—슈모차르트 효과'가 모든 것을 말해준다.

조지아주의 신생아들이 CD를 받았든 받지 못했든, 1993년 〈네이처〉에 실린 보고서에 대한 대중의 이해도는 연구 저자들이 의도했던 것보다 훨씬 더 컸던 게 분명하다. 원래 이 연구는 저명한 학습 및 기억 센터의 후원으로 우리 대학에서 수행했는데, 나는 수석 저자인 고든 쇼(Gordon Shaw) 박사를 진작부터 알고 있었다. 논문 발표 전에는 이 연구에 대해 알지 못했지만, 이후 그와 여러 차례 호의적인 대화를 나눴다. 원래 물리학자였던 쇼 박사는 뇌와 관계있는 문제 해결에 관심이 많았고, 세상을 떠나기 전에는 음악 작곡의 복잡성과 인지에 관한 이론을 개발 중이었다. 그는 자신의 연구 결과와 일반 지능에 대한 오해가 널리 퍼진 것을 안타까워했지만, 음악과 인지가 긍정적 방식으로 연결되어 있다는 확신을 버리지는 않았다. 라우서 박사와의 연구는 이 중요한 분야에 대한 관심을 불러일으키는 데 크게 도움이 되었다. 젊은이들에게 음악 노출의 기회를 제공하고 훈련시키는 것의 다양한 이점이 무엇이든, 일반 지능이건 공간적 지능이건 지능 향상은 그로부터 얻을 수 있는 혜택의 하나가 아닌 것만큼은 분명하다. 모차르트 효과는 어떤 방법을 사용해서 IQ를 극적으로 발전시킬 수 있다고 주장하는 모든 연구자가 명심해야 할 이야기라고 할 수 있다. 하지만 안타깝게도 이 교훈을 마음에 새기지 않고 그런 주장을 하는 사람이 여전히 많은 게 사실이다.

5.2 사례 2: 이것과 이것 그리고 이것까지 기억해야 해

지능 향상에 대한 또 다른 놀라운 주장이 미국 〈국립과학원회보(Proceedings of the National Academy of Science, PNAS)〉의 표지 논문으로 발표되었다(Jaeggi et al., 2008). 모차르트를 언급하지 않았지만, 이 보고서는 작업 기억이라는 어려운 과제를 훈련한 결과 유동성 지능에서 '극적인' 향상을 도모할 수 있었다고 주장했다. 1장에서 언급했듯이 유동성 지능(흔히 Gf로 표기한다)은 g-인자와 높은 상관관계를 갖고 있으며, 많은 지능 연구자가 이를 동의어로 간주하기도 한다. 게다가 더 놀라운 발견은 다음과 같은 두 가지 중요한 관찰 결과와 함께 제시되어 더욱 신빙성을 더했다. 첫째, 훈련을 많이 하면 할수록 그 효과가 더욱 증가해 일종의 용량-반응 관계(dose-response relationship: 약리학, 독성학, 생리학 등에서 주로 쓰이는 개념으로, 투입하는 물질의 용량에 따라 그 효과도 이에 비례해 나타나는 현상—옮긴이)가 있다. 둘째, 기억력 훈련 과제에서 이와는 '완전히 다른' 추상적 추론 과제로도 전환되었다. 저자들은 다음과 같은 결론을 내렸다. "따라서 이전의 많은 연구와 달리, 우리는 검사 과제 자체를 연습하지 않고서도 Gf를 향상시킬 수 있었으며, 이로써 광범위한 응용 분야를 열 수 있게 되었다"(Jaeggi et al., 2008: 6829).

이 발표는 마치 폭탄과도 같았다. 언론이 대대적으로 보도하고, 이에 따라 일반 대중의 관심도 폭발적으로 늘어났다. 원래의 모차르트 보고서와 마찬가지로, 이것 역시 일반 지능은 기억력 훈련을 통해 극적으로 향상시킬 수 있다고 주장해 지능이 고정되거나 유전적인 것이 아니라는 걸 보여주고 싶어 하는 많은 연구자에게 크게 주목받았다. 그러나 경험 많은 지능 연구자에게는 이런 주장이 1989년 대부분의 물리학자가 당시 불가능하다고 생각했던 냉융합 주장(미국의 두 화학자 마틴 플라이슈만(Martin Fleischmann)과 스탠리 폰스(Stanley Pons)는 실온에서 중수소(중수)를 사용해 냉융합을 성공적으로 수행했다고 발표했다. 이는 대부분의 물리학자가 불가능하다고 생각하던 개념으로, 만약 성공하기만 한다면 인류의 에너지 문제를 해결할 엄청난 잠재력을 가지고 있는 문제였다. 하지만 결국 이 발표는 잘못된 실험상의 해석으로 빚어진 과학적 실수로 판명되었다—옮긴이) 발표를 떠올리게 만들었다. 결국 냉융합 소동은 한 분야의 저명한 연구자들이 전혀 다른 분야에 속하는 측정 기술에 익숙하지 않은 상태에서 열 측정을 하면서 실수를 저질렀기 때문에 벌어진 일로 밝혀졌다. 냉융합 사례에서와 마찬가지로 유동성 지능의 측정 오류가 〈PNAS〉 보고서의 원인이 될 수 있었을까? 여러분은 이 사례가 어디로 향할지 충분히 짐작할 수 있을 것이다.

사실 〈PNAS〉에 실린 기억력 훈련 연구의 이론적 토대는 간단명료했다. 기억력은 지능의 한 구성 요소로서 진작부터 잘 정립되어 있었다. 따라서 만약 훈련을 통해 기억력을 향상시킬 수 있다면, 지능 역시 향상될 수 있다고 해도 무방하다. 그런데 이 두 가지 지적 모두가 세 번째 감추어진 요인과 관련이 있다는 걸 무시하더라도, 이런 간단한 사고 훈련을 검사하는 데 중요한 한 가지 요소가 바로 훈련 과제를 지능 검사와는 별개로 완전히 독립적으로 수행해야 한다는 점이다. 다시 말해, 기억력 훈련 효과가 기억력을 전혀 필요로 하지 않는 완전히 다른 검사에도 적용될 수 있어야 한다는 것이다. 예를 들어, 누군가에게 카드 한 벌의 순서를 외울 수 있도록 훈련시키면, 그는 52개 난수 시퀀스를 기억하는 능력 역시 갖게 될 것이다. 왜냐하면 그 두 가지는 다 같은 기억력 검사에 해당하기 때문이다. 만약 카드 암기 훈련을 통해 유사성 검사(analogy test: 두 가지 항목 사이의 관계를 이해하고, 이를 기반으로 유사한 관계를 다른 항목에서 찾는 능력을 평가하는 테스트. 예를 들어, '고양이: 고양이 집'은 '개: (   )'라는 질문이 있을 때, 정답은 '개집'이 된다─옮긴이)에서도 더 높은 점수를 받을 수 있다면 더욱 인상적일 것이다. (유사성 검사는 일반적으로 높은 g-부하를 갖는다.) 더욱이 4주간의 카드 암기 훈련으로 2주간 카드 훈련 시보다 유사성 검사에서 그 기능이 2배나 향상된다면 더욱 인상적이지 않겠는가.

〈PNAS〉에 실린 기억력 훈련 실험에서는 35명의 대학생을 무작위로 4개 훈련 프로그램 중 하나에 배정하고(한 학생이 중도 탈락해서 총 34명이 참가했다), 다른 대학생 35명은 훈련을 전혀 받지 않는 4개의 대조군에 배정했다. 70명의 학생 중 남성과 여성의 비율은 약 50 대 50이었다. 따라서 각 그룹은 남성 또는 여성 참가자 수가 약 8명씩으로 그 수가 매우 적었다. 각 참가자는 교육 전후(대조군 그룹에서는 아무런 교육 없이 그 기간만큼 시간을 배정했다)에 RAPM 검사(이 검사에 대해서는 앞 장에서 설명했으며, 한 교육 그룹에게만 활용했다)를 하도록 하고, 나머지 세 교육 그룹에서는 추상적 사고를 시험하는 보쿠머 매트리젠 검사(Bochumer Matrizen-Test, BOMAT: 추상적 추론 문제 해결을 기반으로 하는 표준화한 지능 검사의 하나로, 종종 g-인자를 추정하기 위해 사용된다—옮긴이)를 치르게 했다. 왜 단일 검사가 아닌, 두 가지 검사를 사용했는지에 대해서는 아무런 설명도 없었다. 각각의 검사는 사전 검사와 사후 검사로 구분되었는데, 4개의 교육 프로그램은 사전 검사와 사후 검사 사이에 수행한 교육 훈련 세션 횟수에서 차이가 있었다. 훈련 기간은 각각 8일, 12일, 17일, 19일이었다. 훈련을 받지 않은 4개의 대조군도 동일한 간격으로 사전 및 사후 검사를 진행했다.

네 그룹 모두의 기억력 훈련은 인지심리학에서 잘 알려진 과제를 사용했다. 보통 n-back 테스트(n-back test)라고 부르는 이 검사에서 n은 어떤 정수를 의미한다. 이 검사는 참가자 앞에 놓인 컴퓨터 화면에 일련의 임의 숫자나 문자 또는 기타 요소를 한 번에 하나씩 제시하는 방식으로 진행된다. 예를 들어, 문자가 있는 1-back 버전에서는 어떤 문자가 연속으로 한 번 반복될 때마다, 다시 말해 같은 문자가 연속으로 나타날 때마다 참가자가 버튼을 누른다. 참가자는 다음 문자가 나타날 때까지 앞의 한 글자만 작업 메모리에 보관하면 되기 때문에 사실상 매우 쉽다. 다음 글자가 같지 않으면 버튼을 누르지 않은 채 그다음 글자가 컴퓨터 화면에 나타날 때까지 바로 전의 글자를 기억해야 한다. 2-back 버전에서는 같은 글자가 두 글자 전에 제시된 경우 버튼을 누른다. 이를 위해서는 두 글자를 두뇌의 작업 메모리에 보관하고 있어야 한다. 당연히 3-back 버전은 더 어렵고 4-back, 5-back, 6-back

은 훨씬 더 어렵다. 글자(또는 숫자, 사용 가능한 모든 요소)는 시각적으로, 또는 이어폰을 통해 제시될 수도 있다. 이 연구를 위해 참가자들은 시각적 버전과 청각적 버전을 **동시에** 수행할 수 있도록 훈련받았다. 농담이 아니다. 이 시험이 매우 어려운 것임에도 불구하고 오직 한 사람만 탈락했다는 것이 자못 놀랍기조차 하다. 텍스트 상자 5.1에 이 과제에 대해 좀더 자세히 설명해두었다.

훈련 결과는 그림 5.3에서 제시했다. 논문 저자들에게는 이 그래프가 아주 명확해 보였겠지만, 대부분의 지능 연구자에게는 그 의미가 훨씬 덜 명확했다. 훈련 세션에 참여한 모든 참가자는 한 그룹(N=34)으로, 모든 대조군은 다른 그룹(N=35)으로 분류했다. 훈련 그룹의 평균 n-back 난이도는 연구를 시작할 때 3-back에서 연구 종료 시 5-back으로 늘어났다. 두 그룹은 추상적 추론 사전 검사에서 차이가 없었다. 하지만 두 그룹 모두는 사후 검사에서 추상적 추론 점수가 평균적으로 상승했다. 이는 대조군의 경우 1점, 훈련군의 경우 2점 정도 상승한 수치다. 하지만 이것은 실제로 얻은 IQ 점수가 아니라, 과제 시험에서 정답을 맞힌 항목의 수라는 점에 유의해야 한다. 저자들은 이 작은 변화

텍스트 상자 5.1 이중 n-back 테스트

그림 5.2에는 공간적 위치와 문자라는 두 가지 요소를 함께 사용하는 2-back 버전을 제시했다. 참가자는 동일한 요소가 하나의 중간 요소와 함께 반복될 때마다 버튼을 눌러야 한다. 공간 위치 요소는 한 번

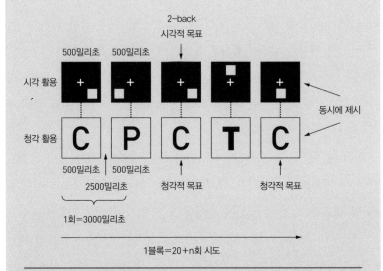

그림 5.2 이중 n-back 메모리 작업. 이것은 2-back 예제 문제다. 두 가지 버전을 동시에 실행한다. 윗줄은 시각적 공간 버전을 보여준다. 참가자는 각 프레젠테이션에서 흰색 상자의 위치를 기억해야 한다. 한 번의 프레젠테이션이 끝난 후 같은 위치가 반복될 때 버튼을 누르면 같은 위치가 두 번의 프레젠테이션을 다시 반복하기 때문이다. 아랫줄은 청각 문자 버전을 보여준다. 각 문자는 이어폰을 통해 제시된다. 참가자는 같은 글자가 두 번 반복되면 버튼을 눌러야 한다. 각 버전을 개별적으로 훈련한 후 두 버전을 동시에 제시하고 3-back, 4-back 또는 그 이상을 우연보다 더 잘 할 수 있을 때까지 연습한다. 이 그림에서 도형이나 글자, 숫자를 제시하는 순서는 왼쪽에서 오른쪽으로, 한 번에 한 가지씩이다. 허가를 받아 인용(Jaeggi et al., 2008).

에 하나씩 시각적으로 표시되고, 문자는 헤드폰을 통해 한 번에 하나씩 전달된다. 이중 버전에서는 공간 요소와 문자 요소가 각각 500밀리초(0.5초) 동안 동시에 표시되며, 각 요소는 2500밀리초(2.5초)의 간격을 둔다. 이는 그림 5.2 윗줄에 설명되어 있다. 컴퓨터 화면에서는 왼쪽부터 한 번에 하나씩 각기 다른 흰색 사각형의 공간적 위치를 보여준다.

세 번째 화면은 2번 뒤의 백색 사각형 위치와 동일하게 나타나므로 이 때 참가자는 버튼을 눌러야 한다. 아래쪽 행은 문자 버전을 보여준다. 세 번째 'C'는 2-back(그림 맨 왼쪽 끝에 있는 글자)의 동일한 반복이므로 피험자가 버튼을 눌러야 한다. 행의 오른쪽 끝에 있는 'C'도 가운데 'C' 의 2-back 반복이므로 버튼을 눌러야 한다. 이 어려운 기억 과제를 잘 수행해서 그 점수가 우연히 얻은 점수보다 더 높아지면 참가자는 좀더 어려운 3-back 버전으로 넘어가고, 이어서 4-back, 5-back 버전으로 계속 나아갈 수 있다. 이 모든 걸 처음 읽으면 이해하기 다소 까다롭지만 n-back이 어떻게 작동하는지 이해하면 이 훈련이 얼마나 힘든지 깨달을 것이다. 이 과제를 잘 훈련하면 두통을 유발하거나 자존감에 손상을 받지 않고서도 유동성 지능을 향상시킬 수 있다는 주장도 있다는 것을 기억하라.

추상적 추론 능력을 검사하는 BOMAT는 시각적 유추를 기반으로 하며, 1장에서 설명한 RAPM 검사와 유사하다. BOMAT는 5×3 매트릭스를 사용하는데, RAPM 검사에서처럼 비어 있는 한 칸을 제외한 나머지 각 칸에 그림이 들어 있다. 참가자는 다른 구성 요소(모양, 색상, 패턴, 수, 그림 요소의 공간적 배열)에서 도출된 논리적 규칙에 따라 그 빈칸을 채워야 한다. RAPM 검사는 3×3 행렬을 사용하므로 각각의 문제를 풀 때마다 작업 메모리가 비교적 적은 데 반해 BOMAT에서는 5×3의 행렬을 사용하기 때문에 작업 메모리의 할당이 훨씬 더 많다. 이것이 바로 BOMAT가 작업 기억력 시험에 훨씬 더 가깝고 n-back 테스트와 유사한 이유다. 이런 유사성은 n-back에 대한 훈련이 완전히 다른 유동성 지능 검사로 옮겨간다는 주장을 약화시킨다(Moody, 2009).

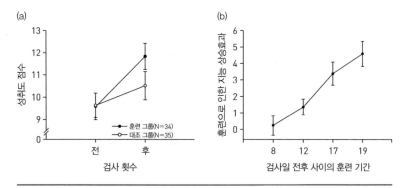

그림 5.3 기억력 훈련에서 '획기적인' 결과를 보인 선 그래프. (a)는 훈련 그룹과 대조 그룹의 n-back 훈련 전후 유동성 지능 검사 점수(y축)를 보여준다. (b)는 훈련 일수 대비 지능 검사 점수(y축)의 상승을 보여준다. 허가를 받아 인용(Jaeggi et al., 2008).

를 통계적으로 유의미하다고 설명했으며 "상당히 우수하다"고 표현하기까지 했다. 훈련 기간 차이에 따른 지능 검사 점수의 차이를 그래프로 표시했을 때, 8일간 연습한 그룹에서는 1점 미만의 상승을 보인 반면, 19일간 연습한 그룹에서는 거의 5점 가까이 상승한 것으로 나타났다.

저자들은 대담하게 다음과 같은 결론을 내렸다.

> 인지 훈련이 Gf를 향상시킬 수 있다는 발견은, 그동안 이런 종류의 지능은 거의 불변적이라고 알려져왔기에 아주 획기적인 결과라고 할 수 있다. Gf를 불변의 특성으로 간주하는 대신, 우리가 얻은 결과는 적절한 훈련을 통해 Gf를 개선할 잠재력이 있다는 명백한 증거를 제공한다. 또한 우리 연구는 Gf 증가의 크기가 훈련 시간에 따라 크게 달라진다는 증거도 함께 제공했다. 일상생활에서 Gf의 근본적인 중요성과 그것이 갖는 다양한 지적 작업 및 직업적 성공에 대한 예측력을 고려할 때, 우리 연구 결과는 교육 분야에서 충분히 응용 가능할 것으로 생각된다(Jaeggi et al., 2008: 6832).

나는 그들이 조지아 주지사에게, 아니면 다른 주에 연락을 취했는지 잘 모른다. 하지만 이 논문이 기억력 훈련 열풍을 불러일으켰던 것은 사실이다.

첫 번째 파괴적인 비판이 곧바로 이어졌다(Moody, 2009). 무디(D. E. Moody) 박사는 〈PNAS〉 표지 논문에서 제시한 결과를 도저히 받아들일 수 없게 만드는 몇 가지 심각한 결함을 지적했다. 가장 중요한 지적은 그들이 유동성 추론을 평가하는 데 사용한 BOMAT가 결함 있는 방식으로 시행되었다는 것이다. BOMAT에서는 보통 시험 항목을 쉬운 것부터 시작해 매우 어려운 것에 이르기까지 순서대로 배열한다. 그리고 응시자들에게는 45분 동안 최대한 많은 문제를 풀 수 있도록 29개의 문제가 주어진다. 그런데 바로 이런 중요한 사실이 이 보고서에는 누락되어 있었다. 연구에서는 시험을 완료하는 데까지 오직 10분만 허용했기 때문에 시간제한으로 인해 Gf를 가장 잘 예측할 수 있는 더 어려운 문항의 시험에는 이르지도 못하고, 상대적으로 쉬운 문항에만 국한해서 시험이 치러졌다. 그런데 BOMAT에서는 어려운 문제를 낼수록 Gf를 예측할 가능성이 더 높아진다. 특히 대학생들을 대상으로 시험 문제를 낼 때에는 그들의 지능이 상당히 높은 쪽으로 제한되어 있기에 더욱 그러하다. 그런데 연구자들은 비표준적인 방법으로 BOMAT를 치르게끔 해서 그 결과와 유동성 지능의 관계를 기껏해야 눈에 띄기 쉬운 유추 테스트로 변질시키는 실수를 범한 것이다. 흥미롭게도 RAPM 검사를 치른 한 교육 그룹에서는 아무런 지능 개선 효과도 나타나지 않았다. 두 검사에서 나타난 중요한 차이점은 BOMAT는 응시자가 각각의 문제를 풀기 위해 14개의 시각적 그림을 작업 기억에 보관해야 했던 반면, RAPM 검사는 8개만 작업 기억에 보관하면 되었다는 것이다.

(각 행렬에서 한 칸은 문제가 풀릴 때까지 비워둔다.) 따라서 BOMAT에서 참가자는 작업 기억에 더 크게 의존하기 마련이다. 특히 훈련에 쓰인 버전에는 BOMAT 문제의 형식과 매우 유사한 행렬 요소의 공간적 위치가 포함되어 있었기 때문에(텍스트 상자 5.1 참조), 이것이 바로 n-back 작업의 정확한 특성이라고 할 수 있다. 무디 박사는 다음과 같이 결론 내렸다. "이 n-back 과제는 BOMAT 항목과 '완전히 다른' 게 아니라, 해당 시험을 수행하기 쉽도록 잘 설계된 것으로 보인다." 이 결함을 표본 수가 적고 단일 테스트의 작은 변화 점수를 둘러싼 문제와 함께 고려할 때, 수백 건의 이전 보고서에서 나온 증거의 무게와 상반된 이 특별한 발견이 엄격한 동료 평가 및 그에 못지않게 엄격한 자체 검토와 편집 과정을 거쳐 〈PNAS〉 표지 논문으로까지 선정되었다는 점은 아무래도 이해하기 어렵다.

이후 n-back/지능 연구의 결말은 모차르트 효과의 사례와 유사한 과정을 밟았다. 예기(S. M. Jaeggi) 박사와 그 동료들은 원래 연구의 중요한 설계 결함을 다룬 일련의 논문을 발표했으며, 다른 연구자들과 마찬가지로 원래 보고서와 일치하는 결과를 보고했다(Jaeggi et al., 2010; Jaeggi et al., 2011; Jaeggi et al., 2013; Jaeggi et al., 2014). 다른 연구자들이 수행한 훨씬 더 많은 연구는 특히 더 큰 표본과 여러 인지 검사를 포함한 한층 정교한 연구 설계를 적용했다. 하지만 그 어떤 연구에서도 다른 지능 요인과 함께 잠재 변수로 Gf를 추정했을 때, 향상된 n-back 성능이 지능 점수 증가로 이전되는지 여부를 결정할 수 없었다. 결국은 Gf 증가에 대한 원래 주장을 검증할 수 없었던 것이다(Chooi & Thompson, 2012; Colom et al, 2013; Harrison et al., 2013; Melby-Lervåg & Hulme, 2013; Redick et al., 2013; Shipstead et al., 2012; Thompson et al., 2013; Tidwell et al., 2013, von Bastian & Oberauer, 2013, 2014).

이러한 독립적인 검증 실패에도 좌절하지 않고 예기 박사 연구팀은 부정적인 연구까지 포함해 자체적으로 메타분석을 발표했다. 이들의 분석은 n-back 훈련으로 인해 참가자들의 IQ가 4점 상승했다는 결과를 뒷받침했다(Au et al., 2015). 그들은 IQ 변환 및 점수 변화에 대한 경고를 무시했고, 4점이 IQ 테스트의 추정 표준 오차라는 점을 간과했던 것이다. 다른 연구자들이 나서서 이 메타분석 결과를 재빨리 재분석했다(Bogg & Lasecki, 2015). 그들은 오우(J. Au) 박사와 그 동료들이 보고한 작은 효과는 메타분석에 포함된 대부분 연구의 표본 크기가 작아서 통계적으로 납득하기 힘들며 편향된 결과일 가능성이 높다고 결론지었다. 따라서 Gf에 대한 작은 훈련 효과는 인공적인 것일 수도 있다는 경고가 나왔다. 47개 연구에 대한 또 다른 포괄적인 독립적 메타분석에서는 기억 훈련의 지속 가능한 전환 효과가 전혀 없다고 결론 내렸지만(Schwaighofer et al., 2015), 저자들은 더 나은 연구 설계를 통한 더 많은 연구를 장려했다. 마지막으로, 기억력 훈련 후 시험 점수가 소폭 상승한 것은 지능이 향상했다기보다 연구 전략의 개선 때문일 수 있다는 증거도 제시되었다(Hayes et al., 2015).

최초의 〈PNAS〉 표지 논문이 발표되고 8년이 지난 지금, 독립적인 연구들을 통해 얻은 증거의 무게는 기억력 훈련이 지능으로 전환되는 효과가 전혀 없었던 것으로 밝혀졌다. 다만 여기서 말하는 지능은 지능 훈련과는 무관하다(Redick, 2015). 이 단계에서 n-back 훈련과 지능에 대한 가장 긍정적인 결과는 모두 예기 박사와 그 동료들로부터 나왔다는 점을 지적해야겠다. 다른 대부분의 연구자는 그런 결과에 매우 회의적인 태도를 유지했고, 기억 훈련을 통한 Gf 증가 가능성에 대한 초기의 열광에도 불구하고 거의가 다른 프로젝트로 넘어갔다(Sternberg, 2008). 슈모차르트 논문이 모차르트 효과에 대한 연구를 사실상 종식시켰듯이 말이다. 그렇다면 보그(T. Bogg)와 라세키(L. Lasecki)의 연구, 그리고 레딕(T. S. Redick)의 설득력 있는 보고서 역시 n-back—shman-back 지능 이야기처럼 종말을 찍고 말까?

글쎄, 그렇지도 않아 보인다. 내가 이 책의 2판을 쓰고 있는 지금도 n-back 이야기는 여전히 살아 있다. 한편에서는 잘 설계된 87개의 연구에 대한 또 다른 메타분석 논문이 그 회의론에 힘을 실어주었다. 저자들은 "작업 기억 훈련 프로그램은 기껏해야 아주 단기적이었으며, 그 어떤 특별한 훈련도 '실제' 인지 능력의 측정에서 눈에 띌 정도의 효과를 보이지는 못했다"고 결론 내렸다. 이런 결론은 작업 기억 기술을 훈련하는 방법론으로서 현재 컴퓨터화한 작업 기억 훈련 소프트웨어의 실용적·이론적 중요성에 심각한 의문을 제기하는 것이다(Melby-Lervåg et al., 2016: 512). 반면, 최고의 과학적 전통을 자랑하는 예기 연구팀은 이런 메타분석 결과에 정교한 비판으로 대응했다. 연구팀은 원래 자신들의 주장과는 다소 다른 결론을 이끌어내는 데에까지 도달했다. "n-back 훈련이 Gf 테스트 수행 능력 향상에 미치는 효과의 정도가 전반적으로 그리 큰 것은 아니지만, 그래도 어쨌든 유의미한 것으로 보인다"(Au et al., 2016: 336). 그들은 작은 개선이라도 더 많은 연구를 정당화할 수 있지 않느냐고 반문하기도 했다. 그리고 예기 연구팀은 방법론적 문제를 논의하는 논문을 발표하기도 했다(Au et al., 2020). 한 연구에서는 어떤 사람에게서는 n-back 훈련의 효과가 나타난 반면, 다른 사람에게서는 그렇지 못했다는 점을 들어 지능의 개인적 차이 수준에서 n-back 효과를 검증하는 것이 중요하다고 강조하기도 했다(Pahor et al., 2022).

물론 추가적으로 부정적인 연구 결과도 잇달았으며, n-back 훈련의 효과에 대한 의구심은 여전히 막강하다(Gobet & Sala, 2022; Redick, 2019; Watrin et al., 2022; Wiemers et al., 2019). 나 역시 여전히 회의적이다. 내 생각에 증거의 무게는 여전히 n-back 훈련이 유동성 지능에 눈에 띄는 영향력을 미치지 못하며, 설령 작은 효과가 관찰된다고 해도 그것은 검사 점수의 변환 과정에 항상 존재하는 측정상의 오차 때문일 가능성이 높은 것처럼 보인다(Haier, 2014). 그럼에도 불구하고 우리는 적어도 몇 년 더 원래의 주장을 재조사해야 할 것 같다.

흥미로운 우연은 예기 박사가 몇 년 전 우리 대학의 교육학과로 자리를 옮기면서, 기억력 훈련이 지능을 높이는지에 대해 완전히 의견이 달랐음에도 불구하고 나와 친구가 되었다는 것이다. 과거에 비슷한 주장이 제기되었던 역사를 돌이켜볼 때, 내 생각에 앞으로의 기억력 훈련 연구는 지능 향상을 직접 지향하기보다는 인지적 요소 및 교육적 변수에 더 초점을 맞출 것으로 예상된다(Wang et al., 2019). 실제로 다음 사례에서 살펴볼 수 있듯이 학업 성취도를 높이기 위해 컴퓨터 게임을 활용하는 광범위한 인지 훈련에 대한 관심이 점점 더 높아지고 있다.

5.3 사례 3: 아동용 컴퓨터 게임이 IQ를 높일 수 있을까

컴퓨터 게임이 인지 능력에 유익한 영향을 미칠 수 있는지와 관련해 많은 문헌이 축적되었고, 이에 대해 상당한 논란도 뒤를 따랐다. 컴퓨터 게임이 학습, 주의력 또는 기억력에 미치는 영향이 그 무엇이든(Bejjanki et al., 2014; Cardoso-Leite & Bavelier, 2014; Gozli et al., 2014), 여기서는 컴퓨터 게임 훈련이 지능을 확실히 증가시키는지 여부에 대한 분명한 질문에만 초점을 맞추고자 한다. 캘리포니아 버클리 대학의 한 연구팀은 사회경제적 배경이 낮은 아동들을 대상으로 수행한 연구에서, 추론 및 처리 속도와 관련된 기본 인지 능력의 향상을 위해 컴퓨터 게임을 훈련시켰더니 그들의 IQ가 10점이나 증가했다고 주장했다(Mackey et al., 2011). 버클리 연구팀은 2008년 〈PNAS〉에 실린 n-back 연구를 연상시키며 "일반적인 믿음과는 다르게 이런 결과는 유동성 추론과 처리 속도 모두 훈련으로 수정할 수 있다는 것을 보여준다"라고 솔직하게 결론 내렸다(Mackey et al., 2011: 582). 그러면 어디 한번 그 진행 과정을 살펴보기로 하자.

이 연구에는 7~10세 어린이 28명이 참여했는데, 이들은 2개의 훈련 그룹 중 하나에 무작위로 배정되었다. 한 그룹(n = 17)은 유동성 추론 (즉, 유동성 지능 또는 g-인자)을 촉진하는 것으로 알려진 상업용 컴퓨터 게임을, 다른 그룹(n = 11)은 두뇌 처리 속도를 촉진하는 것으로 알려진 상업용 컴퓨터 게임을 훈련했다. 훈련 기간은 8주였는데, 일주일에 이틀 매번 한 시간씩 학교 수업 시간에 진행해 각 그룹의 평균 훈련 일수는 약 12일이었다. 훈련일(주 2회)에는 각 그룹이 네 가지 컴퓨터 게임을 각각 15분가량 수행했다. 유동성 추론(FR)에 대한 훈련 전후로 시행한 평가는 비언어적 지능 테스트(Test of Nonverbal Intelligence, TONI-version 3)에 기반했고, 처리 속도 평가를 위해서는 다음의 두 가지 검사를 시행했다. 우드콕-존슨 개정판 테스트 배터리(Woodcock-Johnson Revised test battery)와 아동용 웩슬러 지능 척도 IV(Wechsler Intelligence Scale for Children IV)의 코딩 B(Coding B)가 그것이다. 다행히도 이런 검사의 세부 사항은 결과를 이해하는 데 별로 중요하지 않다.

FR 훈련을 받은 그룹은 사후 검사에서 TONI 점수가 약 4.5점 증가 했으며, 처리 속도 검사에서는 유의미한 증가를 보이지 않았다. 처리 속도 증가 훈련을 받은 그룹은 그 반대 결과를 보여주었다. 코딩 점수 에서는 유의미한 증가가 있었지만 FR 점수에는 변화가 없었다. 저자들 은 원래 점수 4.5점 상승을 표준 편차의 절반 이상인 9.9점의 IQ 상승 으로 환산했다. 그렇게 했을 때 어린이 중 4명은 20점 이상 IQ가 상승 한 것으로 나타났다. 그들은 이 연구의 중요한 메시지는 "단 8주간의 시판용 게임" 사용으로 일부 정상에서 뒤처진 아동들, 특히 FR와 관련 있는 지적 장애 아동들의 인지적 격차를 해소할 수 있다는 희망을 보여 준 데 있다고 결론지었다(Mackey et al., 2011: 587). 그러자 뉴스 보도가 이 어졌고, 연구 자금 지원도 물밀듯이 밀려들었다.

이 연구의 주요 결과는 그림 5.4에 나와 있다. 지금쯤이면 여러분에 게도 익숙해졌을 몇 가지 문제점이 여기에서도 그대로 재현된다. 표본 크기가 너무 작으며, 이 연령대에서는 IQ가 종종 몇 점씩 변동하곤 한 다는 점도 간과했다. 앞의 섹션 5.2에서도 언급했듯이 작은 표본에서 는 과도한 영향을 미치는 우연에 따른 효과로 마치 IQ가 크게 상승한 것처럼 보일 수 있다(Bogg & Lasecki, 2015). 일부 훈련 과제에서 가장 큰 IQ 향상을 보인 아동들이 가장 큰 FR 상승을 보인 아동들이 아니었다 는 점을 고려했을 때 그럴 가능성이 더 크다고 할 수 있다. 실제로 훈 련 전 FR가 가장 낮은 아동들에게서 훈련 후 가장 큰 증가가 나타났는 데, 이는 적어도 부분적으로는 평균으로의 회귀로 인한 효과임을 시사 한다. 전반적으로 볼 때 이 연구는 흥미로운 결과를 나타냈지만 "널리 퍼져 있는 믿음에 반한다"는 주장은 사실 근거가 모호한 것 같다. 특히 널리 회자되는 그런 믿음이 수백 건의 각기 다른 연구들에서 도출되었

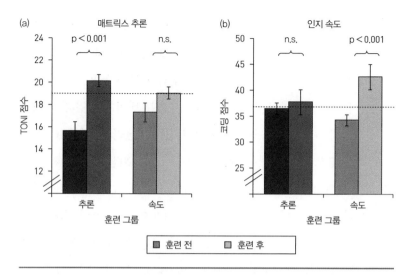

그림 5.4 '널리 퍼진 믿음'을 반박하고, 불우한 아동의 인지 격차 해소에 대한 낙관론의 근거가 된 연구 결과. (a)는 매트릭스 추론에 대한 컴퓨터 게임 훈련(n=17)으로, 추론 검사 점수가 증가했지만 처리 속도는 증가하지 않았음을 보여준다. (b)는 인지 속도 증진 훈련 (n=11)으로 코딩 점수는 증가했지만, 추론 점수는 증가하지 않았음을 보여준다. 허가를 받아 인용(Mackey et al., 2011).

다면 그 증거의 무게로 볼 때 더욱 그러하다.

이 연구 결과는 컴퓨터 게임이 IQ를 높인다는, 일부 상업적으로 떠드는 사람들의 주장에 근거를 제공할 수도 있다. (설령 그들이 이 연구를 꼬집어서 그렇게 말하지 않더라도 말이다.) 나는 원저자나 다른 연구자들이—긍정적이든 부정적이든—캘리포니아 버클리 대학교의 연구 결과에 대한 검증을 통해 그런 큰 IQ 상승을 재현했는지 알지 못한다. 이런 연구 결과가 널리 알려진 믿음을 완전히 뒤집을 수 있는 큰 잠재력을 가진다는 강력한 주장을 고려했을 때, 이는 참으로 이상한 일이다. 대부분의 지능 연구자들은 일반적인 인지 훈련을 통해 IQ를 10점이나 높일 수 있다는 데 매우 회의적인 태도를 유지한다.

이제 잠시 멈춰서 비디오 게임과 지능 사이에 과연 어떤 관계가 있을 수 있는지 논의해보자. 이 책 초판에서 나는 청소년들을 표본으로 삼은 대규모 종합 연구를 통해 비디오 게임의 경험과 유동성 지능 사이에는 거의 아무런 관계도 없다는 사실을 발견했다고 언급한 바 있다(Unsworth et al., 2015). 흥미롭게도 최근의 연구에서는 비디오 게임을 지능 측정에 사용할 수 있다는 주장이 제기되었다(Kokkinakis et al., 2017). 이는 일련의 인지 검사를 통해 추출한 g-인자와 상관관계가 있는 비디오 게임의 성능에서 일반 요인을 추출해 비교함으로써 입증되었다(Quiroga et al., 2015; Quiroga et al., 2019; 게임-지능 관계에 대한 종합적인 요약은 참고문헌의 Quiroga & Colom, 2020 참조). 이런 연구들은 지능을 평가하는 데 비디오 게임을 사용할 수 있다는 걸 시사하지만, 설사 그렇다고 해도 정말로 게임이 지능을 높일 수 있는지 여부와는 전혀 별개의 문제다.

그런데 이 책 2판을 출간할 시점에 컴퓨터 게임과 IQ 상승에 대한 새로운 주장이 또 다른 유명 저널에 발표되었다(Sauce et al., 2022). 이번 장에서 소개한 다른 사례들과 마찬가지로 이 연구도 "비디오 게임이 아이들의 지능을 높일 수 있다"는 선정적인 헤드라인과 함께 대중 매체에 의해 널리 소개되었다. 이번 연구는 잘 설계되었고 대규모 표본을 이용해 수행했다는 점에서 앞의 연구들과 차별성을 보였다. 하지만 그렇다고 해서 그처럼 대담한 헤드라인을 달 수 있을 만큼 연구 결과를 정당화할 수 있을까? 나는 그렇지 않다고 생각한다.

이 연구는 미국 어린이(9~10세) 9855명의 데이터베이스를 작성하는 것으로 시작되었다. 연구팀은 몇 가지 인지 측정을 완료했고, 2년 후 5169명이 동일한 측정 항목으로 재검사를 받았다. (두 검사 모두 똑같은 항목을 사용했다.) 세 가지 주요 독립 변수, 즉 디지털 미디어 시청 시간, 게임 시청 시간, 소셜 미디어 시청 시간(모두 자가 보고)은 인지 검사에서 추출된 지능이라는 공통적 요소와 상관관계가 있는 것으로 나타났다. 데이터베이스에서 PGS(다유전자 점수)와 가족 SES(사회경제적 지위)의 유전자 데이터를 대조 변수로 사용했는데, 이는 연구 설계에서 훌륭한 추가 자료가 되었다. 많은 정교한 통계 분석이 있었지만 우리가 관심을 갖는 것은 그런 독립 변수가 어떻게 지능 변화 점수를 예측할 수 있는가라는 단 한 가지 결과뿐이었다. 다음은 논문의 결과 섹션에서 발췌한 것이다.

> 2년 후 추적 관찰한 결과, 소셜 미디어 사용 시간은 지능 변화에 독립적인 영향을 미치지 않는 것으로 나타났다($\cdots\cdots$p = 0.220). 흥미롭게도 단순 시청 시간($\cdots\cdots$p = 0.047; 또는 IQ 점수 1.8)과 게임 시간($\cdots\cdots$p = 0.002; 또는 IQ 점수 2.55)은 지능 변화에 긍정적인 영향을 미치는 것으로 나타났다. 디지털 비디오 시청이나 비디오 게임을 하는 시간이 많을수록 지능이 더 많이 상승하는 것으로 나타났다(Sauce et al., 2022: 3).

그게 다였다. 만약 IQ 점수 2.55가 정말로 확실하다면, 이는 두 검사에서 모두 동일한 항목을 사용했기 때문에 측정상의 오류 또는 우연의 산물이라고 쉽게 설명할 수 있다. 단지 컴퓨터 화면만 시청해서 IQ가 1.8점 상승했다면 컴퓨터 게임을 해서 얻는 추가적인 이점은 더욱 적을 것이다.

또한 연구팀은 지능을 측정하는 데 표준 IQ 검사를 적용하지 않았기 때문에, 어떻게 일반 요인 점수를 IQ 점수로 변환했는지 명확하지 않다. 이러한 변환에는 당연히 오류 분산(error variance)이 뒤따른다는 점을 유의해야 한다. 내 생각에는 이제까지 가장 잘 설계되고 분석 또한 탁월한 연구이기는 해도 게임이 아이들의 지능을 **향상시키지 못한다**는 증거의 무게만 더해줄 뿐이다. 하지만 저자들의 격려에 힘입은 듯 언론 보도는 정반대 견해를 취했다.

일부 영리 기업은 특히 불우한 배경을 가진 학생들의 인지 격차를 줄인다는 명시적 또는 암묵적 목표를 표방하며, 학부모와 교육 당국을 대상으로 컴퓨터 기반 교육 프로그램을 판매하고 있다(SES와 지능에 대한 자세한 내용은 6장 참조). 대부분의 유명 기업은 지능 향상과 관련한 명시적인 주장을 회피하기 위해 상당한 주의를 기울이기도 한다. 하지만 한 기업은 2014년 보고서(인터넷에서 다운로드 가능)에서 자사의 두뇌 훈련 프로그램이 고객들의 IQ를 평균 15점 이상 높일 수 있다고 주장했다. 심각한 인지 약화(cognitive weakness) 때문에 프로그램을 시작한 고객이라면 평균 22점의 IQ 상승을 기대할 수 있다고 주장하기도 했다. 보고서는 프로그램 사용자의 놀라운 성과를 보여주는 인상적인 통계 분석, 표, 그래프 등을 여러 페이지에 걸쳐 소개하고 있다. 하지만 어느 곳에서도 그런 통계와 주장이 독립적인 동료 평가를 거친 출판물에서 얻은 것이라는 걸 명시하지 않았다. 다른 기업들은 컴퓨터 훈련 프로그램이 지적 능력을 향상시키는 데 유효하다는 증거로 특히 표본 수가 적은 개별 연구 보고서를 인용하기도 한다. 이런 식의 체리 피킹은 본인들의 주장을 뒷받침하는 연구만 언급하고 그렇지 않은 다른 연구는 아예 무시하는 매우 일반적인 현상이다.

이 책 초판에서 나는 신경 교육과 두뇌 기반 학습이 비록 교육자들에게 매력적인 개념이기는 해도, 성공적인 적용과 관련해서는 설득력 있는 증거가 아직 부족하므로 상당한 주의가 필요하다고 결론 내렸다(Geake, 2008, 2011; Howard-Jones, 2014). 하지만 이런 주제에 관해 14편의 논문을 실은 〈인간 신경과학의 선구자(Frontiers in Human Neuroscience)〉 특집호를 소개하는 사설에서도 편집자가 언급했듯이 그동안 사정은 거의 바뀌지 않았다(Arevalo et al., 2022). 잡지는 다음과 같이 언급했다.

> 여러 국가에서 신경과학 강좌 검색 및 그와 관련한 지식의 공급이 기하급수적으로 늘어났지만, 그 양적인 증가 속도만큼 질적인 개선을 보장받지 못하고 있는 것은 자명하다. 특히 북미와 유럽에서 급성장하고 있는 또 다른 분야는 학부모, 교사, 학교, 심지어 지방 정부를 대상으로 하는 사이비 과학의 두뇌 기반 제품 산업이다(Arevalo et al., 2022: 1).

저자들은 계속해서 이렇게 말했다. "인지신경과학과 학습 사이의 격차는 여전히 매우 두드러진다. 그리고 이런 격차 때문에 등장하는 결과 중 하나는 많은 경우, 과학적 근거가 빈약한 신화의 출현과 그 확산이다"(Arevalo et al., 2022: 1). 이러한 프로그램의 잠재적 구매자, 특히 지능이 향상된다고 주장하는 제품을 구매하기 위해 계약을 체결하거나 실제 구매하려는 사람은 다음 구절을 꼭 명심해야 한다. **반드시 독립적인 재현이 필요하다.**

독립적인 재현에 대해 말하자면, 지금까지 살펴본 세 가지 사례(모차르트 효과, n-back 훈련, 컴퓨터 훈련) 중 그 어느 것도 원본 보고서에서 재현 관련 언급을 포함하지 않았다. 이 연구들 사이에는 다른 흥미로운 공통점도 있다. 요컨대 각각의 연구는 모두 이전의 수많은 연구에서 오랫동안 제기해온 결론을 뒤집는 결과를 주장했다. 또한 모두 소규모 샘플을 기반으로 했다. 그리고 여러 측정치에서 g 같은 잠재적 요소를 추출하는 대신 단일 검사 점수로 인지력 향상 추정치를 측정했다. 아울러 제1 저자가 젊은 연구자이고, 선임 저자의 경력에는 지능의 심리 측정 평가에 의존한 이전 논문이 거의 없었다. 이런 모든 점을 돌이켜보면, 경험 풍부한 독립적인 연구자들이 수행한 수많은 후속 연구에서 원래의 주장을 재현하지 못했다는 게 놀라운 일은 아니다. 그 연구자들 중에는 지능이 가변적이며 비교적 간단한 개입으로 향상시킬 수 있다는 생각을 실제로 보여주고자 하는 열망을 가진 사람도 있었을 것이다. 하지만 이러한 열망에 대해 연구자라면 더욱 신중을 기해야 한다. 동료 심사를 거쳐 자신의 특별한 주장을 발표하려면 반드시 명확한 증거가 필요하다. 그런데 그림 5.1, 5.3, 5.4의 증거는 너무나 빈약하다. 어떤 '기념비적인' 연구 결과를 발표하기 위한 기본 요건은 원본 연구 결과와 함께 재현된 결과를 반드시 포함해야 한다고 나는 생각한다. 이렇게 하면 근본적으로 결함 있는 연구와 취약한 결과에 근거한 도발적인 주장을 재현하는 데 소요되는 수년간의 노력과 비용을 크게 절약할 수 있다. 이는 겸손한 제안이지만, 논문 발표와 연구비 확보에 대한 학계의 압박을 고려할 때 어쩌면 비현실적인 것일 수도 있다.

아동의 지능 향상에 대한 이 섹션을 마치기 전에 고려할 수 있는 또 다른 흥미로운 보고서도 있다. 지금까지 논의한 세 가지 연구가 모두 신중을 요구하는 사례로 제시되었다면, 이번에는 이 분야의 진전이 어떻게 더 요령 있게 이뤄질 수 있는지를 보여주는 긍정적인 예시에 해당한다. 이 보고서는 지능을 높이기 위해 "출생부터 유치원에 이르기까지 아동과 관련해 할 수 있는 거의 모든 가능한 처방"에 대한 메타분석을 기반으로 한다(Protzko et al., 2013). 뉴욕 대학교 연구팀은 지능 향상 데이터베이스를 관리하고 있는데, 여기에는 다음과 같은 것들이 포함된다. 일반적인 비(非)임상 인구에서 추출한 사례, 순수한 무작위적 대조

실험 설계 방법, 지속적인 개입 사례, 최종 제출된 결과로서 표준화한 지능 정의 방법 등이 그것이다. 임산부와 신생아의 식이 보충제 사용, 조기 교육 개입, 대화형 독서 권장, 그리고 자녀 유치원 보내기의 효과 등 4건의 메타분석 사례에 대한 보고서도 있다. 다음은 그 네 가지 사항에 대한 분석의 주요 결과를 요약한 것이다.

영양학적 연구는 주로 정상적인 두뇌 발달과 기능에 필요한 모유 성분 중 하나인 PUFA(왜 이런 명칭이 붙었는지는 묻지 마라)라는 긴 사슬의 지방산에 대한 연구로 국한되었다. 이 분석은 우유를 먹고 자란 아이들에 비해 모유를 먹고 자란 아이들의 IQ가 더 높다는 일상적인 증거에서 비롯되었다(Anderson et al., 1999). 2013년의 메타분석에는 총 844명의 참가자를 대상으로 수행한 10개의 연구가 포함되었다. 분석 결과, 긴 사슬의 불포화 지방산을 건강 보조 식품으로 매일 섭취했을 때 IQ가 3.5점 상승하는 것으로 나타났다. 그러나 84개의 관련 연구를 모두 검토한 결과는 조금 달랐는데, 일반적으로 IQ 높은 부모가 모유 수유를 더 많이 하는 경향이 있다는 점을 포함해 몇 가지 혼란 요인이 있을 수 있다고 지적했다. 결론은 모유 수유로 인한 아동의 작은 IQ 상승이 실제로는 IQ가 일부 유전된다는 걸 포함한 혼란 요인 때문일 수도 있다는 것이었다(Walfisch et al., 2013). 이는 한 명에게는 모유 수유를 하고 다른 한 명에게는 그렇게 하지 않은 형제자매에 대한 이전의 전향적 연구에서 나온 결론이기도 하다(Der et al., 2006). 따라서 증거의 무게는 적어도 모유 수유가 아이들의 IQ를 높이는 방법이라는 걸 뒷받침하지 않는다. 마찬가지로 현재까지 얻을 수 있는 모든 증거에 근거할 때 철분, 아연, 비타민 B6 및 종합 비타민 보충제 등도 IQ를 높이는 데 그다지 고무적이지 않았다. 모유 수유와 지능에 대해서는 최신 연구도 많이 존재한다. 그럼에도 불구하고 스튜어트 리치(Stuart Ritchie)의 종합적인 검토에 따르면, 모유 수유와 지능에 대한 질문은 여전히 해결되지 않은 난제라고 할 수 있다. 그는 다음과 같이 결론 내렸다. "고장 난 레코드판처럼 들릴 수도 있는 위험이 있지만, 이 주제는 혼란과 과장, 품질이 매우 다양한 연구, 최적의 연구 설계를 사용하지 않은 과학이 우리를 실망시키는 또 다른 영역이다"(Ritchie, 2022).

　두 번째 메타분석 연구는 조기 교육에 초점을 맞추었다. 2장에서 우리는 지속적인 IQ 상승을 보여주지 못했던 몇 가지 핵심적인 개입 연구에 대해 논의했다. 뉴욕 대학교의 분석에는 1968년까지 거슬러 올라가는 19개 조기 교육 연구가 포함되었다. 그중에는 3년 넘게 진행된 연구도 있었다. 어떤 개별 연구에서는 일부 유아들에게서 IQ 증가를 관찰했다고 말하기도 했지만, 메타분석 결과는 눈에 띌 만한 IQ 상승효과를 찾기 어려운 것으로 나타났다. 세 번째 메타분석은 대화형 읽기(interactive reading)에 초점을 맞추었는데, 총 499명이 참여한 10개의 연구를 통합했다. 4세 미만 어린이의 경우, 메타분석 결과 독서에 적극적으로 참여했을 때 IQ가 약 6점 상승한 것으로 나타났다. 저자들은 이러한 개입이 언어 발달에 영향을 미칠 수 있으므로 IQ 상승에 간접적으로 작용한 거라고 추측했다. 현재 대화형 읽기는 부모들에게 널리 권장되고 있다. 네 번째로 자녀 유치원 보내기에 대한 메타분석은 미취학 아동에 초점을 맞추었는데, 대부분 가정 소득 수준이 낮은 7370명의 참가자를 대상으로 수행한 16개 연구를 포함했다. 분석 결과 전체적으로 IQ가 4점 상승했지만, 언어 발달에 중점을 둔 프로그램의 경우에는 하위 집합에서 최대 7점까지 IQ가 상승했다. 흥미롭게도 유치원 재학 기간이 길다고 해서 IQ 점수가 더 많이 상승하지는 않았다. 이런 IQ 상승효과가 얼마나 오래 지속될 수 있는지, 그리고 이와 관련된 뇌 메커니즘은 무엇인지에 대해서는 아직까지 제대로 밝혀지지 않았다.

지능 상승효과를 강조한 주장들과 관련해 우리는 한 가지 핵심 사항을 다음과 같이 정리할 수 있다. 즉, 통계적으로 유의미하다고 보고된 IQ 상승이라도 그 대부분은 IQ 검사의 표준 오차 범위(2~4점) 안에 있었으며, 특히 어린 아동들의 지능 검사 점수는 신뢰성이 떨어지고 단기간에 여러 가지 이유로 변동하는 경우가 많다는 점을 고려해야 한다. 네 가지 메타분석에 포함된 많은 연구는 소규모 표본이라는 문제가 있었는데, 세 가지 사례 연구의 경우 및 오우 박사와 그 동료들이 기억력 훈련 연구에서 수행한 n-back 메타분석의 경우에도 그러했다. 이러한 개입이 지능에 미칠 수 있는 영향에 대해서는 지속적인 의심이 필요하다.

이제까지 나는 우리의 인지 능력이 일정 부분 가변성을 가져서 매우 간단한 수단을 활용해 그것을 일정 부분 개선할 수 있다는 일부 주장에 대해 그것이 잘못된 열망에 근거한다고 누누이 설명했다. 다시 한번 강조하지만, 이미 2장에서 논의했다시피 그런 환경적 영향에 대한 증거는 실제로 그다지 강력하지 않으므로 우리가 지능이나 성공 관련 논의를 할 때는 훨씬 더 세심한 주의가 요구된다(Moreau et al., 2019). 인지 능력의 가변성에 대한 데이비드 모로(David Moreau) 박사의 최신 리뷰 논문을 여기에 요약한다(Moreau, 2022: 418).

적은 투자나 자원으로 상당한 변화를 불러올 수 있다는 점에서, 다양한 개인과 기관의 관점에서는 인위적인 인지적 개입이 대단히 매력적으로 보일수 있다. 그러나 여러 측면에서 볼 때, 그러한 이점을 확인할 수 있는 강력한 과학적 증거가 아직 크게 부족하며, 이런 상황을 개선할 수 있는 근본적인 메커니즘도 제대로 이해되고 있지 않은 상태다. 따라서 현재로서는 어떤 대규모 정책을 뒷받침하는 데 그런 연구 결과를 인용하고자 할 때 특별한 주의가 필요하다. 인간 능력의 개인차는 심대한 복잡성을 갖는다. 그러한 차이를 애써 부인하거나 어떤 극단적 주장에 이끌려서 함부로 개선하려 해서는 안 된다. 그 차이를 인정하는 관점이 오히려 더 정확할 뿐만 아니라, 공정하고 정의로운 사회로 나아가는 토대를 마련하는 데에도 도움이 된다.

5.4 IQ 알약은 어디에 있나요

앞의 2~4장에서 설명했다시피 그동안의 유전학과 신경 영상 연구는 지능이 두뇌의 신경생물학, 신경화학 및 신경발생학에 강력한 근거를 두고 있다는 수많은 증거를 제시한다. 지능과 관련이 있는 뇌 구조와 그 기능에 영향을 미치거나 제어하는 실제 뇌 메커니즘은 아직 명확하게 밝혀지지 않았다. 그런데 예를 들어 어떤 특정 신경전달물질이 관련 인지 메커니즘(예: 작업 기억)에서 중심적 역할을 하는 것으로 밝혀진다면, 해당 신경전달물질의 활동을 증가 또는 감소시키는 약물이 지능 검사 점수에 커다란 영향을 미칠 것이다. 신경전달물질은 뉴런이 시냅스라는 미세한 틈을 넘어 신호를 주고받는 데 필수적인 역할을 하므로, 두뇌의 신경전달물질 농도나 보충 속도를 변경시킬 수만 있다면 인지 기능에 변화를 불러올 수 있다. 반면, 우연히 IQ 검사 점수를 높일 수 있는 약물이 발견된다면, 그 약물이 시냅스의 신경전달물질에 어떻게 작용하는지 연구함으로써 지능과 가장 관련이 깊은 뇌 메커니즘에 대해 새로운 가설이 등장할 수도 있다. 약물 효과에 대한 이런 논리는 이번 장 앞부분에서 설명한 간섭 연구에서 적용한 것과 동일하다. 약물은 기억력 훈련보다 뇌 메커니즘에 직접적으로 영향을 미칠 수 있으므로 약물의 지능 향상 잠재력은 그 어떤 간섭 수단보다 더 강력하다. 하지만 약물의 지능 향상 효과를 입증하기 위한 연구 기준도 앞의 여러 지능 증진 수단에 적용했던 것과 같아야 하는 게 당연하다. 예컨대 다음과 같은 기준을 통과해야만 한다. 연구 샘플(피험자 집단)은 다양한 정상 IQ의 사람들을 포함해 일정 규모 이상일 것, 잠재적 g-인자를 도출하기 위해 다양한 방법으로 지능을 측정할 수 있을 것, 실험은 피험자를 무작위로 할당해서 이중맹검(double-blind: 참가자와 실험자 모두가 특정한 처치나 개입에 대해 알지 못하도록 설계한 실험 방법—옮긴이)으로 위약 효과(placebo effects)를 통제할 수 있을 것, 주어진 일정한 기간 동안 용량-반응 효과(dose-response effects)를 확인할 수 있어야 할 것(투여하는 용량이 클수록 더 큰 효과를 얻어야 한다), 장기간의 추적 연구를 통해 그 효과가 지속되는지 또는 어떤 부작용이 나타나지 않는지 확인할 것, 반드시 독립적인 재현 연구가 뒤따라야 할 것 등이다. 물론 그런 약물 효과는 비율 척도에 맞춰서 증진되어야만 가장 설득력이 있을 것이다. 아직은 그 어떤 약물에서도 그런 효과가 검증되지 않았지만 말이다(Haier, 2014). 지능의 비율 척도를 정의하는 방법은 텍스트 상자 6.1을 참조하라.

인터넷에는 IQ를 높이는 약물에 관한 수많은 정보가 떠돌고 있으며, 니코틴 같은 약물의 학습력·기억력·주의력 향상 효과에 대해 엄격한 동료 평가를 거친 연구도 수없이 많다(Heishman et al., 2010). 주의력 결핍 과잉 행동 장애(ADHD)나 기타 두뇌의 임상 장애를 치료하는 데 쓰이는 의료용 신경 자극제〔psycho-stimulant drugs: 우리나라에서는 향정신성 의약품 (psychoactive drugs)으로 분류하는데, 뇌에 작용해 중추신경계의 기능을 변화시키는 약물을 말한다. 주로 정신 건강 이상을 치료하거나 신경 활동을 억제 또는 자극하는 데 쓰이며, 일부는 오용과 의존 가능성이 있어 엄격한 관리가 필요하다―옮긴이〕는 특히 학습 효과 증진을 원하는 학생은 물론 근무와 직장에서의 성취를 위해 임상적 질환이 없는 성인도 가장 선호하는 후보 약물이다. 설문 조사에 따르면 수많은 약물이 이미 인지 기능 향상을 위해 널리 사용되고 있으며, 이에 따라 여러 가지 윤리적인 문제도 제기되고 있다(Dresler et al., 2019; Knafo & Venero, 2015; Sharif et al., 2021). 이러한 문제 중 일부는 인지 능력 향상에 대한 과학자들의 최초 설문 조사 중 하나를 포함해 텍스트 상자 5.2에 설명해두었다. 윤리적인 문제를 검토하는 잘 설계된 연구는 대체로 그런 약물의 사용을 그리 강력하게 뒷받침하지 않는다(Bagot & Kaminer, 2014; Farah et al., 2014; Husain & Mehta, 2011; Ilieva & Farah, 2013; Smith & Farah, 2011). 임상적 문제가 없는 사람들에게서 지능 검사 점수에 대한 약물 투여 효과를 직접 검증하기 위해 특별히 고안한 연구는 사실상 손에 꼽을 정도로 드물다. 나는 신경 자극제 사용을 뒷받침하는 그런 메타분석 논문도 찾을 수 없었다. 요컨대 IQ 알약에 대해서는 설득력 있는 과학적 증거가 아직은 없다고 할 수 있다. 하지만 뇌의 메커니즘과 지능에 대해 더 많이 알게 되면, 기존의 약이나 새로운 약을 통해 관련 뇌 메커니즘을 향상시킬 것으로 믿을 만한 충분한 이유가 있다. 예를 들어, 알츠하이머 치료 연구에서 만약 학습 및 기억과 관련된 특정한 뇌 메커니즘을 밝혀낸다면, 기존 약물보다 훨씬 더 나은 신약을 개발할 수도 있다. 바로 이런 이유로 현재 수많은 다국적 제약 회사가 집중적인 연구에 박차를 가하고 있다. 만약 알츠하이머 환자의 학습과

〈네이처〉는 2007년 인지 강화(cognitive-enhancing, CE) 약물과 관련한 윤리적 문제를 다룬 해설 기사를 실었으며(Sahakian & Morein-Zamir, 2007), 이어서 2008년에는 60개국 1400명의 과학자를 대상으로 해당 약물의 사용에 대한 비공식적 설문 조사를 기반으로 논평(Greely et al., 2008)을 발표했다(Maher, 2008). 2007년의 해설 기사에서 제기된 윤리적 질문에는 신경학적 또는 정신과적 장애가 없는 건강한 개인이 CE 약물을 사용하는 게 속임수인지 아니면 공정한 일인지 여부, CE 약물을 의료진의 감독 없이도 사용할 수 있어야 하는지 여부, 다른 사람들이나 학교·직장 등에서 CE 약물 사용을 알고 있을 경우 그 자신이나 자녀를 위해 부당하다고 생각해야 하는지 여부 등이 포함되었다. 과학자들을 대상으로 수행한 2008년의 설문 조사 결과에 따르면, 그들 중 20퍼센트는 이미 집중력 향상을 위해 약물을 사용하고 있으며, 70퍼센트는 두뇌 능력을 향상시킬 수 있다면 가벼운 부작용을 감수할 용의가 있다고 대답했다. 또한 응답자의 80퍼센트는 그런 약물의 사용 권리를 옹호했으며, 33퍼센트 이상은 만약 다른 아이들이 모두 CE 약물을 사용한다면 자기 자녀들에게도 그걸 구입하는 데 비용을 지불하거나 그렇게 권할 의향이 있다고 했다. 설문 조사 보고서에는 CE 약물 복용에 따른 기본적인 윤리적 문제를 설명하는, 응답자들의 네 가지 구체적인 의견이 포함되었다. 안전성: 나이지리아의 한 청년은 "경미한 부작용도 시간이 지나면 심각한 부작용으로 발전할 수 있으며, 중독을 통제하기 위해 더 강력한 치료가 필요할 수도 있다"고 말했다. 인격의 잠식: 가이아나의 한 젊은이는 "내가 인지 강화제를 사용하지 않는 이유는 나 자신이 부정직해진다고 느끼고, 또한 나를 롤 모델로 삼는 모든 사람에게도 그렇게 비쳐질 것으로 생각하기 때문이다"라고 썼다. 분배 정의: 미국의 한 중년은 "도덕적으로 그런 약물을 사용하지 않는 사람들에게 불이익을 줄 수 있다"고 응답했다. 동료들의 압력: 미국의 한 노인은 "직업인으로서 인류의 최대 이익을 위해 내가 지닌 자원을 적절히 사용하는 것은 바로 내 의무다. 따라서 만약 CE 약물이 인도적인 서비스에 기여할 수 있다면 그렇게 하는 것이 마땅하다"고 지적했다.

2008년 〈네이처〉 논평의 저자들은 다음과 같이 주장했다. "우리 사회는 인지 능력 향상과 관련해 증대하는 수요에 대응할 준비를 해야 한다. 그러한 대응은 '두뇌 향상'이 더러운 단어라는 생각을 거부하는 것에서부터 시작해야 한다." 이 세 가지 논평 발표 후, 전 세계적으로 CE 약물 사용에 대한 새로운 조사가 많이 이루어졌다(Dietz et al., 2013; Dietz et al., 2016; Franke et al., 2014). 조사 방법론과 표본이 다양했기 때문에 약물의 정기적 사용이나 비정기적 사용의 비율, 사용 동기 등을 확정하기는 어려웠다. 그럼에도 불구하고 CE 약물 사용의 효과에 대한 제한적인 증거와 상관없이, 특히 미국 고등학생과 대학생들 사이에서 CE 약물 사용 추세가 늘어나고 있다는 점에는 대부분의 조사 결과가 일치했다(Smith & Farah, 2011; Sahakian & Kramer, 2015 참조). 각종 설문 조사를 종합적으로 검토한 메타분석에 따르면, 전 세계적으로 학생들의 약물 사용률이 증가하고 있는 것으로 확인되었다(Sharif et al., 2021).

약물적 인지력 향상(pharmacological cognitive enhancement, PCE)을 둘러싼 윤리적 고려를 다룬 한 발표에서는 다음과 같은 여섯 가지 주요 문제를 공식화했다.

(1) PCE의 의학적 안전성 프로파일은 선택적 또는 필수 사용을 제한하거나 허용하는 걸 정당화하고 있다. (2) 약물을 사용해서 강화된 정신 역시 '진정한' 정신일 수 있다. (3) 개인에게 강제로 PCE를 사용하도록 권할 수도 있다. (4) 동일한 PCE의 치료 효과와 강화 효과 사이에는 의미 있는 구분이 필요하다. (5) PCE에 대한 불평등한 접근은 분배 정의에 영향을 미칠 수도 있다. (6) PCE 사용은 경쟁 상황에서 부정행위에 해당한다(Maslen et al., 2014: 1).

지능 향상에서 비롯된 이런 문제에 대한 논의는 대부분 주의력, 학습, 기억 등과 같은 인지적 요소에 국한되어 있다. PCE 약물 사용에 따른 집단적 차이점을 연구하는 것은 별개의 윤리 문제일 수 있지만, 개인적 차원의 지능 향상 역시 아직은 윤리적 논의의 주요 초점이 아니다(Carl, 2018; Cofnas, 2020). 일반적으로는 위의 세 가지 사례 연구에서처럼 학업 성취도 격차를 최소화하기 위해서 비약물적 개입을 통해 IQ 점수를 높이는 차원으로 국한하고자 할 때 다소 긍정적인 윤리적 관점이 존재한다. 2장에서 언급했듯이 잠재적으로 낮은 지능의 아이 출생을 방지하기 위해 일부 배아를 선별하는 사례에서 다유전자 점수를 사용하고 있다. 그런 수치를 활용해서 잠재적으로 높은 지능의 태아를 선별하는 새로운 논의 역시 서서히 진행되고 있다(Pagnaer et al., 2021; Tellier et al., 2021; Turley et al., 2021). 지능이 높은 게 낮은 것보다 낫다면, DNA에 의한 선택이나 약리학적 수단에 의한 지능 향상에 찬성할 도덕적 의무가 있는 것 아닐까? 여러분은 이런 문제에 대해 어떻게 생각하는가? 1996년에 개봉한 〈가타카〔Gattaca: 인간의 유전자 조작이 가능한 미래 사회를 배경으로, 유전자에 의해 인간의 사회적 지위와 역할이 결정되는 디스토피아적 세계를 그린 영화. Gattaca는 DNA의 네 가지 염기, 즉 아데닌(A), 구아닌(G), 사이토 신(C), 티민(T)의 첫 글자를 조합한 것이다—옮긴이)〉와 2011년에 개봉한 〈리미 트리스(Limtless: 주인공이 인간의 뇌 능력을 극대화하는 비밀 약물 NZT-48을 복용한 후 벌어지는 사건을 다룬 영화—옮긴이)〉가 몇 가지 아이디어를 제공할 수도 있다.

기억력을 향상시킬 수 있는 약물이 개발된다면, 환자가 아닌 보통 사람 들의 인지력 향상에 어떤 영향을 미칠지 쪽으로 연구가 옮겨갈 게 분명 하다.

약물 사용을 통한 지능 향상의 경험적 증거가 아직은 부족하고, 향 정신성 약물은 특히 의사가 사용을 관리하지 않을 경우 심각한 부작용 이 뒤따를 가능성이 크다. 따라서 나는 이 책에서 향정신성 의약품 리 스트를 제시하지 않을 것이다. 내가 보기엔 실제로 그렇게 리스트에 올 릴 만한 약물은 이제까지 발견되지 않았으며, 이 책 2판이 나오기까지 도 그런 사정은 거의 변하지 않았다. 하지만 약물이 지능을 향상시킬 수 있는 잠재력은 지능에 대한 생물학적 기반이 밝혀지는 것과 직접적 상관관계가 있으며, 앞 장에서 설명한 것처럼 그런 발견의 속도는 점점 더 빨라지고 있다. 어쩌면 약물 사용이 두뇌의 신경생물학적 메커니즘 을 조정하는 유일한 방법이 아닐 수도 있다. 그런 방법에 대한 아주 놀 라운 힌트가 있다. 이제부터는 지능과 관련한 인지를 향상시킬 수 있 는, 마치 공상과학 소설처럼 들릴 수도 있는 방법에 대해 살펴보자. 이 것은 물론 허구의 이야기가 아니다. 거의 문자 그대로 정신이 번쩍 들

만한 이야기임에 분명하다.

5.5 자기장, 전기 충격, 저온 레이저로 뇌의 프로세스 공략하기

이제부터는 뇌의 진행 과정을 변화시켜 인지와 지능 향상에 영향을 미칠 수 있는 다소 생소한 다섯 가지 기술을 간략하게 소개한다. 여기서 가장 중요한 점은 이런 기술을 통해 피질과 피질하 활동을 실험적으로 조작해서 인지에 미치는 영향을 직접 관찰할 수 있다는 데 있다. 이런 능력은 두뇌 변수와 인지 검사 점수의 상관관계를 보고하는 단순한 연구 차원을 넘어 그 원인과 결과 사이에서 용량-반응 관계가 성립하는지를 직접 결정할 수 있는 아주 흥미롭고 중요한 기회를 제공한다. 이는 지능/뇌 연구에서 새로운 단계의 서막을 알리는 신호탄이기도 하다.

첫 번째 기술은 경두개 자기 자극(transcranial magnetic stimulation, TMS)이다. TMS는 금속 코일이 포함된 장치를 사용해 짧은 순간에 전기를 가할 때 강한 자기장 펄스를 생성한다. 코일을 두피 일부에 장착하면 자기장 변동이 두피와 두개골을 통해 왜곡되지 않고 뇌로 전달되는데, 이런 자기장 변동은 뇌 피질의 뉴런을 탈분극시키는 전류를 유도한다. 따라서 펄스의 속도와 강도를 조절해 두뇌 피질의 흥분을 늘리거나 줄일 수 있다. 연구 도구로서 TMS는 특정 피질 영역이 인지 과제에 관여하는지를 검증하는 데 유효하게 사용할 수 있다. 예를 들어, 두뇌 피질 비활성화를 유도하면 작업 수행 능력이 떨어지고, 활성화를 유도하면 그 능력이 향상된다. 두뇌 효율성의 경우에는 그 반대의 결과가 나올 수도 있다. 지난 15년 동안 이뤄진 60여 건의 TMS 연구를 검토한 결과(Luber & Lisanby, 2014), 그 어떤 연구도 지능에 대해서는 구체적인 언급을 하지 않았으며 정량적 메타분석 수준 또한 아니었다. 그럼에도 여러 연구는 다양한 인지 작업을 향상시킬 가능성이 있다고 결론 내렸다. 저자들에 따르면, TMS는 적어도 두 가지 일반적인 방식으로 뇌의 메커니즘에 영향을 주어 작업 수행을 증대시킬 수 있다. 하나는 뉴런에 직접적인 영향을 미쳐 작업 관련 과정의 효율을 높이는 것이고, 다른 하나는 작업과 무관하게 과제 수행 능력을 방해하는 걸 막는 것이다. 첫 번째 범주에 속하는 일부 강화 효과는 비언어적 작업 기억, 시각적 유추, 정신 회전(moral rotation: 윤리적 딜레마 상황에서, 자신의 도덕적 기준이나 관점을 전환하는 과정—옮긴이) 및 공간 작업 기억 등과 관련 있는 과제에 적용된다(Luber & Lisanby, 2014: 표 1). 두 번째 범주에 속하는 향상 효과에는 언어적 작업 기억, 공간 주의력, 순차적 항목 기억 과제 등이 포함된다(Luber & Lisanby, 2014: 표 2). 저자들은 연구실 실험 외에도 뇌 손상 후 인지 재활을 비롯한 TMS의 실제 적용 사례에 대해서도 논의했다.

이 책의 초판 출간 이후 TMS는 임상 우울증(clinical depression)을 완화하는 것으로 입증되었으며, 현재 가능한 치료법으로 널리 활용되고 있다(George et al., 2000; Loo & Mitchell, 2005; Sonmez et al., 2019). 또한 TMS가 각종 장애에 시달리는 정신과 환자(Kim et al., 2019)와 경도 인지 장애 환자(Jiang et al., 2020)의 인지 측면을 향상시킨다는 증거도 있다. TMS 효과에 대한 뇌 메커니즘은 아직 밝혀지지 않은 부분이 많지만, 비특이적인 것으로 보인다(Siebner et al., 2022). 내가 파악하고 있는 한 아직까지 지능 측정의 TMS 효과에 대한 보고는 없지만, 그럼에도 나는 TMS가 여전히 지능 연구에 유용한 실험적 방법이라고 생각한다. 예를 들어, 두뇌의 특정 영역에 TMS를 사용하면 문제 해결 능력을 방해하는

데, 그럼으로써 두뇌 향상을 꾀하는 다른 수단을 이용해 어떤 관련 뇌 메커니즘을 개선해야 하는지 힌트를 제공할 수 있다.

두 번째 기술은 경두개 직류 자극(transcranial direct current stimulation, tDCS)이다. 다른 말로 설명하면, 머리에 직접 전기 충격을 전달하는 방식이다. 전류는 매우 약하고 그 충격은 환자가 거의 감지할 수 없을 정도로 낮은 수준이다. 이 방법은 인지 과제에 대한 잘못된 반응을 처벌하는 전기 충격이나 깊은 임상 우울증을 개선하기 위해 발작을 유도하는 전기 경련 치료에는 적용되지 않는다. tDCS 전류는 9볼트 배터리로 생성되어 두피의 전극 사이를 통과한다. 이 정도 전류는 사용한 매개 변수에 따라 TMS 효과와 유사하게 전극 위치에서 신경세포의 흥분을 유도하거나 감소시킬 수 있다. 초기 tDCS 연구는 매우 고무적이었다(Clark et al., 2012; Utz et al., 2010). 한 연구팀(McKinley et al., 2012: 130)은 TMS와 tDCS 모두에 대한 인지 능력 향상 효과에 대해 다음과 같이 언급했다.

이러한 기술은 경계 및 위협 감지 같은 특정 인지 기술이 인간의 생명을 보존하는 데 필수적인 직업 분야에서 가장 적합하다. 군대에는 특히 그런 용도가 매우 많으므로 최근 미 공군이 인간 인지 능력 향상에 도움을 주는 비침습적 뇌 자극 방법에 투자하기 시작한 것은 그리 놀라운 일이 아니다.

또 다른 연구팀은 건강한 성인들을 대상으로 주의력, 학습 능력, 기억력 등의 향상을 목적으로 tDCS 사용 효과를 검토했다(Coffman et al., 2014). 이 정성적 검토는 지능을 직접적으로 다루지는 않았지만 '배터리로 구동되는 사고(battery powered thought)'가 특정 인지 과제에 상당한 잠재력을 지닌다고 결론 내렸다. 아울러 tDCS가 인지 능력 향상의 기반이 되는 뇌 메커니즘에 어떤 영향을 미치는지에 대한 연구도 포함했다. 연구자들은 글루탐산, GABA, NAA, NMDA, BDNF 등의 조절 및 작용 과정에서 어떤 역할을 하는 게 아닐까 하는 점에 주목했다(4장에서 언급한 분자유전학적 연구의 유사한 결과 참조). 그렇지만 건강한 성인들을 대상으로 tDCS와 인지 문제를 다룬, 또 다른 새롭고 포괄적인 정량 분석의 결과는 기대보다 훨씬 실망스러웠다(Horvath et al., 2015b). 연구팀은 tDCS가 실행 기능, 언어, 기억력 등의 성과 측정에 본질적으로 아무런 영향을 미치지 않는다는 사실을 발견했다. 또한 그들은 그 어떤 신뢰할 만한 신경생리학적 효과도 발견하지 못했다(Horvath et al., 2015a). 지능 향상 효과에 대한 추가적인 의구심은 tDCS 자극 후 치른 일련의 WAIS-IV 지능 검사에서 점수가 낮게 나타난 연구에서도 보고되었다(Sellers et al., 2015). 저자들은 총 41명의 성인을 대상으로 두 번의 연구를 수행했다. 두 연구 모두 이중 맹검을 적용했다. (다시 말해, 동일한 개인이 tDCS 사용 전후에 동일한 조건에서 검사를 받고 사용 tDCS 장비도 똑같았지만, 한 번은 전류를 흐르게 하고 또 한 번은 전류 공급을 중단해도 피험자들은 그런 사실을 전혀 몰랐다.) 한 연구에서는 전두엽 영역에 양측으로 전류가 흐르게 하고, 다른 연구에서는 한 방향으로만 전류가 흐르도록 tDCS를 적용했다. 두 연구 모두에서 tDCS 조건을 가짜 조건과 비교했는데, tDCS는 특정 WAIS 하위 검사의 수행 능력 저하와 관련이 있는 것으로 나타났다. 다만 수행 능력 향상은 관찰되지 않았다. 이는 인지 기능 향상과 관련해 지금까지 수행된 거의 모든 연구에서 얻은 교훈이기도 하다. 초기에 얻은 유망한 연구 결과라도 독립적인 연구자들에 의해 안정적으로 재현되어야만 포괄적인 정량적 분석에서 살아남을 수 있다.

이번 2판에서는 tDCS와 지능에 대해 보고할 만한 새로운 데이터가 그리 많지 않다. 그래도 흥미로운 연구 중 하나는 82명의 참가자를 네 그룹으로 나누어 tDCS와 세 가지 다른 형태의 뇌 자극 실행 기능 훈련(작업 기억, 억제, 인지 유연성 과제)을 함께 살펴본 것이다(Brem et al., 2018). 유동성 지능 측정은 세 가지 행렬을 사용하는 추론 검사를 기반으로 했다. 아무런 자극도 가하지 않은 대조 조건과 비교했을 때, 훈련 세션에서 tDCS 및 다른 자극 수단을 동원했을 경우 지능 검사 점수가 약간 증가한 것으로 나타났다(다만 tACS는 그렇지 않았다. 다음 단락 참조). 이것은 tDCS의 잠재적 중요성을 보여주는 한 사례일 수 있지만, 그럼에도 지금까지 보고된 효과는 지능에 대한 tDCS의 영향력을 설득할 만큼 강력한 증거로서 무게를 갖지 못한다는 게 내 생각이다.

이제부터는 이번 장의 맥락과 관련해 잠재적으로 유익한 다른 자극 연구를 소개하고자 한다. 비록 아직은 연구 초기 단계에 있고 재현 검증을 시도하기 전이지만 말이다. 이는 직류로 직접 두뇌를 자극하는 대신 경두개 교류 자극(transcranial alternating current stimulation, tACS)이라고 부르는 약한 교류 전류를 사용하는 것으로 우리의 세 번째 두뇌 향상 기술이다. tDCS가 뇌에 일반적인 자극을 가하는 데 반해 tACS는 특정한 부위에 자극을 줄 수 있다. 여기서 주목할 점은 적어도 2개의 연구가 특히 유동성 지능 검사에서 tACS로 인한 향상 효과를 보고했다는 것이다. 첫 번째 연구는 신경세포 활동에서 생성되는 자연적인 진동 주파수를 변경하기 위해 tACS를 실험적으로 사용했다(Santarnecchi et al., 2013). 뇌의 진동 주파수는 정신적인 과제 수행과 관련이 있지만, 이것이 그 원인인지 아니면 결과인지는 아직 밝혀지지 않았다. 참가자는 20명의 젊은 성인이었는데, 두피에 설치한 전극을 통해 왼쪽 중전두엽

쪽에 '지각할 수 없을 정도'의 약한 tACS 자극을 가했다. 가짜 자극(대조 조건)과 비교했을 때, tACS로 유도된 감마 대역(특정 주파수)의 리듬 자극(rhythmic stimulation)은 RAPM 검사 같은 좀더 어려운 항목에 대해서만 해결 시간이 더 빨라졌다. 이는 진동 자극이 과제 수행 시험에 영향을 미칠 수 있다는 인과관계를 시사하는 것이다. 여기서 시간은 비율 척도로서 문제를 푸는 시간이 짧아진 것을 의미한다는 걸 명심해야 할 필요가 있다. 저자들은 이러한 발견이 "고차원적 인간 인지의 기초가 되는 뇌 메커니즘에 감마 진동 활동이 직접적으로 관여한다는 걸 뒷받침한다"고 결론지었다(Santarnecchi et al., 2013: 1449).

28명의 젊은 성인을 대상으로 수행한 다른 지능 연구에서는 왼쪽 전두엽 또는 왼쪽 두정엽에 세타 대역(다른 주파수)의 tACS를 적용하고 가짜 자극을 대조군으로 사용했다(Pahor & Jausovec, 2014). 여기서는 두 가지 유동성 지능 검사를 완료하기 전에 15분 동안 tACS 자극을 제공했다. 지능 검사는 스탠퍼드-비네 IQ 검사 중 공간 능력을 검증하는 RAPM과 종이 접기 및 자르기(PF&C) 검사의 수정 버전을 사용했다. 두 검사 모두 뇌파도 함께 측정했다. 이 연구에서 저자들은 다음과 같은 결론을 내렸다.

> 좌측 두정엽에 가한 tACS 자극이 두 검사(RAPM 및 PF&C)의 어려운 문제 풀이 항목에서 과제 수행 능력을 증진시킨 반면, 좌측 전두엽에 가한 tACS 자극은 한 검사(RAPM)의 좀더 쉬운 문제 풀이 항목에서만 수행 능력을 향상시켰다. 실험에서 관찰된 행동적 tACS의 영향은 신경 전기 활동의 변화도 동반했다. 행동 및 신경 전기 데이터는 잠정적으로 지능에 대한 P-FIT 신경생물학적 모델을 뒷받침한다(Pahor & Jausovec, 2014: 322).

유동성 지능에 대한 이 두 가지, 즉 tACS와 tDCS를 사용한 독립적인 연구 결과에는 약간의 불일치와 모순이 있기는 해도 두드러진 뇌 메커니즘에 대한 힌트를 제공했다. 앞으로 인간의 뉴런 활동을 체계적으로 조작해 인지 능력에 미치는 영향을 결정하는 데에도 뇌 자극 기술의 잠재력을 보여주었다. 분명히 앞으로는 정교하게 설계된 더 많은 실험이 이어질 것이다. 그런 연구는 예컨대 더 많은 피험자를 대상으로 연령, 성별, 기존의 뇌 흥분성처럼 개인적 차이를 보이는 변수에 큰 중점을 둘 것으로 기대된다(Krause & Cohen Kadosh, 2014; Santarnecchi et al., 2015; Santarnecchi et al., 2016; 또한 Antal et al., 2022의 리뷰도 참조). 이런 기술을 이용한 뇌 자극 연구는 대단히 실험적이지만 tDCS 및 tACS 장치를 만드는 메커니즘은 사실 매우 간단하다. 그래서 일부 게이머나 인지력 향상을 원하는 사람들이 간혹 직접 만든 '뇌 충격' 장치를 사용한다는 보고도 있다. 이미 일부 상업 회사들은 이런 다양한 장치를 개발해 자가용(self-use)으로 판매하기도 한다. 하지만 이런 주장을 뒷받침하는 독립적인 검증이 이루어진다면, 그 같은 장치 사용에 대한 진정한 평가도 뒤따를 게 분명하다. 물론 개인이 만들었든 상업용이든 함부로 그런 전기 장치를 사용할 때에는 예기치 못한 결과를 초래할 수도 있다는 걸 분명히 알아야 한다. 제발 다윈상〔Darwin Award: 어리석은 행동을 해서 스스로 목숨을 잃거나 심각한 부상을 입음으로써 인간 유전자 풀(pool)에서 자신을 제거한 사람들에게 주어지는 상. 진화론을 창시한 찰스 다윈의 이름을 따서 지은 것으로, 유머를 통해 사람들에게 경각심을 주는 데 목적이 있다—옮긴이〕에 도전하고자 집에서 그런 장치를 함부로 만들거나 사용하지는 말기 바란다.

네 번째 기술에 해당하는 뇌 심부 자극(deep brain stimulation, DBS)은 개념적으로 심장박동기와 유사하다. DBS는 의료 전문팀이 환자의 피질 아래 특정한 뇌 영역에 외과적으로 미세 전극을 이식해 그것으로부터 약한 전기 자극을 방출하게 한다. 이는 집에서 개인이 쉽게 이용할 수 없는 침습적 시술(invasive process)의 일종이다. 자극은 지속적으로, 또는 필요할 때에 국한해서 줄 수 있다. DBS는 파킨슨병이나 임상 우울증 증상 등에 대한 임상적 적용이 충분히 입증되었으며, 다른 뇌 질환에 대한 연구도 진행 중이다. 학습과 기억력 증진을 위한 DBS 사용 연구도 다수가 진행되었는데, 일부 조건에서는 뚜렷한 개선 가능성을 시사했다(Suthana & Fried, 2014; Widge et al., 2019; Hescham et al., 2020의 기억력 장애에 대한 효과 검토 참조). 내가 아는 한 현재까지 지능 향상에 목적을 둔 DBS 적용 연구는 없었다. TMS, tDCS 또는 tACS를 사용해서 먼저 인지 향상 효과와 관련이 깊은 뇌 영역을 선별하고, 개인별 신경 영상 촬영으로 좀더 정확하게 국소화한 다음 정밀하게 조율한 DBS 전극을 삽입한다고 했을 때, 그 결과가 어떻게 나타날지 흥미로운 질문을 할 수도 있다. 만약 뇌의 여러 영역에 지속적으로 DBS 자극을 준다고 했을 때, 특히 IQ가 낮은 사람들의 g-인자를 향상시킬 수 있을까? 또는 특정 영역에 필요할 때에만 사용 가능한 주문형(on-demand) DBS를 장착하면, 특정한 지적 능력을 향상시킬 수 있을까? 물론 이것은 모차르트 음악을 듣거나 n-back 훈련을 하는 것과는 아주 거리가 먼 이야기다. 하지만 만약 그런 일이 가능하다면, IQ 향상을 위해 오랜 기간 보상 교육을 받는 것보다 훨씬 더 근사하게 들리지 않을까? 이 섹션에서 이런 기술을 일일이 소개하면서 그것들의 순위를 추측하도록 하는 것은 지능 연구 관련 신경과학적 접근법의 중요성과 그 잠재력에 대한 여러분의 상상력을 자극하기 위해서다.

여기까지 검토했으니 이제 여러분의 호기심을 불러일으킬 만한 마지막 한 가지 비침습적인 뇌 자극 기술을 일러주어야겠다. 다섯 번째 기술은 레이저를 기반으로 한다. 근적외선 범위의 저출력 '저온(cold)' 레이저 빛은 두피와 두개골을 투과해서 뇌 기능에 영향을 미칠 수 있다. 한 연구팀은 이 기술을 지금까지 이 책에서 다룬 영역이 아닌 다른 뇌 영역에 적용했을 때 어떤 종류의 인지적 향상이 나타났다는 예비적 증거를 확보했다고 보고했다. 연구팀은 레이저 광선이 뇌에 미치는 영향을 다음과 같이 설명했다. "광신경조절법(photoneuromodulation)은 적색에서 근적외선에 이르는 파장의 빛을 쬐어 뉴런의 특별한 분자들이 그것을 흡수해 생체 에너지 신호 경로를 활성화한다"(Gonzalez-Lima & Barrett, 2014: 1). 이 특수한 레이저 광선을 먼 거리에서 발사해 그 존재를 전혀 의심하지 않는 사람들의 뇌에 어떤 영향을 미친다고 상상해보라. 어쩌면 인지를 향상시킬 뿐만 아니라 파괴할 수도 있다는 것을 말이다. 영화에서나 나올 법한 아이디어처럼 들리는가? 〔또는 뇌에 문제를 일으키는 아바나 증후군(Havana Syndrome: 2016년 쿠바 아바나에서 처음 보고된 원인 불명의 신경학적 증상. 미국과 캐나다의 외교관 및 정보 요원들이 처음 경험했는데, 주된 증상은 갑작스러운 두통, 어지럼증, 청각 이상, 균형 문제, 인지 기능 저하, 이명 등이었다. 이 증상들은 이후 여러 나라의 외교관과 해외 공관 직원에게서도 보고되었으며, 나중에 아바나 증후군이라는 명칭이 붙었다-옮긴이), 즉 일부 정부 공무원들에게 가하는 미스터리한 공격을 다룬 최근의 뉴스 보도가 생각나지 않는가?〕 너무 과한 억측일까? 이와 관련한 데이터는 아직 예비적인 것이며, 레이저는 매우 위험할 수 있다. 집에서는 절대로 시도하지 말기 바란다.

5.6 지능 향상 관련 부족한 증거의 무게

앞의 1장, 2장, 3장, 4장에서는 각각 g-인자의 개념, 지능의 개인적 차이를 설명하는 유전학의 중요한 역할, 뇌 전체에 분포하는 지능 관련 네트워크, 뇌의 효율적 정보 흐름이 지능과 관련이 있다는 생각에 대한 경험적 증거의 비중 등을 두루 살펴보았다. 그리고 이번 장에서는—그동안 많은 도발적인 주장과 흥미로운 연구 결과가 이어졌음에도 불구하고—유동성 지능이든 그 밖의 다른 지능이든 그것을 향상시킬 수단이나 방법을 뒷받침하는 증거는 아직 찾을 수 없었다고 서술했다.

　나는 때때로 잡지사의 건강 섹션 필자들로부터 IQ 높이는 방법에 대한 조언을 요청받곤 한다. 그럴 때마다 내 대답은 항상 같은데, 그 말을 듣는 이들은 보통 오랜 침묵에 빠지곤 한다. 사실 지능 향상을 위한 팁(tip) 같은 건 아직 없다. 증거의 무게로 뒷받침되는 팁은 더욱 없다. 식사에 더 신경을 써라. 운동을 하라. 정신적으로 도전적인 활동에 참여하라. 모두 일반적인 건강과 웰빙을 위한 좋은 제안이기는 해도 지능 향상의 구체적 효과는 거의 기대할 수 없다. 놀랍게도 과학 분야 작가들이 좀더 본질적인 기사에서 내 견해를 가끔 인용하기는 해도 건강 섹션 작가들은 좀처럼 그러지 않는다. 하지만 나는 나쁜 정보의 확산을 막기 위해 합리적인 회의론자 목소리를 내고자 하는 내 역할을 기쁘게 받아들인다. 한 온라인 잡지에서는 클래식 음악 듣기, 기억력 훈련, 컴퓨터 게임, 새로운 언어 배우기 등 IQ를 높이는 10가지 팁을 소개했다. 그리고 각각의 팁에 대해 누군가가 주장한 추정 IQ 점수 상승효과를 나열한 다음, 그 모든 점수를 합산하면 IQ를 무려 17~40점이나 높일 수 있다는 말도 안 되는 헤드라인을 달았다. 정말이다.

지능 향상은 신경과학 연구의 중요한 목표이지만, 지금까지의 증거에 따르면 약물, 유전학적 방법, 전기적·자기적 자극, 또는 레이저 자극 등을 통해 이 목표를 달성하기 위해서는 아직도 멀고 험난한 여정이 남아 있다. 교육이나 인지적 훈련을 통한 접근 방식의 여정도 결코 짧지 않아 보인다. 그 도로에는 제한 속도 표시판이나 가드레일이 설치되어 있지 않기 때문에 약간의 충돌 사고는 불가피하다. 게다가 인지 능력 향상이 중요한 목표라는 내 주장은 아직 보편적으로 인정받지 못하고 있다. 만약 그랬더라면 연방 정부와 많은 재단에서 지능 향상에 훨씬 더 많은 연구 지원금을 할당했을 테고, 그 연구 방향이 비단 불우한 일부 아동들만을 향하지는 않았을 것이다. 결국, 기술 및 경제 혁신에서부터 사이버 범죄 해결, 사이버 전쟁에 이르기까지 여러 국가적 과제는 가장 똑똑한 자들과 가장 똑똑한 자들의 대결이다. 현대 사회에서 이는 아주 심각한 문제다. 어리석은 잡지 기사들은 현실 문제의 해결에 아무런 도움도 되지 못한다.

지능, 특히 g를 향상시키기 위한 가장 가능성 있는 연구 방향은 무엇일까? 나는 두 가지 경로가 가장 가능성이 높다고 생각한다. 첫 번째는 뇌의 특정한 네트워크와 회로 파악을 목표로 삼는 신경 영상 연구다. 그리 멀지 않은 시기에 관련 회로가 밝혀진다면, 이를 수정하는 실험을 통해 추론 능력과 문제 해결 능력을 향상시킬 수 있을 것이다. 두 번째 경로는 뉴런과 시냅스 수준의 뇌 메커니즘에 대한 단서를 제공하는 유전학 연구에서 파생될 수 있을 것이다. 이는 추론과 문제 해결에 대한 시스템을 밝히고 그 영향력을 개선할 실험 연구의 문을 열어줄 것이다. 이 두 가지 경로 모두 복잡하고 장기적인 프로젝트다. 현재의 기술로 볼 때 신경 영상 경로가 유전적 개입보다는 더 간단할 수도 있다. 하지만 장기적으로는 유전학이 가장 극적인 개선의 열쇠를 쥐고 있을지 모른다.

2장에서 우리는 다른 생쥐들보다 미로 문제 해결을 더 빨리 배우도록 사육된 '두기' 생쥐에 대해 설명했다. 섹션 4.6에서는 유전자가 뇌에 영향을 미치는 몇 가지 가능한 방법도 살펴보았다. 지능과 관련 있는 수많은 유전자를 다 발견하고 그 각각의 영향력이 미미하다면, 지능 향상을 위한 최선의 방안은 그런 유전자들이 공통된 신경생물학적 시스템을 위해 작동하는지 여부를 밝히는 데 달려 있다. 다시 말해, 수많은 유전자가 궁극의 공통된 신경생물학적 경로(final common neurobiological pathway)를 통해 그 영향력을 구현하는 것이다. 바로 그런 경로를 발견하는 것이 지능 향상 연구의 목표라고 할 수 있다(예를 들면 섹션 2.6에서 요약한 Zhao et al., 2014 논문 참조). 이런 접근 방식은 자폐증, 정신분열증 같은 뇌적 장애와 다유전성에 기반을 둔 다른 많은 복잡한 행동 특성에 대한 유전학적 연구에도 적용 가능하다. 그런 유전자를 찾는 일은 정녕 복잡하고 어려운 일에 틀림없겠지만 단지 첫 단계에 불과하다. 그 유전자들이 복잡한 신경생물학적 시스템에서 어떻게 기능하는지 밝혀내는 일은 훨씬 더 도전적인 일이다. 하지만 일단 기능적 시스템 수준에서 어느 정도 이해를 하면 바로 개입 가능한 방법을 시험해볼 수 있다. 이 단계가 후성유전학적 영향력을 가장 잘 추구할 수 있는 과정이다. 만약 여러분이 지능 유전자를 찾는 일이 아주 느리고 복잡하다고 생각한다면, 그 유전자의 기능적 발현을 찾는 것은 어쩌면 악몽과도 같을 테다. 그럼에도 우리는 이미 유전학적으로, 분자유전학적 차원에서 좀더 개선된 연구에 착수하고 있다(Chen et al., 2022; Makowski et al., 2022). 나는 지능에 도전장을 내미는 이런 종류의 연구가 조만간 실행 가능한 지능 개선책을 제시할 수 있을 것으로 낙관한다. 신경과학자들에게 악몽은 진보를 향한 원동력이다.

지금까지 보고된 연구 결과 중 지능 높은 아이를 생산하기 위해 실제 유전공학에 적용할 만한 것은 아직 없다. 하지만 유전공학 기술에서도 중요한 발전이 이루어지고 있으며, 이는 지능 향상 가능성에 시사하는 바가 적지 않다. 인간 게놈을 편집하는 방법으로 크리스퍼 유전자 가위 (Clustered Regularly Interspaced Short Palindromic Repeats/Cas genes, CRISPR/Cas9)가 있다. 내게는 그 명칭조차 생소하고 아직 잘 이해하지 못하는 것도 사실이지만, 이 방법은 박테리아를 이용해 표적 유전자에 변화를 줌으로써 살아 있는 세포의 게놈을 편집하는 것이다(Sander & Joung, 2014). 하지만 수많은 연구자가 벌써 이 방법을 일상적으로 적용하고 있으므로 결국 언젠가는 인간 게놈 전체를 편집하는 일도 가능할 것이다. 이 기술을 개발한 2명의 과학자는 2020년에 노벨상을 수상했다. 아울러 그 응용 기술은 이미 유전 질환의 치료에 적용되고 있다. 지능 관련 유전자와 그 유전자가 지닌 기능을 모두 확인한다면, 이런 종류의 기술을 지능 향상에도 그대로 적용할 수 있을 것이다. 비록 지능처럼 본질적으로 아주 복잡한 형질에서 유전자 가위 기술을 적용하는 게 일정 부분 제한적일 수도 있겠지만 말이다. 어쩌면 바로 이런 점이 이 기술에 대해 우리 대부분이 이해하기조차 어려운 이름을 붙이게 된 이유일지도 모르겠다.

이번 장은 대부분 지능 증진에 별로 효과가 없는 수단들에 관해 설명했다. 교육 및 인지적 접근법은 오랜 기간 협동적인 노력에도 불구하고 입증 가능한 진전을 거의 이루지 못했으며, 신경과학적 접근법은 상대적으로 아직 초기 단계에 머물고 있다고 해도 과언이 아니다. 하지만 지능에 영향을 미치는 유전자를 찾는 작업이 더디게 이뤄진다고 낙담해서는 안 되는 것처럼, 우리 자신도 낙담해서는 결코 안 될 것이다. 뇌는 아주 복잡한 기관이며, 그 비밀은 좀처럼 쉽게 밝혀지지 않을 것이다. 모든 과학은 기술에 의해 촉진된다. 지능 연구도 예외는 아니다. 이번 장과 앞 장에서 논의한 것처럼 새로운 신경과학 기술과 뇌 구조, 기능 및 발달에 대한 새로운 정보를 바탕으로 했을 때 지능 향상 가능성은 얼마든지 흥미로울 수 있다. 이 분야에서 50년 가까이 일해온 내 관점에서 보면 새로운 발견의 속도는 점점 더 빨라지고 있다. 미래를 위한 명확한 로드맵은 아직 없지만, 6장에서 우리는 지능과 뇌에 대해 새로운 연구 접근법을 추구하는 신경과학적 관점들을 만나게 될 것이다.

5장 요약

○ 그동안 수많은 주장에도 불구하고, 독립적인 재현을 통해 강력한 증거를 확보할 수 있을 만큼 확실하게 지능 인자를 향상시킬 방법은 아직 찾지 못했다.

○ 지능을 향상시킨다고 주장한 이제까지의 연구들에는 검사 내용 미리 알려주기, 작은 표본들에서 결과를 지나치게 일반화하기, 단일 검사에서 얻은 작은 점수 변화를 마치 근본적인 지능 요소의 변화를 초래한 것처럼 과장하기 등의 심각한 결함이 있었다.

○ 향정신성 약물의 사용과 뇌를 자극하는 다양한 비약물적 방법은 주의력, 학습 및 기억력을 향상시킬 잠재력이 있지만, 이런 방법이 지능을 높인다는 증거의 무게는 대단히 취약하다.

○ 궁극적으로, 지능 향상은 지능과 관련된 특정 유전자를 찾는 것뿐만 아니라, 후성적인 유전적 영향을 포함해 그런 유전자들이 분자 수준에서 어떻게 기능하는지 이해해야만 하는 좀더 어려운 문제에 달려 있다고 해도 무방하다.

복습 문제

1. 지능 향상을 외치는 주장들에서 '증거의 무게' 개념이 특히 중요한 이유는 무엇인가?

2. IQ를 괄목할 만큼 향상시킬 수 있다고 주장한 연구들에서 결국은 그렇지 못했던 것으로 판명된 세 가지 사례를 들어보라.

3. '전이'와 '독립적 재현'의 개념을 설명하라.

4. 인지에 영향을 미칠 수 있는 뇌 자극 기술 다섯 가지는 무엇인가?

5. 인지력 향상을 위해 약물을 사용하는 것과 관련한 여섯 가지 윤리적 문제는 무엇인가?

더 읽을거리

"Cognitive Enhancement" (Farah et al., 2014). 인지 향상과 관련된 문제를 포괄적으로 논의한 논문이다.

"Increased Intelligence Is a Myth (So Far)" (Haier, 2014). 지능 검사 점수의 증가가 반드시 실제 지능의 증가를 의미하지 않는 이유를 설명한다.

"Hacking the Brain: Dimensions of Cognitive Enhancement" (Dresler et al., 2019). 인지 향상의 다양한 차원에 대한 간결한 개요를 제공한다.

"The Use and Impact of Cognitive Enhancers among University Students: A Systematic Review" (Sharif et al., 2021). 전 세계 대학생들의 인지 향상 약물 사용에 대한 심층적인 메타분석을 다룬다.

신경과학 이후의 지능 연구, 다음 단계는?

우리가 달에 가기도 하고 또 다른 일들을 하기로 선택하는 것은 …… 그것이 쉬운 일이어서가 아니라 달성하기가 대단히 어렵기 때문입니다.

－존 F. 케네디 대통령, 라이스 대학교 연설, 1962년 9월 12일

한 가지 놀라운 사실은 기초 연구가 특별한 실용적 목표 없이 시작되었음에도 불구하고 수년에 걸친 성과를 살펴보면, 그래도 결국 정부가 수행하는 가장 실용적인 일 중 하나로 꼽힌다는 것입니다.

－로널드 레이건 대통령, 라디오 연설, 1988년 4월 1일

의심할 여지 없이 이것은 인류가 만든 가장 중요하고 경이로운 지도입니다.

－빌 클린턴 대통령, 전체 인간 게놈 프로젝트에 대한 1단계 조사 완료 후 행한 연설, 2000년 6월 26일

인간은 몇 광년이나 떨어진 곳의 은하를 식별할 수 있고 원자보다 작은 입자를 연구할 수도 있지만, 우리 귀 사이에 놓인 3파운드 무게의 물질에 대한 수수께끼는 여전히 풀지 못하고 있습니다.

－버락 오바마 대통령, 연방 인간 뇌 이니셔티브(Federal Human Brain Initiative) 소개 연설, 2013년 4월 2일

반도체산업지원법(CHIPS)과 과학법(Science Act)은 새로운 세대의 미국인들로 하여금 스티브 잡스가 이전에 했던 질문, 즉 "다음에 무엇을 할까?"에 답하도록 영감을 줄 것입니다.

－조 바이든 대통령, 2022년 CHIPS 및 과학법 서명에 대한 입장문, 2022년 8월 9일

학습 목표

○ 크로노메트릭스(chronometrics)란 무엇이며, 왜 심리 측정보다 발전된 기술이라고 할까?

- 기억과 초기억(super-memory)에 대한 연구는 지능 탐구에 어떤 영향을 미칠까?

- 동물 연구가 뉴런과 지능에 대한 통찰에 새로운 길을 열어줄 수 있을까?

- 두뇌 회로에 대한 신경과학적 이해가 지능형 기계를 만드는 데 어떤 도움을 줄 수 있을까?

- 용어 정의를 할 때, 의식(conscience)과 창의성(creativity)은 신경과학적으로 구별이 가능할까?

- 두뇌 신경계 수준에서 SES와 지능이 혼동되는 이유는 무엇인가?

머리말

역설적이지만 우리는 과학적 탐구의 모든 영역에서 더 많이 배울수록 더 많은 것을 이해하지 못한다. 한 가지 질문에 대한 해답은 종종 이전에 공식화되지 않은 새로운 질문으로 이어지는 것이 보통이다. 발전은 창의적인 방법과 기술에서 얻는 새로운 경험적 관찰을 이해하기 위해 우리의 지성과 창의력에 의존한다. 수십억 달러에 달하는 가속기를 이용한 관측 결과, 입자물리학의 표준 모델이 실험적으로 검증되었다고 생각해보자. 이러한 거대하고 전 세계적인 노력으로 기존 방법으로는 이해할 수 없던 암흑 에너지(dark energy) 같은 새로운 미스터리가 밝혀지면, 그것을 탐구하기 위해 과학자들은 다시 새로운 방법을 창안해야 한다. 이처럼 각 세대 연구자들은 과거의 업적을 바탕 삼아 가까운 미래로 그것을 확장해나간다. 뇌 손상 환자들의 어눌한 언어와 지적 결함을 연구한 초기 연구자들은 지능과 뇌에 대한 의문을 해결하는 데 사용되는 현대적 신경과학 수단을 전혀 상상하지 못했을 것이다. 이 책에서 지금까지 논의한 유전학적 성과와 발전된 뇌 영상 촬영 기술의 잠재력은 이제 시작에 불과하다. 앞으로 더 많은 연구가 이루어질 게 분명한데, 그 발전 속도는 얼마나 많은 연구 자금을 투여하고 그걸 또 얼마나 현명하게 분배하느냐에 따라 결정될 것이다. 역사적으로 난해해 보이는 기초 연구가 예상치 못한 큰 이익을 가져온 사례는 아주 많다. 따라서 실용적인 결과를 가져올 수 있는 연구에만 집중하는 것이 반드시 현명한 일은 아니다. 상상하기 거의 불가능하지만, 만약 한 국가가 우주 탐사는 무시한 채 중요한 과학적 목표를 모든 시민의 g-인자를 표준 편차만큼 증가시키는 능력을 달성하는 것으로 정한다면 어떨까? 이번 장이 끝날 무렵에는 어쩌면 여러분도 그게 아주 불가능한 일은 아니라고 생각할 수도 있을 것이다.

어느 과학 분야에서나 마찬가지겠지만, 연구 단계가 진행될수록 더 많은 비용이 들고 물류적으로도 더욱 복잡해진다. 나타나는 결과에 대한 해석도 점점 더 난해해지기 마련이다. 신경 영상 촬영 기술의 경우에도 CAT 스캔 기술은 X-선 기술보다 복잡하고, 구조적 MRI는 CAT보다 복잡하다. PET는 EEG보다 복잡하고, 기능적 MRI와 DTI 기술은 구조적 MRI 기술보다 복잡하며, MRI 분광법은 구조적 MRI나 기능적 MRI보다 복잡하다. MEG 역시 MRI보다 복잡하다. 각각의 새로운 기술은 더 나은 공간적·시간적 해상도를 제공하며, 그만큼 많아지는 데이터를 처리하고 분석하는 데에는 더 고급의 컴퓨팅 성능이 요구된다. 최신 MRI는 뇌 조직을 밀리미터 단위로 잘라서 영상을 보여주지만, 이마저도 개별 뉴런이나 시냅스의 활동을 확인하기에는 너무 조악하다. MEG 역시 밀리초 단위로 두뇌 활동의 변화를 보여주지만, 시냅스에서 일어나는 나노초 단위의 신경화학적 사건을 알아채기에는 너무 느리다. 하지만 신경과학 기술은 이미 단일 뉴런과 시냅스 수준에서 뇌를 살펴볼 수 있으므로 이러한 기술이 머지않아 지능에 대한 질문을 해결해주리라는 것은 상상 밖의 일이 아니다. 지능 분야의 발전은 임상 뇌 질환, 노화 그리고 학습·기억·주의력 등과 같은 정상적인 인지 과정에 대한 기초 연구의 결과를 통합함으로써 이루어질 가능성이 크다. 이런 연구는 동물 및 인간을 대상으로 이뤄지며 두뇌의 각 영역에서 점점 더 미세하게, 점점 더 빠르게, 점점 더 심층적으로 그 활동 메커니즘을 밝혀낼 것이다.

이번 장에서는 지능과 관련된 여섯 가지 발전적인 질문을 중점적으로 다룰 것이다. 이에 대한 논의를 시작하기 전에 먼저 앞 장에서 전개한 세 가지 요점을 간략하게 정리해보자. (1) 증거의 무게로 볼 때 지능은 과학적으로 정의하고, 측정하고, 연구할 수 있는 개념이다. 특히 g-인자는 현실 세상의 많은 결과와 관련이 있으며 뇌 구조 및 기능에 의존하고, 유전의 산물이라는 강력한 근거가 있다. (2) 신경영상학적 연구는 사람들마다 각기 다른 지능의 차이와 관련 있는 특정 뇌의 특성을 파악하기 시작했으며, 유전자 연구 역시 지능에 영향을 미치는 특정 유전자를 파악하기 시작했다. 이러한 기술 발전에 힘입어 지능 연구는 이제 좀더 신경과학적인 방향으로 나아가고 있다. (3) 하지만 지능과 관련한 뇌의 특성이 각종 유전학적, 생물학적, 환경적 요인과 그것들의 조합에 의해 어떻게 발달하는지 아직은 제대로 밝혀지지 않았다. 하지만 이런 요인들이 뇌에서 어떻게 작용하는지 더 잘 이해하게 되면 이를 조작해 개개인의 지능을 향상시킬 수 있고, 집단 간 지능 격차를 줄이거나 모든 사람의 지능을 획기적으로 높일 수 있을 것이다. 이 세 가지 요점을 바탕으로 앞으로의 연구 발전을 위해 주목해야 할 여섯 가지 흥미로운 분야를 각 섹션에서 소개하겠다.

6.1 '게임화'에 대한 심리 측정 기술부터 크로노메트릭스까지

유전학적 정보와 신경 영상 데이터를 지능과 연결하는 방정식의 한쪽에는 복잡한 데이터 세트를 수집하고 분석할 수 있는 수백만 달러의 최신 장비와 전문가팀이 존재한다. 그리고 방정식의 다른 한쪽에는 심리 측정 검사 점수가 있는데, 이는 몇 달러가 드는 단일 검사에서 나온 것이다. 이런 점이 상당히 부조화롭지 않은가? 좀더 정확하게 말하면, 이 양단 사이의 간극이 너무나 크다. 수십 년 전 최초의 영상 연구와 정량유전학적 또는 분자유전학적 지능 연구는 지금도 여전히 쓰이는 동일한 지능 검사에 의존했다. 이 분야의 발전을 위해서는 지능 연구를 더 이상 심리 측정 검사 점수에만 국한해서는 안 될 것이다. 1장에서 언급했듯 현재 광범위하게 활용되고 있는 정교한 유전학적·신경영상학적 평가와 궤를 같이하려면 정교한 지능 측정 방법이 절실히 필요하다. 적어도 최소한 일련의 검사에서 얻을 수 있는 각각의 요소를 정확히 분석해낼 잠재적인 접근법이 요구된다. 지능을 측정하는 적당한 판정법으로 1장에서 논의한 비율 척도가 필요하다고 본다.

이제 새로운 사례를 들어 그 이유를 살펴보자. 가령 행복감을 높이기 위해 고안한 어떤 대안을 실험한다고 가정해보자. (물론 여러분이 그런 대안을 선택할 수도 있다.) 일단의 실험 참가자에게 1부터 10까지의 척도로 행복도를 평가하도록 요청한다. 1은 가장 낮은 행복도이고 10은 가장 높은 행복도다. 대안을 시행하기 전 이 그룹의 평균 행복도는 4였는데, 대안 시행 이후 평균 8로 증가했다고 하자. 만약 여러분이 '행복' 같은 비정량적 요소를 측정하는 문제에 아주 순진하다면, 4에서 8로의 변화를 보고 그 대안 시행 덕분에 사람들이 2배 행복해졌다고 쉽게 결론 내릴 수도 있을 것이다. 하지만 그렇게 단순히 결론을 내버리는 것은 분명 큰 잘못이다. 행복 척도는 구간 척도(interval scale)여서 점수와 점수 사이의 간격이 일정하지 않다. 다시 말해, 점수 4와 8의 의미에 대해 모두가 주관적인 생각을 갖고 있다. 구간 척도에서 8은 2×4가 아니다. 이에 반해 킬로그램은 실제 무게가 0인 경계가 정해져 있는 비율 척도이므로 8킬로그램은 문자 그대로 2×4킬로그램이다. 벽돌 1킬로그램이든, 깃털 1킬로그램이든 그 무게는 똑같다. 측정 대상과 관계없이 1킬로그램은 1킬로그램인 것이다.

모든 행복 측정법에서와 마찬가지로 지능 테스트 점수 역시 구간 척도로 측정한다. 점수는 다른 사람들과 비교해서만 그 의미가 있으며, 일반적으로 백분위수(%)로 표시한다. 만약 95번째 백분위수에 속한다면, 90번째 백분위수에 속하는 사람보다 얼마나 더 똑똑할까? 분명히 5퍼센트 더 똑똑한 것은 아니다. 지능을 양적 단위로 표현할 방법은 없다. 4장에서 우리는 회백질의 양, 피질의 두께, 네트워크의 연결성 또는 백질 무결성 등처럼 뇌의 특성을 정량화해 지능을 정의할 수 있는지 논의했다. 이런 측정치는 모두 잠재적인 비율 척도이지만 대부분 연구에서는 그런 영상 측정값을 지능 검사의 대안으로 삼고 있지 않다.

지능을 비율 측정으로 정량화하는 또 다른 방법은 시간 측정에 의존하는 것이다. (8초는 말 그대로 4초의 2배라고 할 수 있다.) 이 개념에서는 정답 개수보다는 정답에 도달하는 데 걸리는 시간을 측정 기준으로 삼아야 하기 때문에 먼저 이에 적합한 일련의 표준 지능 검사 방법을 새로 만들어야 한다. 그러면 지능은 표준 검사 항목 세트의 정보 처리 속도로 재정의할 수 있다. 이런 정보 처리 검사 항목에서 문제 해결에 평균 4초가 걸린 사람은 평균 8초가 걸린 사람보다 말 그대로 2배나 빠른 것이다. 지능의 또 다른 정의로서 정보 처리 속도의 타당성을 입증하려면, 이 지표가 학업 또는 기타 성취 측면에서 실제로 무엇을 예측할 수 있는지에 대한 연구가 필요하다. 그런데 사실은 이와 관련된 연구가 이미 상당수 존재한다.

아서 젠슨은 죽기 전 마지막 저서에서 이런 연구들을 요약하고 정보 처리 시간에 기반한 새로운 종류의 지능 검사 방법을 개발하기 위해 우리가 극복해야 할 기술적 장애를 고려했다(Jensen, 2006). 그는 이런 접근 방식을 '크로노메트릭스'라고 불렀는데, 그 예는 텍스트 상자 6.1에 나와 있다. 만약 연구가 지능 검사 점수와의 상관관계를 밝혀 시간 측정 접근법의 타당성과 신뢰성을 뒷받침한다면, 이를 통해 미래의 유전학 및 신경영상학 연구에서 측정의 정교함 격차를 줄일 수 있을 것이다. 젠슨은 시간 측정 접근법이 지능 연구를 자연과학의 수준으로 끌어올릴 수 있다는 낙관적 견해를 밝혔다. 이런 측정 방식을 다른 신경과학적 접근법과 결합할 수 있다면 지능 관련 연구 속도가 한결 빨라질 것이다.

두뇌 영역 사이의 정보 처리 속도나 어떤 특정 영역의 회백질 조직의 양 같은 두뇌 측정치를 사용해서 지능을 정의하는 것도 가능하다. 이런 정의를 사용할 때의 장점은 그것을 비율 척도로 나타낼 수 있으므로 정량화가 가능하다는 것이다. 만약 일련의 표준 검사를 실시해봤더니 여러분의 정보 처리 속도가 다른 사람들보다 2배나 더 빨랐다고 상상해보자. 이것이 여러분의 미래 학업적 성공 여부를 IQ 점수나 기타 다른

텍스트 상자 6.1 지능의 크로노메트릭스 평가

젠슨(Jensen, 2006)이 제안한 것처럼 정신 시간 측정법(mental chrono-metrics)은 다음과 같은 두 가지 기본 개념에 기반한다. 첫 번째는 결정을 내리는 데 걸리는 시간이 두뇌가 정보를 처리하는 속도의 척도라는 것이다. 이를 흔히 반응 시간(reaction time or response time, RT)이라고 한다. RT 연구는 심리학 분야에서 100년 넘게 거슬러 올라가는 오랜 역사를 갖고 있다. RT 연구는 많은 인지 과제를 검토한다. 흔히 이를 초등 인지 과제(elementary cognitive tasks, ECT)라고 부른다. 가장 많이 재현된 연구 결과 중 하나는 작업의 복잡성이 증가할수록 RT 역시 증가한다는 것이다. 또 다른 중요한 연구 결과는 RT가 빠른 사람이 IQ 점수도 높다는 것이다. 따라서 RT 측정은 잠재적으로 지능 점수의 대안이 될 수 있는데, 시간은 비율 척도이기 때문에 RT가 특히 매력적인 측정지표다. 대부분 ECT의 RT는 작업에 따라 밀리초 또는 초 단위로 측정한다. 두 번째 기본 개념은 표준화다. 그동안은 연구자마다 서로 다른 기기를 사용해 RT 연구를 수행하는 경우가 많았다. 이러한 균일성 부족은 개인의 RT 평가에서 혼란을 주는 방법론적 편차를 야기하고, 연구 결과를 서로 비교하거나 여러 연구의 데이터를 합쳐서 대규모 데이터 집합으로 결합하는 일을 어렵게 만들곤 했다. 젠슨은 다양한 ECT의 표준 세트에 대해 RT를 검사하는 표준 장치를 구축할 것을 제안했다. 아울러 RT 측정과 표준화한 ECT 검사 방법을 결합하면 WAIS와 같은 심리 측정 검사의 한계를 넘어서는 새로운 지능 연구의 장이 열릴 것이라고 기대했다.

이제 그 예를 들어보자. 하나의 ECT에 반원 모양으로 배열한 8개의 버튼이 있다. 예행연습을 시작하려면 먼저 피검사자가 반원 조금 아래에 위치한 홈 버튼을 손가락으로 누른 채 계속 기다린다. 그러면 8개의 버튼 중 3개의 버튼이 동시에 켜진다. 이때 그중 하나는 다른 2개에서 멀리 떨어져 있다. 피검사자는 가능한 한 재빨리 홈 버튼에서 손을 떼고 가장 멀리 떨어져 있는 불 켜진 버튼을 누른다. 이를 '다른 것 찾기(odd man out)'라고 부른다. 이러한 일련의 시도가 끝나면 그 피검사자의 평균 RT가 계산된다. 다른 ECT에서는 디스플레이 화면에 뜬 일련의 숫자(또는 문자나 도형)를 짧은 시간 동안 보도록 한 후 그것들을 암기하도록 요구한다. 그런 다음 다시 일련의 숫자(또는 문자나 도형)가 디스플레이에 나타나는데, 암기한 타깃이 나오면 지정된 '예' 버튼을 누른다. 물론 타깃이 문자열에 없으면 '아니요' 버튼을 누르면 된다. 실험을 계속할수록 제시되는 문자열이 길어지므로 피검사자는 '예' 또는 '아니요'를 결정하기 위해 더 많은 두뇌 메모리를 스캔해야 한다. 그러면 자연히 RT가 증가하는데, 지능이 높은 사람일수록 지능이 낮은 사람보다 더 빠르게 메모리를 스캔할 수 있을 것이다. 또 다른 ECT에서는 화면에 두 단어가 동시에 나타난다. 그 둘이 동의어인 경우에는 특정한 버튼을 누르고, 동의어가 아닌 경우에는 다른 버튼을 누른다. 이러한 작업에는 수많은 변형이 있으며 그만큼 ECT에도 다양한 변형이 있다. 연구를 통해 우리는 어떤 ECT가 지능을 평가하는 데 가장 유용한 RT를 생성하는지 밝혀낼 수 있을 것이다. 물론 해결해야 할 기술적 문제가 많이 존재한다. 정신 시간 측정법이 현재 사용하고 있는 심리 측정 검사법을 대체하기까지 이 연구가 가야 할 길은 아직 멀고 험난하다. 젠슨은 자신의 저서 말미에 다음과 같이 썼다. "시간 측정법은 특별히 고안된 인지 과제를 사용해 개인의 수행 능력을 매우 예민하게 측정할 수 있으며, 또한 필요할 때마다 언제라도 반복해서 측정 가능한 보편적이고 절대적인 〔비율〕 척도를 제공할 수 있다. 그때가 왔다. 이제 시작하자!"(Jensen, 2006: 246). 이 지능 평가 방법은 연구의 사전 사후 설계에서 제시된 모든 종류의 향상을 근거로 실제 변화를 규명할 수 있다. 이 방법의 정교함은 세련된 유전학 및 신경영상학 방법과의 격차를 줄일 수도 있다.

변수보다 더 잘 예측할 수 있지 않을까? 이는 앞으로의 경험적 연구가 답을 내어놓아야 하는 질문이다.

하지만 안타깝게도 이런 문제는 조만간 해결될 것 같지 않다. 내가 아는 한 이상적인 비율 척도로서 정신 시간 측정법을 확립하기 위한 탐구는 그 어떤 연구팀에서도 우선순위가 되지 못하고 있다. 그 대신에 많은 다기관 협력 프로젝트는 수천(또는 수백만) 명의 참가자가 GWAS를 위한 DNA 검사를 완료했을 때 학업 성취도(교육 연수)를 쉽게 구할 수 있는 대체물로 사용해 IQ를 추정한다. 이제는 인터넷을 통해 집에서 할 수 있는 컴퓨터 테스트를 더욱 강조한다.

여러 연구팀에서 자체적으로 g를 추출할 수 있는 일련의 컴퓨터 인지 측정 검사법을 개발했지만, 가장 최근의 노력은 패스파인더(Pathfinder: 신경과학 및 인공 지능 연구에서 인간의 인지 기능, 지능 그리고 학습 과정을 더 깊이 이해하기 위해 개발된 미국 국방부 산하 연구 프로젝트─옮긴이)라고 부르는 '게임화한' 형식의 지능 측정법이다. 이 프로그램은 다섯 가지 과제를 제시해 피험자가 그것을 풀도록 하고, 그 과정에서 피험자의 심리학적 특성을 파악할 수 있도록 했다(Malanchini et al., 2021). 다섯 가지 과제는 어휘력 검사, 누락 글자 찾기 검사, 언어 유추 검사, 시각적 퍼즐 검사, 매트릭스 추론 검사다. 이 검사 프로그램의 개발에는 패스파인더 g-점수의 유전성 및 PGS(다유전자 점수) 예측에 대한 쌍둥이 연구도 포함되었다. 패스파인더는 전통적인 심리 측정 검사 방법을 컴퓨터화한 것으로, 참여자 수백만 명의 지능을 측정할 수 있는 혁신적인 대안이라고 생각된다. 하지만 크로노메트릭스를 이용한 지능 평가가 추구하는 그런 비율 척도를 그대로 적용한 것은 아니다. 다만 가정용 컴퓨터에서 표준화한 방식으로 밀리초 단위의 반응 시간을 평가하는 것이 가능해졌으므로 이제는 새로운 세대의 연구자들이 크로노메트릭스를 응용한 지능 측정법 개발에 나설 수 있을 것으로 기대한다.

6.2 기억과 초기억의 인지신경과학

1장에서 우리는 지능의 한 가지 정의로서 학습 능력, 기억력, 주의력으로 대표되는 인지 과정의 개인적 차이를 강조했다. 하지만 대부분의 인지신경과학 연구에서는 지능을 어떤 독립 변수나 종속 변수로 평가하지 않는다. 4장에서 살펴본 것처럼 학습 능력, 기억력, 언어적 능력 또는 주의력에 관한 모든 연구에서는 높고 낮은 IQ 점수 또는 g-인자 점수를 독립 변수로 상정해서 실험 참가자를 선정할 경우 그 결과가 크게 달라질 수 있었다. 5장에서는 지능을 종속 변수로 포함했을 경우 n-back 훈련 연구에서처럼 그 평가가 일련의 검사에서 추출된 잠재적 변수로서보다는 단일 검사 점수를 근거로 진행되는 게 보통이었다.

하지만 이 모든 것은 그동안의 나쁜 소식이었다. 좀더 최근의 좋은 소식은 인지심리학자들이 언어력, 기억력, 주의력, 지능 등의 상호 관계에 점점 더 많은 관심을 보이고 있다는 점이다(Barbey et al., 2021). 이런 식으로 상당한 탐구가 진척된 분야 중 하나는 작업 기억과 g-인자 사이의 관계를 파헤치는 연구다. 일부 심리 측정 연구에서는 이 두 가지가 경험적으로 거의 동일하다고 했다(Colom et al., 2004; Kane & Engle, 2002; Kyllonen & Christal, 1990). 다른 연구들에서는 중복되기는 하지만 별개의 구성 요소로 간주하기도 했다(Ackerman et al., 2005; Conway et al., 2003; Kane et al., 2005). 두뇌 영상 연구에 의하면 그 두 가지가 두뇌 활동 영역에서 일부 겹치게 나타나고(Colom et al., 2007), 모두 공통된 유전자를 갖고 있는 것처럼 보인다(Luciano et al., 2001; Posthuma et al., 2003). 하지만 이 문제는 아직 제대로 해결되지 않았다(Burgaleta & Colom, 2008; Colom et al., 2008; Knowles et al., 2014; Thomas et al., 2015). 궁극적인 목표는 지능이 어떻게 기억력이나 주의력 같은 기본적인 인지 과정에 통합될 수 있는지, 그래서 그것이 어떻게 언어력과 학습 능력에 영향을 미치는지 이해하는 것이다(Cowan, 2014). 이를 위해서는 그야말로 다양한 능력을 지닌 여러 연구팀이 힘을 합쳐야만 한다. 그뿐만 아니라 연구자들이 일련의 다양한 인지 검사와 DNA 분석, 구조적·기능적 뇌 영상 분석 등을 통해 지능에 관한 모든 정보를 확보한 많은 샘플에 좀더 용이하게 접근할 수 있어야만 한다. 2장과 4장에서 언급했듯이 우리는 이제야 비로서 그러한 종합적인 연구에 막 착수하기 시작했다.

초기억 사례에 대한 관심도 점점 높아지고 있다. 1장에서 우리는 대니얼 태멋이 2만 2514자릿수의 파이값을 기억해서 암송했다고 언급했다. 하지만 기네스 세계 기록에 따르면, 현재까지 파이값 암송 세계 기록은 무려 7만 자릿수에 달한다. 그 이전 기록은 6만 7890자릿수인데, 그걸 암송한 사람(CL)은 서번트가 아니었다. 그는 많은 양의 정보를 저장하고 검색할 수 있는 니모닉 방법(mnemonic method), 즉 메모리 트릭(텍스트 상자 6.2 참조)을 활용했다. 세계 기억력 챔피언십에 참가한 몇몇 사람을 투입해 fMRI 영상을 연구했더니, 니모닉 방법을 사용할 때 그들의 여러 뇌 영역이 활성화하는 것으로 나타났다(Maguire et al., 2003). 하지만 안타깝게도 각 참가자마다 각기 다른 니모닉 전략을 사용했기 때문에 그런 영상 결과를 쉽게 해석할 수는 없었다. 28세의 나이에 6만 7890자릿수의 파이값을 암기해 기네스 기록을 보유하고 있는 CL은 자신의 전략과 연구팀이 설계한 전략을 대조 조건으로 사용하면서 fMRI 영상을 찍기도 했다(Yin et al., 2015). 사실 CL은 다년간의 훈련을 통해 자신의 니모닉 방법을 개발했는데, 연구팀은 이를 다음과 같이 설명했다. "CL은 숫자 목록을 연구하며 기억할 때 숫자-이미지 니모닉, 즉 '00'부터 '99'까지의 두 자릿수 그룹을 이미지와 연관시켜 생생한 스토리를 만들어내는 방법을 사용했다." (우리는 이 방법의 사례를 텍스트 상자 6.2에 제시해두었다.) 11명의 남자 대학원생으로 구성된 대조군에 대해서도 동일한 전략 조건에서 뇌 영상을 촬영해 분석했다. 논문 저자들에 따르면, 그 결과 CL은 언어적 리허설보다는 에피소드 기억과 관련된 뇌 영역에 의존하는 것으로 나타났다. 영상 결과는 실제로 매우 복잡해서 다양한 해석의 여지를 남겼다(Sigala, 2015).

PET를 이용해 암산에 탁월한 영재들을 살펴본 연구도 있다(Pesenti et al., 2001). 그들은 아무런 계산 도구 없이 머릿속으로 복잡한 계산을 매우 정확하고 빠르게 할 수 있는 서번트였다. 일부 서번트는 아무 훈련도 받지 않고 그런 능력을 갖게 된 것으로 알려져 있는데, 이 보고서 파이값 같은 긴 숫자를 외우고 싶을 때를 대비해서 스스로 암기 훈련을 하는 방법은 다음과 같다. 숫자를 외우기 전에 먼저 100쌍의 연속된 숫자를 나타내는 단어 목록을 만들어보자. 예를 들어, 00의 시퀀스를 강아지로 기억한다. 01은 물고기로 기억할 수 있다. 02는 링컨으로 03, 04, 05…… 등도 역시 같은 방식으로 단어를 할당한다. 단어는 동물, 도구, 유명한 역사적 인물 또는 여러분이 선택할 수 있는 그 어떤 것도 가능하다. 이제 숫자의 열을 두 자리씩 끊어 읽으면서 그것들을 미리 암기해둔 100개의 단어 목록으로 변환시키고, 그렇게 연속된 각 단어를 연결하는 이야기를 꾸며본다. 이야기는 황당할수록 기억하기가 더 쉽다. 아래에 각각의 두 자리 숫자 조합에 대한 표준 단어 목록을 예로 제시했다. (100개 중에서 8개만을 보여준다.)

00 강아지

01 물고기

02 링컨

03 망치

… 29 로빈

… 51 비행기

… 86 신발

… 99 은행

가령 외워야 할 18개의 숫자 열은 860229000299000151이다. 이 숫자

열을 쌍으로 나눈 다음, 각 쌍을 미리 지정한 단어로 변환한다(86은 신발, 02는 링컨, 29는 로빈, 00은 개, 02는 링컨, 99는 은행, 00은 강아지, 01은 물고기, 51은 비행기). 그런 후 다음과 같이 시각적 이미지가 풍부한 스토리를 만들어 암기한다. "내 신발은 링컨한테 맞고, 로빈은 개를 좋아하는데, 링컨은 은행에 가고, 개는 물고기를 잡아먹다가 비행기를 타고……." 이런 식으로 말이다. 이런 문장은 어느 정도만 연습하면 기억하기 쉽고, 일단 외운 후에는 단어를 두 자리 숫자로 다시 변환할 수 있다. 상당히 어색해 보일 수도 있는데, 이런 종류의 니모닉 전략은 숫자부터 이름까지 많은 것을 기억하는 데 아주 효과적이다. 상당한 연습과 상상력이 필요하기는 해도 어떤 사람들은 놀라울 정도로 잘하고 비범하기조차 하다. CL이 6만 7890자릿수의 파이값을 암기한 것도 바로 이 방법을 사용한 덕분이다. 이 기억법은 5장에서 설명한 일부 전기적인 또는 약물 강화 기법과 달리 여러분이 집에서 직접 시도해볼 수 있다. 하지만 이런 식으로 암기력을 높인다고 해서 지능이 높아진다는 증거는 전혀 없다(5장 참조). 이 방법으로 암기를 잘하는 사람들이 원래부터 높은 지능 지수를 가졌는지는 여전히 의문이다.

에 등장하는 26세 청년 갬(R. Gamm)은 영재가 아닌 건강한 개인이었다. 하지만 20세부터 "약 6년 동안 매일 몇 시간씩 암산 알고리즘에 대한 기억력 훈련"을 했다. 그 결과 두 자리 숫자를 몇 제곱하더라도 암산으로 그 값을 산출할 수 있었다. (예를 들면, 99^5은 9,509,900,499이고, 53^9은 3,299,763,591,802,133이라고 말이다.) 그는 또한 루트값, 사인값 등을 암산으로 구하고, 몇 년 후 어떤 주어진 날짜가 무슨 요일인지 계산해낼 수

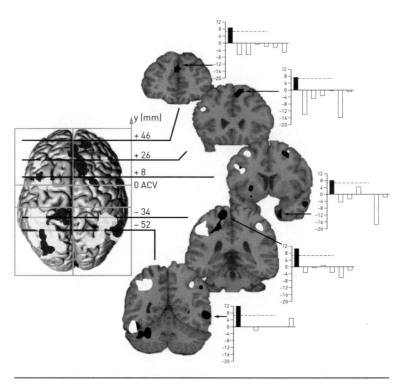

그림 6.1 　복잡한 암산을 수행하는 기억력 챔피언의 PET 스캔을 비전문가 대조군 6명과 비교한 결과. 전문가에게서만 활성화한 뇌 영역은 녹색으로 표시하고, 전문가와 비전문가 모두에게서 활성화한 영역은 빨간색으로 표시했다. 막대그래프는 각 사람에 대한 각 영역의 활성화 정도를 보여준다. (빨간색 막대가 전문가다.) 허락을 받아 인용-(Pesenti et al., 2001). *이 그림의 흑백 버전은 일부 형태를 표시한다. 컬러 버전은 간지의 별도 사진 참조.

있었다. (이런 날짜 맞히기는 서번트들만이 갖는 특출한 능력이다.) 연구팀은 갬과 비전문가인 남학생 6명을 대조군으로 같은 작업을 수행하면서 국소 혈류량을 측정하는 동안 PET 스캔을 실시했다. PET 촬영은 계산 작업과 기억 검색 작업을 하는 도중에 이루어졌다. 그 결과 갬과 대조군 모두에게서 공통적으로 두뇌 여러 영역의 뇌 활성화가 관찰되었는데, 갬에게서는 두 과제 조건의 영상이 서로 다르게 독특한 활성화를 나타냈다.

갬은 내측 전두엽과 해마상회, 전대상회 상부, 우반구의 후두-측두정 접합부, 좌측 측두엽에서 더 많은 활성화가 나타났다(그림 6.1에서 해당 영역의 위치 참조). 저자들은 다음과 같은 결론을 내렸다.

암산 전문성은 전문가와 비전문가 모두에게 존재하는 두뇌 프로세스의 활동이 특별히 증가해서가 아니다. 전문가들은 일반인과 전혀 다른, 그들만의 고유한 뇌 영역을 사용해서 암산을 한다. 전문가들은 저장 전략이 필요한 단기적 노력, 우측 전전두엽과 내측 측두엽 영역에서 유지되는 특정 기억을 매우 효율적으로 꺼내 검색할 수 있는 능력, 이 둘의 스위치를 교대로 아주 효과적으로 켜고 끌 수 있다는 걸 발견했다(Pesenti et al., 2001: 103).

다른 말로 하면, 갬의 뇌는 보통 사람들과 다르게 작동했다.

훈련을 통해 뛰어난 지적 능력을 얻은 희귀한 개인들의 두뇌 활동을 영상화하면, 수년에 걸친 집중적인 전략적 훈련이 뇌 네트워크에 미치는 영향에 대해 새로운 통찰력을 얻을 수 있을지도 모른다. 하지만 CL이나 갬이 수행한 집중적인 기억력 훈련이 g의 증가를 유도했다는 징후는 찾아볼 수 없었다.

6.3 새로운 도구 '뉴런 대 뉴런'으로 인간과 동물 연구 연결하기

뉴런과 시냅스라는 훨씬 작은 공간적 규모에 국한해서 살펴볼 때, 지능은 대부분의 신경과학 연구자에게 그리 중요한 관심사가 아니다. 2장과 4장에서 살펴보았듯이 분자유전학 연구에서 신경전달물질과 시냅스 기능의 몇 가지 측면을 지능과 연관시키려는 시도가 일부 있어왔다(Douw et al., 2021; Goriounova et al., 2018; Goriounova & Mansvelder, 2019; Heyer et al., 2021). 하지만 많은 질문은 아직도 검토해야 할 과제로 남아 있다. 예를 들어, 특정 뇌 영역에서 뉴런 내부 미토콘드리아의 수나 유형은 g-인자 또는 기타 지적 능력의 개인적 차이와 어떤 관계가 있을까? 그 가능성에 대해서는 상반된 견해가 존재한다(Burgoyne & Engle, 2020; Geary, 2018, 2019; Matzel et al., 2020). 오래전 죽은 시체를 부검했던 한 연구는 뉴런 수상돌기의 복잡성이 (지능의 간접적 척도라 할 수 있는) 교육 수준과 관계가 있다고 주장했지만(Jacobs et al., 1993), 그런 관계의 방향은 어느 쪽으로도 향할 수 있으므로 앞으로 재현 검증이 필요하다(Genc et al., 2018). 이 수준에서 지능을 연구할 많은 가능성이 남아 있는데, 특히 인간의 단일 뉴런과 시냅스를 비침습적으로 측정할 정도로 기술이 발전한다면 더욱 그럴 것이다.

그런 날이 올 때까지는 어쩌면 동물 연구가 몇 가지 흥미로운 관찰 결과를 제공함으로써 인간 연구로 향하는 잠정적인 다리 구실을 할 수 있을지 모른다. 예를 들어, 쥐를 대상으로 수행한 체계적인 병변성 연구에서는 일반적인 문제 해결 능력과 관련 있는 여러 뇌 영역에서 병변이 발견되었는데, 이런 장소의 병변이 문제 해결 과제에서 수행 능력을 저하시킨다는 사실이 밝혀졌다(Thompson et al., 1990). 이에 반해 다른 영역의 병변은 오직 특정 과제에서만 수행 능력을 떨어뜨렸다. 그래서 이 연구에서 찾아낸 관련 영역을 인간 추론 능력에 관한 초기 PET 연구와 비교한 결과, 제한적으로 뇌 영역의 중복이 발견되었다(Haier et al., 1993). 그럼에도 불구하고 이러한 문제 해결 과제와 병변의 조합은 뇌-지능 관계에 대한 유용한 동물 모델을 제공해 칼 래슬리(Karl Lashley)의 선구적인 연구를 확장하고(Lashley, 1964), g-인자가 오직 인간에게만 고유하지 않다는 것을 보여주는 뇌-지능 관련 동물 모델을 제공했다. 유전적으로 다양한 (외래종) 생쥐에게 다양한 과제를 학습시킨 연구에서도 쥐가 g-인자를 가질 수 있다는 사실이 명확히 드러났다. 생쥐를 대상으로 수행한 연구 결과는 인간을 대상으로 수행한 연구 결과와 놀랍도록 유사했다.

> 분산에 대해 공통적인 근원이 있다는 점을 알려주는 사례로, 모든 과제 수행에서 각 개체의 성과 사이에 양의 상관관계가 발견되었다. 여러 검사 종목을 사용했을 때, 각 개체의 전반적인 수행 순위는 대단히 신뢰할 수 있는 수준이고 '정규 분포'로 나타났다. 학습 성과에 대한 요인 분석 결과는 단 하나의 변수가 동물들 사이에서 나타나는 분산의 38퍼센트를 설명할 수 있었다. 동물의 타고난 활동성과 체중은 학습 능력의 다양성을 거의 설명하지 못했다. 다만 동물의 탐험 성향은 학습 능력과 강한 상관관계를 보였다. 이러한 결과는 실험실 쥐의 다양한 학습 능력이 공통의 분산 원인에 의해 영향을 받으며, 나아가 개별 쥐의 일반적 학습 능력이 동료들과 비교해 구체화될 수 있다는 것을 나타낸다(Matzel et al., 2003: 6423).

그들은 또한 심지어 쥐의 경우에도 각각의 쥐에 대한 개별적 접근법의 중요성을 입증했다(Sauce & Matzel, 2013).

이러한 연구를 이어가면서 마첼(L. D. Matzel)과 콜라타(S. Kolata)는 기억/지능에 대한 인간 신경 영상 연구와 선택적 주의력(selective attention), 작업 기억, 일반 인지 능력 등 사이의 인과관계를 검증한 생쥐 실험을 함께 요약했다. 그리고 데이터가 "사람과 쥐 공통의 뇌 구조물(예: 전전두엽 피질)이 선택적 주의력의 효용성과 지능 검사의 개인적 성과를 매개

한다는 걸 시사한다"고 결론 내렸다. 이러한 증거는 전체적으로 '지능'을 다양하게 만들면서 또한 통제하는 과정을 거쳐 진화했고, 이는 어린 동물과 늙은 동물 모두에서 이러한 능력이 보전되었다는 걸 보여준다(Matzel & Kolata, 2010: 23). 그런 강력한 지능 동물 모델이 있음으로써 우리는 미래의 신경과학 실험에서, 특히 특정 영역의 축적된 두뇌 활동부터―아직까지 인간에게는 적용되지 않았던 방법을 사용해―뉴런과 시냅스의 좀더 정밀한 측정에 이르기까지 공간적·시간적 규모를 좁히는 데 큰 도움을 받을 수 있다. 예를 들어, 생쥐의 경우 신체적·정신적 훈련을 통해 특정 뇌 영역에서 뉴런의 수와 그 생존력을 증가시킬 수 있다는 주장도 있다(Curlik et al., 2013; Curlik & Shors, 2013). 생쥐를 대상으로 수행한 다른 연구는 전전두엽 피질에서 도파민 DI 수용체의 신호 효율이 기억 과제 및 지능 테스트와 관련이 있을 수 있다는 주장을 제기했다(Kolata et al., 2010; Matzel et al., 2013; Alavash et al., 2018; Kaminski et al., 2018; Karalija et al., 2021; Lee et al., 2021 참조). 그리고 유전자―환경의 상호작용과 관련해 유익한 생쥐 연구도 있다(Sauce et al., 2018; Sauce & Matzel, 2018). 이러한 연구 결과가 증거의 무게를 얼마나 지니는지 평가하기엔 아직 너무 이르다. 하지만 이런 연구는 지능 관련 동물 모델이 뉴런과 시냅스 수준까지 신경과학의 발전을 이끄는 데 적지 않은 도움을 줄 수 있다는 걸 분명히 보여준다.

서광을 비추는 다른 사례는 말 그대로 뉴런과 시냅스를 밝히는 형광 단백질(fluorescent proteins)을 사용했다. 최초의 형광 단백질은 수십 년 전 해파리에서 발견되었는데, 이는 새로운 형광 단백질을 만드는 놀라운 기술과 그것을 세포에 도입하는 주목할 만한 방법의 개발로 이어졌다. 형광 단백질이 일단 뉴런 내부로 삽입되면 전기 활동을 추적해 뇌 신경 회로를 매핑한다. 각종 형광 단백질은 서로 다른 신경화학 물질에 부착되어 서로 다른 색깔의 빛을 발산한다. 이는 개별 신경전달 물질의 분포를 매핑할 수 있다는 걸 의미한다. 실제로 개별 뉴런을 각기 고유한 색으로 표현해서 개별 뉴런의 경로와 신경 화학 신호를 매핑할 수 있다. 생쥐 지능 탐구에서 형광 단백질 도입은 매우 흥미로울 일이다. 새로운 영화 〈판타지아(Fantasia)〉가 만들어진다면 '두기'와 '미키(Mickey)'도 함께할 수 있을 것이다.

5장에서 우리는 적색 레이저를 사용해서 뉴런을 활성화하거나 비활성화할 수 있는 광신경조절법에 대해 간략하게 논의했다. 최신 광유전학(optogenetics)과 화학유전학(chemogenetics) 방법은 시냅스 수용체를 특별하게 변형시켜 뉴런이 빛에 민감한 특수 화학물질에 반응하도록 했다. 이 두 가지 방법 모두 빛을 이용해 쥐의 행동을 통제할 수 있었다. 이런 실험 연구를 통해서 복잡한 행동에 관여하는 신경 회로를 밝혀내고 이를 수정하는 방법을 얻을 수도 있을 것으로 기대된다.

광유전학적 방법은 기본적으로 다음과 같이 작동한다. 일반적으로 뉴런은 이웃 뉴런으로부터 시냅스를 가로지르는 짧은 전기 펄스를 받으면 발화한다. 이 펄스는 그걸 수신하는 뉴런의 신경화학계를 자극해서 이웃 뉴런으로 전해질 수 있는 또 다른 펄스를 생성한다. 이런 주된 신경화학적 변화는 뉴런 내 단백질과 관련이 있다. 전기 펄스는 단백질을 자극해서 회로의 다음 뉴런으로 발사하는 새로운 펄스를 생성하게 하는데, 이런 일련의 펄스 발사는 억제 신호가 그걸 줄이거나 발사를 멈추라고 명령할 때까지 계속된다. 광유전학 기술은 특정 뉴런 집단에서 빛에 민감한 단백질을 만들게 할 수 있다. 잘 통제된 실험에서 이런 뉴런 클러스터에 빛을 쬐면 인위적인 발화가 일어난다. 이제 빛에 민감한 단백질을 유전학적 수단을 통해 특정 뉴런에 삽입한 후, 가느다란 광섬유 가닥을 사용해서 그 뉴런에 직접 빛을 전달한다고 가정해보자. 우울증을 앓고 있는 생쥐한테 내측 전두엽 피질에 있는 뉴런을 빛으로 자극했더니 그 증상이 완화되었다(Covington et al., 2010). 생쥐의 코카인 중독은 측좌핵(nucleus accumbens: 뇌의 중요한 구조 중 하나로 쾌락, 보상, 동기 부여와 관련된 역할을 한다—옮긴이)으로 돌출되는 뉴런에 빛을 자극하자 증상이 완화되었다(Pascoli et al., 2012). 생쥐의 공격적 또는 성적 행동은 빛이 시상하부의 다른 뉴런을 자극할 때 활성화되었다(Anderson, 2012). 광유전학적 방법은 5장에서 설명한 유전자 편집 기술, 즉 CRISPR-Cas9 방법과 결합해서 특정 유전자 발현(유전자 켜기 및 *끄기*)을 빛으로 통제할 수 있으며(Nihongaki et al., 2015), 어쩌면 특정 뇌 회로의 활성화와 관련해 좀더 세부적인 사항을 설명하는 데 활용할 수도 있을 것이다(Li et al., 2022). 이 놀라운 분야는 현재 아주 빠르게 성장하고 있으며, 곧 두뇌 고장으로 인한 질병의 치료에 도움을 주고 궁극적으로는 지능 향상에도 크게 기여할 것으로 예상된다(Adamczyk & Zawadzki, 2020; Aston-Jones & Deisseroth, 2013; Wolff et al., 2014). 독자들에게는 어쩌면 공상과학 소설 정도로 느껴질 수도 있을 것이다. 하지만 현재 여러분 근처의 실험실에서 이미 그런 일이 진행되고 있다. 특히 영화 시나리오 작가들이 주목할 만하다.

화학유전학적 방법은 뉴런을 *끄고* 켜기 위한 보완적인 접근 방식이라고 할 수 있다. 이 기술은 DREADD(Designer Receptors Exclusively Activated by Designer Drugs)라는 약어로 널리 알려진 '특정 약물에 의해 선택적으로 활성화하도록 설계된 수용체'를 만드는 것을 기반으로 한다(Urban & Roth, 2015). 어떻게 이처럼 긴 이름이 붙은 걸까? 최근에 연구자들은 뉴런을 **켜놓거나 꺼놓을 수 있는** 기존의 제한적인 기술을 극복할 수 있는, 다시 말해 뉴런을 실험자가 마음대로 **켜고 끌 수 있는** DREADD 변형 기술을 개발했다(Vardy et al., 2015). 이를 통해 연구자들은 광유전학적 방법으로 수행할 수 있었던 것보다 더 오랜 기간 동안 쥐의 배고픔과 활동 수준을 조작할 수 있다.

또 다른 사례는 DREADD 방법을 사용해 원숭이의 LC〔locus coeruleus: 뇌간의 교뇌(pons)에 위치한 작은 신경핵—옮긴이〕에 위치하는 특정 뉴런을 끄고, 그것이 경계와 주의력에 미치는 영향을 연구했다(Perez et al., 2022). LC는 학습, 기억, 주의력에 관여하는 신경전달물질 노르에피네프린(norepinephrine)의 근원이다. LC와 노르에피네프린은 한 종합적인 연구 검토에서 자세히 설명한 것처럼 유동성 지능과 관련해서 특히 흥미를 끈다(Tsukahara & Engle, 2021). 저자들의 결론은 대략 이러했다.

> 뇌와 지능에 대한 이론은 그것이 대사 기능에서 비롯된다는 저차원적인 것부터 …… 대규모 뇌 네트워크가 함께하는 기능적 조직화의 산물이라는 고차원적인 것에 이르기까지 그야말로 다양하다. ……LC-노르에피네프린 시스템의 특성과 기능은 그런 저차원과 고차원의 뇌 기능을 모두 묶어서 설명할 수 있으므로 다양한 뇌 지능 이론을 매개하는 강한 설득력을 지닌다. 일반적으로 말해서, 피질하 구조와 뇌간 구조는 모두 감각 기능, 피질, 운동 뇌 기능을 관장하는 교차점에 위치하며, 지능과 인지 능력의 생물학적 기초에 대한 좀더 완전한 그림을 그리기 위해서는 이런 점을 잘 고려할 필요가 있다(Tsukahara & Engle, 2021: 10).

3장과 4장에서 논의한 신경 영상 기법은 연구자들에게 비행기를 타고 도시를 내려다보는 것과 같은 뇌의 모습, 즉 비행기를 발명하기 전에는 불가능했던 독특하고 유익한 시각을 제공했다. 이러한 새로운 신경과학 기술을 통해 연구자들은 개별 뉴런을 실험적으로 제어할 수 있게 되었다. 이는 마치 도시의 거리에서 개별 자동차를 바라보며 차 안에 누가 타고 있는지, 그 사람의 심장이 얼마나 빨리 뛰는지 알 수 있을 만큼 정교한 항공 조감도를 갖고 있는 것과 같다. 아직은 더 많은 개선, 새로운 DREADD, 최신 실험을 통해 그런 미래를 상상할 수 있을 뿐이다(Ozawa & Arakawa, 2021). 마첼과 그 동료들이 이 섹션에서 설명한 것과 같은 동물 지능 모델에 이런 신기술을 적용한다면 지능-뇌 회로를 해명할 수 있는 놀라운 잠재력을 갖게 될 것이다. 만약 이런 방법을 인간에게도 적용할 수 있다면 신경과학/지능 연구의 잠재력은 가히 상상을 초월할 테다. 이제 전공과 학위 논문 주제를 바꿀 준비를 해야 하지 않을까?

6.4 인간과 기계의 지능 회로 연결하기

AI 연구의 목표는 인간 지능을 모방한 컴퓨터 소프트웨어와 하드웨어를 개발하는 것이다. '스마트' 기술을 응용해 전 세계 사람들의 일상을 변화시키고 있는 성공적인 사례는 대단히 많다. 체스 그랜드마스터와 〈제퍼디〉 챔피언, 포커 챔피언 등을 물리친 컴퓨터 프로그램도 있다. 엔지니어들이 그런 AI를 개발하는 데 주도적 역할을 했는데, 그들은 일부 신경과학자들로부터 제한적인 도움만 받았을 뿐이다. 그들은 두뇌 신경망을 모방한 계산 모델에 기반해 AI 모델을 구축했다. 하지만 좀더 야심찬 목표는 기초 신경과학 연구를 통해 밝혀진 실제 뇌 회로의 뉴런 대 뉴런 통신 방식에 기반한 새로운 알고리즘을 갖춘 지능형 기계를 만드는 것이다. 이것이 바로 '진짜' 인공 지능이다.

　컴퓨터 엔지니어이자 기업가 제프 호킨스(Jeff Hawkins)의 인기 있는 저서〔2004년에 펴낸 《지능(On Intelligence)》을 가리킨다―옮긴이〕는 이런 신경과학적 접근 방식을 사용해 지능형 기계를 구축하는 설득력 있는 사례를 제시했다(Hawkins & Blakeslee, 2004). 이 책의 핵심은 컴퓨터와 두뇌가 완전히 다른 원리로 작동한다는 것이다. 예를 들어, 컴퓨터는 반드시 프로그래밍이 필요하지만 뇌는 스스로 학습한다. 그의 핵심적인 아이디어는 대뇌 피질이 기억을 저장해, 특히 시퀀스 기억을 저장하고 적용해 세상사를 예측하는데, 이는 본질적으로 계층적 시스템(hierarchial system)이며, 바로 이 시스템이 지능의 본질이라는 것이다. 여기서 한 가지 중요한 통찰은 이 시스템의 요소들이 하나의 다목적 피질 학습 알고리즘(cortical learning algorithm, CLA)에 의해 통합된다는 것이다. 따라서 호킨스는 기계 AI를 위해 시스템의 개별 요소를 각각 설계하는 접근 방식은 본질적으로 한계가 있을 수밖에 없다고 생각했다. 그는 다목적 CLA에 기반한 새로운 기계를 설계하는 것이 가능하며, 그러한 기계는 인간의 지적 능력을 뛰어넘을 수 있을 것이라고 믿었다. 이와 관련해 그는 앞으로의 도전 과제를 다음과 같이 설명했다

　지난 반세기 동안 우리는 컴퓨터에 지능을 부여하기 위해 인류가 지닌 재능을 최대한 쏟아부었다. 그 과정에서 워드 프로세서, 데이터베이스, 비디오 게임, 인터넷, 휴대폰 그리고 컴퓨터 애니메이션 공룡까지 만들었다. 하지만 진짜 지능형 기계는 아직 그 어디에도 없다. 만약 우리가 제대로 성공하려면, 진짜 자연의 지능 엔진인 우리 두뇌의 신피질(neocortex: 인간과 포유류의 뇌에서 가장 발달된 부분으로, 대뇌의 표면을 덮고 있는 얇은 층의 회백질이

다. 인간의 고차원적 인지 기능을 담당하는 중요한 뇌 영역으로 언어, 감각 처리, 운동 제어, 사고, 문제 해결, 의사 결정, 기억, 주의력 등을 포함한 복잡한 기능을 처리한다—옮긴이)로부터 많은 것을 새로 배워야만 한다. 우리는 뇌에서 지능을 추출해야 한다. 우리 앞에 다른 길이란 없다(Hawkins & Blakeslee, 2004: 39).

호킨스는 레드우드 신경과학연구소(Redwood Neuroscience Institute)와 누멘타(Numenta)라는 회사를 설립해 뇌 정보 기반의 지능형 기계를 현실로 만들었다. 뉴멘타는 대규모 데이터 세트에서 데이터의 패턴, 추세, 이상 징후를 식별하는 알고리즘을 토대로 개발한 소프트웨어를 판매한다. 계층적 CLA의 개념이 계층적 g-인자와 어떤 관련성이 있는지 평가하기에는 아직 너무 이르다. 하지만 이번 장의 주제인 지능에 대한 신경과학적 접근 방식과 그것이 어디로 이어질지 논하면서 그런 인공 지능 소프트웨어를 소개하는 것은 분명 우리의 의도에 부합하는 일이다 (인간과 AI에 대한 이론을 이어가는 호킨스의 새 책 참조. Hawkins, 2021).

AI 연구는 방대하며, 그 궁극의 목적은 인간과 개념이 유사한 범용 인공 지능을 개발하는 것이다. 여기서 범용 인공 지능이란 곧 인간의 g와 유사한 개념이다. 한 AI 연구자의 영향력 있는 논문이 기계의 지능을 평가하는 설득력 있는 사례를 제시했는데, 그것은 기계가 수행할 수 있는 특정한 기술을 평가하는 게 아니라 그것이 갖는 일반화 능력으로 평가해야 한다는 것이다(Chollet, 2019).

인간 g-인자 관련 연구가 AI 개발에 개념적 도움이 되길 바라는 것 외에 내가 어떤 통찰력을 갖고 그들의 연구 개발에 대해 논의하는 것은 내 전문성을 넘어서는 일이다. 인공 지능 연구자들은 미래의 연구 방향을 모색하는 〈인텔리전스〉 특별호에 실린 다음 세 편의 논문에서 그 가능성을 다루었다(Haier, 2021). 먼저, 알요샤 노이바우어는 AI 개발을 위한 지능 연구에 도움이 되는 광범위한 철학적·실용적 함의를 논의하면서 '초지능(superintelligence)'의 가능성을 제기했다(Neubauer, 2021). 무엇보다도 그는 핵심적인 질문이 무엇인지에 대해 다음과 같이 언급했다. "AGI가 궁극적으로 인간의 g를 모방(또는 향상)할 수 있을까? 아니면 다른 무언가일까?" 아직 정답은 없지만, 그는 인간이 우세할 것이라는 낙관적 견해를 취한다. 둘째, AI에 대한 생각을 자극하는 한 논문에서는 인간 g에 관해 기본적으로 알려진 내용을 검토한 다음, AI 연구에 고려할 수 있는 새로운 인지 모델을 제공했다. 인간 모델의 핵심 개념에는 '노에트론(noetron: 인공 지능 모델을 시각화할 수 있는 오픈소스 도구로, 주로 딥 러닝 및 기계 학습 모델을 쉽게 이해하고 디버깅하는 데 사용된다—옮긴이)'이라는 의미 형성 메커니즘(mean-making mechanism)이 포함되어 있다는 것이다(Demetriou et al., 2021). 저자들은 노에트론의 AI 버전이 AGI 개발을 향한 중요한 단계가 될 것이라고 추측했다. 기계가 검지를 들어 올리는 것과 중지를 들어 올리는 것의 의미 차이를 인식하려면 노에트론이 필요하다. (이는 저자들이 들었던 예가 아니라 내가 생각한 것이다.) 마지막으로 세 번째 논문 역시 AI의 연구 개발 상황을 살펴보면서 다음과 같은 중요한 질문을 던졌다. "인공 지능에는 얼마나 많은 지능이 들어 있을까?"(van der Maas et al., 2021). 연구팀은 인간 지능과 AI 사이에는 서로 겹치는 부분이 많다는 사실을 발견하고, 앞으로는 더 많은 상호 작용이 일어날 것으로 예상했다. 다음은 그들이 직접 언급한 내용이다.

우리는 최근의 AI 발전 상황을 지켜보면서, 이제 지능에 대해 생각하는 방식을 바꿀 때가 되지 않았을까 하는 기대를 갖는다. AI가 지능에 대한 정의를 다시금 생각하게 만든다는 것이다. 정보 처리와 문제 해결에만 초점을 맞추는 AI 정의는 아마도 충분하지 않을 것이다. 지능이 일반화(generalization)에 관한 것이라는 관찰은 지금까지 시간의 시험을 견뎌냈다. 언어 처리부터 체스 게임에 이르기까지 많은 정보 처리 문제는 사실 생각했던 것보다 그리 어렵지 않았던 것으로 보인다. 정말로 어려운 문제는 완전히 새로운 문제에 접했을 경우라고 할 수 있다. 그 어려운 문제를 해결하기 위한 한 가지 요건은 불변하는, 따라서 일반화할 수 있는 패턴을 학습하는 능력이다. 특히 학습과 관련해 그동안 AI의 발전은 그야말로 눈부셨다. 과거 전문가 시스템(expert system) 같은 구닥다리 AI 시스템과 현대적인 AI 시스템의 가장 큰 차이점은 학습이 가능하다는 사실이다. 현대 AI의 핵심 기술이라고 할 수 있는 딥 러닝과 강화 학습(reinforcement learning)이 심리학에 깊은 뿌리를 두고 있다는 점은 놀라운 일이면서 또한 앞으로 인공 지능과 인간 지능을 서로 어떻게 관련지을 수 있는지 연구하는 데 밝은 서광을 비춘다고 하겠다(van der Maas et al., 2021: 7).

그들의 요약은 이렇게 이어진다.

AI 연구는 인간 인지의 핵심 메커니즘에 대한 이해를 높일 수 있기 때문에 지능 연구와도 관련이 있다. 우리 뇌의 거대한 신경 시스템이 어떻게 언어같이 지극히 복잡한 정보를 처리하고 논리적인 사고를 만들어낼 수 있는지 밝히는 일은 사실 대단히 어려운 문제다. 그렇기에 동일한 기본 원리를 사용해 그런 작업을 수행하는 인공 시스템이 있다면 문제 해결에 매우 유용할 게 분명하다. 마음의 모듈성(modularity of the mind: 1983년 철학자 제리 포더(Jerry Fodor)가 제안한 개념으로, 마음이 전반적으로 통합된 시스템이라기보다는 각기 다른 기능을 수행하는 모듈로 구성되어 있다고 주장했다―옮긴이], 창의성의 기원, 장기 기억(long-term memory)의 구성 등과 같은 고전적인 질문이 우선 머리에 떠오른다. 또한 우리는 AI와의 심리적 관련성이 각자의 개인적 차이와 인지 발달 같은 전혀 예상치 못한 영역에까지 확장될 수 있을 것이라고 주장한다. 아키텍처와 훈련 체계에서 약간의 차이를 갖는 다양한 AI 시스템 모집단을 만드는 것은 비교적 쉬운 일이다. 현대의 AI 연구가 우리 개인들의 차이를 밝히는 연구를 위한 새로운 장을 제공할 것이다(van der Maas et al., 2021: 7).

나는 특히 마지막 두 문장이 향후 연구에 활력을 불어넣을 거라고 생각한다.

뇌가 작동하는 방식을 기반으로 기계를 만든다는 개념은 마이크로칩 설계에도 영향을 미치고 있다. 수많은 회사가 신경 회로에 대한 기초적인 이해를 바탕으로 새로운 칩을 만든다. 다른 기업과 연구팀들은 신경 회로 데이터를 기반으로 뇌 기능, 특히 지각과 관련된 기능을 수행하는 마이크로칩을 개발하기 위해 노력하고 있다. 이러한 새로운 시도를 우리는 뉴로모픽 칩 기술(neuromorphic chip technology: 인간 뇌의 신경망을 모방해 인공 지능 시스템을 더 효율적으로 구현하는 반도체 기술. 전통적인 컴퓨터가 순차적으로 정보를 처리하는 반면, 뉴로모픽 칩은 뇌의 뉴런 및 시냅스와 유사한 구조를 사용해 병렬로 정보를 처리한다―옮긴이)이라고 부른다. 이러한 칩 중 일부는 뇌와 직접 연결되는 인터페이스를 갖도록 설계되었다. 이미 청각과 시각 향상에 도움을 주는 칩이 시장에 나와 있기도 하다. 이러한 노력이 언젠가는 인지 과정 연구로 확장될 수 있겠지만, 나는 아직 일반 지능은 물론 특정 지적 능력과 관련된 뉴로모픽 성공 사례를 들어본 적이 없다.

그럼에도 불구하고 이 같은 연구는 '초지능'의 가능성과 그것이 인류에게 어떤 의미를 가져다줄지에 대한 추측을 불러일으키고 있다(Neubauer, 2021). 오늘날의 공상과학 소설이 내일의 현실이 될 수 있으며, 이미 신경공학(neuro-engineering)이라는 새로운 분야의 대학 과정이 존재한다는 점을 반드시 기억해야 한다.

2장과 4장에서, 우리는 개별 연구에서 흔히 볼 수 있는 소규모 샘플로는 발견하기 어려운, 지능과 관련된 작은 효과들을 쉽게 찾아낼 수 있도록 별도의 대규모 통계 분석을 위한 다기관 컨소시엄을 소개했다. 그런데 인간 두뇌의 구조와 기능, 그리고 그 발달 과정의 매핑을 목표로 다양한 출처의 데이터를 공유하는 대규모 공동 연구 프로그램들이 이미 존재한다. 그래서 현재의 기술로도 이미 신경 회로 수준의 지도를 만들 수 있다. 그런 지도가 노화, 뇌 장애, 뇌 질환 등의 연구에 유용한 정보를 제공할 수 있음은 물론이다. 또한 학습과 기억, 그 밖의 인지 과정에 대한 여러 질문에도 정보를 제공할 수 있다. 이런 연구들이 지능 요인을 포함해 지적 능력의 개인적 차이가 두뇌 어떤 부분의 차이에서 비롯되는지를 설명하는 서막을 장식하게 될 것이다.

2005년 스위스에 본부를 둔 한 과학자 그룹이 대담한 목표를 발표했다. 생물학적으로 사실에 근접한 뉴런 네트워크 모델을 구축해 실제적인 인공두뇌를 만들기로 한 그들은 IBM 빅 블루 슈퍼컴퓨터(IBM Big Blue supercomputer)를 사용해 약 1만 개의 가상 뉴런에서 시작하는 두뇌 활동을 시뮬레이션했다. 이 야심찬 '블루 브레인(Blue Brain)' 프로젝트는 2009년 유럽연합이 13억 달러의 추가 자금을 지원하고 여기에 많은 협력자들이 참여하면서 극적으로 확장되어 2013년에는 휴먼 브레인 프로젝트(HBP)로 그 이름이 바뀌었다. 프로젝트의 최종 목표는 800억~

1000억 개의 뉴런과 100조 개의 연결점으로 구성된 인간의 뇌를 극적으로 시뮬레이션하는 것이다. 인류 역사상 그 어떤 신경과학 프로젝트도 이 정도의 지원을 받은 적은 없었다. 이 프로젝트는 그야말로 모든 측면에서 논란이 끊이지 않고 있다(Fregnac & Laurent, 2014). 블루 브레인은 현재 생쥐 두뇌 규모의 뇌를 만드는 데 초점을 맞춘 HBP의 한 측면이라고 할 수 있다.● 더 큰 규모의 HBP에는 인지신경과학이 포함되지만, 지능 그 자체는 명시적으로 연구 의제에 속하지 않는다. 언젠가 시뮬레이션 뇌에 접근하는 누군가는 인류가 만든 가상적인 두뇌가 얼마나 똑똑한지, 그 성능을 높이기 위해 어떤 설계 기능을 통합할 수 있는지 궁금해할지도 모른다.

미국에서는 시뮬레이션 두뇌 구축이라는 비슷한 목표를 추구하는 좀 더 작은 규모의 연구 이니셔티브가 발족했다. 국방고등연구계획국(Defense Advanced Research Projects Agency)이 2008년부터 2016년까지 신경 모방 적응형 플라스틱 확장형 전자 시스템(Systems of Neuromorphic Adaptive Plastic Scalable Electronics, SyNAPSE) 프로그램에 자금을 지원했다. (누군가가 이 프로그램을 SyNAPSE라고 부르고 싶어서 프로젝트 시작 후 위원회를 설득한 것처럼 보인다.) 이 프로젝트의 궁극적 목표는 포유류의 뇌를 모방한 마이크로프로세서 시스템을 구축하는 것이다. 2013년 백악관은 뇌의 상세한 기능 및 구조를 나타내는 지도를 만드는 프로젝트에 자금을 지원하는 'BRAIN(Brain Research through Advancing Innovative Neuro-technologies) 이니셔티브'를 발표했다. 이 이니셔티브는 g-인자를 도출할 수 있는 인지

● Blue Brain's Scientific Milestones, www.epfl.ch/research/domains/bluebrain/blue-brainsscientific-milestones/ 참조.

검사를 포함한 몇 안 되는 연구 프로젝트 중 하나인 '휴먼 커넥톰 프로젝트'와 함께 이미 자금을 지원받고 있는 다른 연구 협력체들과의 공동 연구에 기반을 두고 있다.

이처럼 정부가 지원하는 프로젝트 이니셔티브와 그보다 더 많은 수의 정부-민간 공동 지원 프로젝트의 협력은 신경과학 연구의 밝은 미래를 잘 보여준다. 이미 30여 년 전, 조지 H. 부시 대통령은 1990년대를 가리켜 '뇌 연구 10년(Decade of the Brain)'이라고 선언함으로써 두뇌 연구의 열기를 촉발시켰다. 하지만 안타깝게도 당시에는 연구 대상에서 지능이 언급되지 않았다(Haier, 1990). 뇌 질환과 장애를 이해하고 치료하는 데 실질적인 영향력을 미칠 수 있는 기초 연구가 좀더 중요하다는 당시의 목표는 충분한 가치가 있었다. 뇌를 매핑하고 시뮬레이션하려는 21세기 우리의 노력은 지능에 대한 관심도 똑같이 중요한 가치를 지닌다는 인식에서 비롯되었다. 현재 우리는 명백히 지능을 예측하는 뇌 지문을 가지고 있다. 이제 머지않아 진짜 가상의 인간 두뇌가 만들어진다면, 실제 지능을 만드는 것 역시 그리 요원한 일은 아니지 않을까?

6.5 의식과 창의성

이제 의식과 창의성에 대해 논의할 적당한 시점에 이르렀다. 지능과 마찬가지로 이 두 가지 모두 인간 두뇌의 가장 고차원적인 기능 중 하나다. 지능을 시뮬레이션할 수 있다면 창의성이나 의식을 시뮬레이션하지 못할 이유가 있을까? 의식이 신경과학적 근거를 가지고 있다는 생각은 프랜시스 크릭(Francis Crick)의 저서 《놀라운 가설(The Astonishing Hypothesis)》(1994)의 인기에 힘입어 주류적인 의견이 되었는데, 크릭은 DNA의 분자 구조를 발견한 공로로 노벨상을 공동 수상했던 저명한 과학자다. 의식의 신경학적 기초를 이해하려는 노력에는 여러 가지 마취제를 사용해 다양한 수준의 의식 상태가 유발된 인간의 뇌를 촬영하는 신경영상학적 연구도 포함된다. 내 친구이자 동료인 마취과 전문의 마이클 앨커와 나는 이와 관련해 최초의 PET 영상 연구를 발표했다(Alkire & Haier, 2001; Alkire et al., 1995; Alkire et al., 2000; Alkire et al., 1999). 우리는 참여자가 의식을 잃었을 때 어떤 뇌 회로가 가장 마지막으로 비활성화하는지 확인하고 싶었다. 그런 연구를 통해 다양한 마취제의 작용 메커니즘을 유추하고, 의식을 담당하는 뇌 메커니즘 역시 어떤 것인지를 정확히 파악하고자 한 것이다. 하지만 지금까지는 운이 따르지 않았다. 이 야심찬 목표는 신경과학 분야에서 아직도 가장 큰 미해결 미스터리로 남아 있다(Zhao et al., 2019).

여기서 이 주제에 대해 간단하게 언급하는 이유는 우리가 초기 PET 실험을 진행할 즈음, 의식과 지능 사이에는 연관성이 있을지도 모른다고 생각했기 때문이다. 우리는 깨어 있는(awake) 모든 사람을 의식 있는 사람으로 간주하는 경향이 있지만, '각성(awakeness)'에도 정도의 차이가 있는 것 아닐까? 어떤 사람은 다른 사람들보다 더 의식(인식) 수준이 높은데, 그러한 차이는 지능과 관련이 있는 것일까? (여기에서는 consciousness를 '의식'으로, awareness를 '인식'으로 번역했다―옮긴이.) 깨어 있는 사람들에게서 의식 수준의 개인적 차이를 평가하는 명확한 방법은 아직 없다. 검증 가능한 가설 중 하나는 의사가 수술을 위해 마취를 유도할 때 IQ가 높은 환자한테는 더 많은 양의 마취제를 사용해야 하는지 여부다.

(어쩌면 더 적을 수도 있다.) 여기에는 마취 상태의 정도를 측정하는 유효한 척도가 있다는 가정이 뒤따라야만 한다. 이 질문에 대한 연구는 별로 진행되지 않았지만, 인간 두뇌에서 가장 높은 수준의 두 가지 활동이라고 할 수 있는 의식과 지능에는 어떤 공통된 회로가 있을 거라고 의심하는 게 합리적일 것이다. 마취제의 작용 메커니즘도 아직 명확하게 밝혀지지 않았다. 하지만 의식과 지능 사이에 공통의 회로가 존재한다면, 마취제와 정반대 방식으로 작용하는 약물을 사용해서 과잉 의식(hyper-consciousness) 또는 과잉 인식(hyper-awareness) 상태에 들게 하는 것처럼 고도의 지능을 창출할 새로운 약을 개발할 수도 있을 것이다.

마찬가지로 지능과 관련되어 있으므로 창의성의 신경과학적 연구에 대해서도 간략히 설명하고자 한다. 내 친구이자 동료인 렉스 융은 신경 영상학 분야에서 창의성 연구를 전문으로 하는 신경심리학자다. 그동안 우리는 지능과 창의성이 어떤 공통된 신경 회로를 갖고 있지는 않은지 연구해왔다. 창의성과 지능 사이에는 어느 정도 중복되는 부분이 존재한다(Haier & Jung, 2008; Jung, 2014). 이제까지의 연구 사례를 참고할 때 의식과 창의적 과정이라는 주제는 지능과 추론보다 정의를 내리고 평가하기가 훨씬 더 어렵다는 생각이 든다. 그럼에도 일반적 접근 방식을 동일하게 적용할 수 있지 않을까? (마치 IQ 검사에서 그랬던 것처럼) 창의성의 다양한 측면을 평가하는 일련의 검사를 통해 개별 검사에서 얻은 점수를 합산하거나 g-인자 같은 잠재적인 창의성 변수를 추출해낼 수도 있을 것이다. 이런 창의성의 측면에는 예를 들어 독창성(originality), 아이디어의 유창성(fluency of ideas), 발산적 사고(divergent thinking) 등이 포함될 수 있다. 그러나 다양한 전문 분야를 초월해서 일반적 창의성을 대변하는 g-인자가 존재하는지 여부는 여전히 미지의 영역이다. 무용·

회화·음악 등 창의적 예술 분야의 능력은 신경학적 기반이 전혀 다를 수 있으며, 어쩌면 과학·문학 또는 건축 분야의 창의성과 전혀 겹치지 않을 수도 있다. 연구를 수행하는 데 똑같이 정의하기 어려운 개념이라고 할 수 있는 천재성(genius)에 대한 질문도 비슷하다. 서번트의 경우처럼 창의적인 천재(creative genius)도 평균보다 낮은 IQ를 보일 수 있을까? 지적인 천재(intellectual genius)는 창의성이 모자라지 않을까? 보기 드문 '진정한 천재(true genius)'는 높은 지능과 높은 창의성을 겸비한 사람일까? 아직까지 명확한 경험적 해답은 없지만, 신경과학적 접근법이 이러한 기본적인 문제를 해결하는 데 도움을 줄 수 있다. 창의성은 방대한 연구 분야이며, 이에 대한 새로운 신경과학 연구가 빠르게 확장되고 있다(Jung & Vartanian, 2018). 신경전달물질의 역할, 좌뇌-우뇌 측면성 가설에 대한 강력한 증거 찾기, 창의성과 정신병리학의 관계 규명 등을 주제로 하는 다양한 창의성 연구 논문에서 살펴볼 수 있듯이 그런 주제 목록에는 끝이 없다고 해도 과언이 아니다.

나는 뇌 손상이나 질병으로 인해 지적 능력이 향상되었다는 걸 검증한 사례를 알지 못한다. 그러나 알츠하이머병과 유사한 퇴행성 질환인 전두측두엽 치매(frontotemporal dementia, FTD) 발병 후 극적으로 새로운 창조적 능력을 발휘하는 사례는, 특히 예술 분야에서 드문드문 발견되고 있는 듯하다. 이러한 관찰은 FTD 환자에게서 그리 일반적이지는 않다(Miller et al., 1998; Miller et al., 2000; Rankin et al., 2007). 하지만 이는 비록 치매가 긍정적 상황은 아니겠지만, 특정 뇌 상태만 변화시킬 수 있다면 더 많은 사람이 창의성을 발휘할 가능성을 제기한다는 점에서 흥미롭다. 그러나 일반적 생각은 질병으로 인한 신경 회로와 네트워크의 억제(즉, 비활성화)가 핵심 요소일 수도 있다는 것이다. 왜냐하면 그런 억제가 평소에는 잘 소통하지 않는 뇌 영역들 사이에 더 많은 연결을 허용하기 때문이다. 일반적으로 뇌를 억제하는 것에는 음주나 FTD 발병 등 여러 가지가 있지만 균형, 조정, 기억, 판단에 필요한 다른 네트워크에는 영향을 주지 않은 채 창의성과 관련된 특정 신경 네트워크를 표적으로 삼는 억제도 가능할 것이다. 과연 뇌에는 창의성 네트워크가 존재하는 것일까?

기능적 신경 영상 연구는 창의적 활동을 하는 순간의 두뇌 활동을 포착하기 위해 부단히 노력했다. 그런 사례를 들자면, 창의적인 음악을 즉흥 연주하는 동안 fMRI 영상을 촬영한 연구가 많았다(Bengtsson et al., 2007; Berkowitz & Ansari, 2010; Donnay et al., 2014; Limb & Braun, 2008; Liu et al., 2012; Pinho et al., 2014; Villarreal et al., 2013). 즉흥적인 음악 연주는 실험 연구에서는 관리 가능한 패러다임이다. 반면 무용이나 건축, 기타 영역의 창작 과정에서 그런 영상을 찍는 일은 그리 실용적이지 않다. 그런 사례가 있기는 하지만 말이다. 한 초기 연구에서는 6명의 남성 전문 재즈 피아니스트로 하여금 즉흥 연주를 하게 하거나 충분히 연습한 악보를 보며 연주하라고 하면서, 이 두 과제를 수행하는 동안 fMRI로 스캔을 시도했다(Limb & Braun, 2008). 이 소규모 연구의 결과에 따르면, 즉흥 연주는 훈련 후 따라 하기에 비해 일부 영역에서, 특히 전전두엽 피질(BA 8, 9, 46 포함) 일부에서 쌍무적인 비활성화 진행되었으며, 동시에 전두엽(BA 10)을 비롯해 뇌 전체에 분포하는 다른 영역에서는 쌍무적 활성화가 이뤄지는 것으로 나타났다. 그림 6.2는 이런 결과를 제시한 것이다. 12명의 남성 프리스타일 랩 뮤지션을 대상으로 수행한 fMRI 연구에서는 동일한 음악적 배경하에 랩 가사를 자발적으로 만들어 노래했을 때와 이전에 암기한 가사를 그대로 노래했을 때를 서로 비교했다(Liu et al., 2012). 그 결과 그림 6.3에서처럼 비활성화와 활성화에 일정한

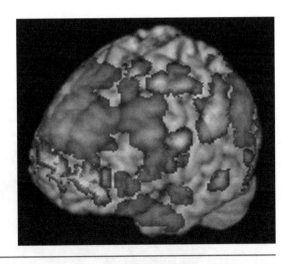

그림 6.2 즉흥 연주 중 재즈 피아니스트의 뇌 활성화(빨간색/노란색) 및 비활성화(파란색/녹색)(Limb & Braun, 2008. 오픈 액세스에서 각색).
*이 그림의 흑백 버전은 일부 형태를 표시한다. 컬러 버전은 간지의 별도 사진 참조.

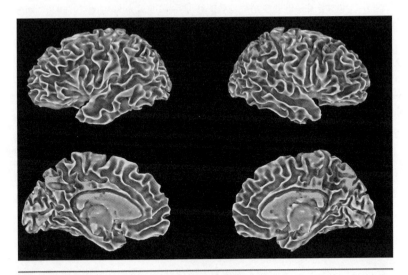

그림 6.3 즉흥적인 상황과 일반적인 상황에서 래퍼의 fMRI 비교. 노란색은 즉흥 연주 중 fMRI 혈류의 현저한 증가를, 파란색은 현저한 감소를 나타낸다. 위쪽 줄은 피질 표면, 아래쪽 줄은 내측(안쪽) 표면을 보여준다(Liu et al., 2012. 오픈 액세스에서 인용).
*이 그림의 흑백 버전은 일부 형태를 표시한다. 컬러 버전은 간지의 별도 사진 참조.

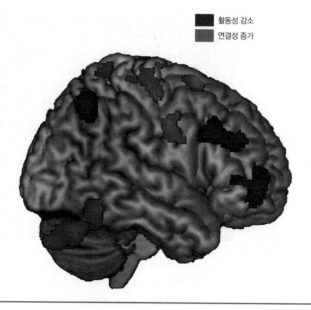

활동성 감소
연결성 증가

그림 6.4 다양한 수준의 즉흥 연주 경험을 한 피아니스트의 fMRI. 훈련량이 많을수록 창의적인 표현을 하는 동안 두뇌 활동은 감소하며(파란색), 다른 영역들 사이의 기능적 연결성은 증가하는 경향성을 보였다(빨간색)〔Pinho et al.(2014: 그림 3)의 허락을 받아 인용. 무료 액세스〕.
＊이 그림의 흑백 버전은 일부 형태를 표시한다. 컬러 버전은 간지의 별도 사진 참조.

패턴이 나타났으며, 이는 재즈 피아니스트에 대한 앞의 연구 결과(Limb & Brown, 2008)와 대부분 일치했다. 즉흥적 연주 경험이 다양한 피아니스트 39명을 대상으로 수행한 또 다른 연구에서는 연주 경력과 뇌 영역의 연결성 사이에 어떤 관계가 성립하는지 살펴보았다. 여기에서는 연주 경험이 풍부한 음악가일수록 창의적인 연주를 할 때 두뇌에서 좀더 효율적인 정보 흐름이 측정되었다(Pinho et al., 2014). 그림 6.4에서 볼 수 있듯이 즉흥 연주 경험이 많을수록 전두엽과 두정엽 영역의 활동은 적게 나타났다. 이와 같은 즉흥 음악 연구들에 대한 메타분석을 시도해 그 결과를 통합하고 연구 간 불일치를 설명하려는 시도도 있었지만 그리 성공적이지는 못했다(Beaty, 2015). 다만 최근 한 리뷰에서는 다양한 종류의 음악적 창의성에 내재된 복잡성에도 불구하고 그 해석에서 일부 진전이 있었다고 보고했다(Bashwiner, 2018).

(즉흥 음악 연주에 국한하지 않고) 창의적 인지 관련 45개 기능적·구조적 신경 영상 연구에 대한 이전의 종합적인 검토에서도 일관되지 않은 결과가 나왔다(Arden et al., 2010). 연구마다 창의성 측정 방법이 다양했고, 한 가지 검사 점수만 사용한 경우가 많았으며, 영상 촬영법도 각기 달랐다. 이런 점을 감안하면 그런 연구들에서 거의 겹치지 않는 결과를 얻은 게 그리 놀랄 일은 아니라는 생각이 들기도 한다. 그런 사례로서 그림 6.5는 7개의 fMRI 연구 간 불일치를 보여준다. 저자들은 앞으로의 진전을 위해서는 창의성 평가에 대한 좀더 표준화한 접근 방식이 필요하다는 결론을 내렸다. 그리고 이를 달성하기 위해 다음과 같은 여덟 가지 목표와 행동 방안을 제안했다.

(1) 목표: 창의적 인지력이 두뇌의 어느 영역과 관련해서 나타나는지 발견할 것. 실행 방안: 사람들의 유형을 검사해서 창의적 생산이 일어나는 두뇌 여러 영역과의 관련성을 조사하고, 이를 통해 공통 변이를 정량화한다. (2) 목표: 측정 신뢰도를 높일 것. 실행 방안: 탐색적 요인 분석(exploratory factor analysis)을 채택하고, 대규모 샘플(N > 2000)을 대상으로 다양한 창의적 인지 테스트를 수행한다. (3) 목표: 변별 타당도를 향상시킬 것. 실행 방안: 공변량(covariates)으로 지능(신뢰할 수 있는 IQ 유형 검사로 지수화한 지능)과 경험에 대한 개방성(신뢰할 수 있는 성격 검사로 평가)을 포함한다. (4) 목표: 기준의 생태학적 타당성을 개선할 것. 실행 방안: 진화 이론을 채택해

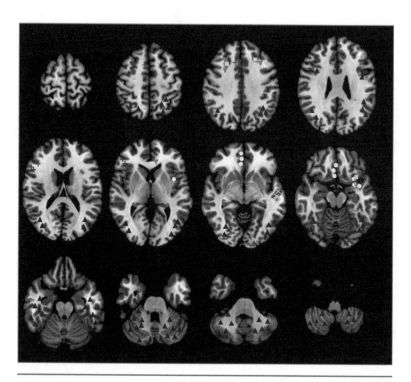

그림 6.5 일곱 가지 MRI 연구의 다양한 창의성 결과. 각 색상의 기호는 다른 연구에서 창
의성과 관련해 활성화된 뇌 영역을 나타낸다. 각 연구 사이에 영역이 겹치는 부분은 거의
없다〔Arden et al.(2010: 그림 1)의 허락을 받아 인용〕.
＊이 그림의 흑백 버전은 일부 형태를 표시한다. 컬러 버전은 간지의 별도 사진 참조.

검사 방법 개발에 정보를 제공하거나 안내한다. (5) 목표: 창의적 인지의
원인을 탐구할 것. 실행 방안: 쌍둥이같이 유전적 정보가 풍부한 샘플을
대상으로 창의적 인지 검사를 시행한다. (6) 목표: 결과에 대한 신뢰도 향
상을 도모할 것. 실행 방안: 샘플 규모를 확대한다. (7) 목표: 각 연구에 대
한 비교 가능성을 증진시킬 것. 실행 방안: 공통적으로 활용 가능한 뇌 명
명법의 사용을 확대한다. (8) 목표: 창의성 발견 능력을 확대할 것. 실행 방
안: 사례군-대조군 같은 이분법적 연구 설계보다 연속적 측정을 사용하는

연구 설계로 전환한다(Arden et al., 2010: 152).

같은 시기에 시도된 또 다른 종합적 검토에서는 (창의성이 주로 두뇌 우반구가 담당하는 기능이라는 일반적인 생각과는 다르게) 양쪽 반구의 전두엽과 다른 영역들의 활성화 및 비활성화 패턴을 포함해 창의성 연구 사이에 몇 가지 일반적 일관성이 있음을 지적했다(Dietrich & Kanso, 2010). 이후의 비판적 검토 논문에서도 비슷한 결론을 내렸고, 창의성 연구자와 인지 신경과학자들이 함께하는 협업이 중요하다는 점을 강조하는 제안도 있었다(Sawyer, 2011).

렉스 융과 나는 지능 연구와 창의성 연구의 신경 영상 결과를 통합하고 이를 천재성과 연관시키려 했다(Jung & Haier, 2013). 우리는 창의성에 대한 구조적 영상을 사용하는 병변 연구들에서 일관성을 찾을 수 있는지 여부에 초점을 맞췄는데, 이는 기능적 영상 연구에서는 창의성 분야에 따라 각기 다르게 결과가 나타남으로써 일관성이 없어지는 걸 회피하고 싶었기 때문이다. 창의성 검사를 마친 두뇌 병변 환자 40명을 대상으로 수행한 연구에서는 특정 영역의 병변이 여러 측면에서 창의성 결핍과 관련성을 보였다는 점에서 특히 유용했다(Shamay-Tsoory et al., 2011). 이번 장 앞부분에서 언급한 전두측두엽 치매에 대한 연구도 유익한 정보를 제공했다. 이런 연구들을 종합해서 우리는 창의성에 대한 '전두엽 억제 모델(frontal dis-inhibition model, F-DIM)'을 제안했다(Jung & Haier, 2013). 그림 6.6이 바로 그 모델을 보여주는데, 이는 지능 PFIT 모델(그림 3.7 참조)과 쉽게 비교할 수 있도록 고안한 것이다. F-DIM 영역 중에서 PFIT와 겹치는 영역은 4개(BA 18/19, 39, 32)에 불과해 지능과 창의성은 대부분 독립적인 네트워크를 형성하고 있음을 시사했다. 하지만

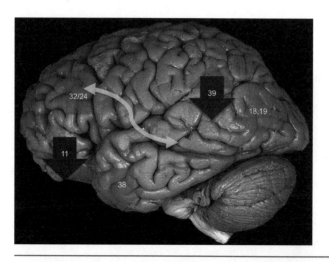

그림 6.6 창의성의 F-DIM. 숫자는 두뇌 활동 증가(위쪽 화살표) 또는 감소(아래쪽 화살표)와 관련 있는 BA를 나타낸다. 파란색은 좌측, 녹색은 내측, 보라색은 양측, 노란색 화살표는 전방 시상 방사선 백질 관로다. 허락을 받아 인용(Jung & Haier, 2013).
*이 그림의 흑백 버전은 일부 형태를 표시한다. 컬러 버전은 간지의 별도 사진 참조.

PFIT를 제안할 때 37개의 연구 결과를 검토한 것에 비교하면, F-DIM은 훨씬 적은 수의 구조 전용 영상(structural-only imaging) 연구를 기반으로 했기 때문에 아직은 잠정적이라고 할 수 있다. F-DIM의 본질은 창의성과 관련된 네트워크가 대부분 억제력이 없다는 것이다. 특히 전두엽과 측두엽 영역에서 억제력이 약해 백질 연결을 통해서 전두엽의 다른 부분, 즉 기저핵(도파민 시스템의 일부)과 시상(정보 흐름을 위한 중요한 중계소)에도 영향을 미친다.

F-DIM과 PFIT가 천재성과 어떻게 관련될 수 있는지에 대해 우리는 다음과 같이 추정했다.

우리는 주요한 뇌 영역(예: 전두엽)의 뉴런 조직 증가나 활동성 증가뿐만 아니라 서로 강화하면서 또한 억제하는 두뇌 영역들(예: 측두엽)의 불일치도 살펴보아야만 한다. 이런 요소가 창의성(예: 계획, 통찰력, 영감) 같은 복잡한 인간 행동을 하위적으로 지원하는 네트워크를 형성할 것으로 보이기 때문이다. 뉴런 질량의 증가와 감소, 백질 조직화, 생화학적 구성, 심지어 뇌엽과 반구 내 및 반구 간 기능적 활성화까지 섬세하게 상호 작용한다는 개념은 매우 중요하다. 실제로, 지능을 보조하는 뇌 영역의 네트워크가 고도로 발달한 동시에 창의적 인지와 관련된 억제적 뇌 영역의 네트워크가 다소 덜 발달한 뇌는 아주 희귀하다. 이렇게 정교하게 조정된 복잡한 두뇌가 역동적으로 상반된 균형을 이룰 때에만 천재의 출현이 가능한 것인지도 모른다(Jung & Haier, 2013: 245-246).

하지만 우리는 어쩌면 아직 뇌 수준에서 지능과 창의성이 천재성과 어떻게 관련되어 있는지 잘 모르고 있는지도 모른다.

창의성 연구와 관련한 또 다른 종합적인 검토는 622명의 건강한 성인을 대상으로 수행한 34개의 기능적 신경 영상 연구에 대한 메타분석에서 이루어졌다(Gonen-Yaacovi et al., 2013). 여기서 주된 분석은 영상 촬영 도중 수행한 창의성 과제가 매우 다양했음에도 불구하고 일관되게 활성화하는 뇌 영역이 있는지 여부를 조사하는 것이었다. 그러나 이 분석에는 비활성화 영역이 포함되지 않는 한계가 있었다. 그럼에도 모든 연구의 두뇌 활성화 결과를 종합하면, 그림 6.7에서처럼 어느 정도 일관성이 있다는 걸 알 수 있었다. 그러한 결론을 통해 얻은 창의성 지도는 전두엽과 두정엽-측두엽 영역, 특히 외측 전전두엽 피질을 포함한 주요 영역의 분포를 보여주는 F-DIM이나 다른 연구 결과와도 일치했다. 창의성 과제 중 일부는 아이디어 창출이 필요했고, 다른 과제에서

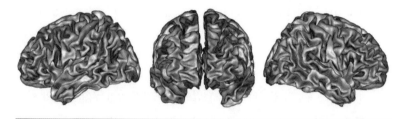

그림 6.7 창의성에 관한 34개의 기능적 영상 연구 요약 결과. 공통적으로 활성화하는 뇌 영역은 창의성과 관련한 분산된 네트워크를 보여준다(Gonen-Yaacovi et al., 2013: 그림 1, 오픈 액세스에서 발췌).
＊이 그림의 흑백 버전은 일부 형태를 표시한다. 컬러 버전은 간지의 별도 사진 참조.

는 여러 요소를 조합해야 했다. 이 두 가지 유형의 과제에 대한 개별적 분석 결과는 아이디어를 창의적으로 조합하는 데는 전두엽 영역이, 참신한 아이디어를 자유롭게 생성하는 데는 후두엽 영역이 더 많이 관여하는 것으로 나타났다. 언어적 과제와 비언어적 과제 사이의 수행에서도 약간의 차이가 있었다. 공유된 창의성 지도(그림 6.7)와 두 가지 유형의 과제 결과(표시되지 않음)를 살펴볼 때, 우반구와 좌반구 모두에서 창의성 관련 영역이 발견되어 창의성이 우뇌의 배타적 기능이 아니라는 추가적인 증거를 제공했다. 비활성화 영역을 포함한 재분석을 진행한다면, 억제와 관련된 다른 연구 결과를 고려할 때 좀더 완전한 그림을 그리는 데 도움을 줄 것으로 기대된다.

실제로 발산적 사고(divergent thinking: 창의적 사고 과정의 한 유형으로, 여러 가지 가능성을 탐구하면서 다양한 아이디어나 해결책을 생성하는 사고방식—옮긴이)를 연구한 10개의 소규모 표본 fMRI 연구에 대한 메타분석에 의하면, 비록 고넨-야코비 분석(Gonen-Yaacovi analysis: 신경과학적 연구에서, 특히 창의적 사고 과정의 신경 네트워크와 관련된 정보를 제공한다—옮긴이)을 인용하지는 않았지만 광범위한 비활성화 영역을 보여주었다(Wu et al., 2015). 또한 135명의 성인을 대상으로 수행한 구조적 MRI 연구에서는 회백질과 창의적 유창성 검사 및 창의적 독창성 검사 사이의 상관관계가 보고되었다. 각각의 검사는 서로 다른 영역에서 회백질과 상관관계가 있었으며, 유창성에 대해서만 지능과 상호 작용을 보였다(Jauk et al., 2015; Bashwiner et al., 2016; Jauk, 2018의 리뷰 참조). 창의성에 대한 신경과학 분야의 연구는 아직 지능에 대한 연구만큼 그리 발전하지 못했지만, 이 두 가지가 뇌에서 서로 어떤 관련이 있는지에 대한 관심은 점점 더 높아지고 있다.

이제 이 섹션의 마지막 추측을 내놓을 단계에 이르렀다. 만약 어떤 특정한 뇌 회로에서 깊은 수준의 억제가 발생해 그것이 무의식 상태를 유도한다면, 그러한 억제를 조금 덜어줄 경우 창의성이 높아질 수도 있다. 창의력 증가와 관련한 사람들의 인식은 종종 강력한 환각제로 치부되는 LSD 같은 '정신 확장(mind expanding)' 약물에 대한 주관적 반응으로 나타난다(Fox et al., 2018). 전두엽 피질의 억제는 수면 중 꿈을 꾸는 현상과도 관련이 있다(Muzur et al., 2002). 수면은 분명 무의식 상태이며, 꿈은 종종 그 내용과 표현 방식에서 매우 창의적이다. 만약 신경 회로를 기반으로 창의성과 의식 연구를 연관 지어 연구한다면, 창의성에도 신경학적 근거가 있다는 걸 더욱 분명하게 입증할 수 있을 것이다. 이미 창의성이 유전된다는 증거도 일부 존재하는데(Ukkola-Vuoti et al., 2013), 이는 우리가 뇌 메커니즘에 영향을 미쳐 창의성을 향상시킬 잠재력을 갖고 있다는 걸 시사한다. 사람들은 창의력 증진제로 알려진 약물들에 대해 자기 마음대로 묘사하곤 하지만, 나는 그와 같은 약물이 실제로 그런 역할을 한다는 걸 강력히 입증한 연구에 관해 아는 바가 없다. 약물 없이 두뇌를 조작한 몇 가지 연구에서 창의력 증가를 보고한 바 있고(Fink et al., 2010), 소규모 tDCS 연구(Mayseless & Shamay-Tsoory, 2015)도 존재하지만, 아직까지 이러한 단편적인 보고를 뒷받침할 만한 충분한 증거는 모아지지 않았다. 지능이 신경 수준에서 어떻게 창의성 및 의식과 관련될 수 있는지는 상상력 풍부한 연구 설계와 혁신적인 신경과학자들에게 기회를 제공하는 흥미로운 질문이다. 이런 연구는 바로 학생 여러분, 당신들의 몫이다.

6.6 신경 빈곤과 신경-SES: 지능의 신경과학에 기반한 정책적 시사점

SES, 즉 사회경제적 지위와 지능이라는 두 단어가 갖는 혼란은 섹션 2.1에서 소개한 바 있다. 이 문제가 종종 여러 연구에서 잘못된 결론을 이끌어내는 중요한 난제로 여전히 남아 있으므로 여기서 다시 한번 생각해보기로 하자. 다음은 SES의 중요성에 대한 가장 일반적인 생각이다.

소득이 높을수록 상향 이동성, 특히 열악한 환경에서 더 나은 환경으로 옮겨갈 능력이 더 커진다. 좀더 나은 이웃이 있을 때 아이들은 더 좋은 학교에 다니면서 자기 계발에 더 많은 자원을 투자하는 혜택을 누릴 수 있다. 만약 그런 아이들이 높은 지능을 갖고 있다면 학업 성취는 물론 경제적 성공을 얻는 게 그리 어렵지 않을 것이다. 그렇다면 결국 높은 SES가 그러한 일련의 사건을 유발한 핵심 요소라고 결론 내려도 좋지 않겠는가.

그런데 다르게 생각할 여지도 있다.

일반적으로 지능이 높은 사람일수록 g-인자를 더 많이 필요로 하는 직업을 가지며, 이러한 직업은 더 많은 돈을 벌게 해준다. 여러 요인이 관련되어 있지만, 경험적 연구에 따르면 g는 복잡한 사고가 필요한 고임금 직업을 얻는 데 가장 강력한 예측 요인이다. 소득이 높을수록 상향 이동성, 특히 열악한 환경에서 더 나은 환경으로 이동할 수 있는 능력이 많아진다. 여기에는 당연히 더 나은 학교와 아동 발달을 촉진하는 더 많은 자원이 포함되므로 그 자녀들은 물론 더 많은 이점을 누릴 수 있다. 만약 자녀의 지능이 높은 데 더해 학업 및 경제적 성공 가능성 역시 더 높다면, 결국 부모의 높은 지능이 이러한 일련의 사건을 주도하는 핵심 요소라고 결론 내릴 수 있다. 이는 대체로 지능에 유전적 영향성이 강하기 때문이다.

후자의 생각이 새로운 것은 아니다. 40여 년 전, 1장과 2장 앞부분에서 언급한 논란의 여지가 있는 책, 즉 《능력주의 사회의 IQ》(Herrnstein, 1973)는 이러한 주장을 명확히 제기했다. 이 주장은 가장 단순한 형태로 논증할 수 있다. "(1) 만약 정신적 능력의 차이가 유전된다면, (2) 만약 성공을 위해 그런 능력이 필요하다면, (3) 만약 수입과 명성이 성공에 의존한다면, (4) (수입과 명성을 반영하는) 사회적 지위는 사람들 사이의 유전적 차이에 **어느 정도** 기반한다"(Herrnstein, 1973: 197-198. 강조는 추가). 1973년 이 논문 발표 당시에도 지능의 유전적 역할에 대한 증거는 강력했다. 하지만 그리 압도적이지는 않았고 회의적인 부분도 있었다. 하지만 오늘날 그 증거는 압도적이고 더욱 설득력이 있다(섹션 2.5, 2.6, 4.5, 4.6 참조).

데이비드 루빈스키 박사는 SES-지능이라는 이 혼란스러운 문제에 대한 포괄적인 리뷰를 시도했다(Lubinski, 2009). 그 논문의 맥락은 인지 역학(cognitive epidemiology: 인지 능력(지능, 기억력, 문제 해결 능력 등)과 건강의 관계를 연구하는 학문 분야. 주로 인구 집단을 대상으로 인지 능력이 질병 발생, 사망률, 기대 수명 등과 어떤 연관이 있는지를 분석한다—옮긴이)에 기반을 두고 있지만, 거기서 주장하는 것은 SES를 변수로 사용하는 모든 연구에 적용할 수 있다. 기본적으로 SES와 지능을 모두 측정할 경우 통계적 방법을 사용하면 각각의 효과를 분리하는 데 유용하다. 만약 지능 측정값을 연구에 포함하지 않는다면, SES에 대한 연구 결과를 해석할 때 어떤 요인이 그런 결과를 초래했는지 파악할 수 없는 게 보통이다. SES를 고려하지 않은 지능 연구에서도 문제가 발생한다. 두 변수가 대규모 표본을 사용하는 다변량 연구에 포함될 경우, 그 결과는 보통 SES의 영향을 통계적으로 제거한 후에야 일반 인지 능력이 특정 변수와 상관관계가 있음을 보여준다. 예를 들어, 브라질 초등학생 641명을 대상으로 수행한 연구에서 SES는 학업 성취도를 미리 예측하지 못했지만 지능 검사 점수는 예측할 수 있었다(Colom & Flores-Mendoza, 2007). 더 큰 규모의 고전적인 연구에서는 미국 41개 대학의 학생 15만 5191명을 대상으로 데이터를 수집했다. 분석 결과, SES를 통제한 후에도 SAT 점수가 거의 동일한 정확도로 학업 성취도를 예측하는 것으로 나타났다(Sackett et al., 2009). 포르투갈 청소년 3233명을 대상으로 수행한 또 다른 연구에서는 부모의 교육 수준이 가족 소득과 무관하게 자녀의 지능을 예측하는 것으로 나타났다. 연구자들은 "더 부유한 가정의 청소년은 더 나은 가정 환경에서 지낼 수 있기 때문이 아니라 부모가 더 총명하기에 그만큼 더 똑똑한 경향이 있다"고 명확하게 결론 내렸다(Lemos et al., 2011: 1062). 지금까지 인생의 성공 여부를 예측하는 데 인지 능력이 SES보다 우위에 있다는 걸 보여주는 가장 강력한 사례는 1979년과 1997년에 실시한 전국 청소년 종단 조사(National Longitudinal Surveys of Youth)를 기반으로 수행한 종합적인 연구다(Marks, 2022). 연구 결과에 따르면, 인지 능력 점수에 의한 인생 성공도 예측력은 강력했다. 설령 SES의 효과를 감안하더라도 그 예측력은 거의 높아지지 않았다. 반면, 인지 측정을 추가했을 때 SES 측정에 의한 성공 예측력은 오히려 눈에 띄게 감소했다. 저자는 "학자들의 지배적인 서술과 달리 인지력은 다양한 사회 계층화 결과를 낳는 데 가장 중요하게 작용하며, 그런 효과가 사회경제적 배경이나 교육적 성취에서 기인한다고 말하기는 어렵다"라고 결론지었다(Marks, 2022: 1).

대규모 표본을 대상으로 수행한 연구에서는 지능의 영향을 제거한 후에도 SES 효과가 남아 있음을 보여주는 경우는 드물었다. 하지만 한 오래된 메타분석에서는 SES가 지능과 마찬가지로 경제적 성공을 독립적으로 예측한다고 주장했다(Strenze, 2007). SES와 IQ를 모두 적용한 또 다른 오래된 예로는 불우한 환경에서 성장한 110명의 중학생을 대상으로 수행한 연구가 있다. 이 연구에서는 부모의 양육 및 환경적 자극에 대한 종합적인 측정과 함께 어머니 쪽의 IQ를 변수로 포함했다(Farah et al., 2008). 대체적인 분석에서 부모의 양육은 기억과 관련이 있고, 환경적 자극은 언어 능력과 관련이 있었다. 그러나 어머니 쪽 IQ의 범위가 정규 분포(평균=83, 표준 편차=9) 하단에 국한되어 있어 IQ 결과에 대한 설명은 제한적일 수밖에 없었다. 그럼에도 이 연구는 특정한 SES 요소를 조사할 때는 IQ 측정값을 반드시 고려해야 한다는 점을 명확히 일깨워주었다. 다른 불우 아동을 표본 삼아 검증한다면 아버지 쪽의 IQ

를 얻는 것도 역시 중요할 것이다. SES가 지능의 유전성에 미치는 영향은 연령에 따라 달라질 수 있기 때문에 SES 수준이 높은 아동 표본을 대상으로 수행한 검증 연구도 다른 연령대의 아동을 대상으로 수행한 연구와 마찬가지로 유익한 정보일 수 있다(Hanscombe et al., 2012). 특히 흥미로운 것은 SES 자체에 강력한 유전적 요소가 있다는 새로운 증거가 나오고 있다는 점이다(Trzaskowski et al., 2014). 물론 SES와 IQ가 서로 어떻게 관련되어 있는지에 대한 증거의 비중을 정립하기 위해 추구해야 할 많은 질문이 여전히 남아 있지만, 청소년 표본을 활용한 마크스(G. N. Marks) 박사의 전국 청소년 종단 조사가 가장 설득력이 있다 (Marks, 2022).

SES와 인지 능력의 관계는 SES라는 변수가 초창기 아동 시절의 뇌 발달에 어떻게 영향을 미치는지에 의해 매개된다는 것이 인지심리학의 한 가지 일반적 견해다. 어떤 연구자들은 그러한 관계가 신경과학과 더 관련이 있다고 여기는데, 특히 그런 발견을 교육과 관련시킬 때 더욱 그러하다(Sigman et al., 2014). 독자 여러분도 상상할 수 있듯이 인지심리학과 신경생물학 사이의 경계는 허물어질 수 있다(Hackman et al., 2010; Neville et al., 2013). '인지신경과학'이라는 용어가 이 두 가지를 모두 지칭할 수 있다. 지능의 주요 유전적 요소와 관련해 신경생물학적 메커니즘에 관한 그 어떤 논리도 인지심리학적 변수에 대한 SES 영향의 중요성을 부정하거나 최소화하지 않는다. 물론 SES는 여러 요인에 의해 나타나는 결과이지만, 여기서는 지능의 유전적 부분과 혼동되는 SES의 부분만 고려해보자. 나는 이 부분을 '신경-SES'라는 용어를 사용해 지칭하고자 하는데, 내 생각에는 이를 향후 새로운 연구와 논의의 대상으로 간주해야 한다.

내 주장의 요점을 재차 설명하자면, 지능 측정을 포함하지 않고 SES 변수에 의한 영향만을 주장하는 연구는 해석하기 어렵고, SES가 인과적 역할을 한다고 결론 내리거나 암시하기 전에 최소한 '혼동스러운' 문제가 존재한다는 걸 인정해야 한다는 것이다. 이는 20년 전 《벨 커브》에서도 이미 지적한 바 있다. 그럼에도 불구하고 SES에만 의존하는 설명에 대한 편견이 여전히 만연해 있다. 두 가지 유명한 사례가 이 문제를 잘 대변해준다. 둘 모두 구조적 MRI를 이용한 신경 영상 연구였다. 첫 번째는 MIT에서 발표했는데, 매키(A. P. Mackey) 박사와 그 동료들이 보고한 논문이다(Mackey et al., 2015). (매키 박사는 학교에서 짧은 컴퓨터 게임을 한 후 장애 아동들의 IQ가 10점 상승했다고 보고했다. 섹션 5.3 참조.) 이 연구자들은 고소득층과 저소득층 학생(각각 35명, 23명)의 학업 성취도 격차의 신경해부학적 상관관계를 검토하기 위해 연구를 시작했다. 상위 그룹의 연간 평균 가족 소득은 14만 5465달러(95퍼센트 신뢰 구간은 12만 2461~16만 8470달러)였으며, 하위 그룹의 연간 평균 가족 소득은 4만 6353달러(95퍼센트 신뢰 구간은 2만 2665~7만 41달러)였다. 가족 소득이 5만 달러 넘는 가구가 과연 불우한 쪽에 속하는지는 논란의 여지가 있지만, 연구의 주요 결과는 여전히 흥미로웠다. 고소득 그룹의 경우 다른 뇌 측정치(예: 피질 표면적, 피질 백질 부피)는 그렇지 않았지만, 구조적 MRI 영상은 여러 영역에서 더 큰 CT(대뇌 피질 두께)를 보였다. 일부 영역에서 그룹 간 CT 차이는 표준 테스트 점수 차이와 관련이 있었다. 저자들은 다음과 같이 결론지었다. "향후 연구는 효과적인 교육적 관행이 학업 성취에 얼마나 효과를 미칠 수 있는지, 그리고 이러한 관행이 피질해부학을 변화시킬 수 있는지를 밝혀줄 것이다"(Mackey et al., 2015: 8). 이는 충분히 타당한 결론이며 일반적으로 알려진 견해를 확실하게 뒷받침한다. 그러나 부모의 인지 능력을 평가하지 않고서는 과연 CT 차이가 가족 소득하고 만 관련이 있는지, 아니면 지능의 유전하고도 관련이 있는지 확신하기 어렵다. 이 연구의 결과에 부모의 지능에 대한 추정치나 측정치가 포함 되어 SES 효과와 지능 효과를 분리하는 데 도움을 주었더라면 훨씬 더 설득력이 있었을 것이다.

두 번째 논문은 노블(K. G. Noble) 박사와 그 동료들이 〈네이처 신경 과학〉에 보고한 다기관 공동 연구 결과다(Noble et al., 2015). 이 MRI 연 구에서는 1099명의 어린이와 청소년을 포함한 대규모 표본을 사용했 다. 취합한 자료에는 가족 소득, 부모의 교육 정도, 가계의 유전적 정 보 등도 포함되었다. 소득은 그로부터 기인하는 부모의 교육 정도를 통 제한 이후에도 뇌 표면적과 관련이 있었다. 부모 교육은 소득을 통제한 후에도 다른 구조적 뇌 특성과 관련이 있는 것으로 나타났다. 이러한 연관성은 가계도와는 무관하게 발견되었다. 저자들은 다음과 같이 언급 했다.

> 우리가 얻은 비실험적 상관관계 연구 결과에서는 무엇이 SES와 뇌 구조 사이의 관련성을 유발하는지 불분명했다. 이러한 연관성은 태아 환경의 차 이 또는 환경 노출도의 차이에서 기인한다고 할 수 있는데, 예를 들면 가 족 스트레스, 인지적 자극, 환경 독소, 또는 영양 상태 등이 그것이다. 만 약 이런 상관관계의 증거가 근본적인 인과관계를 반영하는 것이라면, 소득 분포의 하위 계층을 대상으로 하는 정책이 아동의 뇌와 인지 발달에 관찰 가능한 차이를 가져올 가능성이 매우 클 수 있다(Noble et al., 2015: 777).

이는 비합리적인 주장이 결코 아니다. 다만 이런 생각이 지닌 한 가지

함의는 저소득층 가정에 매월 일정 금액 또는 많은 금액을 지급해 일상 생활을 개선하고, 그 결과 생기는 생활의 변화가 자녀의 뇌와 인지 발달에 영향을 미칠 수 있다는 기대를 실험을 통해 증명해야 한다는 점이다. 이 실험에서 지능 점수의 변화는 결과물로 언급되지 않았다. 만약 이 실험을 실제로 진행하고자 했다면, 지능의 신경과학적 측면과 SES의 연관성에 대한 인식과 논의를 중요한 고려 사항으로 포함하는 게 더 좋았을 것이다.

이 실험은 현재 진행 중에 있는데, 유감스럽게도 내 제안은 포함되지 않았다. 결과에 대한 예비 보고서는 언론으로부터 상당히 긍정적인 관심을 받았지만, 많은 연구자들 사이에서는 그다지 그렇지 못했다. 노블 박사와 그 동료들은 〈PNAS〉에 발표한 보고서에서 그 중요성을 다음과 같이 명시했다(Troller-Renfree et al., 2022: 1).

> 이 연구는 빈곤 감소를 위한 정부의 개입이 유아의 두뇌 활동에 미치는 인과적 영향을 입증한다. 무작위 대조군 실험인 '아기의 첫해(Baby's First Years, BFY)' 연구 데이터에 따르면, 저소득층 가정에 매월 일정 금액의 현금을 무조건 지급하는 것이 유아의 두뇌 활동에 인과적인 영향을 미칠 수 있음을 보여주었다. 경제적 자원이 풍부해지면 아이들의 경험에 변화가 생기고 두뇌 활동도 그에 맞춰 변화한다. 그 결과로 나타나는 두뇌 활동의 변화 패턴은 이후 인지 능력의 발달과 분명한 관련이 있었다.

언론이 여기에 크게 호의적인 관심을 보인 것은 당연하다. 언론은 특히 '인과관계'라는 단어에 주목하는 경향이 있다. 하지만 왜 많은 연구자가 이 연구에 당혹스러움을 느꼈을까? 이제 세부 사항을 좀더 자세히 살펴보자. 전체 연구 프로젝트는 '아기의 첫해(BFY)'라고 불리는데, 미국 연방 정부의 보조금과 민간 재단의 지원을 받고 있다. 이 프로젝트의 목표는 "생후 첫 4년간 저소득층 산모와 자녀에게 매월 일정 금액의 현금을 지급해서 그것이 미치는 인과적 영향을 연구하는 것"이다(https://www.babysfirstyears.com/ 참조). 아기 출생 이전 해의 일가족 소득은 평균 2만 달러대 초반이었으며, 지리적 위치를 고려해 미국 전역 4개 지역에서 1000명의 저소득층 영유아를 등록했다. 무작위로 배정된 한 그룹의 어머니들에게는 매월 333달러의 현금을 지원하고, 대조군인 다른 그룹의 어머니들은 매월 20달러를 받았다. 현금 지급에 대해서는 어떠한 조건도 따로 없었다. 두 그룹 모두 자녀가 태어난 후부터 첫 52개월 동안 지원금을 주었다. 연구팀은 주기적인 후속 조사를 통해 자녀의 인지 및 기타 발달 변수를 평가했다.

이 연구 예비 보고서의 결과는 435명의 영아가 생후 12개월이 되었을 때 시행한 뇌전도 검사(EEG)에서 얻은 뇌파 활동 평가를 기반으로 삼았다. 뇌파 검사는 모바일 장비를 사용해 개별 가정에서 시행했다. (차이가 나타날 때까지 많은 변수를 조사하는 부담을 피하려고 미리 사전에 명시한 변수들만 조사하는) 분석에서는 예상했던 대로 두 그룹 사이에서 일정 부분 EEG 차이를 찾아볼 수 있었다. 통계적으로 볼 때 그 차이는 매우 작았지만, 그래도 그 정도의 뇌 활성도 증가라면 후기 아동기의 인지 능력 향상에 도움을 줄 수 있다는 다른 연구 결과와도 어느 정도 일치했다. 두 그룹 사이의 뇌파 차이는 높은 현금 지급액이 좀더 활발한 두뇌 활동을 부추기고, 그래서 인지 능력의 향상을 불러올 것이라는 추정의 근거가 될 수 있었다.

그렇다면 다른 연구자들은 왜 그 결과에 시큰둥했을까? 우선, 분석에 포함된 435명의 유아 표본은 애초 605명에서 시작되었다. 170명의 유아를 탈락시킨 것은 몇 가지 이해할 수 있는 요인 때문이지만, 그래도 지나치게 높은 탈락률인 것은 사실이다. 더욱이 연구에 처음 등록한 1000명의 영유아 모두가 코로나19 유행으로 인해 첫 12개월 후 제대로 된 평가를 받을 수 없었다. 이런 손실은 통계의 유효성을 크게 감소시킬 수 있는데, 특히 소규모 그룹 사이의 평균적 차이에 기반한 결과를 일반화하고 검증하는 데 커다란 편향성을 유발한다. 따라서 예비 보고서의 모든 조사 결과가 통계적으로 유의미하지 않을 수도 있었다. 또한 지급받은 현금을 어떻게 사용했는지에 대한 정보가 전혀 없기 때문에 연구 결과와 관련이 있을 수 있는 특정 요인을 직관적으로 파악하기도 어려웠다. 다행스럽게도, 저자들은 이러한 약점과 그 밖의 한계들을 인정하며 연구 결과를 과도하게 해석하지 말 것을 경고하기도 했다.

그럼에도 이 프로젝트에 비판적인 사람들은 명백한 결점이 있는 예비 연구 보고서가 왜 언론의 주목을 받을 만한 그런 유명 저널에 게재될 수 있었는지 의문을 제기했다. (심지어 어떤 공저자는 이 보고서를 홍보하는 데 전혀 주저하지 않았다.) 냉소적인 사람들은 이 프로젝트가 대중의 열정을 불러일으켜 지속적인 보조금 지원을 받고자 그런 보고서를 발간했다고 말하기도 했다. 내 견해를 말하자면, 나는 연구를 기반으로 한 모든 빈곤 퇴치 프로그램이 잘 알려진 SES-지능 문제의 혼동을 해소하기 위한 분석을 포함해 엄격한 독립적인 평가가 보장되기만 한다면 시도할 가치가 충분히 있다고 생각한다. 현재로서는 나 역시 이 프로젝트에 반대하는 입장이지만, 그래도 새로운 연구, 특히 유전학적 정보를 제공할 수 있는 설계에 기반한 연구를 충실히 병행할 수 있다면 언제라도 내 생각을 바꿀 용의가 있다.

그러나 고려해야 할 더 큰 문제는 신경과학적 연구 결과가 사회 정책, 특히 취약 계층의 성취도 및 기타 격차를 줄이기 위한 정책적 개입을 위해 과연 적절한 정보를 제공할 수 있는지 여부다. 이 질문의 한쪽 편에는 빈곤이 인지와 관련 있을 수 있는 다양한 뇌 특성을 초래한다는 이전의 신경 영상 연구들에 의해 부분적으로 정당화되고 있는 BFY 같은 프로젝트가 놓여 있다(Farah et al., 2006; Noble et al., 2006; Noble et al., 2015; Noble & Giebler, 2020). 그러나 비평가들은 신경과학 연구가 유전적 영향과 환경적 영향의 뒤섞임 현상 때문에 그런 정책적 개입에 적절한 정보를 제공할 수 없다고 주장한다. 이런 주장은 에이미 왁스(Amy Wax) 교수가 포괄적인 검토를 통해 자세히 설명했다(Wax, 2017).

신경과학 분야의 정책적 성과는 더욱 빈약할 수밖에 없다. 연구가 사회적 불이익을 초래하는 환경적 요인과 선천적 요인의 역할을 밝혀내는 데 실패하고, 또 실제로도 그럴 능력을 갖지 못하기 때문이다. 이미 논의했듯 선천적 특성이 아닌 단지 빈곤에서 사회경제적 지위와 관련한 악영향이 초래된다면, 빈곤을 줄이는 것이 커다란 변화를 불러올 수 있다. 유전적 요소가 중요한 특성으로 고정되어 있어 그런 개입을 통해 커다란 개선을 얻는 게 설령 불가능하다고 해도, 그런 점은 인정할 수 있을 것이다. 어쨌든 유전자/환경 상호 작용의 본질을 아직 충분히 이해하지 못하고 있기 때문에 모든 정책적 제안의 성과는 사례별로 평가할 수밖에 없다. 하지만 이런 제약을 인정한다고 해도, 신경과학 분야에서 일하는 과학자와 그들의 연구에 대해 논평하는 학자들에 의해서 여러 정책적인 시도들이 최소화되는 경우가 적지 않다. 특히 효과적인 해결책을 제시할 수 있는 신경과학의 잠재력이 지금으로서는 그리 대단하지 않기 때문에 암묵적으로, 또는 암시적으로 환경적 요인이 정책 개발에 좀더 중요한 역할을 하게 된다.

와스는 계속해서 이렇게 지적한다.

낮은 SES와 관련된 뇌 구조의 패턴을 설명함에 있어 유전자 영향과 환경
영향의 중요성을 정리하는 데 과연 과학이 제대로 기여할 수 있을까? 그
대답은 "아니요"이며, 추가적인 연구는 실용적이고 윤리적인 장애물에 직
면해 있다. 앞서 언급했듯이 치료군과 대조군을 설정하고 잘 정의된 전향
적인 무작위 임상 시험을 도입한다면, 인과 메커니즘을 밝히고 효과적인
정책적 개입 방법을 확인할 가장 유망한 대안을 제공할 수도 있을 것이다.
하지만 이런 임상 시험의 실질적 범위는 크게 제한적이다. 결국, 어떤 정
책이 좀더 효과적인지를 구체적으로 확인할 방법이 아예 없다고 할 수 있
다. 여기에서 중요한 것은 특정 형태의 지원이 목표 행동을 개선하는지 여
부다. 뇌에 대해 무언가를 시각화하거나 측정하는 것이 이런 연구의 필수
요소는 아니다. 뇌과학은 본질적으로 흥미롭기는 하지만 이런 부분에 있어
서는 불필요한 잡동사니에 불과하다(Wax, 2017: 49-50).

2장에서 논의한 '빈 서판'이라는 신념은 여전히 지능과 그 발달에 중
요한 SES 및 기타 사회적/문화적 영향력을 강조한다. 하지만 이 책 전
체에서 언급했듯이 과학적 증거의 무게는 유전적 관점보다 그 관점의
우위를 뒷받침하지 못하고 있다. 또한 그런 관점이 많은 불우한 아동에
게서 나타나는 학업 성취도와 인지 능력의 격차를 줄이기 위한 성공적
인 공공 정책을 활성화하는 데 실패했다는 인식이 점차 확산하고 있다.
이 책의 가장 중요한 함의는 현 상황을 변화시키기 위한 토대로서 신

경생물학에 더 많은 관심을 기울일 것을 압도적으로 뒷받침하는 경험적 증거가 많이 존재한다는 것이다. 왁스 교수의 주장이 단기적으로는 맞을 수도 있다. 하지만 앞 장에서 언급한 것처럼 신경생물학에 기반한 제안은 설령 지능에 강력한 유전적 요소가 관련되어 있다고 해도 언제든 수정이 가능하다. 이런 간단한 사실과 이번 장에서 논의한 것과 같은 신경과학 연구의 발전은 수십 년 동안 지속되어온 심각한 문제를 해결할 수 있다는 낙관적 전망을 제공한다. 따라서 신경생물학적 관점을 도입할 수 있다면 좀더 적절한 정책을 개발할 수 있다는 것이 이 분야 연구자로서 나의 장기적이면서도 낙관적인 견해다. 하지만 이 일이 쉽지 않다는 것을 나 역시 잘 알고 있다.

모든 개인이 현대의 복잡한 사회에서 최소한의 성공을 거둘 수 있는 인지적 강점을 갖는 것은 아니다. 이는 g와 기타 지능의 다른 요소들을 생각할 때 분명하다. 인지적 강점과 약점의 다양한 패턴은 어린 시절의 경험보다는 신경생물학과 유전학에 더 깊은 뿌리를 두고 있다. 따라서 경제적·교육적 성공의 부족을 전적으로 동기 부여 부족, 교육 기회 부족, 또는 기타 사회적 요인 탓으로 돌리는 것은 그리 합당하지 않다. 그 모든 게 다 중요하기는 해도 지능과 관련해서는 증거의 무게에서 알 수 있듯이 그만큼 크게 중요하지는 않은 것 같다.

따라서 내 정치적 편견은 이러하다. 나는 교육, 직업, 기타 사회적 기회의 접근에 요구되는 적당한 수준의 인지 능력을 갖추지 못한 사람들에게 정부가 나서서 적절한 역할을 해야 하며 그것이 우리 사회의 도덕적 의무라고 생각한다. 그렇게 그들을 도와서 어느 정도의 경제적 성공과 SES 향상의 길로 이끌어야 한다는 얘기다. 이는 지적 능력이 부족한 사람들이 느끼기에 비현실적일 수 있는 경제적 기회를 제공하는 것 이상의 의미를 지닌다. 능력에 관계없이 모든 학생에게 더 복잡한 사고와 더 높은 기대치를 요구하는 것(인지적 격차를 강조할 수 있는 요구)을 넘어서는 일이다. 심지어 유아 교육, 직업 훈련, 저렴한 보육, 식량 지원, 고등 교육에 대한 접근성 증진 등의 여러 지원 프로그램도 뛰어넘는 일이다. 물론 이런 일을 한다고 해서 지능을 높일 수 있다는 설득력 있는 증거가 존재하는 것은 아니다. 하지만 나는 이러한 모든 노력이 다른 여러 방식으로 많은 사람의 발전에 도움을 주는 바른 일이기 때문에 지지한다. 그러나 이런 지원을 널리 보급하더라도 지능 분포의 하위권에 있는 많은 사람은 그다지 큰 혜택을 받지 못할 것이다. 1장에서 살펴보았듯 평균값이 100이고 표준 편차가 15인 IQ 점수의 정규 분포에 따르면, 약 16퍼센트의 사람은 현재 미군의 입대 자격 최소 기준인 IQ 85에도 미치지 않는다는 점을 생각해보자. 현재 미국인 5400만 명은 아무런 잘 못도 없이 (1장에서 설명한 정규 분포의 16퍼센트에 근거해) 85보다 낮은 IQ를 갖고 있는 셈이다. 이런 사람들을 위한 유용하고 확실한 일자리가 있기는 해도 대개가 저임금이다. 그런가 하면 이들은 일반적으로 대학 교육이나 여러 직업 분야의 기술 교육도 제대로 따라가기 쉽지 않다. 종종 이들을 영구 하층민으로 부르기도 하는데, 이 용어가 낮은 지능의 계급을 특별히 적시해서 쓰이는 경우는 거의 없다. **이들에게 빈곤과 빈곤에 가까운 상태란 곧 지능의 신경생물학에 뿌리를 두고 있는, 누구도 통제할 수 없는 상태를 의미한다.**

여러분이 방금 읽은 것은 이 책에서 가장 도발적인 문장이다. 심히 불편한 진실이거나와 심히 잘못된 것일 수도 있다. 하지만 과학적 데이터가 이 개념을 뒷받침한다면, 사람들을 게으르거나 무가치한 존재로 낙인찍지 않는 지원 프로그램에 자금을 지원해야 할 충분한 이유가 될 수 있지 않을까? 이것이 바로 우리가 지능 관련 신경과학 연구와 지능 향상 방법에 우선순위를 두어야 하는 이유 아닐까? '신경 빈곤'은 대부분 지능의 유전적 측면에서 초래되는 빈곤을 강조하기 위한 용어다. 이 단어는 만약 우리가 특별히 유전적 확률에 영향을 미치는 방법을 확보할 수 있다면 그 사례를 과장한다고 할 수도 있다. 어렵고 불편한 개념이기는 해도 나는 여러분이 이 단어에 좀더 많은 관심을 갖기를 간절히 바란다. 이 책은 지능이 신경생물학에 강하게 뿌리를 내리고 있다고 주장한다. 지능이 일상생활을 관리하고 삶의 성공 확률을 높이는 데 아주 중요한 역할을 하는 만큼, 신경 빈곤은 자신의 잘못도 없이 많은 개인을 특징짓는 가시적인 인지적 한계와 관련된 심각한 문제를 개선하는 방법을 생각할 때 반드시 고려해야 할 중요한 개념이다.

공공 정책과 사회 정의를 논의하는 자리가 마련되었다고 가정하자. 만약 우리가 지능에 대해서 알고 있는 것이, 특히 유전학과 관련해서 알고 있는 것이 대화의 한몫을 차지한다면 그 논의는 한결 생산성이 높아질 게 분명하다. 과거에는 이러한 시도가 대부분 비난에 부딪혔다. 젠슨(Jensen, 1969; Snyderman & Rothman, 1988), 헤른슈타인(Herrnstein, 1973), 머리(Herrnstein & Murray, 1994; Murray, 1995)의 경우가 그랬다. 젠슨의 1969년 논문 발표 이후, 《능력주의 사회의 IQ》와 《벨 커브》는 이러한 전망을 상당히 상세하게 제기했다. 이제 지능에 대한 신경과학적 연구의 발전은 다른 논의의 출발점을 제공한다. 지난 50년 동안 신경과학을 고려하지 않은 접근법이 빈곤의 근본 원인과 그에 따른 문제를 최소화해서 실패했다는 점을 감안할 때, 지금이라도 다른 관점을 도입해야 하지 않겠는가?

내가 이 책에서 강조하는 두 번째 도발적인 문장은 이것이다. **신경생**

물학에 기반한 지능을 향상시켜 신경 빈곤을 '치료'할 수 있다는 생각은 그동안 불편한 개념에 머물러왔다. 하지만 신경과학 연구가 발전하면서 이런 생각은 긍정적인 변화를 가져올 대안적이고 낙관적인 새로운 개념으로 바뀌고 있다. 이런 생각은 지능과 관련 있는 사회적/문화적 영향에만 중점을 두어 그것을 목표로 삼는 사회적 프로그램만이 인지 격차를 줄이고 지능에 영향을 미치는 생물학적/유전적 영향력을 극복할 수 있다는 그동안의 일반적 견해와 대조적이다. 그동안 얻은 증거의 무게는 우리가 지능의 근원에 대해 더 많이 알면 알수록 신경과학적 접근법이 훨씬 더 효과적일 수 있다는 쪽으로 기울고 있다. 나는 신경생물학만이 유일한 접근법이라고 주장하는 게 아니다. 더 이상 SES적 접근법만을 선호해서 신경생물학을 무시하는 우를 범해서는 안 된다는 것이다. 아마도 무엇이 가장 효과적인 대안인지는 경험적 질문일 수 있지만, 정치적 맥락도 무시할 수 없는 것 또한 사실이다. 정치적 차원에서 보면, 신경 빈곤을 마치 신경학적 장애처럼 취급하는 것은 지극히 순진한 발상이다. 이런 생각은 앞으로 신경과학 연구를 통해 지능을 향상시킬 수 있는 길이 열릴 때 자연스레 바뀔 것이다. 나는 꼭 그렇게 되리라고 믿어 의심치 않는다. 현재로서는 후성유전학이라는 다소 명확하지 않은 개념이 신경과학적 접근법과 사회과학적 접근법 사이에서 양쪽을 연결하는 데 상당한 도움이 될지도 모른다. 후성유전학 연구를 좀더 빠르게 진척시키는 방안으로 지능과 관련 있는 특정 유전자를 찾아내 환경적(사회적/문화적) 요인이 해당 유전자에 영향을 미치는 방식을 파악하는 것이 어쩌면 최선의 길이라고 할 수 있다. 이제 이런 모든 논의의 자리가 마련되고 있으므로 경험적 증거의 무게를 통해서 지능의 신경과학에 대해 한층 진지한 검토를 해야 한다. '지능'을 지난 50년 동안의 유배(exile)에서 불러내 교육과 사회 정책에 대한 합리적 논의를 격의 없이 진행할 때다.

통찰력 있는 책 한 권이 그런 가능성을 탐구했다. 2명의 행동유전학 연구자가 저술한 이 책의 출발점은 모든 학생이 읽기, 쓰기, 산수 학습에 대한 서로 다른 유전적 성향을 지닌 채 교육 시스템에 들어선다는 사실을 인정하는 것이었다(Asbury & Plomin, 2014). 저자들은 각 학생이 자신의 유전적 성향에 가장 적합한 방식으로 핵심 내용을 학습할 수 있도록 교육 환경을 맞춤화하기 위한 정책적 아이디어를 제안했다. 이는 유전자가 결정론적이라는 잘못된 가정과는 거리가 먼 것으로, 유전자를 사실상 출발점으로만 간주했다. 저자들이 지적했듯 유전자 연구에서 발견된 결과들은 그동안 의학, 공중 보건, 농업, 에너지, 법 등 사회의 제반 측면을 변화시켰다. 하지만 교육 관련 논의에 있어서만큼은 철저하게 배제되어왔다. 개별화 교육(individualized education)은 교육자들의 오랜 목표이며, 유전학적 연구는 바로 이러한 목표를 옹호한다. 애즈버리(K. Asbury)와 플로민은 다음과 같이 결론 내렸다.

우리는 모든 어린이를 동등하게 존중하고 동등한 기회를 제공하는 것을 목표로 하지만, 모든 학생이 다 똑같다고 생각하지는 않는다. 아이들은 모두 각기 다양한 재능과 개성을 지니며 다양한 모양과 크기로 태어난다. 지금은 우리가 행동유전학의 교훈을 활용해 아동들이 갖고 있는 그 놀라운 다양성을 축하하고 장려하는 학교 시스템을 만들어야 할 때다(Asbury & Plomin, 2014: 187).

그런데 이런 견해는 거의 50년 전 젠슨이 내린 결론과 놀라울 정도로 유사하다(Jensen, 1969: 117). 그는 이렇게 지적했다. "접근 방식과 목표의 획일성보다는 다양성이야말로 갖가지 능력 패턴을 가진 아이들에게 보람 있는 교육을 제공하는 열쇠라고 할 수 있다. 개인차가 존재한다고 해서 어떤 아이들에게는 교육적 보상을, 다른 아이들에게는 좌절감과 패배감을 안겨야 할 필요는 전혀 없다." 지능을 연구하고 유전자의 확률적 특성을 이해하는 신경과학자들은 위의 두 가지 관점을 공히 지지하는 편이다. 그럼에도 불구하고 지능과 기타 인지 능력의 개인차에 대한 결정적 연구 결과를 인정하지 않은 채 교육 개혁을 가로막는 비효율적이고 '획일화된' 접근 방식이 여전히 횡행하고 있는 것 역시 사실이다. 지능에 대해 현재 우리가 알고 있는 것을 무시함으로써 지능 관련 중요한 문제들의 해결에 얼마나 많은 좌절과 실패를 낳게 했으며, 앞으로 얼마나 오랫동안 또 그런 일이 반복될지에 대한 우려 또한 줄지 않고 있다(Gottfredson, 2005). 그럼에도 지능 문제는 여전히 대중적 담론에서 아예 빠져 있는 형편이다.

예를 들어, 미국에서는 학생들 사이의 지능 차이에 대한 아무런 언급 없이 교육 개혁 관련 논의를 진행하는 것에 상당한 사회적 불만이 만연해 있다. 모든 고등학생에게 그들이 갖고 있는 정신적 능력과 상관없이 4년제 대학에 진학할 수 있는 수준의 졸업 자격시험을 치르게 해야 한다는 생각은 그런 기대치를 달성하는 게 아예 불가능한 학생에게는 심각하게 순진한, 심하게 불공평한 처사라고 할 수 있다. 통계적으로 고등학생 절반은 IQ가 100 또는 그 이하의 지능에 해당하므로 설령 동기 부여가 높다고 해도 대학에서 공부하는 게 현실적으로 상당히 어렵다는 사실을 기억하라. 물론 아주 약간의 예외가 있기는 하지만 말이다(McGue et al., 2022). 학교의 대다수 시험이 단기간에 학습한 교재의 양에 근거하지 않고 사실상 일반 지능의 척도로 간주되는 상황에서, 학생의 시험 점수 변화에 근거해 교사를 평가하는 것도 순진하고 불공평하기는 마찬가지다. 하지만 시험이 학생들에게 미치는 가장 큰 해악은 아마도 그 난이도를 의도적으로 높여서 필요 이상으로 복잡한 사고를 요구하는 것이다. 그렇게 난이도를 높이면 자연히 시험에 더 많은 부하가 걸리기 때문에 학생들의 성적 격차를 더욱 벌릴 가능성이 **높다.** (사례: 2015년 9월 12일 자 〈로스앤젤레스 타임스〉는 다음과 같은 제목으로 1면을 장식했다. "새로운 점수가 인종 간 격차를 더욱 크게 벌렸다.")

평가 시험을 치르는 것이나 그 시험의 기대치와 기준을 높이는 것이 원칙적으로 잘못된 일은 아니다. 그러나 이런 사례는 경험적으로 얻은, 지능에 대한 사람들의 관념을 무시했을 때 그 결과가 어떠했는지를 잘 보여준다고 할 수 있다. 특히 모든 학생의 사고력을 동등하게 증진시킬 수 있다든지, 교육 시스템 속에 있는 모든 학생에게 아이패드를 사주면 학업 성취도가 높아질 것이라든지 하는 정책적 대안은 그 결과가 한결같이 별로 좋지 않았다. 대부분의 교사들이 인정하듯 학생의 인지적 강점을 극대화하는 것은 그게 무엇이든 가치 있는 목표임에 틀림이 없다. 하지만 지능 관련 연구 문헌들은 왜 g-인자가 그렇게 중요한지, 뇌는 어떻게 발달하는지, 개인 간 지능 점수 차이를 설명하는 데 유전학이 갖는 중요성 등을 포함해 이런 견해를 지지한다. 연구 결과가 교육 정책에 어떤 영향을 미칠 수 있는지 여러 논문에서 살펴본 바 있다(Asbury & Fields, 2021; Asbury & Wai, 2019; Wai & Bailey, 2021; Wai & Worrell, 2021; Wai et al., 2019). 미래에는 신경과학 연구에 기반해 지능을 향상시킬 수 있는 잠재력이 크게 증진됨으로써 학생들의 지능이 크게 좋아지고 학교와 일상생활에서의 성취도 또한 높아질 것으로 기대된다. 21세기가 진행됨에 따라 우리 모두는 신경과학 연구의 결과가 우리 지능에 어떤 영향을 미칠지, 그리고 그것이 우리 삶에 어떤 의미를 부여할지 좀더 잘 알아야만 한다.

6.7 최종 생각

나는 이 책에서 지능에 관한 최신 신경과학 연구의 진전에, 특히 유전학과 신경영상학적 방법을 기반으로 수행한 연구에 초점을 맞추어 설명했다. 확실한 증거를 갖고 답해야 할 의문은 여전히 많다. 중요한 미해결 과제 중에는 다음과 같은 것들이 있다. 유아기의 뇌 발달 메커니즘에 대해 더 많은 이해가 필요한 부분은 무엇인가? 그런 두뇌 발달은 성인의 지능과 어떤 관련성을 갖고 있는가? g-인자를 비롯한 여러 지능 요소에서 개인적 차이를 설명하는 특정 뇌 구조와 기능 네트워크가 존재하는가? 그런 네트워크에는 성별의 차이가 있는가? 어떤 후성유전학적 요인이 지능에 영향을 미치는가? 또한 유전자 기능에 기반해 신경 회로, 뉴런, 시냅스의 단계까지 시간적·공간적 해상도를 낮출 수 있는 새로운 방법과 기술을 필요로 하는 더 큰 질문도 있다. 아마도 가장 중요한 질문은 그렇게 해서 얻은 지능 연구의 결과를 교육 문제 해결과 공공 정책 수립에 어떻게 활용할지, 특히 현대 사회에서 성공에 꼭 필요한 정신적 능력이 결여된 사람들을 위해 어떻게 이용할지 그 해답을 구하는 일일 것이다. 이제 신경과학 연구가 암시하는 궁극적인 지능 향상을 둘러싼 과제들에 대해서도 본격적인 논의를 시작하기에 적당한 시점에 이르렀다.

글쓰기는 사고력을 강화한다. 나는 이 책의 원고가 구체화되면서, 나 자신이 검토했던 연구들을 되돌아보았다. 그리고 이 책을 쓰면서 배울수 있었던 것에 대해 생각해보는 시간을 가졌다. 그 결과 지난 40여 년동안 연구를 수행하면서 지능을 생물학적으로 설명할 수 있다는 나의명백한 의견을 공고히 할 수 있었다. 이러한 편견은 심리측정학, 정량유전학, 분자유전학, 신경영상학 등에서 밝혀낸 수많은 최신 연구 결과로 뒷받침되었다. 모든 연구가 내 견해와 부합하는 것은 아니었지만 내가 보기에 지능이 무엇이며, 어디에서 오는지, 어떻게 변화할 수 있는지 등을 이해하는 데 있어 무게 중심은 일관되게 그런 신경과학적 접근법을 선호하는 것 같았다. 이것이 바로 이 책에서 내가 설명하고자한 주된 초점이다. 이제 나는 이 문제에 대해 다른 관점에서 대안적 평가를 제시하는 작업은 다른 사람들에게 맡기는 게 합당하다고 생각한다. 또한 나는 누군가가 좀더 설득력 있는 주장을 제시한다면 언제라도내 평가가 틀릴 수도 있다는 걸 받아들일 준비가 되어 있다. 만약 새로운 데이터로 인해 증거의 무게가 달라진다면 내 생각은 언제든 바뀔 것이다. 나는 또한 '빈 서판'이라는 가정을 토대로 지난 50년간 시도된 실패한 교육 및 공공 정책에 주목한다. 이제 신경과학이 나서서 그런 실패한 정책을 개선하고 새로운 정책적 대안을 제시해야 할 시기에 이르렀다고 생각한다. 어쩌면 여러분은 아직 이런 내 제안에 동의하지 않을수도 있을 것이다. 그렇다면 여러분이 이 책을 처음 집어 들었을 때 지능에 대해 과연 어떤 생각을 하고 있었는지 되짚어보라. 그리고 지금의생각과 비교해보라. 그것으로 나의 일차적 목표는 완료된 셈이다.

내가 아닌 바로 여러분에 대해 말하자면, 역시 독서가 생각을 새롭게 할 것이다. 설령 내 주장에 확신을 가진다고 해도, 이 책에서 제시하는 신경과학 분야의 대표적 연구 결과들을 다시 한번 살펴보라. 아울러 그런 성과들이 갖는 의미를 비판적으로 생각해보기 바란다. 여러분에게 던지는 나의 진정한 도전은 여러분이 지금까지 내가 언급한 것에서 약한 고리와 허점을 찾아내고, 그걸 수정하거나 아예 거짓으로 만들어버리는 데 있다.

나는 여러분 대다수가 나와 공유하고 있을 것으로 여겨지는 비밀스러운 소원을 하나 갖고 있다. 내가 40년 또는 50년 후의 미래로 이동해서 그동안 무슨 일이 일어났는지 되짚어보는 것이다. 그즈음이면 여러분은 아마 은퇴를 앞둔 채 뇌 연구에 매진하고 있을지도 모른다. 여러분은 새롭게 무엇을 알게 되었을까? 특정한 지능 유전자를 발견했을까? 그렇다면 몇 개 정도나? 그것들은 어떻게 작동할까? 유전공학을 활용해서, 아니면 어떤 약물이나 다른 경험을 활용해서 지능을 극적으로 향상시키게 되었을까? 어린 시절이나 청소년기의 두뇌 발달이 지능에 어떤 영향을 미칠 수 있을까? 모든 종류의 인지, 특히 지능을 시뮬레이션할 수 있는 현실적인 가상 인간 두뇌(realistic virtual human brain)가 만들어졌을까? 그런 인공 지능은 시뮬레이션에서 남성과 여성을 구별하지 않을까? 가장 지능적인 기계는 얼마나 똑똑해졌을까? 우리는 네트워크와 회로, 뉴런과 시냅스의 구조 및 기능에서 지능의 실체를 볼 수 있을까? 지능 연구는 교육과 기타 사회 분야의 제반 문제를 해결하는 데 어떻게 활용될까? 지능에 대해 신경과학에 기반한 새로운 정의가 내려졌을까? 크로노메트릭스 검사, 뇌 영상화, 다유전자 점수 등이 지능을 평가하는 새로운 표준으로 정착했을까? 뇌 지문은 무엇을 예측하며 어떻게 활용되고 있을까? 지능을 연구하는 데 사용되는 새로운 신경과학적 연구 도구와 방법에는 어떤 것이 있을까?

2015년과 2022년에 던진 내 베팅이 심하게 잘못되었다는 사실을 뒤늦게 깨닫는다고 해도 이런 질문들에 대한 해답을 알게 된다면 한없이 기쁠 것만 같다. 나는 20세기 중반에 태어났다. 평범한 집안 출신 대학생이던 나는 뇌 연구의 발전상에 대해서는 물론 지금 내가 살고 있는 미래에 대해서도 아무런 개념이 없었다. 그리고 현재의 나는 우리가 21세기 중반쯤 어떤 해답과 새로운 질문을 마주할지 간신히 상상만 할 수 있을 뿐이다. 여러분 중 지능과 뇌를 연구하는 직업을 가질지 고민하는 분이 있다면, 언제든 도움이 될 만한 진실 어린 권고 한마디를 해주고 싶다. 일단 시작하라. 과학에는 끝이 없다. 당신이 시작하는 바로 그 순간이 지능신경생물학을 정의하는 퍼즐에 흥미진진한 도전장을 던지는 때라고 할 수 있다.

6장 요약

∘ 크로노메트릭스는 표준 인지 과제를 수행하는 동안, 뇌의 정보 처리 속도를 측정하는 방법을 말한다. 측정은 시간 단위(밀리초)로 하며, 따라서 비율 척도로 지능의 정량적 평가가 가능하다.

∘ 기억력은 지능의 핵심 구성 요소이며, 신경과학적 연구는 기억력의 개인적 차이를 설명하는 데 유용한 뇌 회로를 파악할 수 있다.

∘ 광유전학이나 화학유전학 같은 새로운 신경과학적 기술은 인간의 지능 연구에 중요한 뉴런과 그 회로에 대해 동물을 활용한 연구를 가능케 한다.

∘ 실제 뇌 회로에 대한 신경과학적 이해는 뇌의 작동 방식을 기반으로 한 진정한 지능형 기계를 개발하는 데 커다란 진전을 가져올 수 있다.

∘ 신경영상학적으로 얻은 뇌 지문은 안정적이고 각 개인마다 고유하며 지능을 예측할 수 있게 해준다.

○ 의식과 창의성 관련 신경영상학적 연구는 지능에 대한 몇 가지 통찰력을 제공한다.

○ SES는 지능과 혼동될 가능성이 있는데, 아마도 뉴런 수준에서 그럴 것이다. 바로 이 런 연유로 공공 정책에 도발적인 영향을 미치는 경우가 적지 않다.

○ 개인의 인지적 강점과 약점의 다양한 패턴은 어린 시절의 경험에서 비롯되기보다는 신경생물학과 유전학에 더 깊은 뿌리를 두고 있다. 따라서 경제적·교육적 성취의 부족을 전적으로 동기 부여와 교육 기회의 결핍 또는 기타 사회적 요인의 책임으로 돌리는 것은 올바르지 않다.

○ 신경과학의 발전은 지능 연구자들에게 흥미로운 기회를 제공한다. 연구자를 꿈꾸는 사람이라면 지금이야말로 이 분야에 진출하기 가장 좋은 시기라고 할 수 있다.

복습 문제

1. 지능 측정에서 방법의 차이는 경과에 어떤 영향을 불러올까?
2. 여러분이라면 지능 향상에 도움이 되는 약물(IQ pill)을 복용하겠는가?
3. 이 책에서 제시한 여러 가지 정보가 교육 및 사회 정책에 영향을 미칠 수 있을까?
4. 이 책을 읽고 나서 지능에 대한 여러분의 관점에 어떤 변화가 생겼는가?

더 읽을거리

Clocking the Mind: Mental Chronometry and Individual Differences (Jensen, 2006). 지능을 측정하는 방법으로서 크로노메트릭스의 가능성과 이를 구현하는 데 따르는 도전 과제를 제시한다.

"Creativity and Intelligence: Brain Networks that Link and Differentiate the Expression of Genius" (Jung & Haier, 2013). 지능과 창의성에 관한 뇌 영상 연구를 요약하며, 특정 뇌 네트워크에서 천재성이 어떻게 나타날 수 있는지를 제안한다.

"DREADDs (Designer Receptors Exclusively Activated by Designer Drugs):

Chemogenetic Tools with Therapeutic Utility" (Urban & Roth, 2015). 해당 주제에 대한 매우 기술적인 신경과학적 설명을 제공한다.

G is for Genes: The Impact of Genetics on Education and Achievement (Asbury & Plomin, 2014). 정신 능력에 관한 유전 연구를 매우 읽기 쉽게 다룬 비전문적 요약본으로, 교육 개혁을 위한 구체적인 정책 권고 사항도 논의한다.

"Cognitive Ability Has Powerful, Widespread and Robust Effects on Social Stratification: Evidence from the 1979 and 1997 US National Longitudinal Surveys of Youth" (Marks, 2022). SES가 지능과 상관관계가 있음을 보여주는 포괄적인 통계 분석을 다룬다. 특히 사회 정책에 대한 함의를 상세히 논의해 학생들에게 유용하다.

용어 설명

●————●

게놈(genome) DNA 염기쌍의 전체 집합. 한 유기체가 갖고 있는 모든 유전
물질을 총칭하는 단어.

게놈정보학(genome informatics) 게놈(유전체) 데이터의 수집, 저장, 분석, 해석
을 위해 컴퓨터과학, 생물학, 수학, 통계학을 통합한 학문 분야. 다량의 유
전체 데이터를 효율적으로 처리하고, 생명과학 및 의학 연구에 활용할 수
있도록 다양한 알고리즘·소프트웨어·데이터베이스를 개발 및 활용한다.

결정성 지능(crystalized intelligence) 지식과 경험을 바탕으로 얻은 지능. 우리가
살면서 사실을 학습하고 정보를 흡수하는 능력의 원동력이다. 나이가 들어
도 그 능력은 별로 감퇴하지 않는다. 유동성 지능과 상대되는 지능이다.

경두개 교류 자극(transcranial alternating current stimulation, tACS) 두피에 약
한 교류 전류를 흘려 두뇌 활동을 자극하는 비침습적 신경 조절 기술. 연
구 및 임상 환경에서 신경 진동과 뇌 기능을 연구하고 잠재적으로 조절하
는 데 사용된다.

경두개 자기 자극(transcranial magnetic stimulation, TMS) 자기장을 사용해 뇌
의 특정 영역을 자극하는 비침습적 신경 조절 기술. 뇌 기능을 탐구하는

연구에 널리 쓰이며, 다양한 신경 및 정신 질환을 치료하는 임상적 응용 분야도 있다.

경두개 직류 자극(transcanial direct current stimulation, tDCS) 두피에 약한 직류 전류를 가해 뇌 부위를 자극하는 비침습적 기술.

공감각(synesthesia) 한 가지 감각 또는 인지 경로의 자극으로 인해 다른 감각 경로에서 무의식적인 경험을 하게 되는 질환. 공감각을 가진 사람은 가령 음악을 들을 때 색깔을 보거나, 특정 취향을 특정 모양과 연관시킬 수 있다.

공유 환경(shared environment) 지능의 유전과 관련 있는 환경적 영향 중에서 다른 사람들과 공유하는 경험. 비공유 환경과 비교할 것.

관심 영역(region of interests, ROIs) 신경 영상 분석을 위해 정의된 뇌 영역.

광유전학(optogenetics) 신경과학에서, 특정한 신경세포에 빛을 쬐여 그 기능을 조절하는 방법.

교차 검증(cross-validation) 연구와 실험에서 얻은 결과가 다른 독립적인 대상에서도 그대로 적용 가능한지 알아보기 위해 똑같은 연구를 반복 수행하는 일.

구조적 MRI(structural MRI) 생체 조직의 구성을 영상화해서 보여주기만 할 뿐 기능적 정보는 포함하지 않는 MRI 측정 기술.

그래프 분석(graph analysis) 뇌의 연결성을 모델링하고 구조적·기능적으로 연관된 뇌 영역의 네트워크를 추론하는 데 사용하는 수학적 도구.

기능적 MRI(functional MRI, fMRI) 혈류의 측정을 감지해 국소적인 두뇌 활동을 측정하는 MRI를 이용한 신경 영상 검사.

뇌 심부 자극(deep brain stimulation, DBS) 전극을 두뇌에 이식한 다음 특정한 뇌 영역을 자극하는 전기 충격을 가해 파킨스씨병 같은 두뇌 질환을 치료하는 신경외과적 시술.

뇌 유래 신경 영양 인자(brain-derived neurotropic factor, BDNF) 두뇌에서 만드는 단백질의 하나로, 학습과 뉴런 건강 및 발달의 여러 측면에 관여한다.

뇌 자기 공명 영상 기술(magneto-encephalogram, MEG) 뇌의 신경세포가 활동할 때 미세한 자기장이 발생하는데, 이를 감지해 뇌의 활동 패턴을 시각화하는 기술.

뉴로-*g*(neuro-*g*) 지능의 일반적 요소 중 적어도 일부는 (그것이 유전적이든 아니든) 두뇌의 특정 부위에 근거한다는 개념.

능력주의(meritocracy) 개인의 능력과 성과에 따라 사회적 위치나 기회를 부여하는 제도 또는 이념.

니모닉 방법(mnemonic methods) 암기력을 향상하고 강화하는 데 쓰이는 기법과 전략.

다면발현(pleiotropy) 하나의 유전자가 서로 관련 없는 여러 가지 표현형 형질에 영향을 미치는 현상. 유전학에서 매우 일반적이며 생물체의 복잡한 특성과 유전자 간 상호 작용을 이해하는 데 중요한 역할을 한다.

다유전성(polygenicity) 특정 형질이나 질병이 하나의 유전자가 아니라, 수백에서 수천 개 이상의 유전자에 의해 영향을 받는 현상. 다유전자적 특성은 키, 지능, 체질량 지수(BMI), 그리고 고혈압, 당뇨병, 심장병 같은 복잡한 질병까지 포함한다.

다유전자 점수(polygenic score, PGS) 개개인의 단일 염기 다형성(SNPs)이 복합적으로 어떤 형질이나 질병에 미치는 전체적인 영향을 수치화한 것. 이 점수는 수많은 유전자가 특정 형질 또는 질병에 기여하는 정도를 측정하며, 개인이 그 형질이나 질병을 가질 위험성을 예측하는 데 쓰인다.

단면 연구(cross-sectional study) 서로 다른 시점에 서로 다른 대상을 광범위하게 조사해 특정 주제의 경향성을 밝히려는 연구 방법론(종단 연구 참조).

단백질체학(proteomics)　단백질과 단백질이 어떻게 작용하는지 연구하는 학문.

단일 염기 다형성(single nucleotide polymorphisms, SNPs)　유전자를 구성하는 DNA 가닥에서 한 염기가 다른 염기로 대체되어 나타나는 유전자 이상. SNP는 특성이나 질병과 관련이 있을 수 있으며, 관련 유전자를 식별하는 힌트를 제공할 수 있다.

대립 유전자(allele)　특정 염색체의 특정 위치에 있는 유전자의 여러 형태 중 하나. 예를 들어, 눈동자의 색깔은 같은 위치의 유전자가 조금씩 다르므로 다양하게 나타날 수 있다.

도파민(dopamine)　보상 및 쾌락 중추를 통제하고 인지, 운동 및 감정 반응을 조절하는 데 도움을 주는 신경전달물질.

두기 생쥐(Doogie mice)　대조군 생쥐들보다 빨리 미로를 탈출할 수 있도록 유전적으로 조작된 '똑똑한' 생쥐. TV 시리즈 〈닥터 두기(Dr. Doogie)〉에서 차용한 명칭.

두정엽-전두엽 통합 이론(parieto-frontal integration theory, PFIT)　인간 지능의 생물학적 기반을 설명하는 신경과학 이론. 이 이론에 따르면 지능은 두뇌 피질의 두정엽과 전두엽의 상호 작용에서 발생한다.

디폴트 네트워크(default network)　특정한 정신 활동에 집중하고 있지 않을 때에도 항상 활성화되어 있는 뇌 영역의 네트워크 상태.

레이븐식 고급 점진적 매트릭스(Raven's Advanced Progressive Matrices, RAPM)　지능의 추상적 사고 및 문제 해결 능력을 평가하기 위해 설계된 비언어적 지능 검사.

마이크로어레이(microarray)　특정 개인의 DNA에 유전자 돌연변이(SNP)가 포함되어 있는지 여부를 확인하는 데 쓰이는 기술. 수천 개의 SNP를 동시에 연구할 수 있다.

메타분석(meta-analysis) 여러 개별 연구의 결과를 통합하고 종합해서, 그 연구 주제에 대한 전반적인 결론을 도출하는 통계적 방법.

메틸화(methylation) DNA를 변화시킬 수 있는 화학적 과정으로, DNA 자체를 변화시키지 않으면서 유전자 발현을 통제할 수 있으므로 후성유전학 조사에서 특히 관심이 많다.

모차르트 효과(Mozart effect) 클래식 음악을 들으면 지능이 높아진다는 주장.

범위 제한(restriction of range) 어떤 변수(예: 지능)의 분산이 다른 변수와 관련이 있는지 여부를 판단할 때, 해당 변수의 분산이 부족한 상황을 의미하는 통계적 문제. 이럴 때는 상관관계의 값을 신뢰하기 어렵다.

벨 커브(bell curve, 종 곡선) 어떤 점수나 특성이 정규 분포를 나타낼 때, 그 그래프의 모양이 종(bell)의 형태를 보여서 붙은 명칭. 지능과 사회에 관해 찰스 머리와 리하르트 헤른슈타인이 1994년에 출간한 도발적인 책의 제목이기도 하다.

보쿠머 매트리젠 검사(Bochumer Matrizen-Test, BOMAT) 추상적 추론 문제 해결을 기반으로 하는 표준화한 지능 검사의 하나로, 종종 g-인자를 추정하기 위해 사용된다.

복셀(voxel) 신경 이미지에서 가장 작은 단위. 3차원 픽셀.

복셀 기반 형태 측정(voxel-based morphography, VBM) 뇌 조직의 농도와 분포를 분석해 뇌 구조의 차이를 평가하는 데 사용되는 고급 신경 영상 기술. 특히 다양한 질환이나 치료와 관련 있는 해부학적 변화와 뇌의 변화를 연구하는 데 유용하다.

분자유전학(molecular genetics) 유전자가 화학과 물리학 측면에서 어떻게 기능하는지 연구하는 학문 분야.

분할 비등방도(fractional anisotropy, FA) MRI로 측정하는 수분 확산의 척도로,

두뇌의 백질부 섬유를 이미지화하고 그 무결성을 평가하는 데 사용된다.

불연속성 가설(discontinuity hypothesis) 높은 지능과 관련 있는 유전자는 낮은 지능과 관련 있는 유전자와 별개로 존재한다는 가설. 연속성 가설과 대치되는 개념.

브로드만 영역(Brodmann areas, BAs) 숫자를 사용해서 해부학적 위치에 따라 뇌 영역을 정의하는 시스템으로, 원래 뉴런 구조에 대한 부검 연구에 기반한 것이다(그림 3.6 참조). 20세기 초 독일의 신경학자 코르비니안 브로드만(Korbinian Brodmann)이 창안했다.

비공유 환경(nonshared environment) 유전성에 대한 환경적 영향을 따질 때, 각 개인이 갖는 독특한 환경적 조건. 예를 들어, 같은 환경에서 자란 쌍둥이는 대부분의 환경 조건을 공유하지만 남성과 여성의 이란성 쌍둥이라면 세부 환경적 조건에서는 다를 수 있다. 공유 환경의 상대적 용어.

비언어적 지능 테스트(Test of Nonverbal Intelligence, TONI) 언어 능력에 의존하지 않고 인지 능력을 검사하도록 설계한 평가. 언어 장벽이나 인지 장애 때문에 의사소통에 문제가 있는 개인의 지능을 평가할 수 있으므로 어린이들의 지능 측정에 사용되기도 한다.

빈 서판(blank slate) 사람은 태어날 때 백지 상태의 두뇌를 가지므로 어떻게 양육하며 그 빈자리를 채우느냐에 따라 지능과 인지 능력이 달라진다는 철학적·심리학적 관점. 2002년 스티븐 핑커가 현대 과학에 근거해 이 견해를 반박하는 내용의 책을 출간하면서 붙인 책 제목이기도 하다.

사회경제적 지위(social economic status, SES) 사회에서 한 개인이나 집단의 사회적·경제적 지위를 의미한다. 이런 지위가 그 개인이나 집단의 행동과 특성에 어떤 영향을 미치는지 파악하기 위한 연구에서 사용하는 사회 계층 추정치.

상관관계(correlation) 두 사물이나 존재가 서로 얼마나 강력하게 연관되어 있는지를 설명하는 통계학적 방법(그림 1.2 참조). 상관관계가 인과관계의 정도를 나타내지는 않는다.

서번트(Savant) 전문적이거나 좁은 주제에 대해 심도 깊은 지식을 가진 사람. 높은 지능을 소유했는지 여부와는 관련이 없다.

수행 IQ(performance IQ) IQ 검사에서 도출된 비언어적 지능 점수.

신경 빈곤(neuro-poverty) 빈곤의 여러 원인 중에서 적어도 그 일부는 지능의 유전적 기초와 관련이 있을 수 있다는 개념.

신경-SES(neuro-SES) 개인의 지능 정도와 사회경제적 지위가 겹치는 부분이 유전적 영향 때문일 수 있다는 개념.

심리측정학(psychometrics) 사람들의 심리학적 특성, 능력, 성격, 태도 등을 측정하고 평가하는 방법론을 연구하는 분야.

아동용 웩슬러 지능 척도(Wechsler Intelligence Scale for Children, WISC) 어린이를 위해 특별히 설계한 WAIS 버전.

양적 형질 좌위(quantitative trait locus, QTL) 키, 체중, 지능 등 양적 형질의 유전적 기초를 연구하기 위해 사용하는 개념으로, 특정 형질의 변이를 유발하는 유전자 또는 유전자 집단이 위치한 염색체의 구간을 의미한다. QTL 분석은 복잡한 양적 형질을 유전적으로 연구하는 중요한 도구다.

양전자 방출 단층 촬영(positron emission tomography, PET) 인체 내부의 생물학적 과정을 시각화하고 측정하기 위해 사용하는 핵의학 영상 기술. PET 스캔은 주로 두뇌 활동, 심장 기능, 암 진단 등에 쓰인다.

에지(edge) 뇌 연결성 그래프 분석에서 두뇌 영역의 연관성을 나타낸다.

연속성 가설(continuity hypothesis) 높은 지능과 관련 있는 유전자, 낮은 지능과 관련 있는 유전자가 따로 있는 것이 아니므로 지능 관련 유전자에 구별이 있을 수 없다는 생각.

염기쌍(base pairs)   아데닌(A), 구아닌(G), 사이토신(C), 티민(T)이 서로 쌍을 이루며 형성하는 기본 구조로, 마치 사다리처럼 두 가닥의 DNA를 구성한다. 염기쌍은 사다리의 난간처럼 각자 자리를 잡는데, 인간 DNA에는 약 30억 개의 염기쌍이 있는 것으로 추정된다.

염색체(chromosome)   유전자 정보를 품고 있는 실타래 같은 구조의 DNA 집합체. 인간은 23쌍의 염색체를 갖고 있다.

요인 분석(factor analysis)   상관관계를 기반으로 여러 변수 간의 패턴을 분석하는 통계적 방법.

웩슬러 성인 지능 척도(Wechsler Adult Intelligent Scale, WAIS)   성인의 다양한 지능 특성을 측정하기 위해 설계해 널리 쓰이고 있는 심리 평가 도구. 인지 능력과 개인의 지적 기능에 대한 종합적인 평가를 제공한다.

위양성(false positive)   어떤 검사에서 사실이 아닌 것으로 판명된 내용을 사실이라고 잘못 표시하는 결과.

유동성 지능(fluid intelligence, Gf)   문제 해결, 추상적 사고, 새로운 상황에 적응하는 능력을 의미하며 g-인자와 밀접한 관련이 있다.

유발 전위 검사(evoked potential, EP)   섬광 같은 특정 자극에 의해 유도되는 뇌의 전기적 활동을 기록하는 특수한 뇌파의 응용 분야. EP는 동일한 자극을 여러 번 반복한 뇌파(EEG)의 평균을 구해서 도출한다.

유전성(heritability)   특정 형질이 유전적 요인에 의해 얼마나 설명되는지를 나타내는 통계적 개념. 유전성은 0부터 1까지의 값으로 표현되며, 종종 백분율로 나타내기도 한다.

유전자(gene)   생명체의 유전 정보를 담고 있는 기본 단위. 유전자는 DNA(디옥시리보핵산)의 특정 부분으로 생명체의 발달, 생장, 기능, 생존 등에 필요한 단백질을 만들기 위한 지침을 제공한다.

유전자 발현(gene expression) 유전자의 지시가 단백질 생성을 시작하거나 중단하는 과정.

유전자좌(locus) 염색체의 특정 영역에 있는 유전자 또는 유전자의 위치.

유전체학(genomics) 유전자의 구조와 기능을 연구하는 학문.

이란성 쌍둥이〔dizygotic(DZ) twins〕 한 번에 배란한 두 난자가 각기 따로 수정되어 출생한 쌍둥이로, 유전자의 50퍼센트만 일치한다.

이중 나선(double helix) 이중 가닥의 DNA 분자로 형성되는, 우리 몸의 모든 정보가 축적되어 있는 DNA 구조.

일란성 쌍둥이〔monozygotic(MZ) twins〕 유전자의 100퍼센트가 일치한다.

일반주의 유전자 가설(generalist genes hypothesis) 각각의 인지 기능이 각기 다른 유전자 집합의 영향을 받는 게 아니라, 동일한 유전자가 대부분의 인지 능력에 영향을 미친다는 생각.

자기 공명 분광법(magnetic resonance spectroscopy, MRS) MRI와 유사하게 자기장과 라디오파를 사용하지만, MRS는 조직에서 나오는 다양한 화학적 물질의 신호를 분석해 그 농도와 종류를 추정한다. MRI는 인체의 구조적 단면을 보여주는 이미지를 제공하고, MRS는 특정 화학적 물질의 농도나 대사 상태를 수치적으로 나타낸다.

자기 공명 영상(magnetic resonance imaging, MRI) 강력한 자기장을 이용해 신체 내부의 상세한 영상을 생성하는 의료 영상 기술. X-선이나 방사선을 사용하지 않고도 인체의 조직, 특히 연조직을 고해상도로 촬영할 수 있어 뇌, 척수, 근육, 관절, 심장 등 다양한 부위의 진단에 널리 쓰인다.

자폐증(autism) 다양한 인지 활동 및 행동 증상을 동반하는 복합적인 신경 발달 장애로, 흔히 스펙트럼 장애라고도 한다.

전두엽 억제 모델(frontal dis-inhibition model, F-DIM) 창의성에 대한 신경 영상 연구가 기반을 이룬 이 프레임워크는 창의성과 연관 있는 뇌 영역의 시스템을 제시한다(그림 6.7 참조).

전두측두엽 치매(frontotemporal dementia, FTD) 알츠하이머병과 유사한 희귀 퇴행성 질환으로, 특히 전두엽의 점진적인 신경세포 손실이 특징이다.

전장 유전체 연관 분석(genome wide association study, GWAS) 전체 게놈을 대상으로 특정 질병이나 특성과 연관된 유전 변이를 찾는 연구 방법. 대규모 개체 집단에서 유전체 데이터를 분석해 단일 염기 다형성(SNPs)이 질병이나 특정 형질에 어떤 영향을 미치는지 파악하는 데 쓰인다.

전체 IQ(full scale IQ) 표준화한 지능 검사에서 모든 하위 테스트 점수를 합산한 총점.

정량유전학(quantitative genetics) 유전적 변이와 환경적 요인이 함께 작용해 나타나는 양적 형질(quantitative traits)을 연구하는 분야. 양적 형질은 연속적으로 변하는 형질로 키, 체중, 피부색, 지능 등이 여기에 해당한다.

종단 연구(longitudinal study) 동일한 대상 집단을 오랜 기간에 걸쳐 반복적으로 관찰하고 측정하는 연구 방법. 단면 연구와 대조된다.

지능(intelligence) 사고하고 학습하는 능력. 어리석음과 반대되는 개념이다.

초등 인지 과제(elementary cognitive tasks, ECTs) 주의력 같은 기본적인 정신 과정을 측정하기 위해 고안한 과제.

크로노메트릭스(chronometrics) 표준 인지 작업을 수행하는 동안 뇌의 정보 처리 속도를 측정하는 방법. 측정은 시간 단위로 이루어지므로 비율 척도로 지능의 정량적인 평가가 가능하다.

포지티브 매니폴드(positive manifold) 모든 지적 능력에 대한 검사는 같은 방향으로 서로 관련되어 있다는 강력한 발견을 설명하는 데 쓰이는 용어. 한 검사에서 점수가 높은 사람은 다른 검사에서도 높은 점수를 받을 가능성이 높다. g-인자의 존재를 보여주는 강력한 증거다.

표준 편차(standard deviation) 일련의 데이터 세트에서 각 데이터의 변동 또는 분산의 양을 정량화하는 통계적 척도. 데이터 집합의 평균값 부근에서 각 데이터 값이 얼마나 분산되어 있는지 나타낸다.

플루오로데옥시글루코스(fluorodeoxyglucose, FDG) PET에서 대사 활동을 감지하는 데 쓰이는 방사성 물질.

플린 효과(Flynn effect) 원래의 IQ 점수가 세대에 걸쳐 점진적으로 증가하는 현상. 그 원인은 아직 밝혀지지 않았으며, g-인자에 어떤 영향을 미치는지도 알려지지 않았다.

행동유전학(behavioral genetics) 인간의 행동과 형질에 미치는 유전적 영향을 연구하는 유전학의 한 분야.

행동주의(behaviorism) 1950년대와 1960년대에 유행한 심리학의 한 이론. 사람은 본질적으로 수동적이고 환경 자극에 반응하며, 명백한 행동만이 연구 대상일 수 있다고 주장했다.

허브(hub) 그래프 분석에서 다른 영역과 연결이 많은 뇌 영역을 나타내기 위해 쓰이는 용어.

형광 단백질(fluorescent proteins) 뉴런의 내부 작동을 시각화하기 위해 사용되는 발광성 화학 물질.

화학유전학(chemogenetics) 특수하게 설계된 화학 물질을 사용해 실험적으로 뉴런을 켜고 끄는 기술(DREADD 참조).

확산 텐서 영상(diffusion tensor imaging, DTI) 두뇌의 백질 부분에서 수분이 확산하는 패턴을 이미지화할 수 있는 MRI 촬영 기법.

회귀 방정식(regression equation) 두 변수 사이의 관계를 설명하는 데 쓰이는 수학 공식. 독립 변수의 값을 기반으로 종속 변수의 값을 예측하는 데 유용하다.

후성유전학(epigenetics) 유전자 자체의 변화 없이 외부 요인이 유전자 발현에 미치는 영향을 연구하는 유전학의 한 분야.

흰개미들(termites) 루이스 터먼이 자신의 종단 연구에 참여한 고도 지능자를 가리켜 사용한 속어.

CAT 스캔(CAT scan) 컴퓨터 단층 촬영은 X-선을 사용해 신체 조직과 구조를 이미지화한다. 이렇게 얻은 영상은 조직의 기능에 대한 정보를 제공하지 않는다.

CRISPR/Cas9 박테리아가 생산하는 Cas9 효소를 사용해 게놈을 편집하는 방법. 보통 크리스퍼 유전자 가위라고 부른다.

DNA 디옥시리보핵산의 약자로, 유전자의 기본 구성 물질.

DREADD(designer receptors exclusively activated by designer drugs) 합성 분자를 사용해 뇌 수용체를 활성화하는 시스템.

EEG(electroencephalogram) 두피에 부착한 전극을 사용해 뇌의 전기적 활동을 측정하는 기술.

***g*-인자**(g) 다양한 지능 검사에서 수행 능력에 영향을 미치는 일반적인 인지 능력을 나타낸다. 이는 개인의 전반적 인지 기능이나 지적 능력의 측정치로 간주된다.

IQ 심리 측정 검사에서 파생한 지능의 척도이지만, 검사 방법에 따라 다르게 정의된다. IQ 점수는 거리나 무게같이 절댓값을 갖는 것이 아니다. IQ 점수는 다른 사람과 비교했을 때에만 의미가 있으며 백분위수로 가장 잘 이해할 수 있다.

SAT(Scholastic Assessment Test) 미국의 대학 수능 시험.

STEM(Science, Technology, Engineering and Mathematics)　과학, 기술, 공학 및 수학 분야를 총칭하는 약어.

Val66Met　BDNF와 관련된 유전자 이름.

참고문헌

●———●

Abdellaoui, A., Dolan, C. V., Verweij, K. J. H., & Nivard, M. G. (2022). Gene-environment correlations across geographic regions affect genome-wide association studies. *Nature Genetics*. doi:10.1038/s41588-022-01158-0.

Ackerman, P. L., Beier, M. E., & Boyle, M. O. (2005). Working memory and intelligence: The same or different constructs? *Psychological Bulletin, 131*(1), 30-60. doi:10.1037/0033-2909.131.1.30.

Adamczyk, A. K., & Zawadzki, P. (2020). The memory-modifying potential of optogenetics and the need for neuroethics. *NanoEthics, 14*(3), 207-225. doi:10.1007/s11569-020-00377-1.

Alavash, M., Lim, S. J., Thiel, C., Sehm, B., Deserno, L., & Obleser, J. (2018). Dopaminergic modulation of hemodynamic signal variability and the functional connectome during cognitive performance. *Neuroimage, 172*, 341-356. doi:10.1016/j.neuroimage.2018.01.048.

Alkire, M. T., & Haier, R. J. (2001). Correlating in vivo anaesthetic effects with ex vivo receptor density data supports a GABAergic mechanism of action for propofol, but not for isoflurane. *British Journal of Anaesthesia, 86*(5), 618-626. www.ncbi.nlm.nih.gov/pubmed/11575335.

Alkire, M. T., Haier, R. J., & Fallon, J. H. (2000). Toward a unified theory of narcosis: Brain imaging evidence for a thalamocortical switch as the neurophysiologic basis of anesthetic-induced unconsciousness. *Consciousness and Cognition, 9*(3), 370-386.

Alkire, M. T., Haier, R. J., Barker, S. J., Shah, N. K., Wu, J. C., & Kao, Y. J. (1995). Cerebral metabolism during propofol anesthesia in humans studied with positron emission tomography. *Anesthesiology, 82*(2), 393-403; discussion 327A. www.ncbi.nlm.nih.gov/pubmed/7856898.

Alkire, M. T., Pomfrett, C. J. D., Haier, R. J., Gianzero, M. V., Chan, C. M., Jacobsen, B. P., & Fallon, J. H. (1999). Functional brain imaging during anesthesia in humans—Effects of halothane on global and regional cerebral glucose metabolism. *Anesthesiology, 90*(3), 701-709.

Allegrini, A. G., Selzam, S., Rimfeld, K., von Stumm, S., Pingault, J. B., & Plomin, R. (2019). Genomic prediction of cognitive traits in childhood and adolescence. *Molecular Psychiatry, 24*(6), 819-827. doi:10.1038/s41380-019-0394-4.

Anderson, D. J. (2012). Optogenetics, sex, and violence in the brain: Implications for psychiatry. *Biological Psychiatry, 71*(12), 1081-1089. doi:10.1016/j.biopsych.2011.11.012.

Anderson, J. W., Johnstone, B. M., & Remley, D. T. (1999). Breast-feeding and cognitive development: A meta-analysis. *The American Journal of Clinical Nutrition, 70*(4), 525-535. www.ncbi.nlm.nih .gov/pubmed/10500022.

Anderson, K. M., & Holmes, A. J. (2021). Predicting individual differences in cognitive ability from brain imaging and genetics. In A. K. Barbey, S. Karama, & R. J. Haier (Eds.), *Cambridge Handbook of Intelligence and Cognitive Neuroscience* (pp. 327-348). New York: Cambridge University Press.

Andreasen, N. C., Flaum, M., Swayze, V., Oleary, D. S., Alliger, R., Cohen, G., ⋯ Yuh, W. T. C. (1993). Intelligence and brain structure in normal individuals. *American Journal of Psychiatry, 150*(1), 130-134.

Antal, A., Luber, B., Brem, A. K., Bikson, M., Brunoni, A. R., Cohen Kadosh, R., ⋯ Paulus, W. (2022). Non-invasive brain stimulation and neuroenhancement. *Clinical Neurophysiological Practise, 7*, 146-165. doi:10.1016/j.cnp.2022.05.002.

Arden, R. (2003). An arthurian romance. In H. Nyborg (Ed.), *The Scientific Study of General Intelligence* (pp. 533-553). Amsterdam: Pergamon.

Arden, R., Chavez, R. S., Grazioplene, R., & Jung, R. E. (2010). Neuroimaging creativity: A psychometric view. *Behavioral Brain Research, 214*(2), 143-156. doi:10.1016/j.bbr.2010.05.015.

Arden, R., Luciano, M., Deary, I. J., Reynolds, C. A., Pedersen, N. L., Plassman, B. L., ··· Visscher, P. M. (2015). The association between intelligence and lifespan is mostly genetic. *International Journal of Epidemiology.* doi:10.1093/ije/dyv112.

Ardlie, K. G., DeLuca, D. S., Segre, A. V., Sullivan, T. J., Young, T. R., Gelfand, E. T., ··· Consortium, G. (2015). The Genotype-Tissue Expression (GTEx) pilot analysis: Multitissue gene regulation in humans. *Science, 348*(6235), 648-660. doi:10.1126/science.1262110.

Arevalo, A., Abusamra, V., & Lepski, G. (2022). Editorial: How to improve neuroscience education for the public and for a multi-professional audience in different parts of the globe. *Frontiers in Human Neuroscience*, 16, 973893.

Aristizabal, M. J., Anreiter, I., Halldorsdottir, T., Odgers, C. L., McDade, T. W., Goldenberg, A., ··· O'Donnell, K. J. (2020). Biological embedding of experience: A primer on epigenetics. *Proceedings of the National Academy of Sciences, 117*(38), 23261-23269. doi:10.1073/pnas.1820838116.

Asbury, K., & Fields, D. (2021). Implications of biological research on intelligence for education and public policy. In A. Barbey, S. Karama, & R. J. Haier (Eds.), *The Cambridge Handbook of Intelligence and Cognitive Neuroscience* (pp. 399-415). New York: Cambridge University Press.

Asbury, K., & Plomin, R. (2014). *G Is for Genes: The Impact of Genetics on Education and Achievement.* Chichester, West Sussex: Wiley-Blackwell.

Asbury, K., & Wai, J. (2019). Viewing education policy through a genetic lens. *Journal of School Choice*, 1-15. doi:10.1080/15582159.2019.1705008.

Asbury, K., Wachs, T. D., & Plomin, R. (2005). Environmental moderators of genetic influence on verbal and nonverbal abilities in early childhood. *Intelligence, 33*(6), 643-661.

Ashburner, J., & Friston, K. (1997). Multimodal image coregistration and partitioning—a unified framework. *Neuroimage, 6*(3), 209-217.

Ashburner, J., & Friston, K. J. (2000). Voxel-based morphometry—the methods. *Neuroimage, 11*(6 Pt 1), 805-821.

Aston-Jones, G., & Deisseroth, K. (2013). Recent advances in optogenetics and pharmacogenetics. *Brain Research, 1511,* 1-5. doi:10.1016/j.brainres.2013.01.026.

Atherton, M., Zhuang, J. C., Bart, W. M., Hu, X. P., & He, S. (2000). A functional magnetic resonance imaging study of chess expertice. *Journal of Cognitive Neuroscience,* 105-105.

Au, J., Buschkuehl, M., Duncan, G. J., & Jaeggi, S. M. (2016). There is no convincing evidence that working memory training is NOT effective: A reply to Melby-Lervag and Hulme (2015). *Psychonomic Bulletin and Review, 23*(1), 331-337. doi:10.3758/s13423-015-0967-4.

Au, J., Gibson, B. C., Bunarjo, K., Buschkuehl, M., & Jaeggi, S. M. (2020). Quantifying the difference between active and passive control groups in cognitive interventions using two meta-analytical approaches. *Journal of Cognitive Enhancement, 4*(2), 192-210. doi:10.1007/s41465-020-00164-6.

Au, J., Sheehan, E., Tsai, N., Duncan, G. J., Buschkuehl, M., & Jaeggi, S. M. (2015). Improving fluid intelligence with training on working memory: A meta-analysis. *Psychonomic Bulletin and Review, 22*(2), 366-377. doi:10.3758/s13423-014-0699-x.

Bagot, K. S., & Kaminer, Y. (2014). Efficacy of stimulants for cognitive enhancement in non-attention deficit hyperactivity disorder youth: A systematic review. *Addiction, 109*(4), 547-557. www.ncbi.nlm.nih.gov/pubmed/ 24749160.

Bailey, M. J., Sun, S., & Timpe, B. (2021). Prep School for Poor Kids: The long-run impacts of head start on human capital and economic self-sufficiency. *American Economic Review, 111*(12), 3963-4001. doi:10.1257/aer.20181801.

Barbey, A. (2018). Network neuroscience theory of human intelligence. *Trends in Cognitive Sciences, 22*(1), 8-20.

Barbey, A. (2021). Human intelligence and network neuroscience. In A. Barbey,

S. Karama, & R. J. Haier (Eds.), *Cambridge Handbook of Intelligence and Cognitive Neuroscience* (pp. 102-122). New York: Cambridge University Press.

Barbey, A. K., Colom, R., Paul, E. J., & Grafman, J. (2014). Architecture of fluid intelligence and working memory revealed by lesion mapping. *Brain · Structure and Function, 219*(2), 485-494.

Barbey, A. K., Colom, R., Paul, E., Forbes, C., Krueger, F., Goldman, D., & Grafman, J. (2014). Preservation of general intelligence following traumatic brain injury: Contributions of the Met66 brain-derived neurotrophic factor. *Plos One, 9*(2).

Barbey, A. K., Colom, R., Solomon, J., Krueger, F., Forbes, C., & Grafman, J. (2012). An integrative architecture for general intelligence and executive function revealed by lesion mapping. *Brain, 135*(Pt 4), 1154-1164. doi:10.1093/brain/aws021.

Barbey, A., Karama, S., & Haier, R. J. (2021). *Cambridge Handbook of Intelligence and Cognitive Neuroscience.* New York: Cambridge University Press.

Barnett, W. S., & Hustedt, J. T. (2005). Head start's lasting benefits. *Infants and Young Children, 18*(1), 16-24.

Bashwiner, D. M. (2018). The neuroscience of musical creativity. In J. R. E. & V. O. (Eds.), *The Cambridge Handbook of the Neuroscience of Creativity* (pp. 495-516). Cambridge: Cambridge University Press.

Bashwiner, D. M., Wertz, C. J., Flores, R. A., & Jung, R. E. (2016). Musical creativity "Revealed" in brain structure: Interplay between motor, default mode, and limbic networks. *Scientific Reports, 6*, 20482. doi:10.1038/srep20482.

Bassett, D. S., Yang, M., Wymbs, N. F., & Grafton, S. T. (2015). Learning-induced autonomy of sensorimotor systems. *Nature Neuroscience, 18*(5), 744-751. doi:10.1038/nn.3993.

Basso, A., De Renzi, E., Faglioni, P., Scotti, G., & Spinnler, H. (1973). Neuropsychological evidence for the existence of cerebral areas critical to the performance of intelligence tasks. *Brain, 96*(4), 715-728.

Basten, U., & Fiebach, C. J. (2021). Functional brain imaging of intelligence. In

A. Barbey, S. Karama, & R. J. Haier (Eds.), *The Cambridge Handbook of Intelligence and Cognitive Neuroscience* (pp. 235-260). New York: Cambridge University Press.

Basten, U., Hilger, K., & Fiebach, C. J. (2015). Where smart brains are different: A quantitative meta-analysis of functional and structural brain imaging studies on intelligence. *Intelligence, 51*(0), 10-27. doi:10.1016/j.intell.2015.04.009.

Basten, U., Stelzel, C., & Fiebach, C. J. (2013). Intelligence is differentially related to neural effort in the task-positive and the task-negative brain network. *Intelligence, 41*(5), 517-528.

Bates, T. C., & Gignac, G. E. (2022). Effort impacts IQ test scores in a minor way: A multi-study investigation with healthy adult volunteers. *Intelligence, 92*, 101652. doi:10.1016/j.intell.2022.101652.

Bates, T. C., Lewis, G. J., & Weiss, A. (2013). Childhood socioeconomic status amplifies genetic effects on adult intelligence. *Psychological Science, 24*(10), 2111-2116.

Batty, G. D., Deary, I. J., & Gottfredson, L. S. (2007). Premorbid (early life) IQ and later mortality risk: Systematic review. *Annals of Epidemiology, 17*(4), 278-288.

Beaty, R. E. (2015). The neuroscience of musical improvisation. *Neuroscience and Biobehavioral Reviews, 51*, 108-117. doi:10.1016/j.neubiorev.2015.01.004.

Beaujean, A. A., Firmin, M. W., Knoop, A. J., Michonski, J. D., Berry, T. P., & Lowrie, R. E. (2006). Validation of the Frey and Detterman (2004) IQ prediction equations using the Reynolds Intellectual Assessment Scales. *Personality and Individual Differences, 41*(2), 353-357. doi:10.1016/j.paid. 2006.01.014.

Bejjanki, V. R., Zhang, R., Li, R., Pouget, A., Green, C. S., Lu, Z. L., & Bavelier, D. (2014). Action video game play facilitates the development of better perceptual templates. *Proceedings of the National Academy Science USA, 111*(47), 16961-16966. doi:10.1073/pnas.1417056111.

Bengtsson, S. L., Csikszentmihalyi, M., & Ullen, F. (2007). Cortical regions involved in the generation of musical structures during improvisation in pianists. *Journal of Cognition Neuroscience, 19*(5), 830-842. doi:10.1162/jocn.2007. 19.5.830.

Benyamin, B., Pourcain, B., Davis, O. S., Davies, G., Hansell, N. K., Brion, M. J., ··· Visscher, P. M. (2014). Childhood intelligence is heritable, highly polygenic and associated with FNBP1L. *Molecular Psychiatry, 19*(2), 253-258. doi:10.1038/mp.2012.184.

Berkowitz, A. L., & Ansari, D. (2010). Expertise-related deactivation of the right temporoparietal junction during musical improvisation. *Neuroimage, 49*(1), 712-719. doi:10.1016/j.neuroimage.2009.08.042.

Bernstein, B. O., Lubinski, D., & Benbow, C. P. (2019). Psychological constellations assessed at age 13 predict distinct forms of eminence 35 years later. *Psychological Science, 30*(3), 444-454. doi:10.1177/0956797618822524.

Bhaduri, A., Sandoval-Espinosa, C., Otero-Garcia, M., Oh, I., Yin, R., Eze, U. C., ··· Kriegstein, A. R. (2021). An atlas of cortical arealization identifies dynamic molecular signatures. *Nature, 598*(7879), 200-204. doi:10.1038/s41586-021-03910-8.

Biazoli, C. E., Jr., Salum, G. A., Pan, P. M., Zugman, A., Amaro, E., Jr., Rohde, L. A., ··· Sato, J. R. (2017). Commentary: Functional connectome fingerprint: Identifying individuals using patterns of brain connectivity. *Frontiers in Human Neuroscience, 11*, 47.

Bishop, S. J., Fossella, J., Croucher, C. J., & Duncan, J. (2008). COMT val158met genotype affects recruitment of neural mechanisms supporting fluid intelligence. *Cerebral Cortex, 18*(9), 2132-2140. doi:10.1093/cercor/bhm240.

Bogg, T., & Lasecki, L. (2015). Reliable gains? Evidence for substantially underpowered designs in studies of working memory training transfer to fluid intelligence. *Frontiers in Psychology*, 5.

Bohlken, M. M., Brouwer, R. M., Mandl, R. C., van Haren, N. E., Brans, R. G., van Baal, G. C., ··· Hulshoff Pol, H. E. (2014). Genes contributing to subcortical volumes and intellectual ability implicate the thalamus. *Human Brain*

Mapping, *35*(6), 2632-2642. doi:10.1002/hbm.22356.

Boivin, M. J., Giordani, B., Berent, S., Amato, D. A., Lehtinen, S., Koeppe, R. A., … Kuhl, D. E. (1992). Verbal fluency and positron emission tomographic mapping of regional cerebral glucose-metabolism. *Cortex, 28*(2), 231-239.

Bouchard, T. J., Jr. (1998). Genetic and environmental influences on adult intelligence and special mental abilities. *Human Biology, 70*(2), 257-279.

Bouchard, T. J. (2009). Genetic influence on human intelligence (Spearman's g): How much? *Annals of Human Biology, 36*(5), 527-544.

Bouchard, T. J., Jr., & McGue, M. (1981). Familial studies of intelligence: A review. *Science, 212*(4498), 1055-1059. www.ncbi.nlm.nih.gov/pubmed/7195071.

Bowren, M., Adolphs, R., Bruss, J., Manzel, K., Corbetta, M., Tranel, D., & Boes, A. D. (2020). Multivariate lesion-behavior mapping of general cognitive ability and its psychometric constituents. *The Journal of Neuroscience, 40*(46), 8924. doi:10.1523/JNEUROSCI.1415-20.2020.

Brans, R. G. H., Kahn, R. S., Schnack, H. G., van Baal, G. C. M., Posthuma, D., van Haren, N. E. M., … Pol, H. E. H. (2010). Brain plasticity and intellectual ability are influenced by shared genes. *Journal of Neuroscience, 30*(16), 5519-5524.

Brem, A. K., Almquist, J. N., Mansfield, K., Plessow, F., Sella, F., Santarnecchi, E., … Honeywell SHARP Team authors. (2018). Modulating fluid intelligence performance through combined cognitive training and brain stimulation. *Neuropsychologia, 118*(Pt A), 107-114. doi:10.1016/j.neuropsychologia.2018. 04.008.

Brodmann, K. (1909). *Vergleichende Lokalisationslehre der Grosshirnrinde in ihren Prinzipien dargestellt auf Grund des Zellenbaues*. Leipzig: Barth.

Brody, N. (2003). Construct validation of the Sternberg Triarchic Abilities Test Comment and reanalysis. *Intelligence, 31*(4), 319-329. doi:10.1016/S0160-2896(01)00087-3.

Bruzzone, S. E. P., Lumaca, M., Brattico, E., Vuust, P., Kringelbach, M. L., & Bonetti, L. (2022). Dissociated brain functional connectivity of fast versus slow frequencies underlying individual differences in fluid intelligence: A DTI and MEG study. *Scientific Reports, 12*(1), 4746. doi:10.1038/s41598-022-08521-5.

Burgaleta, M., & Colom, R. (2008). Short-term storage and mental speed account for the relationship between working memory and fluid intelligence. *Psicothema, 20*(4), 780-785.

Burgaleta, M., Johnson, W., Waber, D. P., Colom, R., & Karama, S. (2014). Cognitive ability changes and dynamics of cortical thickness development in healthy children and adolescents. *Neuroimage, 84*, 810-819. doi:10.1016/j.neuroimage.2013.09.038.

Burgaleta, M., Macdonald, P. A., Martinez, K., Roman, F. J., Alvarez-Linera, J., Gonzalez, A. R., ⋯ Colom, R. (2013). Subcortical regional morphology correlates with fluid and spatial intelligence. *Human Brain Mapping.* doi:10.1002/hbm.22305.

Burgoyne, A. P., & Engle, R. W. (2020). Mitochondrial functioning and its relation to higher-order cognitive processes. *Journal of Intelligence, 8*(2).

Burt, C. (1943). Ability and income. *British Journal of Educational Psychology, 13*, 83-98.

Burt, C. (1955). The evidence for the concept of intelligence. *British Journal of Educational Psychology, 25*, 158177.

Burt, C. (1966). Genetic determination of differences in intelligence—A study of monozygotic twins reared together and apart. *British Journal of Psychology, 57*, 137-153.

Cabeza, R., & Nyberg, L. (2000). Imaging cognition II: An empirical review of 275 PET and fMRI studies. *Journal of Cognitive Neuroscience, 12*(1), 1-47.

Cajal, R. S. (1924). *Pensamientos Escogidos (Chosen Thoughts).* Madrid: Cuadernos Literarios.

Campbell, F. A., Pungello, E., Miller-Johnson, S., Burchinal, M., & Ramey, C. T. (2001). The development of cognitive and academic abilities: Growth curves from an early childhood educational experiment. *Developmental Psychology,*

37(2), 231-242.

Cardoso-Leite, P., & Bavelier, D. (2014). Video game play, attention, and learning: How to shape the development of attention and influence learning? *Current Opinion in Neurology, 27*(2), 185-191. doi:10.1097/WCO.0000000000000077.

Carl, N. (2018). How stifling debate around race, genes and IQ can do harm. *Evolutionary Psychological Science, 4*(4), 399-407. doi:10.1007/s40806-018-0152-x.

Cattell, R. B. (1971). *Abilities: Their structure, growth, and action*. Boston: Houghton Mifflin.

Cattell, R. B. (1987). *Intelligence: Its structure, growth, and action*. North-Holland: Sole distributors for the U.S.A. and Canada, Elsevier Science Pub. Co.

Ceci, S. J. (1991). How much does schooling influence general intelligence and its cognitive components—A reassessment of the evidence. *Developmental Psychology, 27*(5), 703-722.

Ceci, S. J., & Williams, W. M. (1997). Schooling, intelligence, and income. *American Psychologist, 52*(10), 1051-1058.

Chabris, C. F. (1999). Prelude or requiem for the 'Mozart effect'? *Nature, 400*(6747), 826-827.

Chabris, C. F., Hebert, B. M., Benjamin, D. J., Beauchamp, J., Cesarini, D., van der Loos, M., ⋯ Laibson, D. (2012). Most reported genetic associations with general intelligence are probably false positives. *Psychological Science, 23*(11), 1314-1323.

Champagne, F. A., & Curley, J. P. (2009). Epigenetic mechanisms mediating the long-term effects of maternal care on development. *Neuroscience Biobehavioral Review, 33*(4), 593-600. doi:10.1016/j.neubiorev.2007.10.009.

Cheesman, R., Hunjan, A., Coleman, J. R. I., Ahmadzadeh, Y., Plomin, R., McAdams, T. A., ⋯ Breen, G. (2020). Comparison of adopted and nonadopted individuals reveals gene-environment interplay for education in the UK Biobank. *Psychological Science, 31*(5), 582-591. doi:10.1177/0956797620904450.

Chen, C.-Y., Tian, R., Ge, T., Lam, M., Sanchez-Andrade, G., Singh, T., ⋯

Runz, H. (2022). The impact of rare protein coding genetic variation on adult cognitive function. medRxiv, 2022.2006.2024.22276728. doi:10.1101/2022.06.24. 22276728.

Chiang, M. C., Barysheva, M., McMahon, K. L., de Zubicaray, G. I., Johnson, K., Montgomery, G. W., ⋯ Thompson, P. M. (2012). Gene network effects on brain microstructure and intellectual performance identified in 472 twins. *Journal of Neuroscience, 32*(25), 8732-8745. doi:10.1523/Jneurosci.5993-11.2012.

Chiang, M. C., Barysheva, M., Shattuck, D. W., Lee, A. D., Madsen, S. K., Avedissian, C., ⋯ Thompson, P. M. (2009). Genetics of brain fiber architecture and intellectual performance. *Journal of Neuroscience, 29*(7), 2212-2224. doi:10.1523/Jneurosci.4184-08.2009.

Chiang, M. C., Barysheva, M., Toga, A. W., Medland, S. E., Hansell, N. K., James, M. R., ⋯ Thompson, P. M. (2011a). BDNF gene effects on brain circuitry replicated in 455 twins. *Neuroimage, 55*(2), 448-454. doi:10.1016/ j.neuroimage.2010.12.053.

Chiang, M. C., McMahon, K. L., de Zubicaray, G. I., Martin, N. G., Hickie, I., Toga, A. W., ⋯ Thompson, P. M. (2011b). Genetics of white matter development: A DTI study of 705 twins and their siblings aged 12 to 29. *Neuroimage, 54*(3), 2308-2317. doi:10.1016/j.neuroimage.2010.10.015.

Choi, Y. Y., Shamosh, N. A., Cho, S. H., DeYoung, C. G., Lee, M. J., Lee, J. M., ⋯ Lee, K. H. (2008). Multiple bases of human intelligence revealed by cortical thickness and neural activation. *Journal of Neuroscience, 28*(41), 10323-10329. doi:10.1523/JNEUROSCI.3259-08.2008.

Chollet, F. (2019). On the measure of intelligence. arXiv preprint arXiv: 1911.01547.

Chooi, W. T., & Thompson, L. A. (2012). Working memory training does not improve intelligence in healthy young adults. *Intelligence, 40*(6), 531-542.

Chugani, H. T., Phelps, M. E., & Mazziotta, J. C. (1987). Positron emission tomography study of human brain functional development. *Annals of Neurology, 22*(4), 487-497.

Clark, V. P., Coffman, B. A., Mayer, A. R., Weisend, M. P., Lane, T. D., Calhoun,

V. D., ⋯ Wassermann, E. M. (2012). TDCS guided using fMRI significantly accelerates learning to identify concealed objects. *Neuroimage, 59*(1), 117-128. doi:10.1016/j.neuroimage.2010.11.036.

Coffman, B. A., Clark, V. P., & Parasuraman, R. (2014). Battery powered thought: Enhancement of attention, learning, and memory in healthy adults using transcranial direct current stimulation. *Neuroimage*, 85(Pt 3), 895-908. doi:10.1016/j.neuroimage.2013.07.083.

Cofnas, N. (2020). Research on group differences in intelligence: A defense of free inquiry. *Philosophical Psychology, 33*(1), 125-147. doi:10.1080/09515089.2019.1697803.

Cohen, J. R., & D'Esposito, M. (2021). An integrated, dynamic functional connectome undies intelligence. In A. Barbey, S. Karama, & R. Haier (Eds.), *Cambridge Handbook of Intelligence and Cognitive Neuroscience* (pp. 261-281). New York: Cambridge University Press.

Cole, M. W., Yarkoni, T., Repovs, G., Anticevic, A., & Braver, T. S. (2012). Global connectivity of prefrontal cortex predicts cognitive control and intelligence. *Journal of Neuroscience, 32*(26), 8988-8999. doi:10.1523/JNEUROSCI.0536-12.2012.

Colom, R., Abad, F. J., Quiroga, M. A., Shih, P. C., & Flores-Mendoza, C. (2008). Working memory and intelligence are highly related constructs, but why? *Intelligence, 36*(6), 584-606.

Colom, R., & Flores-Mendoza, C. E. (2007). Intelligence predicts scholastic achievement irrespective of SES factors: Evidence from Brazil. *Intelligence, 35*(3), 243-251.

Colom, R., Jung, R. E., & Haier, R. J. (2006a). Distributed brain sites for the g-factor of intelligence. *Neuroimage, 31*(3), 1359-1365.

Colom, R., Jung, R. E., & Haier, R. J. (2006b). Finding the g-factor in brain structure using the method of correlated vectors. *Intelligence, 34*(6), 561.

Colom, R., Jung, R. E., & Haier, R. J. (2007). General intelligence and memory span: Evidence for a common neuroanatomic framework. *Cognitive Neuro-*

psychology, 24(8), 867-878.

Colom, R., Karama, S., Jung, R. E., & Haier, R. J. (2010). Human intelligence and brain networks. *Dialogues in Clinical Neuroscience, 12*(4), 489-501. www.ncbi. nlm.nih.gov/pubmed/21319494.

Colom, R., Rebollo, I., Palacios, A., Juan-Espinosa, M., & Kyllonen, P. C. (2004). Working memory is (almost) perfectly predicted by g. *Intelligence, 32*(3), 277-296.

Colom, R., Roman, F. J., Abad, F. J., Shih, P. C., Privado, J., Froufe, M., ⋯ Jaeggi, S. M. (2013). Adaptive n-back training does not improve fluid intelligence at the construct level: Gains on individual tests suggest that training may enhance visuospatial processing. *Intelligence, 41*(5), 712-727.

Conway, A. R. A., Kane, M. J., & Engle, R. W. (2003). Working memory capacity and its relation to general intelligence. *Trends in Cognitive Sciences, 7*(12), 547-552. doi:10.1016/J.Tics.2003.10.005.

Covington, H. E., 3rd, Lobo, M. K., Maze, I., Vialou, V., Hyman, J. M., Zaman, S., ⋯ Nestler, E. J. (2010). Antidepressant effect of optogenetic stimulation of the medial prefrontal cortex. *Journal of Neuroscience, 30*(48), 16082-16090. doi:10.1523/JNEUROSCI.1731-10.2010.

Cowan, N. (2014). Working memory underpins cognitive development, learning, and education. *Educational Psychology Review, 26*(2), 197-223. doi:10.1007/s10648-013-9246-y.

Coyle, T. R. (2015). Relations among general intelligence (g), aptitude tests, and GPA: Linear effects dominate. *Intelligence, 53*, 16-22. doi:10.1016/j.intell.2015. 08.005.

Coyle, T. R. (2021). Defining and measuring intelligence: The psychometrics and neuroscience of *g*. In A. Barbey, S. Karama, & R. J. Haier (Eds.), *Cambridge Handbook of Intelligence and Cognitive Neuroscience* (pp. 3-25). New York: Cambridge University Press.

Crick, F. (1994). *The Astonishing Hypothesis: The Scientific Search for the Soul*. New York, Scribner: Maxwell Macmillan International.

Curlik, D. M., 2nd, & Shors, T. J. (2013). Training your brain: Do mental and physical (MAP) training enhance cognition through the process of neurogenesis in the hippocampus? *Neuropharmacology, 64*, 506-514. doi:10.1016/j.neuropharm.2012.07.027.

Curlik, D. M., 2nd, Maeng, L. Y., Agarwal, P. R., & Shors, T. J. (2013). Physical skill training increases the number of surviving new cells in the adult hippocampus. *Plos One, 8*(2), e55850. doi:10.1371/journal.pone.0055850.

Davies, G., Armstrong, N., Bis, J. C., Bressler, J., Chouraki, V., Giddaluru, S., ··· Deary, I. J. (2015). Genetic contributions to variation in general cognitive function: A meta-analysis of genome-wide association studies in the CHARGE consortium (N=53949). *Molecular Psychiatry, 20*(2), 183-192. doi:10.1038/mp.2014.188.

Davies, G., Tenesa, A., Payton, A., Yang, J., Harris, S. E., Liewald, D., ··· Deary, I. J. (2011). Genome-wide association studies establish that human intelligence is highly heritable and polygenic. *Molecular Psychiatry, 16*(10), 996-1005.

Davis, J. M., Searles, V. B., Anderson, N., Keeney, J., Raznahan, A., Horwood, L. J., ··· Sikela, J. M. (2015). DUF1220 copy number is linearly associated with increased cognitive function as measured by total IQ and mathematical aptitude scores. *Human Genetics, 134*(1), 67-75. doi:10.1007/s00439-014-1489-2.

Dawkins, R. (2016). *The Selfish Gene: 40th Anniversary Edition*. New York: Oxford University Press.

Deary, I. J. (2000). *Looking Down on Human Intelligence: From Psychometrics to the Brain*. Oxford; New York: Oxford University Press.

Deary, I. J., Cox, S. R., & Hill, W. D. (2022). Genetic variation, brain, and intelligence differences. *Molecular Psychiatry, 27*(1), 335-353. doi:10.1038/s41380-021-01027-y.

Deary, I. J., Penke, L., & Johnson, W. (2010). The neuroscience of human intelligence differences. *Nature Reviews Neuroscience, 11*(3), 201-211. doi:10.

1038/Nrn2793.

Deary, I. J., Whiteman, M. C., Starr, J. M., Whalley, L. J., & Fox, H. C. (2004). The impact of childhood intelligence on later life: Following up the Scottish Mental Surveys of 1932 and 1947. *Journal of Personality and Social Psychology, 86*(1), 130-147.

Del Río, D., Cuesta, P., Bajo, R., García-Pacios, J., López-Higes, R., del-Pozo, F., & Maestú, F. (2012). Efficiency at rest: Magnetoencephalographic resting-state connectivity and individual differences in verbal working memory. *International Journal of Psychophysiology, 86*(2), 160-167.

Demetriou, A., Golino, H., Spanoudis, G., Makris, N., & Greiff, S. (2021). The future of intelligence: The central meaning-making unit of intelligence in the mind, the brain, and artificial intelligence. *Intelligence, 87*, 101562. doi:10.1016/j.intell.2021.101562.

Der, G., Batty, G. D., & Deary, I. J. (2006). Effect of breast feeding on intelligence in children: Prospective study, sibling pairs analysis, and meta-analysis. *BMJ, 333*(7575), 945. doi:10.1136/bmj.38978.699583.55.

Desrivieres, S., Lourdusamy, A., Tao, C., Toro, R., Jia, T., Loth, E., ⋯ Consortium, I. (2015). Single nucleotide polymorphism in the neuroplastin locus associates with cortical thickness and intellectual ability in adolescents. *Molecular Psychiatry, 20*(2), 263-274. doi:10.1038/mp.2013.197.

Detterman, D. K. (1998). Kings of men: Introduction to a special issue. *Intelligence, 26*(3), 175-180. doi:10.1016/S0160-2896(99)80001-4.

Detterman, D. K. (2014). Introduction to the intelligence special issue on the development of expertise: Is ability necessary? *Intelligence, 45*, 1-5.

Detterman, D. K. (2016). Education and intelligence: Pity the poor teacher because student characteristics are more significant than teachers or schools. *Spanish Journal of Psychology*, 19. doi:10.1017/sjp.2016.88.

Dietrich, A., & Kanso, R. (2010). A review of EEG, ERP, and neuroimaging studies of creativity and insight. *Psychological Bulletin, 136*(5), 822-848. doi:10.1037/a0019749.

Dietz, P., Soyka, M., & Franke, A. G. (2016). Pharmacological neuroenhancement in the field of economics-poll results from an online survey. *Frontiers in Psychology*, 7.

Dietz, P., Striegel, H., Franke, A. G., Lieb, K., Simon, P., & Ulrich, R. (2013). Randomized response estimates for the 12-month prevalence of cognitive-enhancing drug use in University Students. *Pharmacotherapy, 33*(1), 44-50.

Donnay, G. F., Rankin, S. K., Lopez-Gonzalez, M., Jiradejvong, P., & Limb, C. J. (2014). Neural substrates of interactive musical improvisation: An FMRI study of 'trading fours' in jazz. *Plos One, 9*(2), e88665. doi:10.1371/journal. pone.0088665.

Douw, L., Nissen, I. A., Fitzsimmons, S. M. D. D., Santos, F. A. N., Hillebrand, A., van Straaten, E. C. W., ··· Goriounova, N. A. (2021). Cellular substrates of functional network integration and memory in temporal lobe epilepsy. *Cerebral Cortex, 32*(11), 2424-2436. doi:10.1093/cercor/bhab349.

Drakulich, S., & Karama, S. (2021). Structural brain imaging of intelligence. In A. Barbey, S. Karama, & R. Haier (Eds.), *Cambridge Handbook of Intelligence and Cognitive Neuroscience* (pp. 210-234). New York: Cambridge University Press.

Drakulich, S., Sitartchouk, A., Olafson, E., Sarhani, R., Thiffault, A.-C., Chakravarty, M., ··· Karama, S. (2022). General cognitive ability and pericortical contrast. *Intelligence, 91*, 101633. doi:10.1016/j.intell.2022.101633.

Dresler, M., Sandberg, A., Bublitz, C., Ohla, K., Trenado, C., MroczkoWsowicz, A., ··· Repantis, D. (2019). Hacking the brain: Dimensions of cognitive enhancement. *ACS Chemical Neuroscience, 10*(3), 1137-1148. doi:10.1021/acschemneuro.8b00571.

Dreszer, J., Grochowski, M., Lewandowska, M., Nikadon, J., Gorgol, J., Balaj, B., ··· Piotrowski, T. (2020). Spatiotemporal complexity patterns of resting-state bioelectrical activity explain fluid intelligence: Sex matters. *Human Brain Mapping, 41*(17), 4846-4865. doi:10.1002/hbm.25162.

Drury, S. S., Theall, K., Gleason, M. M., Smyke, A. T., De Vivo, I., Wong, J. Y.,

··· Nelson, C. A. (2012). Telomere length and early severe social deprivation: linking early adversity and cellular aging. *Molecular Psychiatry, 17*(7), 719-727. doi:10.1038/mp.2011.53.

Dubois, J., Galdi, P., Paul, L. K., & Adolphs, R. (2018). A distributed brain network predicts general intelligence from resting-state human neuroimaging data. *Philosophical Transactions on Royal Society London B Biological Sciences, 373*(1756). doi:10.1098/rstb.2017.0284.

Duncan, G. J., & Sojourner, A. J. (2013). Can intensive early childhood intervention programs eliminate income-based cognitive and achievement gaps? *Journal of Human Resources, 48*(4), 945-968.

Duncan, J. (2010). The multiple-demand (MD) system of the primate brain: Mental programs for intelligent behaviour. *Trends in Cognition Science, 14*(4), 172-179. doi:10.1016/j.tics.2010.01.004

Duncan, J., Burgess, P., & Emslie, H. (1995). Fluid intelligence after frontal lobe lesions. *Neuropsychologia, 33*(3), 261-268.

Duncan, J., Seitz, R. J., Kolodny, J., Bor, D., Herzog, H., Ahmed, A., ··· Emslie, H. (2000). A neural basis for general intelligence. *Science, 289*(5478), 457-460.

Durkin, K., Lipsey, M. W., Farran, D. C., & Wiesen, S. E. (2022). Effects of a statewide pre-kindergarten program on children's achievement and behavior through sixth grade. *Developmental Psychology.* doi:10.1037/dev0001301.

Editorial. (2017). Intelligence research should not be held back by its past. *Nature, 545*, 385-386.

Ericsson, K. A. (2014). Why expert performance is special and cannot be extrapolated from studies of performance in the general population: A response to criticisms. *Intelligence, 45*, 81-103.

Ericsson, K. A., & Towne, T. J. (2010). Expertise. *Wiley Interdisciplinary Reviews-Cognitive Science, 1*(3), 404-416.

Esposito, G., Kirkby, B. S., Van Horn, J. D., Ellmore, T. M., & Berman, K. F. (1999). Context-dependent, neural system-specific neurophysiological concomitants of ageing: Mapping PET correlates during cognitive activation.

Brain, 122, 963-979.

Estrada, E., Ferrer, E., Román, F. J., Karama, S., & Colom, R. (2019). Time-lagged associations between cognitive and cortical development from childhood to early adulthood. *Developmental Psychology, 55*(6), 1338-1352.

Euler, M. J., & McKinney, T. L. (2021). Evaluating the weight of the evidence: Cognitive neuroscience theories of intelligence. In A. Barbey, S. Karama, & R. J. Haier (Eds.), *The Cambridge Handbook of Intelligence and Cognitive Neuroscience* (pp. 85-101). New York: Cambridge University Press.

Euler, M. J., McKinney, T. L., Schryver, H. M., & Okabe, H. (2017). ERP correlates of the decision time-IQ relationship: The role of complexity in task- and brain-IQ effects. *Intelligence, 65*, 1-10. doi:10.1016/j.intell.2017.08.003.

Euler, M. J., Weisend, M. P., Jung, R. E., Thoma, R. J., & Yeo, R. A. (2015). Reliable activation to novel stimuli predicts higher fluid intelligence. *Neuroimage, 114*, 311-319. doi:10.1016/j.neuroimage.2015.03.078.

Ezkurdia, I., Juan, D., Rodriguez, J. M., Frankish, A., Diekhans, M., Harrow, J., ... Tress, M. L. (2014). Multiple evidence strands suggest that there may be as few as 19,000 human protein-coding genes. *Human Molecular Genetics, 23*(22), 5866-5878.

Falk, D., Lepore, F. E., & Noe, A. (2013). The cerebral cortex of Albert Einstein: A description and preliminary analysis of unpublished photographs. *Brain, 136*(Pt 4), 1304-1327. doi:10.1093/brain/aws295.

Fangmeier, T., Knauff, M., Ruff, C. C., & Sloutsky, V. M. (2006). fMRI evidence for a three-stage model of deductive reasoning. *Journal of Cognitive Neuroscience, 18*(3), 320-334.

Farah, M. J., Betancourt, L., Shera, D. M., Savage, J. H., Giannetta, J. M., Brodsky, N. L., ... Hurt, H. (2008). Environmental stimulation, parental nurturance and cognitive development in humans. *Developmental Science, 11*(5), 793-801. www.ncbi.nlm.nih.gov/pubmed/18810850.

Farah, M. J., Shera, D. M., Savage, J. H., Betancourt, L., Giannetta, J. M., Brodsky, N. L., ... Hurt, H. (2006). Childhood poverty: Specific associations with neurocognitive development. *Brain Research, 1110*(1), 166-174. doi:10. 1016/j.brainres.2006.06.072.

Farah, M. J., Smith, M. E., Ilieva, I., & Hamilton, R. H. (2014). Cognitive enhancement. *Wiley Interdisciplinary Reviews-Cognitive Science, 5*(1), 95-103.

Feilong, M., Guntupalli, J. S., & Haxby, J. V. (2021). The neural basis of intelligence in fine-grained cortical topographies. *Elife, 10*, e64058. doi:10.7554/ eLife.64058

Ferrer, E., O'Hare, E. D., & Bunge, S. A. (2009). Fluid reasoning and the developing brain. *Frontiers in Neuroscience, 3*(1), 46-51. doi:10.3389/neuro.01. 003.2009.

Ferrero, M., Vadillo, M. A., & León, S. P. (2021). A valid evaluation of the theory of multiple intelligences is not yet possible: Problems of methodological quality for intervention studies. *Intelligence, 88*, 101566. doi:10.1016/j.intell. 2021.101566.

Fink, A., Grabner, R. H., Gebauer, D., Reishofer, G., Koschutnig, K., & Ebner, F. (2010). Enhancing creativity by means of cognitive stimulation: Evidence from an fMRI study. *Neuroimage, 52*(4), 1687-1695. doi:10.1016/j.neuroimage. 2010.05.072.

Finn, E. S., & Rosenberg, M. D. (2021). Beyond fingerprinting: Choosing predictive connectomes over reliable connectomes. *Neuroimage, 239*, 118254. doi:10. 1016/j.neuroimage.2021.118254.

Finn, E. S., Shen, X., Scheinost, D., Rosenberg, M. D., Huang, J., Chun, M. M., ... Constable, R. T. (2015). Functional connectome fingerprinting: Identifying individuals using patterns of brain connectivity. *Nature Neuroscience, 18*(11), 1664-1671. doi:10.1038/nn.4135.

Firkowska, A., Ostrowska, A., Sokolowska, M., Stein, Z., Susser, M., & Wald, I. (1978). Cognitive-development and social-policy. *Science, 200*(4348), 1357-1362.

Flashman, L. A., Andreasen, N. C., Flaum, M., & Swayze, V. W. (1997). Intelligence and regional brain volumes in normal controls. *Intelligence, 25*(3), 149-160.

Flynn, J. R. (2013). The "Flynn Effect" and Flynn's paradox. *Intelligence, 41*(6), 851-857. doi:10.1016/J.Intell.2013.06.014.

Fox, K. C. R., Girn, M., Parro, C. C., & Christoff, K. (2018). Functional neuro-imaging of psychedelic experience: An overview of psychological and neural effects and their relevance to research on creativity, daydreaming, and dreaming. In R. E. Jung & O. Vartanian (Eds.), *The Cambridge Handbook of the Neuroscience of Creativity* (pp. 92-113): Cambridge University Press.

Fraenz, C., Schluter, C., Friedrich, P., Jung, R. E., Güntürkün, O., & Genç, E. (2021). Interindividual differences in matrix reasoning are linked to functional connectivity between brain regions nominated by Parieto-Frontal Integration Theory. *Intelligence, 87*, 101545. doi:10.1016/j.intell.2021.101545.

Frangou, S., Chitins, X., & Williams, S. C. R. (2004). Mapping IQ and gray matter density in healthy young people. *Neuroimage, 23*(3), 800-805.

Franke, A. G., Bagusat, C., Rust, S., Engel, A., & Lieb, K. (2014). Substances used and prevalence rates of pharmacological cognitive enhancement among healthy subjects. *European Archives of Psychiatry and Clinical Neuroscience, 264*, S83-S90. doi:10.1007/s00406-014-0537-1.

Fregnac, Y., & Laurent, G. (2014). Neuroscience: Where is the brain in the human brain project? *Nature, 513*(7516), 27-29. doi:10.1038/513027a.

Frey, M. C., & Detterman, D. K. (2004). Scholastic assessment or g? The rela-tionship between the scholastic assessment test and general cognitive ability (vol 15, p. 373, 2004). *Psychological Science, 15*(9), 641-641.

Frischkorn, G. T., Schubert, A. L., & Hagemann, D. (2019). Processing speed, working memory, and executive functions: Independent or inter-related predictors of general intelligence. *Intelligence, 75*, 95-110. doi:10.1016/j.intell.2019.05.003.

Galaburda, A. M. (1999). Albert Einstein's brain. *Lancet, 354*(9192), 1821; author reply 1822. www.ncbi.nlm.nih.gov/pubmed/10577668.

Galton, F. (1869). *Hereditary Genius: An Inquiry into Its Laws and Consequences*. London: Macmillan.

Galton, F. (2006). *Hereditary Genius: An Inquiry into Its Laws and Consequences*. Amherst, NY: Prometheus Books.

Galton, F., & Prinzmetal, M. (1884). *Hereditary Genius: An Inquiry into Its Laws and Consequences* (New and revised edition, with an American preface. ed.). New York: D. Appleton and Company ···.

Gardner, H. (1987). The theory of multiple intelligences. *Annals of Dyslexia, 37*, 19-35.

Gardner, H., & Moran, S. (2006). The science of multiple intelligences theory: A response to Lynn Waterhouse. *Educational Psychologist, 41*(4), 227-232. doi:10.1207/s15326985ep4104_2.

Geake, J. (2008). Neuromythologies in education. *Educational Research, 50*(2), 123-133.

Geake, J. (2011). Position statement on motivations, methodologies, and practical implications of educational neuroscience research: fMRI studies of the neural correlates of creative intelligence. *Educational Philosophy and Theory, 43*(1), 43-47.

Geake, J. G., & Hansen, P. C. (2005). Neural correlates of intelligence as revealed by fMRI of fluid analogies. *Neuroimage, 26*(2), 555-564.

Geary, D. C. (2018). Efficiency of mitochondrial functioning as the fundamental biological mechanism of general intelligence (g). *Psychological Review, 125*(6), 1028-1050.

Geary, D. C. (2019). Mitochondria as the Linchpin of general intelligence and the link between g, health, and aging. *Journal of Intelligence, 7*(4).

Genc, E., & Fraenz, C. (2021). Diffusion-weighted imaging of intelligence. In A. Barbey, S. Karama, & R. Haier (Eds.), *The Cambridge Handbook of Intelligence and Cognitive Neuroscience* (pp. 191-209). New York: Cambridge University Press.

Genc, E., Fraenz, C., Schluter, C., Friedrich, P., Hossiep, R., Voelkle, M. C., ··· Jung, R. E. (2018). Diffusion markers of dendritic density and arborization in gray matter predict differences in intelligence. *Nature Communication, 9*(1),

1905. doi:10.1038/s41467-018-04268-8.

Genc, E., Schluter, C., Fraenz, C., Arning, L., Metzen, D., Nguyen, H. P., ⋯ Ocklenburg, S. (2021). Polygenic scores for cognitive abilities and their association with different aspects of general intelligence: A deep phenotyping approach. *Molecular Neurobiology, 58*(8), 4145-4156.

George, M. S., Nahas, Z., Molloy, M., Speer, A. M., Oliver, N. C., Li, X. B., ⋯ Ballenger, J. C. (2000). A controlled trial of daily left prefrontal cortex TMS for treating depression. *Biological Psychiatry, 48*(10), 962-970. doi:10.1016/s0006-3223(00)01048-9.

Ghatan, P. H., Hsieh, J. C., Wirsenmeurling, A., Wredling, R., Eriksson, L., Stoneelander, S., ⋯ Ingvar, M. (1995). Brain activation-induced by the perceptual Maze Test—A Pet Study of Cognitive Performance. *Neuroimage, 2*(2), 112-124.

Gignac, G. E. (2015). Raven's is not a pure measure of general intelligence: Implications for g factor theory and the brief measurement of g. *Intelligence, 52*, 71-79. doi:10.1016/j.intell.2015.07.006.

Girn, M., Mills, C., & Christoff, K. (2019). Linking brain network reconfiguration and intelligence: Are we there yet? *Trends in Neuroscience and Education, 15*, 62-70. doi:10.1016/j.tine.2019.04.001.

Glascher, J., Rudrauf, D., Colom, R., Paul, L. K., Tranel, D., Damasio, H., & Adolphs, R. (2010). Distributed neural system for general intelligence revealed by lesion mapping. *Proceedings of the National Academy of Sciences of the United States of America, 107*(10), 4705-4709. doi:10.1073/Pnas.0910397107.

Glascher, J., Tranel, D., Paul, L. K., Rudrauf, D., Rorden, C., Hornaday, A., ⋯ Adolphs, R. (2009). Lesion mapping of cognitive abilities linked to intelligence. *Neuron, 61*(5), 681-691. doi:10.1016/j.neuron.2009.01.026.

Gobet, F., & Sala, G. (2022). Cognitive training: A field in search of a phenomenon. *Perspectives on Psychological Science*, 17456916221091830. doi:10.1177/17456916221091830.

Goel, V., & Dolan, R. J. (2004). Differential involvement of left prefrontal cortex in inductive and deductive reasoning. *Cognition, 93*(3), B109-B121.

Goel, V., Gold, B., Kapur, S., & Houle, S. (1997). The seats of reason? An imaging study of deductive and inductive reasoning. *Neuroreport, 8*(5), 1305-1310.

Goel, V., Gold, B., Kapur, S., & Houle, S. (1998). Neuroanatomical correlates of human reasoning. *Journal of Cognitive Neuroscience, 10*(3), 293-302.

Gonen-Yaacovi, G., de Souza, L. C., Levy, R., Urbanski, M., Josse, G., & Volle, E. (2013). Rostral and caudal prefrontal contribution to creativity: A meta-analysis of functional imaging data. *Frontiers in Human Neuroscience, 7*, 465. doi:10.3389/fnhum.2013.00465.

Gong, Q.-Y., Sluming, V., Mayes, A., Keller, S., Barrick, T., Cezayirli, E., & Roberts, N. (2005). Voxel-based morphometry and stereology provide convergent evidence of the importance of medial prefrontal cortex for fluid intelligence in healthy adults. *Neuroimage, 25*(4), 1175.

Gonzalez-Lima, F., & Barrett, D. W. (2014). Augmentation of cognitive brain functions with transcranial lasers. *Frontiers in Systematic Neuroscience, 8*, 36. doi:10.3389/fnsys.2014.00036.

Gordon, R. A. (1997). Everyday life as an intelligence test: Effects of intelligence and intelligence context. *Intelligence, 24*(1), 203-320. doi:10.1016/S0160-2896(97)90017-9.

Goriounova, N. A., & Mansvelder, H. D. (2019). Genes, Cells and Brain Areas of Intelligence. *Frontiers in Human Neuroscience, 13*, 44. doi:10.3389/fnhum.2019.00044.

Goriounova, N. A., Heyer, D. B., Wilbers, R., Verhoog, M. B., Giugliano, M., Verbist, C., ⋯ Mansvelder, H. D. (2018). Large and fast human pyramidal neurons associate with intelligence. *Elife, 7*.

Gottfredson, L. S. (1997a). Mainstream science on intelligence: An editorial with 52 signatories, history, and bibliography (Reprinted from The Wall Street Journal, 1994). *Intelligence, 24*(1), 13-23.

Gottfredson, L. S. (1997b). Why g matters: The complexity of everyday life. *Intelligence, 24*(1), 79-132.

Gottfredson, L. S. (2002). Where and why g matters: Not a mystery. *Human Performance, 15*(1/2).

Gottfredson, L. S. (2003a). Dissecting practical intelligence theory: Its claims and evidence. *Intelligence, 31*(4), 343-397.

Gottfredson, L. S. (2003b). g, jobs and life. In H. Nyborg (Ed.), *The Scientific Study of General Intelligence* (pp. 293-342). New York: Elsevier Science.

Gottfredson, L. S. (2005). Suppressing intelligence research: Hurting those we intend to help. In R. H. Wright and N. A. Cummings (Ed.), *Destructive Trends in Mental Health: The Well-intentioned Path to Harm* (pp. 155-186). New York: Routledge.

Gozli, D. G., Bavelier, D., & Pratt, J. (2014). The effect of action video game playing on sensorimotor learning: Evidence from a movement tracking task. *Human Movement Science, 38C*, 152-162. doi:10.1016/j.humov.2014.09.004.

Grabner, R. H. (2014). The role of intelligence for performance in the prototypical expertise domain of chess. *Intelligence, 45*, 26-33.

Grabner, R. H., Stern, E., & Neubauer, A. C. (2007). Individual differences in chess expertise: A psychometric investigation. *Acta Psychologica, 124*(3), 398-420.

Graham, S., Jiang, J., Manning, V., Nejad, A. B., Zhisheng, K., Salleh, S. R., ⋯ McKenna, P. J. (2010). IQ-related fMRI differences during cognitive set shifting. *Cerebral Cortex, 20*(3), 641-649. doi:10.1093/cercor/bhp130.

Gray, J. R., Chabris, C. F., & Braver, T. S. (2003). Neural mechanisms of general fluid intelligence. *Nature Neuroscience, 6*(3), 316-322.

Greely, H., Sahakian, B., Harris, J., Kessler, R. C., Gazzaniga, M., Campbell, P., & Farah, M. J. (2008). Towards responsible use of cognitive-enhancing drugs by the healthy. *Nature, 456*(7223), 702-705. doi:10.1038/456702a.

Green, A. E., Kraemer, D. J., Fugelsang, J. A., Gray, J. R., & Dunbar, K. N. (2012). Neural correlates of creativity in analogical reasoning. *Journal of Experimental Psychology: Learning, Memory, and Cognition, 38*(2), 264-272. doi:10.1037/a0025764.

Gregory, H. (2015). *McNamara's Folly: The Use of Low IQ Troops in the Vietnam War*. West Conshohocken: Infinity.

Gullich, A., Macnamara, B. N., & Hambrick, D. Z. (2022). What makes a champion? Early multidisciplinary practice, not early specialization, predicts world-class performance. *Perspectives on Psychological Science, 17*(1), 6-29. doi:10.1177/1745691620974772.

Gur, R. C., Butler, E. R., Moore, T. M., Rosen, A. F. G., Ruparel, K., Satterthwaite, T. D., ··· Gur, R. E. (2021). Structural and functional brain parameters related to cognitive performance across development: Replication and extension of the parieto-frontal integration theory in a single sample. *Cerebral Cortex, 31*(3), 1444-1463. doi:10.1093/cercor/bhaa282.

Gur, R. C., Ragland, J. D., Resnick, S. M., Skolnick, B. E., Jaggi, J., Muenz, L., & Gur, R. E. (1994). Lateralized increases in cerebral blood-flow during performance of verbal and spatial tasks—Relationship with performance-level. *Brain and Cognition, 24*(2), 244-258.

Haasz, J., Westlye, E. T., Fjaer, S., Espeseth, T., Lundervold, A., & Lundervold, A. J. (2013). General fluid-type intelligence is related to indices of white matter structure in middle-aged and old adults. *Neuroimage, 83*, 372-383. doi:10.1016/j.neuroimage.2013.06.040.

Hackman, D. A., Farah, M. J., & Meaney, M. J. (2010). Socioeconomic status and the brain: Mechanistic insights from human and animal research. *Nature Review Neuroscience, 11*(9), 651-659. doi:10.1038/nrn2897.

Haggarty, P., Hoad, G., Harris, S. E., Starr, J. M., Fox, H. C., Deary, I. J., & Whalley, L. J. (2010). Human intelligence and polymorphisms in the DNA methyltransferase genes involved in epigenetic marking. *Plos One, 5*(6), e11329. doi:10.1371/journal.pone.0011329.

Haier, R. J. (1990). The end of intelligence research. *Intelligence, 14*(4), 371-374.

Haier, R. J. (2009a). Neuro-intelligence, neuro-metrics and the next phase of brain imaging studies. *Intelligence, 37*(2), 121-123.

Haier, R. J. (2009b). What does a smart brain look like? *Scientific American*

Mind, November/December, 26-33.

Haier, R. J. (Producer). (2013). The intelligent brain. [lecture course] www.the greatcourses.com/courses/the-intelligent-brain.

Haier, R. J. (2014). Increased intelligence is a myth (so far). *Frontiers in Systematic Neuroscience, 8*, 34. doi:10.3389/fnsys.2014.00034.

Haier, R. J. (2021). Are we thinking big enough about the road ahead? Overview of the special issue on the future of intelligence research. *Intelligence*, 89, 101603. doi:10.1016/j.intell.2021.101603.

Haier, R. J., & Benbow, C. P. (1995). Sex differences and lateralization in temporal lobe glucose metabolism during mathematical reasoning. *Developmental Neuropsychology, 11*(4), 405-414.

Haier, R. J., & Colom, R. (2023). *The Science of Human Intelligence*. Oxford: Cambridge University Press.

Haier, R. J., & Jung, R. E. (2007). Beautiful minds (i.e., brains) and the neural basis of intelligence. *Behavioral and Brain Sciences, 30*(02), 174-178.

Haier, R. J., & Jung, R. E. (2008). Brain imaging studies of intelligence and creativity—What is the picture for education?. *Roeper Review, 30*(3), 171-180.

Haier, R. J., Jung, R. E., Yeo, R. A., Head, K., & Alkire, M. T. (2004). Structural brain variation and general intelligence. *Neuroimage*, *23*(1), 425-433.

Haier, R. J., Jung, R. E., Yeo, R. A., Head, K., & Alkire, M. T. (2005). The neuroanatomy of general intelligence: Sex matters. *Neuroimage*, *25*(1), 320-327.

Haier, R. J., Robinson, D. L., Braden, W., & Williams, D. (1983). Electrical potentials of the cerebral cortex and psychometric intelligence. *Personality & Individual Differences*, *4*(6), 591-599.

Haier, R. J., Siegel, B. V., Jr., Crinella, F. M., & Buchsbaum, M. S. (1993). Biological and psychometric intelligence: Testing an animal model in humans with positron emission tomography. In Douglas K. Detterman (Ed.), *Individual Differences and Cognition* (pp. 317-331). Norwood: Ablex Publishing Corp.

Haier, R. J., Siegel, B. V., Jr., MacLachlan, A., Soderling, E., Lottenberg, S., &

Buchsbaum, M. S. (1992a). Regional glucose metabolic changes after learning a complex visuospatial/motor task: A positron emission tomographic study. *Brain Research, 570*(1-2), 134-143.

Haier, R. J., Siegel, B. V., Nuechterlein, K. H., Hazlett, E., Wu, J. C., Paek, J., ⋯ Buchsbaum, M. S. (1988). Cortical glucose metabolic-rate correlates of abstract reasoning and attention studied with positron emission tomography. *Intelligence, 12*(2), 199-217.

Haier, R. J., Siegel, B., Tang, C., Abel, L., & Buchsbaum, M. S. (1992b). Intelligence and changes in regional cerebral glucose metabolic-rate following learning. *Intelligence, 16*(3-4), 415-426.

Haier, R. J., White, N. S., & Alkire, M. T. (2003). Individual differences in general intelligence correlate with brain function during nonreasoning tasks. *Intelligence, 31*(5), 429-441. (2007).

Halpern, Diane F., Camilla P. Benbow, David C. Geary, Ruben C. Gur, Janet Shibley Hyde, and Morton Ann Gernsbacher. The science of sex differences in science and mathematics. *Psychological Science in the Public Interest, 8*(1), 1-51. doi:10.1111/j.1529-1006.2007.00032.x.

Halstead, W. C. (1947). *Brain and Intelligence; A Quantitative Study of the Frontal Lobes.* Chicago: University of Chicago Press.

Hambrick, D. Z., Macnamara, B. N., & Oswald, F. L. (2020). Is the deliberate practice view defensible? A review of evidence and discussion of issues. *Frontiers in Psychology, 11*, 1134. doi:10.3389/fpsyg.2020.01134.

Hampshire, A., Thompson, R., Duncan, J., & Owen, A. M. (2011). Lateral prefrontal cortex subregions make dissociable contributions during fluid reasoning. *Cerebral Cortex, 21*(1), 1-10. doi:10.1093/cercor/bhq085.

Hanscombe, K. B., Trzaskowski, M., Haworth, C. M. A., Davis, O. S. P., Dale, P. S., & Plomin, R. (2012). Socioeconomic Status (SES) and Children's Intelligence (IQ): In a UK-Representative sample SES moderates the environmental, not genetic, effect on IQ. *Plos One, 7*(2).

Hansen, J. Y., Shafiei, G., Markello, R. D., Smart, K., Cox, S. M. L., Wu, Y.,

··· Misic, B. (2021). Mapping neurotransmitter systems to the structural and functional organization of the human neocortex. bioRxiv, 2021.2010.2028. 466336. doi:10.1101/2021.10.28.466336.

Harrison, T. L., Shipstead, Z., Hicks, K. L., Hambrick, D. Z., Redick, T. S., & Engle, R. W. (2013). Working memory training may increase working memory capacity but not fluid intelligence. *Psychological Science, 24*(12), 2409-2419. doi:10.1177/0956797613492984.

Hartshorne, J. K. & L. T. Germine (2015). When does cognitive functioning peak? The asynchronous rise and fall of different cognitive abilities across the life span. *Psychological Science, 26*(4), 433-443.

Hawkins, J. (2021). *A Thousand Brains: A New Theory of Intelligence* (First edition. ed.). New York: Basic Books.

Hawkins, J., & Blakeslee, S. (2004). *On intelligence* (1st ed.). New York: Times Books.

Haworth, C. M. A., Wright, M. J., Luciano, M., Martin, N. G., de Geus, E. J. C., van Beijsterveldt, C. E. M., ··· Plomin, R. (2010). The heritability of general cognitive ability increases linearly from childhood to young adulthood. *Molecular Psychiatry, 15*(11), 1112-1120.

Hayes, T. R., Petrov, A. A., & Sederberg, P. B. (2015). Do we really become smarter when our fluid-intelligence test scores improve? *Intelligence, 48*, 1-14.

Hebling Vieira, B., Dubois, J., Calhoun, V. D., & Garrido Salmon, C. E. (2021). A deep learning based approach identifies regions more relevant than resting-state networks to the prediction of general intelligence from resting-state fMRI. *Human Brain Mapping, 42*(18), 5873-5887. doi:10.1002/hbm.25656.

Heishman, S. J., Kleykamp, B. A., & Singleton, E. G. (2010). Meta-analysis of the acute effects of nicotine and smoking on human performance. *Psychopharmacology (Berl), 210*(4), 453-469. doi:10.1007/s00213-0101848-1.

Herrnstein, R. J. (1973). *I.Q. in the Meritocracy* (1st ed.). Boston: Little.

Herrnstein, R. J., & Murray, C. A. (1994). *The Bell Curve: Intelligence and Class*

Structure in American life. New York: Free Press.

Hescham, S., Liu, H., Jahanshahi, A., & Temel, Y. (2020). Deep brain stimulation and cognition: Translational aspects. *Neurobiology of Learning and Memory, 174*, 107283. doi:10.1016/j.nlm.2020.107283.

Heyer, D. B., Wilbers, R., Galakhova, A. A., Hartsema, E., Braak, S., Hunt, S., ⋯ Goriounova, N. A. (2021). Verbal and general IQ associate with supra-granular layer Thickness and cell properties of the left temporal cortex. *Cerebral Cortex, 32*(11), 2343-2357. doi:10.1093/cercor/bhab330.

Heyward, F. D., & Sweatt, J. D. (2015). DNA methylation in memory formation: Emerging insights. *Neuroscientist.* doi:10.1177/1073858415579635.

Hilger, K., Ekman, M., Fiebach, C. J., & Basten, U. (2017a). Efficient hubs in the intelligent brain: Nodal efficiency of hub regions in the salience network is associated with general intelligence. *Intelligence, 60*, 10-25. doi:10.1016/j.intell.2016.11.001.

Hilger, K., Ekman, M., Fiebach, C. J., & Basten, U. (2017b). Intelligence is associated with the modular structure of intrinsic brain networks. *Scientific Reports, 7*(1), 16088. doi:10.1038/s41598-017-15795-7.

Hilger, K., Fukushima, M., Sporns, O., & Fiebach, C. J. (2020). Temporal stability of functional brain modules associated with human intelligence. *Human Brain Mapping, 41*(2), 362-372. doi:10.1002/hbm.24807.

Hilger, K., Spinath, F. M., Troche, S., & Schubert, A. L. (2022). The biological basis of intelligence: Benchmark findings. *Intelligence*, 93. doi:ARTN101665.

Hill, W. D., Davies, G., van de Lagemaat, L. N., Christoforou, A., Marioni, R. E., Fernandes, C. P., ⋯ Deary, I. J. (2014). Human cognitive ability is influenced by genetic variation in components of postsynaptic signalling complexes assembled by NMDA receptors and MAGUK proteins. *Translational Psychiatry, 4*, e341. doi:10.1038/tp.2013.114.

Hines, T. (1998). Further on Einstein's brain. *Experiment in Neurology, 150*(2), 343-344. doi:10.1006/exnr.1997.6759.

Hopkins, W. D., Russe, J. L., & Schaeffer, J. (2014). Chimpanzee Intelligence Is

Heritable. *Current Biology, 24*(14), 1649-1652.

Horvath, J. C., Forte, J. D., & Carter, O. (2015a). Evidence that transcranial direct current stimulation (tDCS) generates little-to-no reliable neurophysiologic effect beyond MEP amplitude modulation in healthy human subjects: A systematic review. *Neuropsychologia, 66*, 213-236. doi:10.1016/j.neuropsycho logia.2014.11.021.

Horvath, J. C., Forte, J. D., & Carter, O. (2015b). Quantitative review finds no evidence of cognitive effects in healthy populations from single-session transcranial direct current stimulation (tDCS). *Brain Stimulation.* doi:10.1016/ j.brs.2015.01.400.

Howard-Jones, P. A. (2014). Neuroscience and education: Myths and messages. *Natral Review in Neuroscience, 15*(12), 817-824. doi:10.1038/nrn3817.

Hulshoff-Pol, H. E., Schnack, H. G., Posthuma, D., Mandl, R. C. W., Baare, W. F., van Oel, C., ··· Kahn, R. S. (2006). Genetic contributions to human brain morphology and intelligence. *Journal of Neuroscience, 26*(40), 10235-10242.

Hunt, E. (2011). *Human Intelligence.* Cambridge; New York: Cambridge University Press.

Husain, M., & Mehta, M. A. (2011). Cognitive enhancement by drugs in health and disease. *Trends in Cognition Science, 15*(1), 28-36. doi:10.1016/j.tics.2010. 11.002.

Huttenlocher, P. R. (1975). Snyaptic and dendritic development and mental defect. *UCLA Forum Medical Science, 18*, 123-140.

Ilieva, I. P., & Farah, M. J. (2013). Enhancement stimulants: Perceived motivational and cognitive advantages. *Frontiers in Neuroscience, 7*.

Jacobs, B., Schall, M., & Scheibel, A. B. (1993). A quantitative dendritic analysis of Wernicke's area in humans. II. Gender, hemispheric, and environmental factors. *Journal of Comparative Neurology, 327*(1), 97-111. doi:10.1002/ cne.903270108.

Jaeggi, S. M., Buschkuehl, M., Jonides, J., & Perrig, W. J. (2008). Improving fluid intelligence with training on working memory. *Proceedings of the National*

Academy Science USA, 105(19), 6829-6833. doi:10.1073/pnas.0801268105.

Jaeggi, S. M., Buschkuehl, M., Jonides, J., & Shah, P. (2011). Short- and long-term benefits of cognitive training. *Proceedings of the National Academy Science USA, 108*(25), 10081-10086. doi:10.1073/pnas.1103228108.

Jaeggi, S. M., Buschkuehl, M., Shah, P., & Jonides, J. (2013). The role of individual differences in cognitive training and transfer. *Memory and Cognition.* doi:10.3758/s13421-013-0364-z.

Jaeggi, S. M., Buschkuehl, M., Shah, P., & Jonides, J. (2014). The role of individual differences in cognitive training and transfer. *Memory and Cognition, 42*(3), 464-480. doi:10.3758/s13421-013-0364-z.

Jaeggi, S. M., Studer-Luethi, B., Buschkuehl, M., Su, Y. F., Jonides, J., & Perrig, W. J. (2010). The relationship between n-back performance and matrix reasoning—implications for training and transfer. *Intelligence, 38*(6), 625-635.

Jaenisch, R., & Bird, A. (2003). Epigenetic regulation of gene expression: How the genome integrates intrinsic and environmental signals. *Nature Genetics*, 33(Suppl), 24-5254. doi:10.1038/ng1089.

Jauk, E. (2018). Intelligence and creativity from the neuroscience perspective. In R. E. Jung and O. Vartanian (Eds.), *The Cambridge Handbook of the Neuroscience of Creativity* (pp. 421-436). Cambridge: Cambridge University Press.

Jauk, E., Neubauer, A. C., Dunst, B., Fink, A., & Benedek, M. (2015). Gray matter correlates of creative potential: A latent variable voxelbased morphometry study. *Neuroimage, 111*, 312-320. doi:10.1016/j.neuroimage.2015.02.002.

Jensen, A. R. (1980). *Bias in Mental Testing.* New York: The Free Press.

Jensen, A. R. (1969). How much can we boost IQ and scholastic achievement. *Harvard Educational Review, 39*(1), 1-123.

Jensen, A. R. (1974). Kinship correlations reported by Burt,*C Sir. Behavior Genetics, 4*(1), 1-28.

Jensen, A. R. (1981). *Straight Talk about Mental Tests.* New York: Free Press.

Jensen, A. R. (1998a). Jensen on "Jensenism." *Intelligence, 26*(3), 181-208. doi: 10.1016/S0160-2896(99)80002-6.

Jensen, A. R. (1998b). *The g Factor: The Science of Mental Ability*. Westport: Praeger.

Jensen, A. R. (2006). *Clocking the Mind: Mental Chronometry and Individual Differences*. New York: Elsevier.

Jensen, A. R., & Miele, F. (2002). *Intelligence, Race, and Genetics: Conversations with Arthur R. Jensen*. Boulder, CO: Westview.

Jiang, L., Cui, H., Zhang, C., Cao, X., Gu, N., Zhu, Y., ⋯ Li, C. (2020). Repetitive transcranial magnetic stimulation for improving cognitive function in patients with mild cognitive impairment: A systematic review. *Frontiers in Aging Neuroscience, 12*, 593000. doi:10.3389/fnagi.2020.593000.

Jiang, R., Calhoun, V. D., Fan, L., Zuo, N., Jung, R., Qi, S., ⋯ Sui, J. (2020). Gender differences in connectome-based predictions of individualized intelligence quotient and sub-domain scores. *Cerebral Cortex, 30*(3), 888-900. doi: 10.1093/cercor/bhz134.

Johnson, M. R., Shkura, K., Langley, S. R., Delahaye-Duriez, A., Srivastava, P., Hill, W. D., ⋯ Petretto, E. (2016). Systems genetics identifies a convergent gene network for cognition and neurodevelopmental disease. *Nature Neuroscience, 19*(2), 223-232. doi:10.1038/nn.4205.

Johnson, W. (2012). How much can we boost IQ? An updated look at Jensen's (1969) question and answer.

Johnson, W., & Bouchard, T. J. (2005). The structure of human intelligence: It is verbal, perceptual, and image rotation (VPR), not fluid and crystallized. *Intelligence, 33*(4), 393-416.

Johnson, W., Bouchard, T. J., Krueger, R. F., McGue, M., & Gottesman, I. I. (2004). Just one g: Consistent results from three test batteries. *Intelligence, 32*(1), 95-107.

Johnson, W., Jung, R. E., Colom, R., & Haier, R. J. (2008). Cognitive abilities independent of IQ correlate with regional brain structure. *Intelligence, 36*(1), 18-28.

Johnson, W., te Nijenhuis, J., & Bouchard, T. J. (2008). Still just 1 g: Consistent results from five test batteries. *Intelligence, 36*(1), 81-95.

Jung, R. E. (2014). Evolution, creativity, intelligence, and madness: "Here Be Dragons." *Frontiers in Psychology,* 5.

Jung, R. E., & Haier, R. J. (2007). The Parieto-Frontal Integration Theory (P-FIT) of intelligence: Converging neuroimaging evidence. *Behavioral and Brain Sciences, 30*(02), 135-154.

Jung, R. E., & Haier, R. J. (2013). Creativity and intelligence: Brain networks that link and differentiate the expression of genius. In O. Vartanian, A. S. Bristol, & J. C. Kaufman (Eds.), *Neuroscience of creativity* (pp. 233-254). Cambridge, MA: The MIT Press.

Jung, R. E., & Vartanian, O. (Eds.) (2018). *The Cambridge Handbook of the Neuroscience of Creativity*. Cambridge, New York: Cambridge University Press.

Jung, R. E., Brooks, W. M., Yeo, R. A., Chiulli, S. J., Weers, D. C., & Sibbitt, W. L. (1999a). Biochemical markers of intelligence: A proton MR spectroscopy study of normal human brain. *Proceedings of the Royal Society of London Series B-Biological Sciences, 266*(1426), 1375-1379.

Jung, R. E., Haier, R. J., Yeo, R. A., Rowland, L. M., Petropoulos, H., Levine, A. S., ⋯ Brooks, W. M. (2005). Sex differences in N-acetylaspartate correlates of general intelligence: An H-1-MRS study of normal human brain. *Neuroimage, 26*(3), 965-972.

Jung, R. E., Yeo, R. A., Chiulli, S. J., Sibbitt, W. L., Weers, D. C., Hart, B. L., & Brooks, W. M. (1999b). Biochemical markers of cognition: A proton MR spectroscopy study of normal human brain. *Neuroreport, 10*(16), 3327-3331.

Kaminski, J. A., Schlagenhauf, F., Rapp, M., Awasthi, S., Ruggeri, B., Deserno, L., ⋯ the, IMAGEN consortium. (2018). Epigenetic variance in dopamine D2 receptor: A marker of IQ malleability? *Translational Psychiatry, 8*(1), 169. doi:10.1038/s41398-018-0222-7.

Kanai, R., & Rees, G. (2011). The structural basis of inter-individual differences in human behaviour and cognition. *Nature Review in Neuroscience, 12*(4),

231-242. doi:10.1038/nrn3000.

Kane, M. J., & Engle, R. W. (2002). The role of prefrontal cortex in working-memory capacity, executive attention, and general fluid intelligence: An individual-differences perspective. *Psychonomic Bulletin & Review, 9*(4), 637-671. doi:10.3758/Bf03196323.

Kane, M. J., Hambrick, D. Z., & Conway, A. R. A. (2005). Working memory capacity and fluid intelligence are strongly related constructs: Comment on Ackerman, Beier, and Boyle (2005). *Psychological Bulletin, 131*(1), 66-71. doi:10.1037/0033-2909.131.1.66.

Karalija, N., Köhncke, Y., Düzel, S., Bertram, L., Papenberg, G., Demuth, I., ⋯ Brandmaier, A. M. (2021). A common polymorphism in the dopamine transporter gene predicts working memory performance and in vivo dopamine integrity in aging. *Neuroimage, 245*, 118707. DOI:10.1016/j.neuroimage. 2021.118707.

Karama, S., Ad-Dab'bagh, Y., Haier, R. J., Deary, I. J., Lyttelton, O. C., Lepage, C., & Evans, A. C. (2009b). Positive association between cognitive ability and cortical thickness in a representative US sample of healthy 6 to 18 year-olds (vol 37, p. 145, 2009). *Intelligence, 37*(4), 431-442.

Karama, S., Ad-Dab'bagh, Y., Haier, R. J., Deary, I. J., Lyttelton, O. C., Lepage, C., ⋯ Grp, B. D. C. (2009a). Positive association between cognitive ability and cortical thickness in a representative US sample of healthy 6 to 18 year-olds. *Intelligence, 37*(2), 145-155.

Karama, S., Bastin, M. E., Murray, C., Royle, N. A., Penke, L., Muñoz Maniega, S., ⋯ Deary, I. J. (2014). Childhood cognitive ability accounts for associations between cognitive ability and brain cortical thickness in old age. *Molecular Psychiatry, 19*(5), 555-559. doi:10.1038/mp.2013.64.

Karama, S., Colom, R., Johnson, W., Deary, I. J., Haier, R., Waber, D. P., ⋯ Grp, B. D. C. (2011). Cortical thickness correlates of specific cognitive performance accounted for by the general factor of intelligence in healthy children aged 6 to 18. *Neuroimage, 55*(4), 1443-1453. doi:10.1016/J.Neuroimage.2011.01.016.

Kendler, K. S., Turkheimer, E., Ohlsson, H., Sundquist, J., & Sundquist, K. (2015). Family environment and the malleability of cognitive ability: A Swedish national home-reared and adopted-away cosibling control study. *Proceedings of the National Academy Science USA, 112*(15), 4612-4617. doi:10.1073/pnas.1417106112.

Keyes, D. (1966). *Flowers for Algernon* (1st ed.). New York: Harcourt.

Khundrakpam, B. S., Poline, J., & Evans, A. (2021). Research consortia and large-scale data repositories for studying intelligence. In A. Barbey, S. Karama, & R. J. Haier (Eds.), *The Cambridge Handbook of Intelligence and Cognitive Neuroscience* (pp. 70-82). New York: Cambridge University Press.

Kievit, R. A., & Simpson-Kent, I. L. (2021). It's about time: Towards a longitudinal cognitive neuroscience of intelligence. In A. Barbey, S. Karama, & R. J. Haier (Eds.), *The Cambridge Handbook of Intelligence and Cognitive Neuroscience* (pp. 123-146). New York: Cambridge University Press.

Kievit, R. A., Romeijn, J. W., Waldorp, L. J., Wicherts, J. M., Scholte, H. S., & Borsboom, D. (2011). Mind the gap: A psychometric approach to the reduction problem. *Psychological Inquiry, 22*(2), 67-87. doi:10.1080/1047840x.2011.550181.

Kievit, R. A., van Rooijen, H., Wicherts, J. M., Waldorp, L. J., Kan, K. J., Scholte, H. S., & Borsboom, D. (2012). Intelligence and the brain: A model-based approach. *Cognition Neuroscience, 3*(2), 89-97. doi:10.1080/17588928.2011.628383.

Kim, D.-J., Davis, E. P., Sandman, C. A., Sporns, O., O'Donnell, B. F., Buss, C., & Hetrick, W. P. (2016). Children's intellectual ability is associated with structural network integrity. *Neuroimage*, 124(Part A), 550-556. doi:10.1016/j.neuroimage.2015.09.012.

Kim, T. D., Hong, G., Kim, J., & Yoon, S. (2019). Cognitive enhancement in neurological and psychiatric disorders using transcranial magnetic stimulation (TMS): A review of modalities, potential mechanisms and future implications. *Experimental Neurobiology, 28*(1), 1-16. doi:10.5607/en.2019.28.1.1.

Knafo, S., & Venero, C. (2015). *Cognitive Enhancement: Pharmacologic, Environmental, and Genetic factors*. Amsterdam; Boston: Elsevier/AP, Academic Press is an imprint of Elsevier.

Knowles, E. E. M., Mathias, S. R., McKay, D. R., Sprooten, E., Blangero, J., Almasy, L., & Glahn, D. C. (2014). Genome-wide analyses of working-memory ability: A review. *Current Behavioral Neuroscience Reports, 1*(4), 224-233. doi:10.1007/s40473-014-0028-8.

Koenig, K. A., Frey, M. C., & Detterman, D. K. (2008). ACT and general cognitive ability. *Intelligence, 36*(2), 153-160.

Koenis, M. M., Brouwer, R. M., van den Heuvel, M. P., Mandl, R. C., van Soelen, I. L., Kahn, R. S., ⋯ Hulshoff Pol, H. E. (2015). Development of the brain's structural network efficiency in early adolescence: A longitudinal DTI twin study. *Human Brain Mapping.* doi:10.1002/hbm.22988.

Kohannim, O., Hibar, D. P., Stein, J. L., Jahanshad, N., Hua, X., Rajagopalan, P., ⋯ Alzheimers Disease Neuroimaging, I. (2012a). Discovery and replication of gene influences on brain structure using LASSO regression. *Frontiers in Neuroscience, 6*, 115.

Kohannim, O., Jahanshad, N., Braskie, M. N., Stein, J. L., Chiang, M.-C., Reese, A. H., ⋯ Thompson, P. M. (2012b). Predicting white matter integrity from multiple common genetic variants. *Neuropsychopharmacology: Official Publication of the American College of Neuropsychopharmacology, 37*(9), 2012-2019.

Kokkinakis, A. V., Cowling, P. I., Drachen, A., & Wade, A. R. (2017). Exploring the relationship between video game expertise and fluid intelligence. *Plos One, 12*(11), e0186621. doi:10.1371/journal.pone.0186621.

Kolata, S., Light, K., Wass, C. D., Colas-Zelin, D., Roy, D., & Matzel, L. D. (2010). A dopaminergic gene cluster in the prefrontal cortex predicts performance indicative of general intelligence in genetically heterogeneous mice. *Plos One, 5*(11), e14036. doi:10.1371/journal.pone.0014036.

Kovas, Y., & Plomin, R. (2006). Generalist genes: Implications for the cognitive sciences. *Trends in Cognitive Sciences, 10*(5), 198-203.

Krause, B., & Cohen Kadosh, R. (2014). Not all brains are created equal: The relevance of individual differences in responsiveness to transcranial electrical stimulation. *Frontiers in Systematic Neuroscience, 8*, 25. doi:10.3389/fnsys.2014.00025.

Kuhl, P. K. (2000). A new view of language acquisition. *Proceedings of the National Academy of Sciences of the United States of America, 97*(22), 11850-11857.

Kuhl, P. K. (2004). Early language acquisition: Cracking the speech code. *Nature Reviews Neuroscience, 5*(11), 831-843.

Kyllonen, P. C., & Christal, R. E. (1990). Reasoning ability is (Little More Than) working-memory capacity. *Intelligence, 14*(4), 389-433.

Langer, N., Pedroni, A., Gianotti, L. R., Hanggi, J., Knoch, D., & Jancke, L. (2012). Functional brain network efficiency predicts intelligence. *Hum Brain Mappings, 33*(6), 1393-1406. doi:10.1002/hbm.21297.

Lashley, K. S. (1964). *Brain Mechanisms and Intelligence*. New York: Hafner.

Lee, J. J. (2010). Review of intelligence and how to get it: Why schools and cultures count. *Personality and Individual Differences, 48*, 247-255.

Lee, J. J., & Willoughby, E. A. (2021). Predicting cognitive-ability differences from genetic and brain-imaging data. In A. K. Barbey, S. Karama, & R. J. Haier (Eds.), *Cambridge Handbook of Intelligence and Cognitive Neuroscience* (pp. 349-363). New York: Cambridge University Press.

Lee, J. J., McGue, M., Iacono, W. G., Michael, A. M., & Chabris, C. F. (2019). The causal influence of brain size on human intelligence: Evidence from within-family phenotypic associations and GWAS modeling. *Intelligence, 75*, 48-58. doi:10.1016/j.intell.2019.01.011.

Lee, J. J., Wedow, R., Okbay, A., Kong, E., Maghzian, O., Zacher, M., ··· Consortiu, S. S. G. A. (2018). Gene discovery and polygenic prediction from a genome-wide association study of educational attainment in 1.1 million individuals. *Nature Genetics, 50*(8), 1112-+. doi:10.1038/s41588-018-0147-3.

Lee, J. Y., Jun, H., Soma, S., Nakazono, T., Shiraiwa, K., Dasgupta, A., ···

Igarashi, K. M. (2021). Dopamine facilitates associative memory encoding in the entorhinal cortex. *Nature, 598*(7880), 321-326. doi:10.1038/s41586-021-03948-8.

Lee, K. H., Choi, Y. Y., Gray, J. R., Cho, S. H., Chae, J. H., Lee, S., & Kim, K. (2006). Neural correlates of superior intelligence: Stronger recruitment of posterior parietal cortex. *Neuroimage, 29*(2), 578-586.

Lemos, G. C., Almeida, L. S., & Colom, R. (2011). Intelligence of adolescents is related to their parents' educational level but not to family income. *Personality and Individual Differences, 50*(7), 1062-1067.

Lerner, B. (1980). The war on testing—Detroit Edison in perspective. *Personnel Psychology, 33*(1), 11-16.

Lett, T. A., Vogel, B. O., Ripke, S., Wackerhagen, C., Erk, S., Awasthi, S., ⋯ consortium, I. (2019). Cortical surfaces mediate the relationship between polygenic scores for intelligence and general intelligence. *Cerebral Cortex, 30*(4), 2708-2719. doi:10.1093/cercor/bhz270.

Li, H., Namburi, P., Olson, J. M., Borio, M., Lemieux, M. E., Beyeler, A., ⋯ Tye, K. M. (2022). Neurotensin orchestrates valence assignment in the amygdala. *Nature.* doi:10.1038/s41586-022-04964-y.

Li, Y., Liu, Y., Li, J., Qin, W., Li, K., Yu, C., & Jiang, T. (2009). Brain anatomical network and intelligence. *PLoS Computational Biology, 5*(5), e1000395. doi:10.1371/journal.pcbi.1000395.

Limb, C. J., & Braun, A. R. (2008). Neural substrates of spontaneous musical performance: An FMRI study of jazz improvisation. *Plos One, 3*(2), e1679. doi:10.1371/journal.pone.0001679.

Lipp, I., Benedek, M., Fink, A., Koschutnig, K., Reishofer, G., Bergner, S., ⋯ Neubauer, A. (2012). Investigating neural efficiency in the visuospatial domain: An FMRI study. *Plos One, 7*(12), e51316. doi:10.1371/journal.pone.0051316.

Liu, S., Chow, H. M., Xu, Y., Erkkinen, M. G., Swett, K. E., Eagle, M. W., ⋯ Braun, A. R. (2012). Neural correlates of lyrical improvisation: An FMRI study of freestyle rap. *Scientific Reports, 2*, 834. doi:10.1038/srep00834.

Loehlin, J. C. (1989). Partitioning environmental and genetic contributions to behavioral development. *American Psychology, 44*(10), 1285-1292. www.ncbi.nlm.nih.gov/pubmed/2679255.

Loehlin, J. C., & Nichols, R. C. (1976). *Heredity, Environment, & Personality: A Study of 850 Sets of Twins.* Austin: University of Texas Press.

Loo, C. K., & Mitchell, P. B. (2005). A review of the efficacy of transcranial magnetic stimulation (TMS) treatment for depression, and current and future strategies to optimize efficacy. *Journal of Affected Disorders, 88*(3), 255-267. doi:10.1016/j.jad.2005.08.001.

Luber, B., & Lisanby, S. H. (2014). Enhancement of human cognitive performance using transcranial magnetic stimulation (TMS). *Neuroimage,* 85(Pt 3), 961-970. doi:10.1016/j.neuroimage.2013.06.007.

Lubinski, D. (2009). Cognitive epidemiology: With emphasis on untangling cognitive ability and socioeconomic status. *Intelligence, 37*(6), 625-633.

Lubinski, D., Benbow, C. P., & Kell, H. J. (2014). Life paths and accomplishments of mathematically precocious males and females four decades later. *Psychological Science, 25*(12), 2217-2232. doi:10.1177/0956797614551371.

Lubinski, D., Benbow, C. P., Webb, R. M., & Bleske-Rechek, A. (2006). Tracking exceptional human capital over two decades. *Psychological Science, 17*(3), 194-199.

Lubinski, D., Schmidt, D. B., & Benbow, C. P. (1996). A 20-year stability analysis of the study of values for intellectually gifted individuals from adolescence to adulthood. *Journal of Applied Psychology, 81*(4), 443-451.

Luciano, M., Wright, M. J., Smith, G. A., Geffen, G. M., Geffen, L. B., & Martin, N. G. (2001). Genetic covariance among measures of information processing speed, working memory, and IQ. *Behavior Genetics, 31*(6), 581-592.

Luders, E., Harr, K. L., Thompson, P. M., Rex, D. E., Woods, R. P., DeLuca, H., ··· Toga, A. W. (2006). Gender effects on cortical thickness and the influence of scaling. *Human Brain Mapping, 27*(4), 314-324.

Luders, E., Narr, K. L., Bilder, R. M., Thompson, P. M., Szeszko, P. R., Hamilton,

L., & Toga, A. W. (2007). Positive correlations between corpus callosum thickness and intelligence. *Neuroimage, 37*(4), 1457-1464. doi:10.1016/j.neuro image.2007.06.028.

Luders, E., Narr, K. L., Thompson, P. M., Rex, D. E., Jancke, L., Steinmetz, H., & Toga, A. W. (2004). Gender differences in cortical complexity. *Nature Neuroscience*, advanced *online publication*. http://dx.doi.org/10.1038/nn1277.

Luo, Q., Perry, C., Peng, D. L., Jin, Z., Xu, D., Ding, G. S., & Xu, S. Y. (2003). The neural substrate of analogical reasoning: An fMRI study. *Cognitive Brain Research, 17*(3), 527-534.

Lynn, R. (2009). What has caused the Flynn effect? Secular increases in the Development Quotients of infants. *Intelligence, 37*(1), 16-24.

Mackey, A. P., Finn, A. S., Leonard, J. A., Jacoby-Senghor, D. S., West, M. R., Gabrieli, C. F., & Gabrieli, J. D. (2015). Neuroanatomical correlates of the income-achievement gap. *Psychological Science, 26*(6), 925-933. doi:10.1177/0956797615572233.

Mackey, A. P., Hill, S. S., Stone, S. I., & Bunge, S. A. (2011). Differential effects of reasoning and speed training in children. *Developmental Science, 14*(3), 582-590.

Mackintosh, N. J. (1995). *Cyril Burt: Fraud or Framed?* Oxford; New York: Oxford University Press.

Mackintosh, N. J. (2011). *IQ and Human Intelligence* (2nd ed.). Oxford; New York: Oxford University Press.

Macnamara, B. N., & Maitra, M. (2019). The role of deliberate practice in expert performance: Revisiting Ericsson, Krampe & Tesch-Romer (1993). *Royal Society on Open Science, 6*(8), 190327. doi:10.1098/rsos.190327.

Maguire, E. A., Valentine, E. R., Wilding, J. M., & Kapur, N. (2003). Routes to remembering: The brains behind superior memory. *Nature Neuroscience, 6*(1), 90-95. doi:10.1038/nn988.

Maher, B. (2008). Poll results: Look who's doping. *Nature, 452*(7188), 674-675. doi:10.1038/452674a.

Makel, M. C., Kell, H. J., Lubinski, D., Putallaz, M., & Benbow, C. P. (2016). When lightning strikes twice: Profoundly gifted, profoundly accomplished. *Psychological Science, 27*(7), 1004-1018. doi:10.1177/0956797616644735.

Makowski, C., Meer, D. v. d., Dong, W., Wang, H., Wu, Y., Zou, J., ⋯ Chen, C.-H. (2022). Discovery of genomic loci of the human cerebral cortex using genetically informed brain atlases. *Science, 375*(6580), 522-528. doi:10.1126/science.abe8457.

Malanchini, M., Rimfeld, K., Gidziela, A., Cheesman, R., Allegrini, A. G., Shake-shaft, N., ⋯ Plomin, R. (2021). Pathfinder: A gamified measure to integrate general cognitive ability into the biological, medical, and behavioural sciences. *Molecular Psychiatry.* doi:10.1038/s41380-02101300-0.

Maldjian, J. A., Davenport, E. M., & Whitlow, C. T. (2014). Graph theoretical analysis of resting-state MEG data: Identifying interhemispheric connectivity and the default mode. *Neuroimage, 96*, 88-94. doi:10.1016/j.neuroimage.2014.03.065.

Mardis, E. R. (2008). Next-generation DNA sequencing methods. *Annual Review of Genomics and Human Genetics, 9*, 387-402. doi:10.1146/annurev.genom.9.081307.164359.

Marioni, R. E., Davies, G., Hayward, C., Liewald, D., Kerr, S. M., Campbell, A., ⋯ Deary, I. J. (2014). Molecular genetic contributions to socioeconomic status and intelligence. *Intelligence, 44*(100), 26-32. doi:10.1016/j.intell.2014.02.006.

Marks, G. N. (2022). Cognitive ability has powerful, widespread and robust effects on social stratification: Evidence from the 1979 and 1997 US National Longitudinal Surveys of Youth. *Intelligence, 94*, 101686. doi:10.1016/j.intell.2022.101686.

Martinez, K., & Colom, R. (2021). Imaging the intelligence of humans. In A. Barbey, S. Karama, & H. R. J. (Eds.), *The Cambridge Handbook of Intelligence and Cognitive Neuroscience* (pp. 44-69). New York: Cambridge University Press.

Martinez, K., Janssen, J., Pineda-Pardo, J. A., Carmona, S., Roman, F. J., Aleman-

Gomez, Y., ⋯ Colom, R. (2017). Individual differences in the dominance of interhemispheric connections predict cognitive ability beyond sex and brain size. *Neuroimage, 155*, 234-244.

Maslen, H., Faulmuller, N., & Savulescu, J. (2014). Pharmacological cognitive enhancement-how neuroscientific research could advance ethical debate. *Frontier in Systematic Neuroscience, 8*, 107. doi:10.3389/fnsys.2014.00107.

Matzel, L. D., & Kolata, S. (2010). Selective attention, working memory, and animal intelligence. *Neuroscience Biobehavioral Review, 34*(1), 23-30. doi:10.1016/j.neubiorev.2009.07.002.

Matzel, L. D., Crawford, D. W., & Sauce, B. (2020). Deja vu All Over Again: A unitary biological mechanism for intelligence is (Probably) untenable. *Journal of Intelligence, 8*(24).

Matzel, L. D., Han, Y. R., Grossman, H., Karnik, M. S., Patel, D., Scott, N., ⋯ Gandhi, C. C. (2003). Individual differences in the expression of a "General" learning ability in mice. *Journal of Neuroscience, 23*(16), 6423-6433. www.jneurosci.org/cgi/content/abstract/23/16/6423.

Matzel, L. D., Sauce, B., & Wass, C. (2013). The architecture of intelligence: Converging evidence from studies of humans and animals. *Current Directions in Psychological Science, 22*(5), 342-348. doi:10.1177/0963721413491764.

Mayseless, N., & Shamay-Tsoory, S. G. (2015). Enhancing verbal creativity: Modulating creativity by altering the balance between right and left inferior frontal gyrus with tDCS. *Neuroscience, 291*, 167-176. doi:10.1016/j.neuroscience.2015.01.061.

McCabe, K. O., Lubinski, D., & Benbow, C. P. (2020). Who shines most among the brightest?: A 25-year longitudinal study of elite STEM graduate students. *Journal of Personality and Social Psychology, 119*(2), 390-416. doi:10.1037/pspp0000239.

McDaniel, M. A. (2005). Big-brained people are smarter: A meta-analysis of the relationship between in vivo brain volume and intelligence. *Intelligence, 33*(4), 337-346.

McGue, M., Anderson, E. L., Willoughby, E., Giannelis, A., Iacono, W. G., & Lee, J. J. (2022). Not by g alone: The benefits of a college education among individuals with low levels of general cognitive ability. *Intelligence, 92*, 101642. doi:10.1016/j.intell.2022.101642.

McGue, M., Bouchard, T. J., Iacono, W. G., & Lykken, D. T. (1993). Age effects on heritability of intelligence. In R. Plomin & G. E. McClearn (Eds.), *Nature, Nurture, and Psychology* (pp. 59-76). Washington, DC: American Psychological Association.

McKinley, R. A., Bridges, N., Walters, C. M., & Nelson, J. (2012). Modulating the brain at work using noninvasive transcranial stimulation. *Neuroimage, 59*(1), 129-137. doi:10.1016/j.neuroimage.2011.07.075.

Melby-Lervag, M., & Hulme, C. (2013). Is working memory training effective? A meta-analytic review. *Developmental Psychology, 49*(2), 270-291. doi:10.1037/a0028228.

Melby-Lervåg, M., Redick, T. S., & Hulme, C. (2016). Working memory training does not improve performance on measures of intelligence or other measures of "Far Transfer": Evidence from a meta-analytic review. *Perspectives on Psychological Science, 11*(4), 512-534. doi:10.1177/1745691616635612.

Miller, B. L., Boone, K., Cummings, J. L., Read, S. L., & Mishkin, F. (2000). Functional correlates of musical and visual ability in frontotemporal dementia. *British Journal of Psychiatry, 176*, 458-463. www.ncbi.nlm.nih.gov/pubmed/10912222.

Miller, B. L., Cummings, J., Mishkin, F., Boone, K., Prince, F., Ponton, M., & Cotman, C. (1998). Emergence of artistic talent in frontotemporal dementia. *Neurology, 51*(4), 978-982. www.ncbi.nlm.nih.gov/pubmed/9781516.

Miller, E. B., Farkas, G., & Duncan, G. J. (2016). Does Head Start differentially benefit children with risks targeted by the program's service model? *Early Childhood Research Quarterly, 34*, 1-12. doi:10.1016/j.ecresq.2015.08.001.

Mitchell, B. L., Hansell, N. K., McAloney, K., Martin, N. G., Wright, M. J., Renteria, M. E., & Grasby, K. L. (2022). Polygenic influences associated with adolescent cognitive skills. *Intelligence, 94*, 101680. doi:10.1016/j.intell.2022.101680.

Mitchell, K. J. (2018). *Innate: How the Wiring of Our Brains Shapes Who We Are*. Princeton, NJ: Princeton University Press.

Moody, D. E. (2009). Can intelligence be increased by training on a task of working memory? *Intelligence, 37*(4), 327-328.

Moreau, D. (2022). How malleable are cognitive abilities? A critical perspective on popular brief interventions. *American Psychologist, 77*(3), 409-423. doi: 10.1037/amp0000872.

Moreau, D., Macnamara, B. N., & Hambrick, D. Z. (2019). Overstating the role of environmental factors in success: A cautionary note. *Current Directions in Psychological Science, 28*(1), 28-33. doi:10.1177/0963721418797300.

Mountjoy, E., Schmidt, E. M., Carmona, M., Schwartzentruber, J., Peat, G., Miranda, A., ⋯ Ghoussaini, M. (2021). An open approach to systematically prioritize causal variants and genes at all published human GWAS trait-associated loci. *Nature Genetics.* doi:10.1038/s41588-021-00945-5.

Muetzel, R. L., Mous, S. E., van der Ende, J., Blanken, L. M., van der Lugt, A., Jaddoe, V. W., ⋯ White, T. (2015). White matter integrity and cognitive performance in school-age children: A population-based neuroimaging study. *Neuroimage, 119*, 119-128. doi:10.1016/j.neuroimage.2015.06.014.

Murray, C. (1995). The-bell-curve and its critics. *Commentary, 99*(5), 23-30.

Murray, C. A. (2013). *Coming Apart: The State of White America, 1960-2010* (First paperback edition. ed.). New York: Crown Forum.

Murray, C., Pattie, A., Starr, J. M., & Deary, I. J. (2012). Does cognitive ability predict mortality in the ninth decade? The Lothian Birth Cohort 1921. *Intelligence, 40*(5), 490-498.

Muzur, A., Pace-Schott, E. F., & Hobson, J. A. (2002). The prefrontal cortex in sleep. *Trends in Cognition Science, 6*(11), 475-481. www.ncbi.nlm.nih.gov/pubmed/12457899.

Neisser, U., Boodoo, G., Bouchard, T. J., Boykin, A. W., Brody, N., Ceci, S. J., ⋯ Urbina, S. (1996). Intelligence: Knowns and unknowns. *American Psych-*

ologist, 51(2), 77-101.

Neubauer, A. C. (2021). The future of intelligence research in the coming age of artificial intelligence—With a special consideration of the philosophical movements of trans- and posthumanism. *Intelligence, 87*, 101563. doi:10.1016/j.intell.2021.101563.

Neubauer, A. C., & Fink, A. (2009). Intelligence and neural efficiency. *Neuroscience and Biobehavioral Reviews, 33*(7), 1004-1023.

Neville, H., Stevens, C., Pakulak, E., & Bell, T. A. (2013). Commentary: Neurocognitive consequences of socioeconomic disparities. *Developmental Science, 16*(5), 708-712. doi:10.1111/desc.12081.

Newman, S. D., & Just, M. A. (2005). The neural bases of intelligence: A perspective based on functional neuroimaging. In Robert J. Sternberg & Jean E. Pretz (Eds.), *Cognition and Intelligence: Identifying the Mechanisms of the Mind* (pp. 88-103). New York: Cambridge UniversityPress.

Nihongaki, Y., Kawano, F., Nakajima, T., & Sato, M. (2015). Photoactivatable CRISPR-Cas9 for optogenetic genome editing. *Nature Biotechnology.* doi:10.1038/nbt.3245.

Nisbett, R. E. (2009). *Intelligence and How to Get It: Why Schools and Cultures Count* (1st ed.). New York: W.W. Norton & Co.

Nisbett, R. E., Aronson, J., Blair, C., Dickens, W., Flynn, J., Halpern, D. F., & Turkheimer, E. (2012). Intelligence new findings and theoretical developments. *American Psychologist, 67*(2), 130-159. doi:10.1037/a0026699.

Noble, K. G., & Giebler, M. A. (2020). The neuroscience of socioeconomic inequality. *Current Opinion in Behavioral Sciences, 36*, 23-28. doi:10.1016/j.cobeha.2020.05.007.

Noble, K. G., Houston, S. M., Brito, N. H., Bartsch, H., Kan, E., Kuperman, J. M., ⋯ Sowell, E. R. (2015). Family income, parental education and brain structure in children and adolescents. *Nature Neuroscience, 18*(5), 773-778. doi:10.1038/nn.3983.

Noble, K. G., Wolmetz, M. E., Ochs, L. G., Farah, M. J., & McCandliss, B. D.

(2006). Brain-behavior relationships in reading acquisition are modulated by socioeconomic factors. *Developmental Science, 9*(6), 642-654. doi:10.1111/j.1467-7687.2006.00542.x.

Okbay, A., Wu, Y., Wang, N., Jayashankar, H., Bennett, M., Nehzati, S. M., ⋯ LifeLines Cohort, S. (2022). Polygenic prediction of educational attainment within and between families from genome-wide association analyses in 3 million individuals. *Nature Genetics, 54*(4), 437-449. doi:10.1038/s41588-022-01016-z.

Ozawa, A., & Arakawa, H. (2021). Chemogenetics drives paradigm change in the investigation of behavioral circuits and neural mechanisms underlying drug action. *Behavioural Brain Research, 406*, 113234. doi:10.1016/j.bbr.2021.113234.

Pages, R., Lukes, D. J., Bailey, D. H., & Duncan, G. J. (2020). Elusive longer-run impacts of head start: Replications within and across cohorts. *Educational Evaluation and Policy Analysis, 42*(4), 471-492. doi:10.3102/0162373720948884.

Pages, R., Protzko, J., & Bailey, D. H. (2021). The breadth of impacts from the Abecedarian project early intervention on cognitive skills. *Journal of Research on Educational Effectiveness*, 1-20. doi:10.1080/19345747.2021.1969711.

Pagnaer, T., Siermann, M., Borry, P., & Tsuiko, O. (2021). Polygenic risk scoring of human embryos: A qualitative study of media coverage. *BMC Medical Ethics, 22*(1), 125. doi:10.1186/s12910-021-00694-4.

Pahor, A., & Jausovec, N. (2014). The effects of theta transcranial alternating current stimulation (tACS) on fluid intelligence. *International Journal of Psychophysiology, 93*(3), 322-331. doi:10.1016/j.ijpsycho.2014.06.015.

Pahor, A., Seitz, A. R., & Jaeggi, S. M. (2022). Near transfer to an unrelated N-back task mediates the effect of N-back working memory training on matrix reasoning. *Nature Human Behaviour.* doi:10.1038/s41562-022-01384-w.

Panizzon, M. S., Vuoksimaa, E., Spoon, K. M., Jacobson, K. C., Lyons, M. J., Franz, C. E., ⋯ Kremen, W. S. (2014). Genetic and environmental influences of general cognitive ability: Is g a valid latent construct? *Intelligence, 43*, 65-

76. doi:10.1016/j.intell.2014.01.008.

Parasuraman, R., & Jiang, Y. (2012). Individual differences in cognition, affect, and performance: Behavioral, neuroimaging, and molecular genetic approaches. *Neuroimage, 59*(1), 70-82.

Parks, R. W., Loewenstein, D. A., Dodrill, K. L., Barker, W. W., Yoshii, F., Chang, J. Y., ⋯ Duara, R. (1988). Cerebral metabolic effects of a verbal fluency test—A Pet Scan Study. *Journal of Clinical and Experimental Neuropsychology, 10*(5), 565-575.

Pascoli, V., Turiault, M., & Luscher, C. (2012). Reversal of cocaine-evoked synaptic potentiation resets drug-induced adaptive behaviour. *Nature, 481*(7379), 71-75. doi:10.1038/nature10709.

Pedersen, N. L., Plomin, R., Nesselroade, J. R., & Mcclearn, G. E. (1992). A quantitative genetic-analysis of cognitive-abilities during the 2nd-half of the life-span. *Psychological Science, 3*(6), 346-353.

Penke, L., Maniega, S. M., Bastin, M. E., Hernandez, M. C. V., Murray, C., Royle, N. A., ⋯ Deary, I. J. (2012). Brain white matter tract integrity as a neural foundation for general intelligence. *Molecular Psychiatry, 17*(10), 1026-1030. doi:10.1038/Mp.2012.66.

Perez, P., Chavret-Reculon, E., Ravassard, P., & Bouret, S. (2022). Using inhibitory DREADDs to silence LC neurons in Monkeys. *Brain Sciences, 12*(2), 206. www.mdpi.com/2076-3425/12/2/206.

Perfetti, B., Saggino, A., Ferretti, A., Caulo, M., Romani, G. L., & Onofrj, M. (2009). Differential patterns of cortical activation as a function of fluid reasoning complexity. *Hum Brain Mapping, 30*(2), 497-510. doi:10.1002/hbm.20519.

Perobelli, S., Alessandrini, F., Zoccatelli, G., Nicolis, E., Beltramello, A., Assael, B. M., & Cipolli, M. (2015). Diffuse alterations in grey and white matter associated with cognitive impairment in Shwachman-Diamond syndrome: Evidence from a multimodal approach. *Neuroimage Clinic, 7*, 721-731. doi:10.1016/j.nicl.2015.02.014.

Pesenti, M., Zago, L., Crivello, F., Mellet, E., Samson, D., Duroux, B., ⋯ Tzourio-

Mazoyer, N. (2001). Mental calculation in a prodigy is sustained by right prefrontal and medial temporal areas. *Nature Neuroscience, 4*(1), 103-107.

Petrill, S. A., & Deater-Deckard, K. (2004). The heritability of general cognitive ability: A within-family adoption design. *Intelligence, 32*(4), 403-409.

Pfleiderer, B., Ohrmann, P., Suslow, T., Wolgast, M., Gerlach, A. L., Heindel, W., & Michael, N. (2004). N-acetylaspartate levels of left frontal cortex are associated with verbal intelligence in women but not in men: A proton magnetic resonance spectroscopy study. *Neuroscience, 123*(4), 1053-1058.

Pietschnig, J., & Voracek, M. (2015). One century of global IQ gains: A formal meta-analysis of the Flynn Effect (1909-2013). *Perspectives on Psychological Science, 10*(3), 282-306.

Pietschnig, J., Voracek, M., & Formann, A. K. (2010). Mozart effect-Shmozart effect: A meta-analysis. *Intelligence, 38*(3), 314-323.

Pineda-Pardo, J. A., Bruna, R., Woolrich, M., Marcos, A., Nobre, A. C., Maestu, F., & Vidaurre, D. (2014). Guiding functional connectivity estimation by structural connectivity in MEG: An application to discrimination of conditions of mild cognitive impairment. *Neuroimage, 101*, 765-777. doi:10.1016/ j.neuroimage.2014.08.002.

Pinho, A. L., de Manzano, O., Fransson, P., Eriksson, H., & Ullen, F. (2014). Connecting to create: Expertise in musical improvisation is associated with increased functional connectivity between premotor and prefrontal areas. *Journal of Neuroscience, 34*(18), 6156-6163. doi:10.1523/JNEUROSCI. 4769- 13.2014.

Pinker, S. (2002). *The Blank Slate: The Modern Denial of Human Nature*. New York: Viking.

Plis, S. M., Weisend, M. P., Damaraju, E., Eichele, T., Mayer, A., Clark, V. P., ··· Calhoun, V. D. (2011). Effective connectivity analysis of fMRI and MEG data collected under identical paradigms. *Computational Biology Medicine, 41*(12), 1156-1165. doi:10.1016/j.compbiomed.2011.04.011.

Plomin, R. (1999). Genetics and general cognitive ability. *Nature, 402*(6761 Suppl),

C25-29. doi:10.1038/35011520.

Plomin, R. (2018). *Blueprint: How DNA Makes us Who We Are*. Cambridge, MA: The MIT Press.

Plomin, R., & Deary, I. J. (2015). Genetics and intelligence differences: Five special findings. *Molecular Psychiatry, 20*(1), 98-108. doi:10.1038/mp.2014.105.

Plomin, R., DeFries, J. C., Knopik, V. S., & Neiderhiser, J. M. (2016). Top 10 replicated findings from behavioral genetics. *Perspectives on Psychological Science: A Journal of the Association for Psychological Science, 11*(1), 3-23. doi:10.1177/1745691615617439.

Plomin, R., & Kosslyn, S. M. (2001). Genes, brain and cognition. *Nature Neuroscience, 4*(12), 1153-1154.

Plomin, R., & Petrill, S. A. (1997). Genetics and intelligence: What's new? *Intelligence, 24*(1), 53-77.

Plomin, R., Shakeshaft, N. G., McMillan, A., & Trzaskowski, M. (2014a). Nature, nurture, and expertise. *Intelligence, 45*, 46-59.

Plomin, R., Shakeshaft, N. G., McMillan, A., & Trzaskowski, M. (2014b). Nature, nurture, and expertise: Response to Ericsson. *Intelligence, 45*, 115-117.

Plomin, R., & von Stumm, S. (2018). The new genetics of intelligence. *Nature Review Genetics, 19*(3), 148-159. doi:10.1038/nrg.2017.104

Pol, H. E. H., Posthuma, D., Baare, W. F. C., De Geus, E. J. C., Schnack, H. G., van Haren, N. E. M., ⋯ Boomsma, D. I. (2002). Twin-singleton differences in brain structure using structural equation modelling. *Brain, 125*, 384-390.

Polderman, T. J., Benyamin, B., de Leeuw, C. A., Sullivan, P. F., van Bochoven, A., Visscher, P. M., & Posthuma, D. (2015). Meta-analysis of the heritability of human traits based on fifty years of twin studies. *Nature Genetics, 47*(7), 702-709. doi:10.1038/ng.3285.

Poldrack, R. A. (2015). Is "efficiency" a useful concept in cognitive neuroscience? *Developmental Cognition Neuroscience, 11*, 12-17. doi:10.1016/j.dcn.2014.06.001.

Posthuma, D., & de Geus, E. J. C. (2006). Progress in the molecular-genetic study of intelligence. *Current Directions in Psychological Science, 15*(4), 151-155.

Posthuma, D., Baare, W. F. C., Pol, H. E. H., Kahn, R. S., Boomsma, D. I., & De Geus, E. J. C. (2003). Genetic correlations between brain volumes and the WAIS-III dimensions of verbal comprehension, working memory, perceptual organization, and processing speed. *Twin Research, 6*(2), 131-139.

Posthuma, D., De Geus, E. J., Baare, W. F., Hulshoff Pol, H. E., Kahn, R. S., & Boomsma, D. I. (2002). The association between brain volume and intelligence is of genetic origin. *Nature Neuroscience, 5*(2), 83-84.

Posthuma, D., De Geus, E., & Boomsma, D. (2003). Genetic contributions to anatomical, behavioral, and neurophysiological indices of cognition. In R. Plomin, J. DeFries, I. W. Craig, & P. McGuffin (Eds.), *Behavioral Genetics in the Postgenomic Era* (pp. 141-161). Washington, DC: American psychological Association.

Prabhakaran, V., Smith, J. A., Desmond, J. E., Glover, G. H., & Gabrieli, J. D. (1997). Neural substrates of fluid reasoning: An fMRI study of neocortical activation during performance of the Raven's Progressive Matrices Test. *Cognitive Psychology, 33*(1), 43-63.

Prat, C. S., Mason, R. A., & Just, M. A. (2012). An fMRI investigation of analogical mapping in metaphor comprehension: The influence of context and individual cognitive capacities on processing demands. *Journal of Experimental Psychology: Learning, Memory, and Cognition, 38*(2), 282-294. doi: 10.1037/a0026037.

Preusse, F., Van Der Meer, E., Deshpande, G., Krueger, F., & Wartenburger, I. (2011). Frontiers: Fluid intelligence allows flexible recruitment of the parietofrontal network in analogical reasoning. *Frontier in Human Neuroscience*, 5.

Protzko, J., Aronson, J., & Blair, C. (2013). How to make a young child smarter: Evidence from the database of raising intelligence. *Perspectives on Psychological Science, 8*(1), 25-40.

Quiroga, M. A., Escorial, S., Román, F. J., Morillo, D., Jarabo, A., Privado, J., ⋯
Colom, R. (2015). Can we reliably measure the general factor of intelligence
(g) through commercial video games? Yes, we can! *Intelligence, 53*, 1-7.
doi:10.1016/j.intell.2015.08.004.

Quiroga, M. Á., & Colom, R. (2020). Intelligence and video games. In R. J. Stern-
berg (Ed.), *The Cambridge Handbook of Intelligence* (2 ed., pp. 626-656).
Cambridge: Cambridge University Press.

Quiroga, M. A., Diaz, A., Roman, F. J., Privado, J., & Colom, R. (2019). Intelli-
gence and video games: Beyond "brain-games." *Intelligence, 75*, 85-94. doi:
10.1016/j.intell.2019.05.001.

Ramey, C. T., & Ramey, S. L. (2004). Early learning and school readiness: Can
early intervention make a difference? *Merrill-Palmer Quarterly-Journal of
Developmental Psychology, 50*(4), 471-491.

Rankin, K. P., Liu, A. A., Howard, S., Slama, H., Hou, C. E., Shuster, K., &
Miller, B. L. (2007). A case-controlled study of altered visual art production in
Alzheimer's and FTLD. *Cognitive Behavioral Neurology, 20*(1), 48-61. doi:10.
1097/WNN.0b013e31803141dd.

Rauscher, F. H., Shaw, G. L., & Ky, K. N. (1993). Music and spatial task perfor-
mance. *Nature, 365*(6447), 611. doi:10.1038/365611a0.

Redick, T. S. (2015). Working memory training and interpreting interactions in
intelligence interventions. *Intelligence, 50*(0), 14-20. doi:10.1016/j.intell.2015.
01.014.

Redick, T. S. (2019). The Hype Cycle of working memory training. *Current Direc-
tions in Psychological Sciences, 28*(5), 423-429. doi:10.1177/0963721419848668.

Redick, T. S., Shipstead, Z., Harrison, T. L., Hicks, K. L., Fried, D. E., Hambrick,
D. Z., ⋯ Engle, R. W. (2013). No evidence of intelligence improvement after
working memory training: A Randomized, Placebo-Controlled Study. *Journal
of Experimental Psychology-General, 142*(2), 359-379. doi:10.1037/A0029082.

Ree, M. J., & Carretta, T. R. (1996). Central role of g in military pilot selection.
International Journal of Aviation Psychology, 6(2), 111-123.

Ree, M. J., & Carretta, T. R. (2022). Thirty years of research on general and specific abilities: Still not much more than g. *Intelligence, 91*, 101617. doi:10.1016/j.intell.2021.101617.

Ree, M. J., & Earles, J. A. (1991). Predicting training success—Not much more than G. *Personnel Psychology, 44*(2), 321-332.

Reijneveld, J. C., Ponten, S. C., Berendse, H. W., & Stam, C. J. (2007). The application of graph theoretical analysis to complex networks in the brain. *Clinical Neurophysiology, 118*(11), 2317-2331. doi:10.1016/j.clinph. 2007.08.010.

Reverberi, C., Bonatti, L. L., Frackowiak, R. S., Paulesu, E., Cherubini, P.,& Macaluso, E. (2012). Large scale brain activations predict reasoning profiles. *Neuroimage, 59*(2), 1752-1764. doi:10.1016/j.neuroimage.2011.08.027.

Rhein, C., Muhle, C., Richter-Schmidinger, T., Alexopoulos, P., Doerfler, A., & Kornhuber, J. (2014). Neuroanatomical correlates of intelligence in healthy young adults: The role of basal ganglia volume. *Plos One, 9*(4), e93623. doi:10.1371/journal.pone.0093623.

Rietveld, C. A., Esko, T., Davies, G., Pers, T. H., Turley, P., Benyamin, B., ⋯ Koellinger, P. D. (2014). Common genetic variants associated with cognitive performance identified using the proxy-phenotype method. *Proceedings of the National Academy of Sciences of the United States of America, 111*(38), 13790-13794.

Ritchie, S. (2022). Everything you need to know about breastfeeding and intelligence. *Substack*: https://stuartritchie.substack.com/p/breastfeedingiq?utm_source=%2Fprofile%2F1881468-stuart-ritchie&utm_ medium=reader2.

Ritchie, S. J., & Tucker-Drob, E. M. (2018). How much does education improve intelligence? A Meta-Analysis. *Psychological Science, 29*(8), 1358-1369. doi:10.1177/0956797618774253.

Ritchie, S. J., Booth, T., Valdés Hernández, M. d. C., Corley, J., Maniega, S. M., Gow, A. J., ⋯ Deary, I. J. (2015). Beyond a bigger brain: Multivariable structural brain imaging and intelligence. *Intelligence, 51*(0), 47-56. doi:10.1016/j.intell.2015.05.001.

Ritchie, S. J., Cox, S. R., Shen, X. Y., Lombardo, M. V., Reus, L. M., Alloza, C., ⋯ Deary, I. J. (2018). Sex differences in the adult human brain: Evidence from 5216 UK Biobank participants. *Cerebral Cortex, 28*(8), 2959-2975. doi:10.1093/cercor/bhy109.

Robertson, K. F., Smeets, S., Lubinski, D., & Benbow, C. P. (2010). Beyond the threshold hypothesis: Even among the gifted and top math/science graduate students, cognitive abilities, vocational interests, and lifestyle preferences matter for career choice, performance, and persistence. *Current Directions in Psychological Science, 19*(6), 346-351.

Román, F. J., Morillo, D., Estrada, E., Escorial, S., Karama, S., & Colom, R. (2018). Brain-intelligence relationships across childhood and adolescence: A latent-variable approach. *Intelligence, 68*, 21-29. doi:10.1016/j.intell.2018.02.006.

Romeo, R. R., Leonard, J. A., Scherer, E., Robinson, S., Takada, M., Mackey, A. P., ⋯ Gabrieli, J. D. E. (2021). Replication and extension of family-based training program to improve cognitive abilities in young children. *Journal of Research on Educational Effectiveness, 14*(4), 792-811. doi:10.1080/19345747.2021.1931999.

Ryman, S. G., Yeo, R. A., Witkiewitz, K., Vakhtin, A. A., van den Heuvel, M., de Reus, M., ⋯ Jung, R. E. (2016). Fronto-Parietal gray matter and white matter efficiency differentially predict intelligence in males and females. *Human Brain Mapping, 37*(11), 4006-4016. doi:10.1002/hbm.23291.

Sackett, P. R., Kuncel, N. R., Arneson, J. J., Cooper, S. R., & Waters, S. D. (2009). Does socioeconomic status explain the relationship between admissions tests and post-secondary academic performance? *Psychological Bulletin, 135*(1), 1-22. doi:10.1037/a0013978.

Sahakian, B. J., & Kramer, A. F. (2015). Editorial overview: Cognitive enhancement. *Current Opinion in Behavioral Sciences, 4*, V-vii. doi:10.1016/j.cobeha.2015.06.006.

Sahakian, B., & Morein-Zamir, S. (2007). Professor's little helper. *Nature, 450*(7173),

1157-1159. doi:10.1038/4501157a.

Sander, J. D., & Joung, J. K. (2014). CRISPR-Cas systems for genome editing, regulation and targeting. *Nature Biotechnology, 32*(4), 347-355. doi:10.1038/nbt.2842.

Santarnecchi, E., Brem, A.-K., Levenbaum, E., Thompson, T., Kadosh, R. C., & Pascual-Leone, A. (2015). Enhancing cognition using transcranial electrical stimulation. *Current Opinion in Behavioral Sciences, 4*, 171-178. doi:10.1016/j.cobeha.2015.06.003.

Santarnecchi, E., Emmendorfer, A., & Pascual-Leone, A. (2017). Dissecting the parieto-frontal correlates of fluid intelligence: A comprehensive ALE meta-analysis study. *Intelligence, 63*, 9-28. doi:10.1016/j.intell.2017.04.008.

Santarnecchi, E., Emmendorfer, A., Tadayon, S., Rossi, S., Rossi, A., Pascual-Leone, A., & Team, H. S. (2017). Network connectivity correlates of variability in fluid intelligence performance. *Intelligence, 65*, 35-47.

Santarnecchi, E., Galli, G., Polizzotto, N. R., Rossi, A., & Rossi, S. (2014). Efficiency of weak brain connections support general cognitive functioning. *Hum Brain Mapping, 35*(9), 4566-4582. doi:10.1002/hbm.22495.

Santarnecchi, E., Muller, T., Rossi, S., Sarkar, A., Polizzotto, N. R., Rossi, A., & Cohen Kadosh, R. (2016). Individual differences and specificity of prefrontal gamma frequency-tACS on fluid intelligence capabilities. *Cortex, 75*, 33-43. doi:10.1016/j.cortex.2015.11.003.

Santarnecchi, E., Polizzotto, N. R., Godone, M., Giovannelli, F., Feurra, M., Matzen, L., ··· Rossi, S. (2013). Frequency-dependent enhancement of fluid intelligence induced by transcranial oscillatory potentials. *Current Biology, 23*(15), 1449-1453. doi:10.1016/j.cub.2013.06.022.

Santarnecchi, E., Rossi, S., & Rossi, A. (2015a). The smarter, the stronger: Intelligence level correlates with brain resilience to systematic insults. *Cortex, 64*, 293-309. doi:10.1016/j.cortex.2014.11.005.

Santarnecchi, E., Tatti, E., Rossi, S., Serino, V., & Rossi, A. (2015b). Intelligence-related differences in the asymmetry of spontaneous cerebral activity. *Human*

Brain Mapping. doi:10.1002/hbm.22864.

Sauce, B., & Matzel, L. D. (2013). The causes of variation in learning and behavior: Why individual differences matter. *Frontiers in Psychology*, 4.

Sauce, B., & Matzel, L. D. (2018). The paradox of intelligence: Heritability and malleability coexist in hidden gene-environment interplay. *Psychology Bulletin*, *144*(1), 26-47. doi:10.1037/bul0000131.

Sauce, B., Bendrath, S., Herzfeld, M., Siegel, D., Style, C., Rab, S., ⋯ Matzel, L. D. (2018). The impact of environmental interventions among mouse siblings on the heritability and malleability of general cognitive ability. *Philosophical Transactions of the Royal Society B-Biological Sciences*, *373*(1756). doi:10.1098/rstb.2017.0289.

Sauce, B., Liebherr, M., Judd, N., & Klingberg, T. (2022). The impact of digital media on children's intelligence while controlling for genetic differences in cognition and socioeconomic background. *Scientific Reports*, *12*(1), 7720. doi:10.1038/s41598-022-11341-2.

Sawyer, K. (2011). The cognitive neuroscience of creativity: A critical review. *Creativity Research Journal*, *23*(2), 137-154.

Schaie, K. W. (1993). The Seattle Longitudinal Study: A thirty-five-year inquiry of adult intellectual development. *Zeitschrift fur Gerontologie*, *26*(3), 129-137. www.ncbi.nlm.nih.gov/pubmed/8337905.

Schmidt, F. (2016). The validity and utility of selection methods in personnel psychology: Practical and theoretical implications of 100 years of research findings.

Schmidt, F. L., & Hunter, J. (2004). General mental ability in the world of work: Occupational attainment and job performance. *Journal of Personality and Social Psychology*, *86*(1), 162-173. doi:10.1037/00223514.86.1.162.

Schmidt, F. L., & Hunter, J. E. (1998). The validity and utility of selection methods in personnel psychology: Practical and theoretical implications of 85 years of research findings. *Psychological Bulletin*, *124*(2), 262-274.

Schmithorst, V. J., & Holland, S. K. (2006). Functional MRI evidence for disparate developmental processes underlying intelligence in boys and girls. *Neuro-image, 31*(3), 1366-1379.

Schmithorst, V. J., Wilke, M., Dardzinski, B. J., & Holland, S. K. (2005). Cognitive functions correlate with white matter architecture in a normal pediatric population: A diffusion tensor MRI study. *Human Brain Mapping, 26*(2), 139-147.

Schubert, A.-L., Hagemann, D., & Frischkorn, G. T. (2017). Is general intelligence little more than the speed of higher-order processing? *Journal of Experimental Psychology-General, 146*(10), 1498-1512.

Schubert, A.-L., Hagemann, D., Frischkorn, G. T., & Herpertz, S. C. (2018). Faster, but not smarter: An experimental analysis of the relationship between mental speed and mental abilities. *Intelligence, 71*, 66-75. doi:10.1016/j.intell.2018. 10.005.

Schubert, A.-L., & Frischkorn, G. T. (2020). Neurocognitive psychometrics of intelligence: How measurement advancements unveiled the role of mental speed in intelligence differences. *Current Directions in Psychological Science, 29*(2), 140-146. doi:10.1177/0963721419896365.

Schubert, A.-L., Hagemann, D., Loffler, C., & Frischkorn, G. T. (2020). Disentangling the effects of processing speed on the association between age differences and fluid intelligence. *Journal of Intelligence, 8*(1), 1. www.mdpi.com/2079-3200/8/1/1.

Schubert, A.-L., Nunez, M. D., Hagemann, D., & Vandekerckhove, J. (2019). Individual differences in cortical processing speed predict cognitive abilities: A model-based cognitive neuroscience account. *Computational Brain & Behavior, 2*(2), 64-84. doi:10.1007/s42113-0180021-5.

Schwaighofer, M., Fischer, F., & Buhner, M. (2015). Does working memory training transfer? A meta-analysis including training conditions as moderators. *Educational Psychologist, 50*(2), 138-166.

Sellers, K. K., Mellin, J. M., Lustenberger, C. M., Boyle, M. R., Lee, W. H., Peterchev, A. V., & Frohlich, F. (2015). Transcranial direct current stimulation (tDCS) of frontal cortex decreases performance on the WAIS-IV intelligence test. *Behavioral Brain Research, 290*, 32-44. doi:10.1016/j.bbr.2015.04.031.

Shakeshaft, N. G., Trzaskowski, M., McMillan, A., Krapohl, E., Simpson, M. A., Reichenberg, A., ⋯ Plomin, R. (2015). Thinking positively: The genetics of high intelligence. *Intelligence, 48*, 123-132. doi:10.1016/j.intell.2014.11.005.

Shamay-Tsoory, S. G., Adler, N., Aharon-Peretz, J., Perry, D., & Mayseless, N. (2011). The origins of originality: The neural bases of creative thinking and originality. *Neuropsychologia, 49*(2), 178-185. doi:10.1016/j.neuropsychologia. 2010.11.020.

Sharif, S., Guirguis, A., Fergus, S., & Schifano, F. (2021). The Use and Impact of Cognitive Enhancers among University Students: A Systematic Review. *Brain Sciences, 11*(3), 355. doi:10.3390/brainsci11030355.

Shaw, P., Greenstein, D., Lerch, J., Clasen, L., Lenroot, R., Gogtay, N., ⋯ Giedd, J. (2006). Intellectual ability and cortical development in children and adolescents. *Nature, 440*(7084), 676-679.

Shehzad, Z., Kelly, C., Reiss, P. T., Cameron Craddock, R., Emerson, J. W., McMahon, K., ⋯ Milham, M. P. (2014). A multivariate distance-based analytic framework for connectome-wide association studies. *Neuroimage, 93 Pt 1*, 74-94. doi:10.1016/j.neuroimage.2014.02.024.

Shi, M., Li, Y., Sun, J., Li, X., Han, Y., Liu, Z., & Qiu, J. (2022). Intelligence correlates with the temporal variability of brain networks. *Neuroscience*. doi:10.1016/j.neuroscience.2022.08.001.

Shipstead, Z., Redick, T. S., & Engle, R. W. (2012). Is working memory training effective? *Psychology Bulletin, 138*(4), 628-654. doi:10.1037/a0027473.

Shonkoff, J. P., Phillips, D., & National Research Council (U.S.). Committee on Integrating the Science of Early Childhood Development. (2000). *From Neurons to Neighborhoods: The Science of Early Childhood Development*. Washington, DC: National Academy Press.

Siebner, H. R., Funke, K., Aberra, A. S., Antal, A., Bestmann, S., Chen, R., ⋯ Ugawa, Y. (2022). Transcranial magnetic stimulation of the brain: What is stimulated?—A consensus and critical position paper. *Clinical Neuro-physi-*

ology, 140, 59-97. doi:10.1016/j.clinph.2022.04.022.

Sigala, N. (2015). Effects of memory training or task design? A Commentary on "Neural evidence for the use of digit-image mnemonic in a superior memorist: An fMRI study." *Frontier in Human Neuroscience, 9*, 183. doi:10.3389/fnhum.2015.00183.

Sigman, M., Pena, M., Goldin, A. P., & Ribeiro, S. (2014). Neuroscience and education: Prime time to build the bridge. *Nature Neuroscience, 17*(4), 497-502. doi:10.1038/nn.3672.

Silverman, P. H. (2004). Rethinking genetic determinism. *The Scientist, 18*(10), 32-33.

Simos, P. G., Rezaie, R., Papanicolaou, A. C., & Fletcher, J. M. (2014). Does IQ affect the functional brain network involved in pseudoword reading in students with reading disability? A magnetoencephalography study. *Frontier in Human Neuroscience, 7*, 932. doi:10.3389/fnhum.2013.00932.

Smith, M. E., & Farah, M. J. (2011). Are prescription stimulants "smart pills"? The epidemiology and cognitive neuroscience of prescription stimulant use by normal healthy individuals. *Psychology Bulletin, 137*(5), 717-741. doi:10.1037/a0023825.

Smith, S. M., Nichols, T. E., Vidaurre, D., Winkler, A. M., Behrens, T. E. J., Glasser, M. F., ⋯ Miller, K. L. (2015). A positive-negative mode of population covariation links brain connectivity, demographics and behavior. *Nature Neuroscience, 18*(11), 1565-1567. doi:10.1038/nn.4125.

Sniekers, S., Stringer, S., Watanabe, K., Jansen, P. R., Coleman, J. R. I., Krapohl, E., ⋯ Posthuma, D. (2017). Genome-wide association metaanalysis of 78,308 individuals identifies new loci and genes influencing human intelligence. *Nature Genetics, 49*(7), 1107-1112. doi:10.1038/ng.3869.

Snyderman, M., & Rothman, S. (1988). *The IQ Controversy, the Media and Public Policy*. New Brunswick, NJ, USA: Transaction Books.

Song, M., Liu, Y., Zhou, Y., Wang, K., Yu, C., & Jiang, T. (2009). Default network and intelligence difference. *Conference Proceedings of the IEEE En-*

gineering in Medicine and Biological Society, 2009, 2212-2215. doi:10.1109/IEMBS.2009.5334874.

Song, M., Zhou, Y., Li, J., Liu, Y., Tian, L., Yu, C., & Jiang, T. (2008). Brain spontaneous functional connectivity and intelligence. *Neuroimage, 41*(3), 1168-1176. doi:10.1016/j.neuroimage.2008.02.036.

Sonmez, A. I., Camsari, D. D., Nandakumar, A. L., Voort, J. L. V., Kung, S., Lewis, C. P., & Croarkin, P. E. (2019). Accelerated TMS for Depression: A systematic review and meta-analysis. *Psychiatry Research, 273*, 770-781. doi:10.1016/j.psychres.2018.12.041.

Soreq, E., Violante, I. R., Daws, R. E., & Hampshire, A. (2021). Neuroimaging evidence for a network sampling theory of individual differences in human intelligence test performance. *Nature Communication, 12*(1), 2072. doi:10.1038/s41467-021-22199-9.

Spearman, C. (1904). General intelligence objectively determined and measured. *American Journal of Psychology, 15*, 201-293.

Sripada, C., Angstadt, M., Rutherford, S., Taxali, A., & Shedden, K. (2020). Toward a "treadmill test" for cognition: Improved prediction of general cognitive ability from the task activated brain. *Hum Brain Mapping 41*(12): 3186-3197.

Stam, C. J., & Reijneveld, J. C. (2007). Graph theoretical analysis of complex networks in the brain. *Nonlinear Biomedical Physics, 1*(1), 3. doi:10.1186/1753-4631-1-3.

Stammen, C., Fraenz, C., Grazioplene, R. G., Schluter, C., Merhof, V., Johnson, W., ··· Genç, E. (2022). Robust associations between white matter microstructure and general intelligence. bioRxiv, 2022.2005.2002.490274. doi:10.1101/2022.05.02.490274.

Stanley, J., Keating, D. P., and Fox L. H. (1974). *Mathematical Talent: Discovery, Description, and Development*. Baltimore: The Johns Hopkins University Press.

Stein, J. L., Medland, S. E., Vasquez, A. A., Hibar, D. P., Senstad, R. E., Winkler, A. M., ··· Enhancing Neuro Imaging Genetics through Meta-Analysis, C. (2012).

Identification of common variants associated with human hippocampal and intracranial volumes. *Nature Genetics, 44*(5), 552-561. doi:10.1038/ng.2250.

Sternberg, R. J. (2000). *Practical Intelligence in Everyday Life*. Cambridge, UK; New York: Cambridge University Press.

Sternberg, R. J. (2003). Our research program validating the triarchic theory of successful intelligence: Reply to Gottfredson. *Intelligence, 31*(4), 399-413.

Sternberg, R. J. (2008). Increasing fluid intelligence is possible after all. *Proceedings of the National Academy Science USA, 105*(19), 6791-6792. doi:10.1073/pnas. 0803396105.

Sternberg, R. J. (2014). Teaching about the nature of intelligence. *Intelligence, 42*, 176-179. doi:10.1016/j.intell.2013.08.010.

Sternberg, R. J. (2018). *The Nature of Human Intelligence* (R. J. Sternberg Ed.). New York: Cambridge University Press.

Strenze, T. (2007). Intelligence and socioeconomic success: A meta-analytic review of longitudinal research. *Intelligence, 35*(5), 401-426. doi:10.1016/ j.intell.2006.09.004.

Suthana, N., & Fried, I. (2014). Deep brain stimulation for enhancement of learning and memory. *Neuroimage, 85 Pt 3*, 996-1002. doi:10.1016/j.neuroimage.2013. 07.066.

Tammet, D. (2007). Born on a blue day: Inside the extraordinary mind of an autistic savant: A memoir (1st Free Press pbk. ed.). New York: Free Press.

Tang, C. Y., Eaves, E. L., Ng, J. C., Carpenter, D. M., Mai, X., Schroeder, D. H., ⋯ Haier, R. J. (2010). Brain networks for working memory and factors of intelligence assessed in males and females with fMRI and DTI. *Intelligence, 38*(3), 293-303.

Tang, Y. P., Shimizu, E., Dube, G. R., Rampon, C., Kerchner, G. A., Zhuo, M., ⋯ Tsien, J. Z. (1999). Genetic enhancement of learning and memory in mice. *Nature, 401*(6748), 63-69.

te Nijenhuis, J., Jongeneel-Grimen, B., & Kirkegaard, E. O. W. (2014). Are Headstart gains on the g factor? A meta-analysis. *Intelligence, 46*, 209-215.

Tellier, L. C. A. M., Eccles, J., Treff, N. R., Lello, L., Fishel, S., & Hsu, S. (2021). Embryo screening for polygenic disease risk: Recent advances and ethical considerations. *Genes, 12*(8), 1105. www.mdpi.com/2073-4425/12/8/1105.

Terman, L. M. (1925). *Genetic Studies of Genius*. Stanford, CA: Stanford University Press.

Terman, L. M. (1954). *Scientists and Nonscientists in a Group of 800 Gifted Men*. Washington, DC: American Psychological Association.

Thiele, J. A., Faskowitz, J., Sporns, O., & Hilger, K. (2022). Multitask brain network reconfiguration is inversely associated with human intelligence. *Cerebral Cortex.*, 32(19), 4172-4182. doi:10.1093/cercor/bhab473.

Thoma, R. J., Yeo, R. A., Gangestad, S., Halgren, E., Davis, J., Paulson, K. M., & Lewine, J. D. (2006). Developmental instability and the neural dynamics of the speed-intelligence relationship. *Neuroimage, 32*(3), 1456-1464.

Thomas, P., Rammsayer, T., Schweizer, K., & Troche, S. (2015). Elucidating the functional relationship between working memory capacity and psychometric intelligence: A fixed-links modeling approach for experimental repeated-measures designs. *Advances in Cognitive Psychology, 11*(1), 3-13.

Thompson, P. M., Cannon, T. D., Narr, K. L., van Erp, T., Poutanen, V. P., Huttunen, M., ⋯ Toga, A. W. (2001). Genetic influences on brain structure. *Nature Neuroscience, 4*(12), 1253-1258.

Thompson, R., Crinella, F. M., & Yu, J. (1990). *Brain Mechanisms in Problem Solving and Intelligence: A Survey of the Rat Brain*. New York: Plenum Press.

Thompson, T. W., Waskom, M. L., Garel, K. L., Cardenas-Iniguez, C., Reynolds, G. O., Winter, R., ⋯ Gabrieli, J. D. (2013). Failure of working memory training to enhance cognition or intelligence. *Plos One, 8*(5), e63614. doi:10.1371/journal.pone.0063614.

Thurstone, L. L. (1938). *Primary Mental Abilities*. Chicago, IL: University of Chicago Press.

Thurstone, L. L., & Thurstone, T. (1941). *Factorial Studies of Intelligence*. Chicago, IL: University of Chicago Press.

Tidwell, J. W., Dougherty, M. R., Chrabaszcz, J. R., Thomas, R. P., & Mendoza, J. L. (2013). What counts as evidence for working memory training? Problems with correlated gains and dichotomization. *Psychonomic Bulletin Review*. doi:10.3758/s13423-013-0560-7.

Toga, A. W., & Thompson, P. M. (2005). Genetics of brain structure and intelligence. *Annual Review of Neuroscience, 28*, 1-23.

Tommasi, M., Pezzuti, L., Colom, R., Abad, F. J., Saggino, A., & Orsini, A. (2015). Increased educational level is related with higher IQ scores but lower g-variance: Evidence from the standardization of the WAIS-R for Italy. *Intelligence, 50*, 68-74.

Trahan, L. H., Stuebing, K. K., Fletcher, J. M., & Hiscock, M. (2014). The Flynn effect: A meta-analysis. *Psychological Bulletin, 140*(5), 1332-1360. doi:10.1037/a0037173.

Troller-Renfree, S. V., Costanzo, M. A., Duncan, G. J., Magnuson, K., Gennetian, L. A., Yoshikawa, H., ⋯ Noble, K. G. (2022). The impact of a poverty reduction intervention on infant brain activity. *Proceedings of the National Academy of Sciences, 119*(5), e2115649119. doi:10.1073/pnas.2115649119.

Trzaskowski, M., Davis, O. S. P., DeFries, J. C., Yang, J., Visscher, P. M., & Plomin, R. (2013). DNA evidence for strong genome-wide pleiotropy of cognitive and learning abilities. *Behavior Genetics, 43*(4), 267-273.

Trzaskowski, M., Harlaar, N., Arden, R., Krapohl, E., Rimfeld, K., McMillan, A., ⋯ Plomin, R. (2014). Genetic influence on family socioeconomic status and children's intelligence. *Intelligence, 42*(100), 83-88. doi:10.1016/j.intell.2013.11.002.

Trzaskowski, M., Shakeshaft, N. G., & Plomin, R. (2013). Intelligence indexes generalist genes for cognitive abilities. *Intelligence, 41*(5), 560-565.

Tsukahara, J. S., & Engle, R. W. (2021). Fluid intelligence and the locus coeruleus-norepinephrine system. *Proceedings of the National Academy Science USA, 118*(46). doi:10.1073/pnas.2110630118.

Turkheimer, E. (2000). Three laws of behavior genetics and what they mean.

Current Directions in Psychological Science, 9(5), 160-164.

Turkheimer, E., Haley, A., Waldron, M., D'Onofrio, B., & Gottesman, II. (2003). Socioeconomic status modifies heritability of IQ in young children. *Psychological Science, 14*(6), 623-628.

Turley, P., Meyer, M. N., Wang, N., Cesarini, D., Hammonds, E., Martin, A. R., ··· Visscher, P. M. (2021). Problems with Using Polygenic Scores to Select Embryos. *New England Journal of Medicine, 385*(1), 78-86. doi:10.1056/NEJMsr2105065.

Ukkola-Vuoti, L., Kanduri, C., Oikkonen, J., Buck, G., Blancher, C., Raijas, P., ··· Jarvela, I. (2013). Genome-wide copy number variation analysis in extended families and unrelated individuals characterized for musical aptitude and creativity in music. *Plos One, 8*(2), e56356. doi:10.1371/journal.pone.0056356.

Unsworth, N., Redick, T. S., McMillan, B. D., Hambrick, D. Z., Kane, M. J., & Engle, R. W. (2015). Is playing video games related to cognitive abilities? *Psychological Science, 26*(6), 759-774. doi:10.1177/0956797615570367.

Urban, D. J., & Roth, B. L. (2015). DREADDs (designer receptors exclusively activated by designer drugs): Chemogenetic tools with therapeutic utility. *Annual Review of Pharmacological Toxicology, 55*, 399-417. doi:10.1146/annurev-pharmtox-010814-124803.

Utz, K. S., Dimova, V., Oppenlander, K., & Kerkhoff, G. (2010). Electrified minds: Transcranial direct current stimulation (tDCS) and galvanic vestibular stimulation (GVS) as methods of non-invasive brain stimulation in neuropsychology—a review of current data and future implications. *Neuropsychologia, 48*(10), 2789-2810. doi:10.1016/j.neuropsychologia.2010.06.002.

Vakhtin, A. A., Ryman, S. G., Flores, R. A., & Jung, R. E. (2014). Functional brain networks contributing to the Parieto-Frontal Integration Theory of Intelligence. *Neuroimage, 103*, 349-354. doi:10.1016/j.neuroimage.2014.09.055.

van den Heuvel, M. P., & Sporns, O. (2011). Rich-club organization of the human connectome. *Journal of Neuroscience, 31*(44), 15775-15786. doi:10.1523/

JNEUROSCI.3539-11.2011.

van den Heuvel, M. P., Kahn, R. S., Goni, J., & Sporns, O. (2012). High-cost, high-capacity backbone for global brain communication. *Proceedings of the National Academy Science USA, 109*(28), 11372-11377. doi:10.1073/pnas.1203 593109.

van den Heuvel, M. P., Stam, C. J., Kahn, R. S., & Pol, H. E. H. (2009). Efficiency of functional brain networks and intellectual performance. *Journal of Neuroscience, 29*(23), 7619-7624. doi:10.1523/jneurosci.1443-09.2009.

van der Linden, D., Dunkel, C. S., & Madison, G. (2017). Sex differences in brain size and general intelligence (g). *Intelligence, 63*, 78-88. doi:10.1016/j.intell.2017.04.007.

van der Maas, H. L. J., Snoek, L., & Stevenson, C. E. (2021). How much intelligence is there in artificial intelligence? A 2020 update. *Intelligence, 87*, 101548. DOI:10.1016/j.intell.2021.101548.

van der Sluis, S., Willemsen, G., de Geus, E. J. C., Boomsma, D. I., & Posthuma, D. (2008). Gene-environment interaction in adults' IQ scores: Measures of past and present environment. *Behavior Genetics, 38*(4), 348-360.

van Leeuwen, M., van den Berg, S. M., & Boomsma, D. I. (2008). A twin-family study of general IQ. *Learning and Individual Differences, 18*(1), 76-88. doi:10. 1016/j.lindif.2007.04.006.

Vardy, E., Robinson, J. E., Li, C., Olsen, R. H., DiBerto, J. F., Giguere, P. M., ⋯ Roth, B. L. (2015). A new DREADD facilitates the multiplexed chemogenetic interrogation of behavior. *Neuron, 86*(4), 936-946. doi:10.1016/j.neuron.2015. 03.065.

Vendetti, M. S., & Bunge, S. A. (2014). Evolutionary and developmental changes in the lateral frontoparietal network: A little goes a long way for higher-level cognition. *Neuron, 84*(5), 906-917. doi:10.1016/j.neuron.2014.09.035.

Vernon, P. A. (1983). Speed of information processing and general intelligence. *Intelligence, 7*(1), 53-70.

Vieira, B. H., Pamplona, G. S. P., Fachinello, K., Silva, A. K., Foss, M. P., &

Salmon, C. E. G. (2022). On the prediction of human intelligence from neuroimaging: A systematic review of methods and reporting. *Intelligence, 93*, 101654. doi:10.1016/j.intell.2022.101654.

Villarreal, M. F., Cerquetti, D., Caruso, S., Schwarcz Lopez Aranguren, V., Gerschcovich, E. R., Frega, A. L., & Leiguarda, R. C. (2013). Neural correlates of musical creativity: Differences between high and low creative subjects. *Plos One, 8*(9), e75427. doi:10.1371/journal.pone.0075427.

Visscher, P. M. (2022). Genetics of cognitive performance, education and learning: From research to policy? *npj Science of Learning, 7*(1), 8. doi:10.1038/s41539-022-00124-z.

von Bastian, C. C., & Oberauer, K. (2013). Distinct transfer effects of training different facets of working memory capacity. *Journal of Memory and Language, 69*(1), 36-58.

von Bastian, C. C., & Oberauer, K. (2014). Effects and mechanisms of working memory training: A review. *Psychological Research-Psychologische Forschung, 78*(6), 803-820.

von Stumm, S., & Deary, I. J. (2013). Intellect and cognitive performance in the Lothian Birth Cohort 1936. *Psychology and Aging, 28*(3), 680-684. doi:10.1037/A0033924.

von Stumm, S., & Plomin, R. (2021). Using DNA to predict intelligence. *Intelligence, 86*, 101530. doi:10.1016/j.intell.2021.101530.

Vuoksimaa, E., Panizzon, M. S., Chen, C. H., Fiecas, M., Eyler, L. T., Fennema-Notestine, C., ⋯ Kremen, W. S. (2015). The genetic association between neocortical volume and general cognitive ability is driven by global surface area rather than thickness. *Cerebral Cortex, 25*(8), 2127-2137. doi:10.1093/cercor/bhu018.

Wagner, T., Robaa, D., Sippl, W., & Jung, M. (2014). Mind the methyl: Methyllysine binding proteins in epigenetic regulation. *ChemMedChem, 9*(3), 466-483. doi:10.1002/cmdc.201300422.

Wai, J., & Bailey, D. H. (2021). How intelligence research can inform education and public policy. In A. Barbey, S. Karama, & R. J. Haier (Eds.), *The Cambridge Handbook of Intelligence and Cognitive Neuroscience*. New York: Cambridge University Press.

Wai, J., & Worrell, F. C. (2021). The future of intelligence research andgifted education. *Intelligence, 87*, 101546. doi:10.1016/j.intell.2021.101546.

Wai, J., Brown, M., & Chabris, C. F. (2019). No one likes the SAT. It's still the fairest thing about admissions. In. *Washington Post editorial.*

Wai, J., Lubinski, D., & Benbow, C. P. (2005). Creativity and occupational accomplishments among intellectually precocious youths: An age 13 to age 33 longitudinal study. *Journal of Educational Psychology, 97*(3), 484-492.

Walfisch, A., Sermer, C., Cressman, A., & Koren, G. (2013). Breast milk and cognitive development—the role of confounders: A systematic review. *BMJ Open, 3*(8), e003259. doi:10.1136/bmjopen-2013-003259.

Wang, C., Jaeggi, S. M., Yang, L., Zhang, T., He, X., Buschkuehl, M., & Zhang, Q. (2019). Narrowing the achievement gap in low-achieving children by targeted executive function training. *Journal of Applied Developmental Psychology, 63*, 87-95. doi:10.1016/j.appdev.2019.06.002.

Wang, L., Wee, C. Y., Suk, H. I., Tang, X., & Shen, D. (2015). MRI-Based Intelligence Quotient (IQ) estimation with sparse learning. *Plos One, 10*(3), e0117295. doi:10.1371/journal.pone.0117295.

Warne, R. T. (2019). An evaluation (and Vindication?) of Lewis Terman: What the father of gifted education can teach the 21st century. *Gifted Child Quarterly, 63*(1), 3-21.

Warne, R. T. (2020). *In the Know: Debunking 35 Myths about Human Intelligence.* Cambridge, United Kingdom; New York, NY: Cambridge University Press.

Waterhouse, L. (2006). Inadequate evidence for multiple intelligences, Mozart effect, and emotional intelligence theories. *Educational Psychologist, 41*(4), 247-255. doi:10.1207/s15326985ep4104_5

Watrin, L., Hulur, G., & Wilhelm, O. (2022). Training working memory for two years-No evidence of transfer to intelligence. *Journal of Experimental Psych-*

ology: Learning, Memory, and Cognition, 48(5), 717-733. doi:10.1037/xlm000 1135.

Watson, J. B. (1930). *Behaviorism.* New York,: W.W. Norton & Company.

Wax, A. L. (2017). The poverty of the neuroscience of poverty: Policy payoff or false promise? *Jurimetrics, 57*(2), 239-287. www.jstor.org/stable/26322667.

Weiss, D., Haier, R., & Keating, D. (1974). Personality characteristics of mathematically precocious boys. In Stanley, Keating, & Fox (Eds.), *Mathematical Talent: Discovery, Description, and Development* (pp. 126-139). Baltimore, MD: The Johns Hopkins University Press.

Wendelken, C., Ferrer, E., Whitaker, K. J., & Bunge, S. A. (2015). Frontoparietal network reconfiguration supports the development of reasoning ability. *Cerebral Cortex.* doi:10.1093/cercor/bhv050.

Whalley, L. J., & Deary, I. J. (2001). Longitudinal cohort study of childhood IQ and survival up to age 76. *Bmj, 322*(7290), 819. www.ncbi.nlm.nih.gov/pubmed/11290633.

Wharton, C. M., Grafman, J., Flitman, S. S., Hansen, E. K., Brauner, J., Marks, A., & Honda, M. (2000). Toward neuroanatomical models of analogy: A positron emission tomography study of analogical mapping. *Cognitive Psychology, 40*(3), 173-197.

Widge, A. S., Zorowitz, S., Basu, I., Paulk, A. C., Cash, S. S., Eskandar, E. N., … Dougherty, D. D. (2019). Deep brain stimulation of the internal capsule enhances human cognitive control and prefrontal cortex function. *Nature Communications, 10*(1), 1536. doi:10.1038/s41467-019-09557-4.

Wiemers, E. A., Redick, T. S., & Morrison, A. B. (2019). The influence of individual differences in cognitive ability on working memory training gains. *Journal of Cognition Enhancement, 3*(2), 174-185. doi:10.1007/s41465-018-0111-2.

Wilke, M., Sohn, J. H., Byars, A. W., & Holland, S. K. (2003). Bright spots: Correlations of gray matter volume with IQ in a normal pediatric population. *Neuroimage, 20*(1), 202-215.

Willerman, L., Schultz, R., Rutledge, J. N., & Bigler, E. D. (1991). In vivo brain size and intelligence. *Intelligence, 15*(2), 223-228.

Willoughby, E. A., McGue, M., Iacono, W. G., & Lee, J. J. (2021). Genetic and environmental contributions to IQ in adoptive and biological families with 30-year-old offspring. *Intelligence, 88.* doi:10.1016/j.intell.2021.101579.

Wilson, E. O. (1975). *Sociobiology: The New Synthesis.* Cambridge: Belknap Press of Harvard Univ. Press.

Witelson, S. F., Beresh, H., & Kigar, D. L. (2006). Intelligence and brain size in 100 postmortem brains: Sex, lateralization and age factors. *Brain, 129*(Pt 2), 386-398. doi:10.1093/brain/awh696.

Witelson, S. F., Kigar, D. L., & Harvey, T. (1999a). Albert Einstein's brain— Reply. *Lancet, 354*(9192), 1822-1822.

Witelson, S. F., Kigar, D. L., & Harvey, T. (1999b). The exceptional brain of Albert Einstein. *Lancet, 353*(9170), 2149-2153.

Wolff, S. B., Grundemann, J., Tovote, P., Krabbe, S., Jacobson, G. A., Muller, C., ⋯ Luthi, A. (2014). Amygdala interneuron subtypes control fear learning through disinhibition. *Nature, 509*(7501), 453-458. doi:10.1038/nature13258.

Wooldridge, A. (2021). *The Aristocracy of Talent: How Meritocracy Made the Modern World.* New York: Skyhorse Publishing.

Wu, X., Yang, W., Tong, D., Sun, J., Chen, Q., Wei, D., ⋯ Qiu, J. (2015). A meta-analysis of neuroimaging studies on divergent thinking using activation likelihood estimation. *Human Brain Mapping, 36*(7), 2703-2718. doi:10.1002/hbm.22801.

Yang, J. J., Yoon, U., Yun, H. J., Im, K., Choi, Y. Y., Lee, K. H., ⋯ Lee, J. M. (2013). Prediction for human intelligence using morphometric characteristics of cortical surface: Partial least square analysis. *Neuroscience, 246*, 351-361. doi:10.1016/j.neuroscience.2013.04.051.

Yin, L. J., Lou, Y. T., Fan, M. X., Wang, Z. X., & Hu, Y. (2015). Neural evidence for the use of digit-image mnemonic in a superior memorist: an fMRI study. *Frontier in Human Neuroscience, 9*, 109. doi:10.3389/fnhum.2015.00109.

Yu, C. C., Furukawa, M., Kobayashi, K., Shikishima, C., Cha, P. C., Sese, J., ⋯

Toda, T. (2012). Genome-wide DNA methylation and gene expression analyses of monozygotic twins discordant for intelligence levels. *Plos One, 7*(10).

Zhao, M., Kong, L., & Qu, H. (2014). A systems biology approach to identify intelligence quotient score-related genomic regions, and pathways relevant to potential therapeutic treatments. *Scientific Reports, 4*, 4176. doi:10.1038/srep04176.

Zhao, T., Zhu, Y., Tang, H., Xie, R., Zhu, J., & Zhang, J. H. (2019). Consciousness: New concepts and neural networks. *Frontiers in Cellular Neuroscience, 13*. doi:10.3389/fncel.2019.00302.

Zisman, C., & Ganzach, Y. (2022). The claim that personality is more important than intelligence in predicting important life outcomes has been greatly exaggerated. *Intelligence, 92*, 101631. doi:10.1016/j.intell.2022.101631.

옮긴이의 글

●━━━━●

우리나라는 세계에서 둘째라면 서러워할 정도의 극심한 경쟁 사회로 널리 알려져 있다. 이런 사회적 경쟁 과잉은 특히 교육 시스템에서 더욱 심각하게 나타나는데, 극히 일부 계층에 국한된 사례라곤 해도 자녀를 의과 대학에 입학시키기 위해 초등학교 저학년 시절부터 학원 특수반에 보낸다는 한심한(?) 뉴스가 바로 그런 현실을 적나라하게 대변한다고 하겠다. 우리가 어떻게 그 같은 경쟁 사회로 빠져들었는지에 대한 사회적 고찰은 일단 접어두고, 여기에서는 그런 조기 교육이 과연 얼마나 타당한지 잠깐 생각해보자.

만약 여러분의 경우라면 어떻게 할까? 다행히도 재력이 풍부한 부모라고 했을 때, 전혀 망설임 없이 초등학생 자녀를 학원 특수반에 등록시키겠는가?

이 책은 이런 질문에 대해 과학이 전해줄 수 있는 최선의 해답을 제공한다. 만약 대치동 학원 관계자의 달콤한 설명보다 훨씬 현명한 과학에 기반한 조언을 듣고자 한다면, 이 책은 바로 여러분을 위한 것이다.

이 책에서 세계적 인지심리학자이자 두뇌 연구가인 리처드 하이어 박사는 다음과 같이 권고한다. 여러분의 자녀가 의과 대학을 무사히 마치려고 한다면, 그래서 훌륭한 의사가 되고자 한다면 우선 지능 지수(IQ 점수)가 120점 또는 그 이상이어야 한다. 적어도 그 정도는 되어야 의과 대학의 수업을 무난히 따라잡을 수 있고, 이후 전문의 교육 과정도 큰 어려움 없이 마칠 수 있기 때문이다. 하지만 그것만으로 다 되는 것은 물론 아니다. 당사자의 우수한 지능 외에 학습 능력이 탁월해야 하고, 세상 사람들과 잘 소통할 수 있는 적당한 사회적 적응력도 함께 갖추어야 한다.

그런데 유감스럽게도 지능은 대부분 천성적으로 결정된다. 다시 말해, 양쪽 부모의 유전자를 받아서 태어날 때 이미 결정된다는 얘기다. 학원에서 어느 정도 학습 능력 함양을 도와줄 수는 있지만, 이것 또한 우수한 지능에 부속되는 것이기에 한계를 지닌다. 일정 수준 이상의 지능을 갖지 못하면 의과 대학의 어려운 학습 내용을 따라잡기가 여간 어렵지 않을 것이기 때문이다. (물론 지능은 탁월하지만 학습에 관심을 갖지 못해서, 또는 그 밖의 다른 이유로 기대하는 만큼의 성적을 올리지 못하는 경우가 우리 주변엔 얼마든지 있고, 그 반대의 경우도 마찬가지다.)

그런가 하면 학원 수업은 사회적 소양의 함양에는 전혀 도움이 되지 못한다. 사회적 소양이란 모름지기 학창 시절 선생님이나 친구들과 원만하게 지내는 데에서 가장 잘 얻을 수 있다.

자, 이런 권고를 듣고도 초등학교 저학년 자녀의 등을 떠밀어 밤늦은 시간까지 학원가를 배회하도록 하겠는가? 아니면 자녀의 장래를 다시 한번 진지하게 생각해보겠는가? 어린 자녀의 장래를 그려보기 이전에 먼저 IQ 점수부터 살펴봐야 하지 않을까?

이 책은 바로 그 IQ에 대한 얘기를 담고 있다. IQ는 어떻게 측정하는지부터 시작해 우리 각자의 학교 성적은 물론 인생 전반에 걸쳐 IQ 가 어떻게 영향을 미치는지 구체적으로 설명한다. (나는 이런 내용의 책을 지금까지 한 번도 접하지 못했다.) 학교 교육이 학생들의 IQ에 어떤 영향을 미칠 수 있는지 (또는 사실상 아무런 영향을 미칠 수 없는 것인지) 살펴보고, 지능 검사의 의미와 그 한계점도 함께 검토한다. 또한 시험 당일의 기분에 따라서 쉽게 좌우되곤 하는 못 믿을 IQ 검사 대신, 지능을 좀더 쉽게 측정하는 방법에 대해서도 일러준다. 나아가 IQ를 극적으로 개선할 수 있는 방법에는 어떤 것이 있는지, 최근 부상하고 있는 AI 기술과의 접목이 여러분과 여러분 자녀의 IQ 향상에 얼마나 크게 기여할 수 있는지에 대해서도 논의한다.

그러면 이 책의 잠재적 독자는 누구일까?

자녀 교육에 관심 많은 학부모, 교육 현장에서 일하는 전국의 수많은 교사와 교육 공무원, 교육학자와 그 지망생, 훌륭한 선생님이 되고자 대학에서 공부하는 예비 교사 등이 주된 독자가 아닐까? 어쩌면 자신의 앞날에 관심을 갖고 IQ 점수 때문에 고민하는 청년들에게도 미래 설계에 좋은 참고서가 될 수 있지 않을까 싶다.

그런데 이 책의 잠재적 독자층은 여기에서 그치지 않는다. 요즘 우리 사회에서는 AI에 대한 관심이 폭증하고 있다. 아울러 그런 열풍이 우리 미래에 어떤 영향을 미칠지 사회적 관심 또한 점점 더 커지고 있다. 우리는 인간 두뇌를 똑같이 닮은 AI와 로봇에 둘러싸여 생활하지 않을까? 그러한 미래 설계에 결정적 역할을 하는 것은 모든 종류의 인지, 특히 인간의 지능을 그대로 시뮬레이션할 수 있는 '현실적인 가상 인간 두뇌'의 탄생이다. 하지만 인간 지능에 대해 풍부한 지식을 갖지 못한다면 어떻게 그런 일이 가능하겠는가? AI나 로봇과 함께 사는 세상을 꿈꾸는 젊은이라면 우선 이 책에 담긴 지능 관련 정보부터 이해해야 한다.

하지만 이 책은 처음부터 끝까지 읽어내기가 그리 쉽지 않다는 점을 지적하지 않을 수 없다. 이와 관련해 옮긴이로서 독자 여러분에게 당부의 말씀을 드리고자 한다. 그것은 결코 여러분의 책임이 아니며, 그럼에도 이 책을 끝까지 읽어낼 방법이 있다는 것이다. 왜 굳이 이런 말씀을 드리는 것일까?

세상에는 그 내용 자체가 어쩔 수 없이 어려운 분야가 있다. 보통 사람이 함부로 철학이나 물리학의 개념을 따라잡기는 어려운 법이다. 지능 문제 역시 그러하다. 지능과 IQ는 같은 개념일까? 아니면 전혀 다른 개념일까? 여러분이 생각하는 지능은 의식이나 창의성과 어떤 관계를 가질까? 지능은 도대체 우리 두뇌 속 어디에 자리 잡고 있을까? 지능이 높으면 인생에서 성공할 확률이 높아지고 그 반대의 경우에는 실패하기 쉽다고 한다. 그럼에도 현실에서는 그렇지 않은 경우를 얼마든지 찾아볼 수 있다. 왜 그럴까?

이처럼 지능과 지능 관련 문제를 따지는 일은 어렵다. 더욱이 우리는 학창 시절부터 한 번도 지능에 대해, IQ에 대해 배운 적이 없다. 심지어 책에서 읽은 적도 없다. 누구라도 이 책을 읽어내기가 어려운 것은 바로 이처럼 우리가 지능에 대해 아무런 사전 지식을 갖추고 있지 않기 때문이다. 그러니 읽기 어렵다고 낙담하지 말라. 그럴 수밖에 없는 게 당연하다.

저자인 하이어 박사도 이 책을 집필할 때 그런 고민을 많이 했던 것 같다. 그래서 책 곳곳에 독자들에게 다음과 같은 당부를 남긴다. "이 부분이 너무 이해하기 어렵다면 그냥 넘어가라." 그렇다. 모든 독자가 이 책을 처음부터 끝까지 다 읽을 필요는 전혀 없다. 이해하기 어려운 문장과 문단은 그냥 넘겨도 무방하다. 그럼에도 끝까지 읽어낸다면 한 권의 책이 여러분의 인생에 얼마나 큰 도움을 줄 수 있는지 충분히 깨닫게 될 것이다.

저자 역시 이런 점을 고려해 독자들이 좀더 쉽게 읽을 수 있도록 이 책을 특별하게 구성했다. 6장으로 이뤄진 이 책은 각 장의 서두마다 간략히 학습 목표를 제시하고, 그 장에서 다룰 내용을 소개하는 머리말을 배치했다. 그리고 각 장 말미에는 역시 간략하게 요약문을 덧붙이고, 그 장에서 배운 내용을 다시 한번 되짚어볼 수 있도록 복습 문제까지 제시했다. 독자들의 이해를 돕기 위한 저자의 세심한 배려가 느껴지는 대목이다.

그뿐만이 아니다. 아마도 독자들은 이 책이 마치 대학교 전공 교과서처럼 꾸며졌다는 데 동의할 것이다. 그렇다. 옮긴이도 번역하면서 전공 서적 한 권을 읽는다는 느낌을 강하게 받았다. 그것도 아주 이해하기 어려운 내용을 말이다. 그래서 이 책을 잘 읽을 수 있는 한 가지 비법을 여기에 소개한다.

우리가 아주 어렵지만 반드시 수강해야만 하는 대학 강의에 등록했다고 가정하자. 처음부터 마지막까지 눈을 초롱초롱 뜨고 교수님의 강의를 경청하는 모범생이 과연 얼마나 될까? 아마도 대다수는 꾸벅꾸벅 졸고 딴 생각도 하면서, 때로는 옆자리 친구와 잡담도 하면서 그럭저럭 지루한 강의 시간을 견뎌내지 않을까?

이 책이 바로 그렇다. 절대로 어렵다고 낙심하지 말라. 그럭저럭 읽다 보면 어느덧 끝 장을 덮게 될 것이다. 그리고 학창 시절 그 어렵고 지루했던 강의가 인생살이에 유익한 것처럼 아주 소중한 인생의 지혜를 얻을 것이다.

이제 옮긴이로서 나의 소감을 잠깐 곁들여보자. 출판사의 제안을 받고 이 책을 처음 접했을 때 사실 적지 않은 당혹감을 느꼈다. 우선 다루고 있는 범위가 너무 넓고, 일반 독자들이 따라잡기에는 그 내용 또한 너무 어려웠다. 이 책을 잘 번역해낼 수 있을까 하는 의구심이 살짝 들기도 했다. 그럼에도 다른 한편으로는 이런 생각도 했다. 정말로 이 책이 우리나라 독자들에게 절실하다면, 그래도 내가 번역자로 나서는 게 오히려 낫지 않을까? 나라면 어려운 내용을 조금이나마 더 쉽게 풀어서 용이하게 전달할 수 있지 않을까? 어쩌면 번역자로서 너무 자만한 것일 수도 있다. 하지만 이런 절실한 사명감을 갖고 이 책의 번역에 나섰다는 점만큼은 독자 여러분이 알아주셨으면 한다.

거듭 강조하지만, 이 책은 일반 독자들이 읽어내기에 절대로 쉽지 않은 내용들로 가득하다. 그만큼 저자는 최선을 다해서 여러분을 설득하고 있다. 옮긴이인 나도 여러분이 좀더 쉽게 읽어낼 수 있도록 최선의 노력을 경주했다. (역주가 많이 붙은 것도 바로 이런 이유에서다.) 이 책의 마지막 장을 덮은 후 지능에 대해, 자녀 교육에 대해, 우리나라의 산적한 교육 문제에 대해, 그리고 AI와 로봇이 함께하는 미래 세상에 대해 다시 한번 생각해볼 기회를 갖는 것은 오로지 독자 여러분의 몫이다.

2025년 2월

찾아보기